抗日战争时期陕甘宁边区财政经济史料摘编

第七编 互助合作

中国财政科学研究院◎主编

陕甘宁边区财政经济史编写组
陕　西　省　档　案　馆　　编

長江出版傳媒 | 长江文艺出版社

新出图证（鄂）字 03 号
图书在版编目（CIP）数据

抗日战争时期陕甘宁边区财政经济史料摘编. 第7编，互助合作 / 中国财政科学研究院主编；陕甘宁边区财政经济史编写组，陕西省档案馆编. -- 武汉：长江文艺出版社，2016.5

ISBN 978-7-5354-8402-4

Ⅰ. ①抗… Ⅱ. ①中… ②陕… ③陕… Ⅲ. ①陕甘宁抗日根据地-地方财政-财政史 Ⅳ. ① F812.96

中国版本图书馆 CIP 数据核字（2015）第223358号

责任编辑：吴　双　陈锦华　　　　责任校对：周　杨
封面设计：壹诺设计　　　　　　　责任印制：张　涛

出版：长江出版传媒 | 长江文艺出版社
地址：武汉市雄楚大街 268 号　　　　邮编：430070
发行：长江文艺出版社
　　　北京时代华语图书股份有限公司　（电话：010-83670231）
http：//www.cjlap.com
印刷：北京中科印刷有限公司

开本：710毫米 ×1000毫米　1/16　　　　印张：27.5
版次：2016 年5月第1版　　　　2016 年5月第1次印刷
字数：408千字

定价：108.00 元

编者说明

一、本书主要摘录抗日战争时期陕甘宁边区互助合作运动的历史资料。共分五章，第一章是边区农业互助合作运动；第二章是边区合作社发展概况；第三章是边区各种类型的合作社；第四章是机关、部队、学校合作社；第五章是党和边区政府领导合作事业的经验。

二、在土地革命时期，陕北、陕甘革命根据地就建立了各种农业劳动互助组织和消费合作社。抗日战争时期，在党中央、中央西北局和边区政府的直接领导下，陕甘宁边区互助合作运动有了新的发展。农业互助合作分为1942年边区高级干部会议以前和以后两个阶段。消费和其他合作社的发展，大体上经历了四个历史阶段：1937—1941年，合作社带有“官办”性质的阶段，1941—1942年，合作社由“官办”走向“民办官助”的阶段，1943—1944年6月，在1942年边区高干会议后，推广延安南区合作社的经验，边区合作事业蓬勃地发展的阶段；1944年7月到抗日战争胜利，是整顿阶段，主要是克服因物价波动给合作社带来的困难。

三、边区的互助合作运动，农业方面的互助合作，主要是变工互助，消费、运输、信用和手工业生产等方面的互助合作，主要是建立各种类型的合作社，机关，部队、学校的合作社也相继产生。1943年以后，包括消费，生产、运输、信用、医药等业务在内的综合性合作社像雨后春笋般地发展起来，其经营业务达十几种至二十几种之多，成为当时人民的经济中心，成为党和政府联系群众的桥梁，成为公营经济的有力助手。

四、合作社经济是边区新民主主义经济的重要组成部分。通过各种形式的合作社把边区的广大农民群众、手工业者，以及数以万计的机关、部队和学校人员，组织起来，发展生产，组织商品流通，调剂有无。对于发展边区经济，实现丰衣足食，战胜日本帝国主义和国民党顽固派的经济封锁，夺取抗日战争的胜利，发挥了十分重要的作用。毛泽东同志在《组织起来》《论合作社》等著作中，高度赞扬和论述了边区合作社的作用和意义。边区合作社在发展过程中发扬了党的实事求是，一切从实际出发，密切联系群众，全心全意为群众服务的优良传统和作风。边区合作社的发展，为新中国成立以后党领导农民和个体手工业者走向社会主义合作化道路积累了经验，并培养和造就了一大批从事合作事业的人才，为我国的革命和建设事业做出了重大的贡献。

序言

今天边区在发展生产力上又来了一个革命，这就是用合作社的方式，把公私劳动力组织起来，发动了群众生产积极性，提高了劳动效率，并大大发展了生产。在过去束缚边区生产力，使之不能发展，是边区的封建剥削关系。一半地区经过土地革命，把这种封建束缚打破了，一半地区经过减租减息之后，封建束缚减弱了，这样合起来，整个边区就破坏了封建剥削关系的一大半：这是第一个革命。但是，如果不从个体劳动转到集体劳动的生产关系，即生产方式的改革，则生产力还不能获得进一步的发展。因此，建设在以个体经济为基础（不破坏个体的私有财产基础）的劳动互助组织，即农民的生产合作社，就是非常需要了，只有这样，生产力才可以大大提高。现在陕甘宁边区的经验，一般的变工扎工劳动是2人可以抵3人，模范的变工扎工劳动是1人可抵2人，甚至2人以上。如果全体人民的劳动力都组织在集体互助劳动之中，那么现有全边区的生产力就可以提高50%到100%。这办法可以行之于各抗日根据地，将来可以行之于全国。将来的中国经济史上，是要大书特书的。这样的改革，生产工具根本没有变化，生产的成果也不是归公而是归私的，但人与人的生产关系变化了：这是生产制度上的革命，这是第二个革命。

全边区现有劳动力35万个，今年经常组织在集体劳动中的变工队扎工队的已有3万余人，占全劳动力总数10%，而临时性的劳动互助，就延安县说，有70%，明年还可发展。如果各县经常的集体劳动组织能由10%提高到23%，可达10万人左右，再加上临时性的劳动互助组织能向延安看齐，还有半劳动力也参加组织，这将是一支很大的劳动大军。

我们的部队机关学校的生产也带着合作社的性质。比如一个连，就是一个小合作社，一个旅就是一个大合作社。在各种部队机关学校合作生产之中，杨家岭运输队的经验，是值得注意的。

……

合作社性质，就是为群众服务，这就是处处要想到群众，为群众打算，把群众的利益放在第一位。这是我们与国民党的根本区别，也是共产党员革命的出发点和归宿。从群众中来，到群众中去，想问题从群众出发而又以群众为归宿，那就什么都能办好。因此，我们每个共产党员都要替群众着想，部队的负责同志要替战士着想，机关学校的负责同志要替大厨房着想，替杂务人员着想。这种群众观点的生产学说，打破了过去各种不正确的“学说”，也只有这种群众的学说，才能把生产搞得好。

我愿各地同志注意提倡合作社的生产。部队机关学校的生产是一种合作社，农村的集体互助劳动又是一种合作社，此外还有包括各种业务在内的综合性合作社，被称为运盐队的运输合作社，工人们集体互助的手工业合作社，把这许多样式的合作社都发展起来，全体公私群众就会变为富裕的了。在敌后各根据地的目前困难状况，也就能够克服了。

（毛泽东：《论合作社》——1943年10月在边区高干会上的讲话，《毛泽东选集》，东北书店版，第889—891页）

抗日战争六年半中，敌人在各抗日根据地内实行烧、杀、抢的“三光”政策，陕甘宁边区则遭受国民党的严重封锁，财政上经济上处于非常困难的地位，我们的军队如果只会打仗，那是不能解决问题的。现在我们边区的军队已经学会了生产；前方的军队，一部分也学会了，其他部分正在开始学习。只要我们全体英勇善战的八路军新四军，人人个个不但会打仗，会做群众工作，又会生产，我们就不怕任何困难，就会是孟夫子说过的：“无敌于天下。”

……

目前我们在经济上组织群众的最重要形式，就是合作社。我们部队机关学校的群众生产，虽不要硬安上合作社的名目，但是这种在集中领导下用互相帮助共同劳动的方法来解决各部门各单位各个人物质需要的群众的生产活动，是带有合作社性质的。这是一种合作社。

……

除了这种集体互助的农业生产合作社以外，还有三种形式的合作社，这就是延安南区合作社式的包括生产合作、消费合作、运输合作（运盐）、信用合作的综合性合作社，运输合作社（运盐队）以及手工业合作社。

我们有了人民群众的这四种合作社，和部队机关学校集体劳动的合作社，我们就可以把群众的力量组织成为一支劳动大军。这是人民群众得到解放的必由之路，由穷苦变富裕的必由之路，也是抗战胜利的必由之路。

（毛泽东：《组织起来》，《毛泽东选集》1953年版，第932—935页）

我们今天发展经济，保障供给，是号召大家一起动手。一方面，要求原来脱离生产的战士及工作人员，都尽可能地参加生产，发展公营经济；一方面，要使人民经济中的30万全劳动力，30万半劳动力，以及只有三分之一，甚至四分之一劳动力的老弱妇孺以及二流子，都动员起来，参加生产。我们可以采取以下三种集体活动组织，去发展民营经济：

一、变工队（就是劳动互助社），如果按自然村组织起来，作用极大，不但可使劳动力缺乏的农家能够及时下种，及时锄草与及时收割，就是那些劳动力不缺乏的农家，也可因集体劳动而使耕种、锄草、收割更为有利。

二、运输合作社，这是今天边区发展运输事业，增销食盐出口最重要的组织形式。

三、南区合作社式的合作社，它的事业发展到南区全体人民经济生活的各方面，不仅经营消费事业，还经营供销、运输、生产、借贷等项事业，是一个综合的合作社，既便利人民，又帮助了政府贯彻政府的财政经济政策。

这些集体经济的特点是，它是建筑在私有制基础上的（所以它不同于社会主义的集体经济），它主要是为增进私人利益的，但这种私人基本上是群众性的，不是少数的大剥削阶级，由于私人利益增加，也就增加了整个社会的财富，增加了对国家财政负担的能力，所以这种集体经济，对公也是有利的，必须奖励帮助其发展的。

现在我们边区的经济有三种主要形式：一是集体经营的公营经济；二是建立在私有制上的集体活动的民营经济；三是私人资本主义经济。合起来就是新民主主义经济，它并不消灭地主阶级，而只限制地主阶级的剥削，它允许资本主义经济自由发展，正如毛主席说：它的性质是三分封建，七分资本。今天边区的政权是新民主主义的政权，它保障一切抗日人民的人权、地权、财权，同时经过它的财政政策、经济政策，又可以使广大劳动人民有地种、有工做、有小米吃，比如它按财富累进收来的租税，如有多余，不会落入军阀政客腰包（边区根本没有这种东西），又可用农贷或其他形式用在发展广大群众经济上去，这只有共产党所领导的政权能够这样做到。

（《整财问题报告大纲（二）》，1942年）

目录

CONTENTS

第二章　边区合作社发展概况

第三章　边区各种不同类型的合作社

第四章　机关、部队、学校合作社

第五章　党和边区政府领导互助合作运动的经验

第一章

边区农业互助合作运动

引　言

在农民群众方面，几千年来都是个体经济，一家一户就是一个生产单位，这种分散的个体生产，就是封建统治的经济基础，而使农民自己陷于永远的穷苦。克服这种状况的唯一办法，就是逐渐地集体化；而达到集体化的唯一道路，依据列宁所说，就是经过合作社。在边区，我们现在已经组织了许多的农民合作社，不过这些在目前还是一种初级形式的合作社，还要经过若干发展阶段，才会在将来发展为苏联式的被称为集体农庄的那种合作社。我们的经济是新民主主义的，我们的合作社目前还是建立在个体经济基础上（私有财产基础上）的集体劳动组织。这又有几种样式。一种是“变工队”“扎工队”这一类的农业劳动互助组织，从前江西红色区域叫作劳动互助社，又叫耕作队，现在前方有些地方也叫互助社。无论叫什么名称，无论每一单位的人数是几个人的，几十个人的，几百个人的，又无论单是由全劳动力组成的，或有半劳动力参加的，又无论实行互助的是人力、畜力、工具，或者在农忙时竟至集体吃饭住宿，也无论是临时性的，还是永久性的，总之，只要是群众自愿参加（决不能强迫）的集体互助组织，就是好的。这种集体互助的办法是群众自己发明出来的。从前我们在江西综合了群众的经验，这次我们在陕北又综合了这样的经验。经过去年高级干部会议的提倡，今年一年的实行，边区的劳动互助就大为条理化和更加发展了。今年边区有许多变工队，实行集体的耕种、锄草、收割，收成比去年多了一倍。群众看见了这样大的实效，明年一定有更多的人实行这个办法。我们现在不希望在明年一年就把全边区的几十万个全劳动力和半劳动力都组织到合作社里去，但是在几年之内是可能达到这个目的。

（毛泽东：《组织起来》，《毛泽东选集》，1953年版，第934—935页）

生产是目前边区的中心任务，而农业生产更是全盘生产工作中心。要完成这任务，首先要依靠边区农村中的30多万个全劳动力和30多万个半劳动力。这六七十万人，只要组织起来，便是一支雄健的生产大军，便能发生雄厚无比的力量。

（《把劳动力组织起来》，《解放日报》社论，1943年1月25日）

第一节　边区农村旧有的劳动互助形式

一、各种形式的变工

几家农户之间在进行农业生产的时候，把他们的人力和畜力相互调剂、相互交换、相互帮助，这在陕北的农村中通叫作变工（有些变工还包括了农具以至土地的相互调剂、相互帮助），在关中分区一带叫作搭工，又有的把它叫作换工或插工，其实所指的都是一个东西。这是边区各地比较流行的一种劳动互助形式。

边区农村旧有的变工又可以分为若干种类，下面我们举出其比较常见的几种：

（一）人工的变工

这是几家农户之间单纯关于劳动力的相互调剂，相互帮助。它又分为小变工和大变工两种。

人工的小变工是两家农户两三个劳动力的变工，它是各种变工的最简单的形态。甲乙两家农户本来是分开各人在各人土地上劳动，现在由于一定原因他们合作起来，第一天共同在甲的土地上劳动，另一天又共同在乙的土地上劳动。这种变工的产生主要由于下面几种原因：

第一，有许多农业劳动可以由每户的一两个劳动力单独进行，但是还有一些农业劳动最少必须两三个劳动力才能进行。例如使用耕畜播种各种“杂田”①和麦子的时候，就必须有一个人耕地，一个人播种和施肥，或者还需要一个人做其他打土等辅助劳动。又例如谷、糜、麦等作物打场的时候，即使使用人力，最少也必须两三个人，这个时候只有一两个劳动力的小农户为了进行生产就必须或是雇用短工或是请其他农户帮助。

第二个产生小变工的原因是技术上的互助。例如有的农民不会撒种，或是不会使用“耧”这一类比较复杂的农具，于是请其他农民帮助他一两天，后来他再给人家“还工”做些其他的劳动。无论哪种原因产生的人工小变工，他们使个体小经营的农户的生产不致中断，对双方都是有利的。

至于为了紧急锄草、收麦，播种等“不违农时”的小变工还是较少的。原因是两三个人的变工所发挥的集体劳动的效率还不大显著，而且小变工的主要出发点是进行生产的绝对必需，在结束了这种劳动之后，他们仍旧各人回到各人的土地上去劳动。因此在绥德分区这类地方，过去在锄草、收麦等等需要迅速进行的农业劳动上反而变不起工来。

小规模的、临时的人工变工普遍于边区的各地，在绥德分区这类耕地分散的地区因为大变工不容易组织，所以小变工显得特别流行。在那里也有的把这种变工叫作“活变”。

人工大变工的人数一般在四五人以上。几家农户的劳动力轮流着共同在每一户的土地上劳动，多半给谁家劳动就由谁家管饭。它是农民自愿的结合，没有一定严格的规则，也没有一定的领导者，给谁家劳动就由谁“多操些心”这种变工最少必须轮流一至两周（譬如6个人的变工，一轮是6天，两轮就是12天），所以它的时期比起小变工可能是长些的。在参加的农户各户

① “杂田”在陕北所指是除了谷子、糜子、麦子各种主要作物以外的各种次要作物。如各种豆类、玉米、高粱、荞麦等。糜子、豆子的播种，本来也需要两三个人，但是采用“撒种”的方法一个人一犋牲口即可以勉强播种了。

耕地不相等的场合，一般应当是都做完，长余或是不足的劳动日后来再“补工”或是按短工工价找工钱。虽然如此，参加变工的农户多数是有种种关系的，所以对工的计算，许多是不严格的。

在边区地广人稀的地带，每户耕地面积比较大，劳动力比较缺乏，在锄草、收麦等农忙季节，遂常有这种变工产生。本来锄草、收麦等农业劳动是可以由一个农户的劳动力来单独进行的，但是为了“不违农时”他们还是合作变工来进行。因为大变工的人数多，这个时候集体劳动所蕴藏的力量逐渐展开了，同样的人数，合作起集体劳动比较分散开单独劳动效率大得多，这样合作轮流劳动使得每户的耕地都不荒芜，庄稼都不糟蹋，结果对于每个农户都有利。

虽然变工的结果对于每个人都有利，而且参加的人数越多越好（譬如十几个人），可是，人数越多的大变工越难组织成，组织成也越难持久下去。原因是参加变工的农民每人的庄稼都需要不时照顾，很长时间丢下自己的庄稼和家里的事情给人家“还工”，一般是不可能的。其次，变工人数越多，轮流一周所需日期越多，在农忙季节谁都想抢着先给自己做，轮在后边的人就不愿参加变工了。再就是人数一多则劳动强弱、地的多少、饭的好坏和人事关系等问题发生得多了，越难解决了。因此这种变工在过去是较少的，在耕地缺乏人口稠密的地区则更为少见。

（二）人工变牛工（或驴工）

没有牲畜的农户为了取得耕畜的使用，除了向有耕畜的农户租进或是雇进之外，另一种办法就是借用别人的耕畜，后来再帮人做几天工，这就是人工变牛工（或驴工）。这种变工也有几样变法：一种是有耕畜的农户变工时只出耕畜不出人，一种是有耕畜的农户还跟上一个人帮助耕地，耕完后和牲口一同回来。一种是当天牛料由牛主管，一种是由借牛的管。大多数的变工是牛主出料，耕地时出一个人跟牲口。①

牛主出人又出牛料的变工，在边区各地最通行的是一个牛工变3个人

① 跟牲口的实际只作大半天工，因为牛只能耕大半天地。牛主愿意出人的原因，是怕牲口被人用乏了。

工，在绥德分区一般是一个驴工变2个至3个人工。自然这随着不同地区耕畜的缺乏程度而有较高或较低的变工比例。

没有耕畜的农户本来可以用镢头把地种上，但在种川地、平地，种“杂田”的时候，他们总还是设法变进几天牛工。这就是由于不用牛则地种不了，或是由于平地人挖起过于费力，或是由于怕误了播种时机。在有牛的农户方面，在种完一种庄稼之后，牛往往有几天闲下的时间，变出去于自己无损而且可以换进几天人工来。它使农村的人力和畜力都得到调剂，故而对双方都有利益。若是这两家有亲族朋友关系，后来也不一定把工还足，这又带有有耕畜农户对贫户的赈济性质。在靖边有的一个牛工要变七个人工，在绥德分区有的一个驴工要变四个人工，这就含有有耕畜的农户对没有耕畜的贫户的剥削性质了。此外，在还工的时候，有些有耕畜的农户用耕畜的农户在正农忙的季节才来还工（绥德分区过去就常有这类事情），照用驴工一天还人工四天计算，用驴工三天就要还工12天，往往把他自己的庄稼都耽误了，这显然对没有耕畜的农户是极不利的。

人工变牛工（或驴工）主要是人力对畜力的交换，但在牛主出人跟牛的场合，附带也包含了人力的合作在内。它只实行于两家农户之间，而且是短期的。

这种变工普遍于边区各地。

（三）伙喂牲口

几家农户共同喂养一个牲口，在耕作时，大家轮流使用，这叫作“伙喂牛”（或“伙喂驴”）。伙喂牲口是在两种情况下产生的。一种是一家农户分居时原有的一个牲口不能分割，于是归已经分居的弟兄几个共同所有，共同喂养，共同使用。一种是几家农户都没有力量单独买一个牲口，于是几家商量共同出钱，买来之后也是共同所有，共同喂养，共同使用。在后一种情况之下，有的农户因为自己耕地多，愿意多出一部分钱（例如两家伙喂，他愿意出三分之二的钱），这时牲口就由他喂养，使用两天，再轮到另一农户喂养，使用一天。

这种办法表面上只是畜力的合作，实际上绝大多数的伙喂牲口在耕作的时间，人也是合作的。它也是变工之一种。

伙喂牲口实行于2家、3家以至4家小农户之间，它普遍于边区各地，在绥德分区更较常见[①]。

（四）伙格牛

伙格牛或者叫作“合耕”，关中叫作“配套”，吴旗则叫作“合牛对”，这是指两家农户各有一头牛，都不能单独耕地，两家商量把两头牛“伙格”在一起成为一犋，轮流给两家耕地，分别归原主饲养，牛的所有仍旧是各人的。引起伙格牛的同样有两种情况：一种是一家农户分居时原来的一犋双牛分为弟兄二人每人各有一头，到耕作播种的时间他们很自然会“伙格”。一种是两家农户每户自有或新买的一头牛，若不与人“伙格”则牛将闲下没有用处，两家都有同样困难，所以才合作起来。不过不论哪种情况的“伙格”或是伙喂，参加的农户一定是有“家门”、亲戚、朋友关系的，不然很难合作到一起。

伙格牛和伙喂牲口一样，都是由畜力的合作引起人力的合作，而且这种合作一经成立就要合作一个播种季节。它们的不同点是：1.伙格牛是两家的合作，伙喂牲口则可能是两家或者是三四家的合作。2.参加合作的畜力在伙格牛是两个牲口，在伙喂牲口则是一个牲口，不过按它构成农业劳动上必要的畜力一点来说，这种分别又似乎是不必要的[②]。

在绥德分区一带因习惯上用一头驴或一头牛“单耕”，没有“双耕”的，所以没有“伙格牛”这类形式。

（五）牛犋的变工

牛犋的变工或者叫作“并耕”，这是指各有一犋或一犋以上的耕牛的几家农户，把他们的牛犋和劳动力合作起来，轮流在每户土地上耕作的变工。这种变工很不容易组织。原因是：1.两犋牛以上并排耕作必须是大块地整齐

① 边区的“份喂牲口”“份喂羊”“份喂猪”等，多半属于畜牧合作的性质，这里不加叙述。

② 在边区农村中还有所谓“扎格牛”（或称摘格牛），它对调剂畜力也有作用，但实际是租牛的性质。

地耕地方才可能；2.若是牛犋的强弱不同则双方都不愿合作，牛强的嫌牛弱的带累他误了工，牛弱的怕把牛累乏了，而力量恰好相等的牛犋又不容易找；3.最重要的凡是有了一犋以上牛犋的农户多半是中农或是富农了，他们的人力和畜力已经可以自己调剂，不需要再和人变工。

至于牛犋变工可以发挥更大的劳动效能也是很明显的（农谚："犁怕二桨，锄怕五张"，就是说两犋牛并耕或是五个人一同锄地作起快得多），人这时也可以实行简单的分工，劳动力得到了更适当的调剂。所以，过去也有极少数农户在种麦或是开荒地的时候采取临时性牛犋变工的（这又绝大多数是分居后的弟兄或亲属）。

（六）输送、碾场牲口的变工

在用牲口作送粪、驮庄稼、驮柴等输送的时候，一个人可以同时吆几个牲口，为了节省人工，有的农户就在输送时向其他农户"借"牲口，这种互相"借"牲口实际就是一种畜力的变工。

其次，在用牲口碾场（麦）或用牲口踩场（谷、糜）的时候，牲口越多越好。农户在这个时候也常用"借"的名义进行着变工，轮流着打场。

此外，在原地、平地可以使用大车的地方，在输送的时候，农户也时常互相借用牲口、大车。

上面这几种变工不仅是畜力和工具的合作，有时也包含着人力的合作。例如在装车或是装牲口的时候最少需要两三个人，在人力不足的农户，这时候人们也互相变工。

这一类变工是不固定的，临时性的。

（七）搭庄稼

搭庄稼是关中一带原地上最流行的一种变工形式。在关中分区习惯上有时把"搭工""搭种""搭庄稼"混同于广义的变工，我们这里则把搭庄稼与一般变工相区别，专用它来代表变工的一种特殊形式。

搭庄稼是几家有本族亲戚朋友关系的小农户，把他们全家的人力、畜力、农具等完全合作起来。这种合作在时间上或是一个播种季节，到每家都种上为止，或是延长到全年，到每家都收割完毕为止。凡是这种合作，几家农户的土地、牲畜、人力都是差不多的，或者是一家人力有余畜力不足，另一家畜力有余而人力不足，这样才能合作起来。即使有些差别，习惯上彼此都不还工，不找工钱，而且也不记工账，否则认为是太“薄情”了。至于收获的庄稼则长在谁家地上就是谁家的。

搭庄稼是几家农户在农业劳动上除土地之外的全部合作。人力中包括几家的全劳动力和半劳动力，畜力中包括几家的牛、驴，以至几家各种农具和运输工具，这种变工实际是上面所述各种变工的复合体。人力是完全合作了，牲畜也往往不是伙喂、伙格就是并耕，输送的时候人力和畜力也都变工。这时他们的人力、畜力、工具在这几家的范围内得到了比较完全的适当的调剂和合理地使用。

这类变工是比较长期的，赤水淳耀最近的调查有这样搭庄稼到八九年的农户。

（八）“并地种”

“并地种”是几家土地不足、劳动力有余的小农户合作起来，抽出一个人到外边去揽工，他的土地由其余在家的人共同代为耕种，揽工的回来或者把所得的钱由大家分，或者给每家还工。这是绥德分区土地极端缺乏的地区所特有的一种变工形式。

（九）“抽牲口”

“抽牲口”是绥德分区的农民为了调剂土地不足、劳动力过剩的另一种变工方法。例如绥西的许多农民一方务农，一方兼营驮炭副业。有的几家合作，由一个人吆上几家的牲口去外边驮炭，土地由在家的其他农民耕种，驮炭赚的钱大家均分。

“并地”和“抽牲口”的农户必须是互相信任才能合作，他们都是有亲族等关系的。

（十）“伙种”

“伙种”或称“朋伙种庄稼”也是一种变工形式，它中间并不包含土地租佃关系，所以应当和边区租佃形式之一种的伙间，严格区别清楚。[①]

变工性质的“伙种”常见的有以下几种：

第一种是两家有亲族关系的农户，他们的劳动力、畜力、土地等条件都相差不多，他们把人力、畜力、农具以至土地全部合作起来，全年一同耕作，直到粮食收打完毕再平均分配。[②]

第二种“伙种”或者叫作“伙开荒”，是绥德分区的农民因为土地缺乏，两家弟兄或至亲共同到“南路”土地多的地方开荒或是租种熟地，在这块土地上他们也是像第一种“伙种”一样把全部人力、畜力、土地，农具合作起来，在粮食收完后平均分配。

第三种“伙种”是两家安庄稼的“伙子”的合作，有的把它叫作“伙安庄稼”。两家农户共同向一个地主安庄稼，打下粮食之后除了应分给地主的以外，其余两家平均分配。在他两家对地主的关系说来是土地租佃的关系，他们两个人构成一个集体的伙子；在这两个农民之间的关系，则是像第一种“伙种”一样，是全部人力、畜力、农具、土地的合作，是共同劳动、共同分配的关系。

第四种“伙种”是在种蔬菜、西瓜、棉花一类作物需要一些技术和更多的投资的时候，几家农户的合作，收获之后，按劳动力和投资分配。

这类“伙种”（尤其是第一种“伙种”）的特点是：他们的土地、耕畜和农具虽仍为各人私有，但在使用上却完全成为公共的了，各种生产活动是在统一的计划支配下进行的，人力、畜力、工具和土地的使用在这两家的范围内也得到了适当的调剂。他们差不多成了一个生产单位。再加上他们都是

① 租佃关系的伙种实际上有很多是带有农户之间互相调剂土地、人力、畜力的性质的，这里不再详述。

② 这种“伙种”，在今天边区农村中还可以不断发现。例如延安县蟠龙区五乡马家沟的郭生才和景占海两家是舅舅和外甥的关系，各有13垧地，各有一头牛，郭生才的儿子和景占海二人各顶一个全劳动。两家“伙种”、牛“伙格”，人变工，地完全一搭种，粪也是一起上。郭生才的老汉，只能喂喂牲口，景占海的娘，在农忙时做两家的饭，粮食打好后留过籽种，两家平分，已经这样种了几年了。

有本族、亲戚关系的，我们把它当作一个大的农户来观察也是没有什么不可的。

“伙种”和“搭庄稼”同样是上述各种变工的复合，其区别在于“伙种”是把土地的使用也参加了合作，两家的土地应当种什么不是分开计划而是统一计划的，分配的时候也不是长在谁地上就是谁的，而是一起收获后再平均分配。

从上面可以看出民间旧有的变工本身包括了许多种极其复杂的形式，我们这里的叙述已经概括了它的几种主要形式，但决非其全部。我们上面叙述的次序是从单纯的人力变工到包括人力、畜力、农具、土地的“伙种”；从变工的简单的、不完备的形态到变工的复杂的、完备的形态。但是这里丝毫也不包括这样的意义：就是说，复杂的、完备的变工形态是从简单的、不完备的变工形态发展出来的；相反，复杂的、完备的变工形态的出现是可能更早于各种简单的、不完备的变工形态的。从上面各种变工的比较就可以看出越是复杂的变工形态则亲戚、宗族关系的作用越是重要，它的范围越是狭隘。促成这种变工的除了进行生产的便利的考虑以外，更重要的是血缘亲属的关系。再例如“伙种”以至伙喂牲口、伙格牛、牛犋变工一类变工许多就是从一个农业大家庭分裂为几个小农户的过程中所出现的一些过渡形态。由于生产手段（如耕畜）的不能分割或者是过去共同劳动的习惯的存在，他们还有时在这点上或在那点上共同劳动。这时在我们眼前不啻重新出现了历史上原始农业公社解体私有财产开始出现的一幅画图。因此，从小经营农业经济本身观察各种变工是它本身的必然副产物；另一方面，各种变工是有着它非常古旧的起源的。

二、扎工与唐将班子

（一）扎工

扎工，按它的本来意义，是一种集体雇工的组织。许多出雇的短工共同组织在一起，向外出雇。但实际上，大多数扎工不纯粹是出雇的短工，而是其中包括一部分自己种有土地的农民，为了进行劳动互助才参加扎工。因此，扎工基本上仍属于一种劳动互助的组织。

扎工的流行区域是延属分区的各县和三边分区的靖边及定边、吴旗少数地方，这些地方大多是地广人稀，劳动力缺乏，雇短工比较困难的区域。扎工完全是单纯人力的集体劳动的组织。在过去，扎工最多是在锄草期间，这叫作“锄工”。在锄完头次草与锄二次草之间正是麦收季节，扎工也多兼割麦，这叫作“镰刀工”。近年来在开荒运动中出现了很多开荒种地的扎工，叫作“镢头工”，这在过去是没有的。

和一般人工的变工不同，扎工的人数都是比较多的。满9至10个人才叫作“一个工”，5个人只能叫作“半个工”，14个人就可算作“工半”。在出雇的时候，够一个工就多算一个“空工”，就是说，虽是9个人或10个人做工而要算10个人或11个人的工钱。5个人只能算半个空工，14个人就能算一个半空工了。因为通行扎工的区域都是劳动力缺乏的区域，不容易迅速雇到大量短工，又因为扎工是集体劳动，又有组织，有管理，劳动效率较高，所以主家宁愿多出空工钱，找扎工来做活。

扎工有一个“功德主”（或叫“工主”），多是庄稼较大，光景较好的农户（中农以上的农户），他们组织扎工主要是为了给自己做活“赶急”。一切扎工，组织好后都是先给功德主家做，然后再给“朋工”（参加扎工的自己种有庄稼的农民）们做，或者再给外人做。抽了空工，一般规矩是功德主得一半[①]。遇到下雨天功德主应当管短工的饭（若是不管饭他们就走散了，因此扎工最怕下雨天），这叫作“养雨工”，工上记账的笔墨纸张也是功德主供给。工人没有工具（锄、镰）要功德主借（有的还出些赁钱），或是垫买。

“工头”是扎工在劳动时的指挥者，什么时候上山、下山、休息、工作，都是由他命令，工作的检查督促也是由他执行，对主家的交涉以至工做的好坏都由他负责。吃起饭来，一般工头应当吃在后面，先尽工人吃饱。工头都参加劳动，在锄地的时候，他应当排在行列的最前面（“管账”在最后

---

① 空工的分配方法各地不同，这里说的是最通行的分法。

面）。工头可以分到空工工钱的四分之一到三成。

此外，扎工比变工人多事杂，要一个识字的工人来记账和算发工资，这叫作“管账”。管账一般分到空工的四分之一或是二成。若是功德主兼记账的话，这份空工就由功德主分去。

参加朋工的人有“拉工”（即雇用扎工给自己做活）的优先权。他可以不出工钱，而像变工一样参加扎工作工来陆续“还工”，最后还工还长余或不足再按天找进或找出工钱。

至于参加扎工的短工，他们像在别处出雇一样取得每天的工资，参加扎工的好处只是不必到处寻掌柜，遇到下雨天也可以有饭吃，再就是工上人多“红火”，所以，虽是扎工的劳动强度较强，许多工人还是愿意跟扎工。

扎工成立的第一天，功德主弄些酒饭请工人吃一顿，这叫“起工饭”，吃过之后工人给功德主锄半天地不要工钱。散工的时候也有的还吃一顿“散工饭”，同样送半天还工。

此外，扎工还有许多一般遵守的规矩，例如：作息要绝对服从工头的指挥；做活的时候不许拉话，锄地的时候可以随便唱；饭好饭坏，饭的够不够只能由工头提出，其他人不许说话；吃饭的时间不许说话，不许口里噙着饭盛饭；做活的时候，排列之后一天再不许随便更换位置，若是换了位置将会引起天下雨等。这些规矩有些是劳动纪律性质，有些则是无意义的迷信禁忌。

扎工按它参加的成分和扎成的目的可分做下面的几种：

第一种是纯由短工组成的扎工，或者是短工之外又参加了功德主家的几个劳动力。这种扎工在给功德主做完活之后完全为了出雇赚工钱。功德主扎工的目的是为了给自己锄地。在锄完自己的地之后，又可以出雇赚空工，自己的地也保证荒不了。这中间又有是完全短工们自己扎成的工，没有功德主，抽的空工除了必要的开支外，短工们大家均分。这一种扎工可以看作为纯粹扎工。在向外出雇（“放工”）的时候，它不是固定在一个地方，而是随着劳动的需要和工价的高低到处走。所谓“走马工”就是指这种扎工而言。只要有人“拉工”这种扎工一般能维持较长的时间。

第二种是纯粹由朋工组成的扎工。它的目的主要是为了给朋工们锄地，在自己的地锄完了还有时间再向外“放工”。大半这种扎工在给朋工们做活时不抽空工，给外人做活时才抽空工。

这种扎工实质上和人工的变工很少差别。它们不同的地方只是：第一，朋工的扎工除给自己做之外还向外出雇，变工则是完全为了给自己做。因此第二，朋工保存着扎工所特有的功德主、工头、管账一类组织而为变工所没有的。最后扎工的人数一般都是9个人以上而人工的变工很少达到这个数目，不过这种扎工比较难以扎成，扎成后也较难持久不散。它的理由在上面人工大变工一节已经说到了，这里是完全适用的。

第三种扎工是上述两种扎工的中间形式。就是说其中有一部分是雇的短工，一部分是朋工。它的目的是在给功德主和朋工们做完之后再向外“放工”，大家赚些工钱。这种扎工比较容易组织，也容易维持。原因是既有几个短工参加，朋工的人数就较少，每轮流一周不需要很长的时日，纯粹朋工所常遇到的困难这时候就不大发生了。所以扎工的短工人数越多，长期维持的可能性越大。

从上边各种不同性质的扎工的分析就可以看出：一方面扎工是劳动力缺乏地区同时迅速雇用大量短工的需要下所产生的；一方面它又是人工变工的一种发展[①]，用雇进短工的方法来补救人工变工不能扩大人数的缺陷。

在扎工中间因为人数多了，所以它更加发挥了单纯人力集体劳动的潜存的力量。扎工虽是抽空工，但一般扎工，10个人就能顶单人劳动的十二三个人。其次，扎工在农忙时期能起调剂劳动力的作用，它使外来的短工容易找到工做，使土地较少的农民在锄完自己的地以后把劳动力也可以发挥，它又使劳动力缺乏耕地多的农户容易雇到工人，土地不至荒芜。此外扎工本身有比较严密的组织。这都是扎工优于一般变工的地方。

但是，参加扎工的短工和向外“放工”的时候的整个扎工，对于“拉工”的农户来说，完全是雇佣的关系。扎工和零雇短工不同的地方只有：扎工是一个集体出卖的劳动力，他们不是单个人和雇主发生关系而是集体地和

---

① 事实上，有许多扎工的形成就是先由两三个人的变工锄草，在锄完自己的地以后又给人锄草，这样逐渐扩大而成了扎工的。

雇主发生关系。在扎工的内部来说："空工"，本来是集体劳动所产生的利益的一部分，现在为不参加劳动的功德主分去了一半（功德主大多是不参加劳动的），就是除了种种开销，它到底还是一个有利可图的事业。此外，过去有的功德主还在工人中勾引聚赌或是出卖洋烟，诓骗工人的工资，或是高价出赁出卖工具等方法以剥削工人。由于以上扎工的工人也是采取雇佣劳动的态度，不像变工那样每人都是给自己劳动那样精心、认真，特别是主家管的饭不好，工人常常故意怠工，所谓"掌柜的不给吃好的，砍了大的留小的"（指锄草时留苗而言），"你哄我肚皮，我哄你地皮，地皮不长，怪你运气"一类话在扎工中就很流行。因此过去贫家小户即使地荒了他们也是拉不起工的。

参加扎工的短工，山南塞北，什么地方人也有，什么样脾气的人也有，人多嘴杂，常常发生吵嘴打架以致把工闹散。有的工头、功德主则施行高压手段，对工人打骂、罚跪。所谓"宁带一营兵，不带一个工"，可见过去领一个扎工不是件容易事。

（二）唐将班子

唐将班子是关中特有的一个名称。它的内容和陕北各地的扎工是相同的，不过由于地方特点，唐将班子在组织上、习惯上也有许多和扎工不同之处。唐将班子在关中分区的山川地带颇为流行，这些地方都是以"秋田"为主要作物的。唐将班子是由陕南的山阳、镇安、商洛一带的移民传播过来的，所以也为这些移民所乐用。以麦为主要作物的塬地上居民（多为老户）则惯用搭庄稼一类互助形式。

唐将班子以用于锄草为主，用于开荒的较少，至于割麦，则从来没有成立班子的。原因是：麦子是全关中分区的一种主要作物（占全分区谷物的60%），在麦子成熟时需要比任何庄稼都迅速地收割，需要大量的外来劳动，因此在塬上割麦时都用赶麦场的短工而不成立班子。①

① 赶麦场，这才是真正的集体的雇工组织。在关中、陇东一带都有之。麦子是从地势较低的地带逐渐向较高地带成熟。所以各地农村就有大批劳动力随着麦子的成熟一路当短工出雇割麦，一个村的赶麦场的短工多半是推举一个人当"帮头"，负责交工资，计算地面，分发工资等。

班子的人数多半在十个人以上，多者至三四十人，以十五六人为最普通。成立班子的人叫作“包头”（相当于扎工的功德主），他的好处是从每个工人的工资内抽取十分之一到二十分之一，一部分作为下雨天管饭和各种零用，其余归“包头”所有。班子的工头叫作“领头”，一般没有什么额外报酬。他的管账叫作“书班”，过去的规矩是散工时班子给他做工一天，工人不要工钱。

像扎工一样，唐将班子也可以分为三种。第一种是完全由短工组成的，这叫作“客班”，它是以出雇为主，所以也叫作“卖工班子”。纯粹由当地农民组成的变工性质的班子叫作“换工班子”，这是第二种。第三种是一部分当地农民和雇来的短工混合组成的。这几种班子互有利弊，和三种扎工的利弊完全相同。

在许多习惯和规矩上唐将班子和扎工也是大同小异的。例如淳耀县的唐将班子过去就有下面这些规矩：1.天明上地，太阳落回来，迟到算半工；2.一天五火六烟（休息五次，吸六次旱烟）；3.不准二人同时大小便，违者罚背柴一捆；4.开荒时不准说话也不准唱，锄地时则可尽量“吆号子”[①]、唱小调、唱戏；5.人不到齐不许吃饭，违者罚跪吃一碗饭；6.盛饭时不许说话；7.吃饭时不许把汤泼在地上；8.不许把帽子戴在锄把上；9.不许把馍泡在碗里吃。

上面对于扎工特点的分析同样适用于唐将班子，不再重述。

三、兑地

“兑地”，或者叫作“换地”，是农民相互调剂土地惯用的一种方式。兑地又有“死兑”和“活兑”之分。所谓“死兑”是两家农户为了耕作便利

---

① “吆号子”就是当一个班子望见另一个班子的时候，许多人一齐尖着嗓子发出“噢嚎嚎嚎嚎……”的呼声，意思是要求对方唱小调。唐将班子有许多流传的和自编的小调，他们互相唱和，有时是表示友情，有时是互相诮骂。他们的生活是活泼的，所以劳动效率也高些。扎工也是一样。

各把他们所有的一块土地相互交换，交换之后土地即永远归新主所有；在土地数量不相等，质量不一致的时候，一家还有时找出些钱给另一家。所谓“活兑”也是两家农户相互交换土地，不过这时交换的不是土地的所有权，而是土地的使用权，他们只是为了耕作便利暂时交换耕种，所有权仍是原主所有，双方都可以随时取消这种交换，所以它是“活”的。活兑的双方若是土地数量不相等，质量不一致的时候，通常也是由一方给另一家出一些“租子”。

上述的“死兑”可以看作土地的相互买卖，“活兑”则可以看作土地的相互租佃。但是，若它们为小农户之间所采用时（大多数是小农户之间所采用的），它就成了土地的相互调剂的性质了。可以说，这是小自耕农民之间在土地买卖和土地租佃的表面形式下所进行的土地调剂。

譬如甲、乙两家农户，甲农户在村东二里远有半垧耕地，在村西二里远有半垧耕地；乙农户也是在村东有半垧耕地，在村西有半垧耕地都是和甲农户毗连的。甲农户进行生产时必须时而跑到村东，时而跑到村西（有时是在一天之内），浪费许多时间，它又使庄稼的及时照顾，土地的较合理使用为不可能，它更使得这家农户采用变工、扎工等劳动互助方式为不可能。乙农户也是同样的情形。现在两家把土地调剂一下（无论是死兑或活兑），那么在进行生产时甲农户只需到村东去，乙农户只需到村西去，在双方都节省下了许多无谓浪费的劳动力和畜力，庄稼也较能及时照顾，土地也较能合理地使用，它又使这两家农民都有了和别人进行劳动互助的可能（后面这一点还不是农民兑地时的主观出发点）。

从这个例子可以进一步看出兑地虽属土地调剂的性质，但它的主要目的还是为了节省与调剂劳动力，客观上它使集体劳动更有了可能，我们无妨把它看作劳动互助的一种。

另外，有些小农户为了轮种（调查）关系，自己土地不敷调剂，也往往相互兑地。

兑地是边区农村旧有的调剂土地的方式，在1943年的生产运动中，我们还没有得到这样的材料说明这种调剂土地方式的发展，但是在劳动互助运动的发展中，这种方式是可能而且需要发展起来的，所以我们特别在这里加以叙述。

四、其他劳动互助形式

请牛对——家里劳动力缺乏或家景不好的农户，准备下一些肉、面请来几家以至一二十家有牛犋的农户（都是亲、友），吃上一顿饭，然后这些人用自己的牛犋帮助他开一天荒、种一天地。这顿饭就作为酬谢，以后再不还工或出钱。这种办法只见于吴旗县和陇东分区的某些县份。在陇东把它叫作“请牛会”（大概因为它和民间“请钱会”的办法有些相似）。请牛对是若干家农户对一家农户的单方面帮助，不过像这样大规模的，一二十犋牛同时在一家的土地上耕作还为其他劳动形式所少见。去年，吴旗县大大提倡了这种形式而把它变成农户中间的牛犋变工了。

锣鼓班子——与请牛对某点上相近的另一种互助，是关中一带所谓“锣鼓班子”。这也是若干家农户的劳动力帮助一家农户耕作。不过这种请班子的人多半不是贫苦农户而是比较富有的人，对于被请来的农民也没有什么利益，这就失去了互助的意义了。锣鼓班子近来已经不见了。

（王丕年、石毅：《关于扎工的几个问题》，
《解放日报》，1943年4月14日）

第二节　抗日战争时期边区农业劳动互助的新发展

一、内战时期的劳动互助

陕北的农民群众为了摆脱军阀、官僚、豪绅、地主的野蛮统治和各种残酷剥削，曾进行了土地革命的斗争，现在边区的一大半地区，都从那时起就取消了当时豪绅地主的封建土地占有和他们对农民的封建束缚，而把土地

分配给了劳动的农民。这就造成了小农经济发展的广阔前途。当时的苏维埃政府为了帮助农民发展生产，曾根据江西的经验普遍组织了“劳动互助社”“耕牛合作社”“农民生产小组”“杂务队”，（半劳动力作农业辅助劳动的组织）“优红代耕队”（或称义务耕田队），“妇女生产小组”等劳动互助的组织。不过当时农民群众正在经历残酷的内战，应付着反动武装的不断“围剿”，农业生产受着严重的破坏，一般说农业生产是向下低落的；农民群众从斗争中所得来的土地和各种革命的果实还是不稳固的，也还不能立刻造成他们普遍的生产热忱。由于这些主要原因，上述的各种劳动互助组织，除了“代耕队”之外，都不起什么作用。相反，由于农业生产的低落和耕地面积的缩小，民间原有的各种劳动互助组织也呈现着衰退的现象。比较明显的如延安县、安塞县等地过去每乡都有一两个扎工，内战时期它们都绝迹了。

农业生产的下降，民间原有劳动互助的衰退和“劳动互助社”等组织还没有为农民群众所接受，没有起大的作用，这就是这一时期边区劳动互助发展的特点。

二、1937至1943年以前时期的劳动互助

国内和平以后，边区的农民群众得到了休养生息；他们逐渐收获着从革命斗争中所得的果实，在边区内未分配土地的地区，也执行了减租减息的政策，减轻了农民所受的封建剥削。共产党和边区政府用各种办法来减轻人民的负担和帮助农民发展生产；在这种帮助之下，农民群众的生产积极性提高了，这一时期边区的农业是一直向上发展的。边区的耕地面积逐年来迅速扩大，农业人口不断增加，牲畜和粮食收获量也是不断上升。特别是在经过了分配土地的地区，由于农业生产的发展，农业劳动力的增加速度是远落在耕地面积的扩大之后，在这些地方，虽然有大量移来的新户，而劳动力仍然感觉不足。如何调剂农村劳动力的问题，在实际生活上是早已被提出来了的。这个又表现在延属分区的一些地方：民间原有的各种劳动互助自发地增长起

来，例如延安、安塞一带的扎工的数量，在1940年大致已达到并超过了土地革命以前的水平。

虽然农村有调剂劳动力的要求，虽然民间旧有的劳动互助在自发地增长着，但是从内战时期就组织起的“劳动互助社”等，依然是不起作用。基本原因是由于它们不是农民群众自愿的组织，而是自上而下地按乡、村抄名单式地组织起来的空架子。许多农民还认为它们是政府为了动员义务劳动的组织，所以他们愿意自己组织变工、扎工，而不愿意把“劳动互助社”等充实起来。1940年以后，这些组织都非正式地取消了。

在这个时期，边区的个别地区曾根据农民的要求和觉悟，利用民间旧有的形式组织了劳动力，而且起了很大的作用。例如延安县为了完成1942年开荒八万亩的任务，曾组织了487个扎工，另外吸收4939个好劳动力参加集体劳动，占全县的全劳动力的三分之一，在开荒期间的三分之一的时间内，就完成了58%的开荒任务。在这之前，延安县也曾因为发动运盐，防止耕地荒芜，进行组织人民的变工、扎工锄草。不过，延安县的这些经验还没有及时普及到边区的其他地区，组织人民的劳动互助的工作也没有引起大多数地区党政干部的注意。

这一时期边区劳动互助的特点是：农民生产情绪的提高，农业生产的增长和自发的劳动互助的发展，而全边区范围各地的领导农业生产的工作（除个别地区外）还落后于这种情况，旧的不起作用的各种劳动互助组织取消了，民间旧有的各种形式的劳动互助仍是自流地进行着。

三、1943年劳动互助的新发展

1942年年底召开的西北局高干会确定了发展农业生产是边区的第一位工作，而组织劳动力又是发展农业生产的中心关键。在毛主席为高干会所写的《抗日时期的经济问题与财政问题》中特别指出：“各县应以大力组织劳动互助，大大地发展农民的集体劳动”，把它作为农业政策之一。又总结与发扬了延安县的经验，要各县普遍提倡变工、扎工。从此以后，全边区的劳动互助走上了一个新的、自觉的发展阶段。

1943年全边区用各种各样劳动互助形式组织起来的劳动力的数目，现在还没有全面的统计，下面我们根据已有的不完整材料，分春耕、夏耘和秋收三个时期来加以叙述，最后再予以估计。

春耕时期，在关中、延属和陇东三个分区（延属分区缺一个县的统计）共有4588个变工队，参加的劳动力32081人。扎工和唐将班子553个，参加的劳动力5919人。集体开荒队75队，参加的劳动力1365人。在上述各分区中，有组织的劳动力的数目在全部农业劳动力的数目中占比例最高的是关中，为36%。其中同宜耀的唐将班子共134个，参加的劳动力1504人，占全部农业劳动力的63%。陇东分区有组织的劳动力数目占全部农业劳动力数目的20%。延属分区各县的统计都不完整，其中延安县有组织的劳动力占18%，安塞县有组织的劳动力占26%，固临县占28%，全分区有组织的劳动力约占全部农业劳动力的15%以上。

以上是根据建设厅的统计数字，至于三边和绥德分区在春耕期间组织的劳动互助的数目，我们根据下面一些零碎材料，可以看出它们也是有了相当的发展：

在春耕期间，三边分区的靖边县111个扎工队，149个变工队，参加的劳动力2000余人。定边县只有一个区的统计（四区）参加变工的劳动力458人。在绥德分区，我们只有个别区乡的统计。如绥德义合区的二、三、九三个乡参加变工的就有1023人，全区参加变工的占全部劳动力的90%。同县的沙滩坪、四十里铺区参加变工的人数都很多。米脂的官家湾村全体农业劳动力都参加了变工队。此外在今春绥德分区的减租运动中，许多减租会在取得减租斗争胜利之后，领导了本村的生产，组织了变工。

以上就是春耕期间各地各种劳动互助的统计。

在夏耘期间，各地的统计更不完整，但是有一点可以确定：即由于锄草只由人力参加没有畜力参加比较更容易组织，而且农民早有在锄草时期组织扎工和唐将班子的习惯，所以夏耘时期参加劳动互助的人数更多了。不但大多数春耕期间组成的变工、开荒扎工、开荒班子，都能保持不散转变成为锄草的变工、扎工和班子，而且又增加了新的变工、扎工和唐将班子。不但吸收了全劳动力参加，而且吸引了一大批半劳动力（妇女老汉）参加。

例如陇东的锄草变工参加者共13547（队数缺一个县统计），占全分区劳动力的33%（春耕时只占20%）。延安县的变工和扎工1047队，参加者占全县劳动力的63%（春耕时只占18%）。安塞县锄草时间组织了420个扎工队，参加者4063人，558个变工队，参加者3310人，共占全县劳动力的80%（春耕时期只占26%）。甘泉县参加锄草变工扎工的占全县劳动力的59%（春耕期间只占15%）。志丹县组织了414个变工队，参加者3100多人，85个扎工队，参加者800多人，27个妇女变工队，参加者168人，以上共占全县劳动力的63%（春耕期间只占4%）。三边分区的吴旗县组织了268个变工队，参加者2027人，占全县劳动力的32%。靖边县春耕期间的变工队、扎工队，都转变成为锄草的变工、扎工队，又增加了许多新的变工、扎工队，个别乡的统计也达到占全部劳动力的50%到80%。

秋收期间（收割、打场）的劳动互助，许多地方采取了发动全体农户全家上山，进行小规模的三两家变工。大多数长期的大变工都采取分为几个小组的办法。关中的许多锄草班子这时又转变为秋收班子，早上割，下午背，晚上打。有些地方配合着进行了上粪开秋荒等工作。因为秋收为期较短，有些地方落霜早，庄稼受了冻，抢着收割，又因为秋收可以全家上山（“收秋无老少，一人一镰刀”）等原因，所以许多农户没有变工。我们只有个别区乡的统计，不再引它了。

要了解1943年劳动互助发展的规模，可以把个别地区劳动互助组织过去的数量和今天的数量作一个比较。例如同宜耀过去全县只有22个班子，1943年春天就有了134个，增加了6倍多；参加人数过去只有350人，1943年春天就有1504人，增加了4倍半。淳耀县原有搭工35个，1943年春天就有193个，增加了8倍，参加人数原有117人，1943年春天就有2304人，增加了20倍。绥德义合区3个乡的统计，过去参加变工的285人，1943年就有1023人，增加了几乎4倍。至于陇东、三边许多地方，过去农民很少变工或是差不多没有劳动互助习惯的，1943年也组织了很多的变工和集体开荒。根据以上可以估计，1943年全边区各种劳动互助组织比较过去至少有了4至5倍的发展。

若是综合上述做一个慎重的估计，可以说1943年在全边区春耕期间有

10%到15%，在夏耘期间有40%左右，在秋收期间有30%左右的劳动力参加了各种劳动互助组织，我们再去掉一部分不起作用的互助组织，那么可以估计去年有25%的劳动力参加了劳动互助组织。它的数量是比过去至少增加了四五倍。

再从地区上观察：虽然它的发展程度在不同地区还是不一致的，但是除个别地区成绩较少外，在全边区范围内不论是经过土地革命的地区或是未经过土地革命的地区，不论是劳动力缺乏或是劳动力过剩的地区，又不论是过去有劳动互助的习惯或是没有劳动互助的习惯的地区，都普遍组织了各种各样的劳动互助。

这种普遍大规模发展起来的劳动互助组织，绝大多数都是农民自愿参加的，实际起作用的，所以它不同于内战时期的“劳动互助社”一类组织。另外，它虽是从民间旧有各种劳动互助形式发展起来的，但它的意义已经根本不同于民间原有的劳动互助了。上面已经指出民间原有的各种劳动互助的特点之一就是它数量之微少，规模之狭小，只能成为小农经济的补充物，在整个农村经济中不占重要比重；现在这些劳动互助组织已经真正吸收了约四分之一的农村劳动力参加，在整个农村经济中占着重要的比重。单单数量的空前发展一点，就使我们再不能以旧的眼光来看它了。

第三节　劳动互助在发展农业生产上的作用

陕甘宁边区所处的环境在一个时期内还使我们不能采取真正现代化的农业技术，但是我们能不能在现在比较落后的技术基础上面，把边区的农业生产力大大提高一步呢？一年生产运动的经验证明了这是可能的。我们先把若干村乡去年的收获和前年的收获作一个比较吧。延安县吴家枣园村1942年的收获是一百四十一石五斗，1943年是二百五十六石七斗五升，增加了81%。安塞马家沟村1942年的收获是八十三石七斗，1943年是160石，增加了86%。淳耀白塬村1943年的收获比1942年增加了200石，每亩比邻村多收七升至一斗。延安念庄的变工队1943年收获比1942年增加了几乎一倍。华池城壕村1942年的收获是170石，1943年是280石，增加了60%。上面这些村庄都是1942年未实行劳动互助，1943年实行了劳动互助，而且实行得比较好，因此大大地提高了生产。

我们再把实行了劳动互助和没实行劳动互助的个别农户来比较一下。延安县念庄，变工的农户12个全劳动力，6犋牛，收粮一百二十五石四斗，未变工的农户23个全劳动力，10犋牛，收粮158石，按劳动力平均，相差60%多。

再根据延安县南区区长估计，去年全区收获为20900石，其中因为组织变工、扎工多收了5290石粮食。又据新正县三区二乡乡长估计，全乡因为组织班子去年可多收粮400余石。

上面所引的材料绝不是个别的现象，而是从任何方面都证明，只要真正组织了劳动互助就可以或多或少的增加粮食，组织得越好，增加的粮食越多。

为什么一实行劳动互助就能多打粮食，劳动互助有些什么好处呢?

一、实行劳动互助提高了劳动效率

实行劳动互助的时候有许多人、牲口同时在一个地点劳动，能提高劳动效率，例如十个人集体劳动，在同样长的劳动时间内就能作出十三四人的活来，就是说提高百分之三四十的劳动效率。这是由于下面的一些原因：

（一）许多人在一起锄地或是几犋牛在一起耕地就能提高劳动情绪，人和牲口都不肯疲乏，又能互相督促和引起他们的竞争心。一个人或是一犋牛做活的时候，吊吊搭搭，无精打采，不久人也困了，牛也乏了。若是人和牲口一多，人有说有笑，手底下自然快起来，牲口也精神起来。一个跟上一个，谁也不肯落后，暗地里就互相竞赛起来。例如关中的唐将班子发明了“装口袋”“吃地球”等个人竞赛办法，谁落在后面，就要被众人嘲笑。人一多又可以互相督促，所谓“三懒一勤，想勤不得勤；三勤一懒，想懒不得懒”，所以这时候劳动强度的增加是自然而然的。

（二）做起来可以“赶急”“不违农时”。无论是播种、锄草、收割，都需要在一定时机进行，不然庄稼就受损失。集体劳动的时候，人力就可以得到调剂，可以先集中力量锄草大的地，或先收熟了的庄稼。这样做得又快，庄稼又好。

（三）人力和畜力能得到适当的搭配和发挥，例如一犋牛播种需要两个人，两犋牛分散下种需要4个人，但若是集体劳动3个人就够了。5犋牛分散下种需要10个人，若是集体劳动7个人就够了。这时候7个人就可以做10个人的活。再例如用牲口送粪，分散劳动的时候一个人只能吆自己的一个牲口，若是集体劳动一个人就可以吆三四头到五头牲口，这时候一个人就可以做五个人的活。

（四）集体劳动可以把人分开担任不同的工作。例如扎工和唐将班子有的是由一个技术好的人专门修理全部的工具，还有的在开荒时候抽出两个人专门刨梢。这样的分工也可以节省很多的时间。

（五）集体劳动人们可以互相帮助，消灭劳动力强弱的差别。例如几个好的劳动力，夹杂上一两个较弱的劳动力，大家稍微帮助一下，就可以丝毫不影响全体的劳动效率。

（六）集体劳动还有许多其他可以提高劳动效率的地方。例如5个人收割，每人割一小把，当时就可以合起拧成一大把，不必像一个人收割的时候那样必须一小把一小把放在地上然后再收一遍。许多人装车装牲口就可以省下牲口和大车空等的时间。许多人同时锄草可以一下把草锄光，不像一个人锄一大片地，锄到这边又荒了那边。

总之，劳动互助的第一个好处就是它能把多数的人和牲口集合起来，发挥“单纯合作”的作用。同样的人力、畜力在同样的劳动时间之内就能得到更大的结果。

二、实行劳动互助延长了有效劳动时间

实行劳动互助可以把人力和畜力都用在有效的劳动上，节省了许多不必要的浪费的时间，也就是实际延长了有效的劳动时间。例如一个人上山劳动，往往是吃过了早饭才去，到了山上一看一大片地，叹口气，休息一会儿，东看看西望望把时间都浪费了。晌午又要回来吃饭，晚上天不黑就早早回来了。农民家里都有些琐碎事情，有的时候一耽误一天就不上山了。若是集体劳动，人们都觉得这么多人同时劳动一定要时间抓得紧些，往常一个人耽误点工夫不要紧，人多了就耽误不起（给谁家劳动的时候，那个主家特别是这样感觉，所以他也特别操心）。人们互相督促，早早就上山了。所谓“三早折一工”能多做出很多活来。早饭和午饭都是送上山去吃，省下了来回走路耽误的时间（所谓“人多下苦下在山上，人少下苦下在路上”）。平常送饭，一个人劳动要一个人去送，十个人劳动要两个人送也就够了。一个人劳动，休息的时间没有一定，集体劳动有人负责，休息的时间也缩短了。晚上，剩下一点地，每人多锄几锄头也就完了，所以回来的也晚些。再则大家变工不能因为家里有一点小事就不去给人家还工，因此，劳动互助的结果是上山早，回的晚，休息时间少，少跑路，少误工，实际上延长了有用的劳动时间。

此外，劳动互助可以节省其他方面的许多浪费的时间。例如许多变工队把全体队员要办的琐碎事情、买东西等工作交给一个半劳动力代办。变工轮流在各家吃饭又节省下妇女做饭的时间，可以腾出妇女们的时间做其他工作。

三、实行劳动互助可以造成群众的普遍的劳动热潮

实行劳动互助的结果可以造成真正群众的普遍的劳动热潮，不但能把全体农业劳动力吸收与组织到生产中来，而且能推动许多半劳动力和迄今还站

在生产战线之外的劳动力，把他们也吸收与组织到农业生产中来。

凡是成立了劳动互助的农村，农村已不是一户一户各不相关地孤立劳动，而是成了一个有组织的劳动队伍，为着一个确定生产任务而奋斗。党和政府提出的生产号召、生产任务经过劳动互助组织更容易贯彻到底，生产中的积极分子和劳动英雄更容易实现他的领导与推动作用，农民更容易相互学习生产技术和交换生产经验。分散劳动的农民有很深固的保守观念，不肯采用新的农作方法和新的技术，但是在组织起来之后，就能打破这种陈旧的保守观念，使他们接受新的农作方法和新的技术，这是一个方面。

另一方面，把参加生产的劳动力组织起来之后，就能刺激与推动迄今还未参加生产的劳动力和半劳动力，把他们也卷入生产的热潮中间来。在去年的生产运动中间有无数这样的例子。

在赤水、新正、吴旗、曲子、志丹、定边以及其他许多地方出现了许多妇女的开荒、锄草的班子和变工队。例如赤水的一区四乡有三个妇女开荒班子，赤水要险村有两个妇女开荒班子共8个人，两个班子互相竞赛，有的妇女每天能开荒五分。同宜耀的28个妇女开荒八十五亩半。淳耀的38个妇女开荒七十六亩三分。新正的19个妇女开荒四十二亩半。吴旗县有7个妇女锄草变工队共69人，志丹县的妇女锄草变工队有的还向男子变工队提出挑战。除了参加农业劳动以外，有些妇女还在给变工队做饭、送饭、喂牲口等劳动上进行了变工。在秋收的时候除个别地区外大多数的妇女参加了秋收劳动。

其次，各地还出现了许多老汉和娃娃的变工队。开荒运动中在各地曾有六七十岁的老汉和十几岁的娃娃参加开荒，例如新正一区九乡78岁的王老汉开荒3亩，淳耀69岁的董发宽开荒14亩，新正11个娃娃开荒36亩，延川永远区三乡5个娃娃的变工队开荒15亩，固临安泰区孟家村7个娃娃的变工队开荒40亩。

再在鄜县、同宜耀都出现了商人的开荒变工队。同宜耀衣食村的商人说“若要发，买卖兼庄稼”，80个商人开了一百八十六亩半荒地。甚至连庙官、瞎子（庆阳）都参加了开荒运动。

最后，各地还出现了许多二流子参加劳动互助因而转变并成为变工队的队长和组织二流子变工队的例子。延川的465个二流子中参加变工的83人，参加扎工的32人，同宜耀衣食村的一个二流子班子开荒47亩，并不比一般劳动力差。有的把甲村的二流子编到乙村的变工队，乙村的编到甲村，以免他们回家偷懒（靖边），有的把二流子编入变工、扎工后减少了大家在地里的牵挂，免得二流子偷东西和到婆姨家里溜达（志丹）。

总括以上，劳动互助的好处就在于它能提高劳动效率，延长有用的劳动时间，组织广大群众的生产积极性和吸收更多的劳动力到生产中间来。这样它不但能解决地广人稀地区一部分劳动不足的问题，就在劳动力不缺乏的地区，它也能使得农民有更多时间来扩大耕地面积（开荒），改良农作方法，兴修水利和经营副业。

四、劳动互助在开荒、改良农作方法和经营副业上的作用

我们下面再引证部分材料来具体说明劳动互助在去年生产运动当中的开荒、改良农作方法和经营副业上的作用吧：

关中分区的报告上说："关中分区今年春耕任务能够顺利完成并在开荒中超过计划，劳动组织之充分利用与改造是起着很大作用的"，例如"……新宁五区四乡未组织前40天只开了70亩荒地，干部只每天空喊'都开，都开！'，之后组织了13个搭工，参加的161人，6天就开了461亩"。安塞县原计划开春荒四万亩，结果开了73000亩，据县委的报告说："本年全县开荒超过原计划之一倍，是因为有效地组织了变工队，提高了劳动效率和热忱。"再例如合水县自3月至4月底全县只开荒10653亩，5月1日以后只十一二天内因为切实地组织了劳动互助就开荒13701亩。吴旗县去年秋开荒66943亩，就因为该县广泛组织了"请牛对""合牛对"变工等劳动互助组织。

各地去年的春耕和秋收，凡是组织了劳动互助的地方都能提前四分之一到三分之一的时间完成，材料再不多引了。

在荒地缺乏的地区，提高收获量主要的方法也是更好地组织劳动力使农民有更多的时间来改良农作方法。例如淳耀白原村去年每亩比邻村多打粮

七升至一斗，据劳动英雄石明德说它的原因是，“因为全村搭工，所以能够：（一）去年（1942年）全村实行了秋翻地；（二）今春捡畔一律刈光；（三）所有庄稼一律锄草三遍”。赤水的劳动英雄陈建伯说：“变工的好处是可以多耕、多锄、多上粪，所以别人的地打三斗，我的地能打5斗。我村的变工队曾和不变工的邻村梁五地村比较过。我队有16个劳动力，11犋半牛。梁五地村有24个劳动力，20犋牛。我队锄麦360亩只7天，梁五地村锄180亩用了十三四天。我队锄秋田三次，有一次6天就锄了180亩，梁五地村7天才锄了110亩。种麦的时候，我队6天种了350亩，梁五地村12天种了500亩。收秋的时候，我队8天收了240亩，梁五地村15天才收400亩。”华池劳动英雄张振财的城壕村变工的结果，除开荒地200亩之外，比去年地多翻了一次，多锄一次草，还抽牲口运了两次盐。

为了证明劳动互助在改良农作法和发展农村副业上的作用和劳动互助在地少人多的地区也需要提倡，我们摘引一段去年10月18日《解放日报》登载的米脂一个变工队的报道：

米脂七里庙的模范变工

七里庙，位于米葭大路两旁，居民较分散和贫穷，共51户，全劳动力40个，半劳动力4个（17个无地种南下跟工的全劳动力在外），耕种土地512垧（其中租地306垧），每人平均地二垧半，每劳动力平均种地12垧，不够种。耕驴共21头。土地分配较平均，种地顶多的只一户，耕种42垧，其他皆十来垧左右，因此外出跟工、打短工者很多。

变工队，去年就有73%的劳动力参加，甚至有早在五六年前就一起变的，但那多是无组织的、零散的活变。经过今年政府的动员组织与领导后，该村变工队已发展至96%以上，比去年增加了23%。参加变工的耕地面积四百七十九垧半，耕驴19头，变工的方式已由自流的活变转为有组织、有领导的固定变（一年变到底）。现在不参加变工队的只有高照光（村主任事忙，全劳动）与李生章（有病，半劳动）2人，共耕地33垧，耕驴3头。

变工之后有些什么好处呢？仅就这半年来说：

（一）农作法的改进。以整地与播种谷子来说明，1942年安谷82垧，壕谷7垧，撒谷43垧，溜崖31垧，拍畔36垧，打水窖48个；1943年则安谷一百零八垧半，壕谷32垧，撒谷24垧，溜崖55垧，拍畔44垧，打水窨104个。

夏耘上也比较细法了。在总耕地中除10%的冬麦外，其他田禾（谷、黑豆、高粱等）90%以上能锄到4次，而在去年则锄3次的较为普遍。今年所以能够这样，是由于变工之后“人手宽套”了。农民们说：“4个变工，一早就省出3个送饭工，每家的杂活（担水、扫溷）还都误不了，三早就顶一工哩。”而在生产效率上也提高了，如集体劳动“红火”（热闹），情绪高，“不怕狼”，可晚归，互相“协膘”（督促、竞赛），稍带的也把一垧地锄过了等都是事实。

（二）剩余劳动的盈利。21个耕驴中有7个经常走米脂城、桃镇等地驮贩炭，都是一天来回。变工以后，可保证每集都去驮，每月驮6次，今年9头驴共驮329次。每次除来往盘费外，可赚150元，共可赚48600元，其他零碎驮贩及捎驴驮炭节省的人工尚不计在内。

有10个人，变工之余出外跟工、打短共290天，赚27000元（还有一个脚户变工队的收入没有计算）。

总合起来，根据这个不精确的统计，仅此半年当中（从二月组成变工队至七月底），由于变工的结果获取额外（土地之外）盈利近9万元，因此在变工队的会议上，队员们说：“公家真是为咱想，咱们把这好处吃清了（明白了）。这半年总赚了9万元。”

现在来看一个好的变工队是怎样变的吧！

李善珍队：共8个人，耕地95垧，耕驴三头半（计李善珍地12垧；善玉地10垧，驴半头；善来地13垧，驴1头；善开地10垧；善钧地16垧，驴1头；善久地14垧；高照亮地10垧，驴1头；姜汝华地10垧）。

他们是并种地，即把地打散，做完一家的再做一家的，或者谁家急切就做谁家的，以一工还一工计算。给谁家种，早午饭即在谁家吃，早起留一个人在家等饭，捎带把上山人家的水担下，其他都上山（地多时8人一起，地少时分为两组）。在耕作上，他们采取“化零为整”与“化整为零”的竞赛方式，如在锄草时，遇上圪梁或零块的坡洼地，就把几人分散，从地边上开始，吃饭时集中到山顶，看谁在先，谁落后，而遇到大块较平的地时，则并排着锄，互相“协膘”，锄得很快，这是竞赛的办法。从二月到现在，他们得到的成绩如下：

（一）农作法的改良：

1.人工掏地，众人称他们为“镢头工”，谷地差不多都是掏的，因为人工掏地掏的深，比牛耕强，去年八家中只掏地两垧（李善珍），今年共掏地十四垧半，增加了七倍余。

2.整地：

（1）溜崖：去年三垧半，今年14垧；

（2）拍畔：去年二垧，今年9垧；

（3）摇圪塄：去年无，今年9处；

（4）打水窖：去年无，今年25个；

（5）拨水沟：去年的老水渠不计，今年的较大的水沟有39道。

3.播种的细法：以31垧谷地来说，去年撒种5垧，今年只撒种1垧，其余皆安种。

4.多锄一次草：除18垧麦地外，锄过四次的有43垧，三次的有27垧，种完老麦以后，一齐锄完4次。

5.增加了肥料：单说18垧麦地，去年上大粪66石，干粪169袋，今年上大粪81石，干粪184袋。他们本来牲畜很少，为什么反能增加肥料呢？主要是靠变工所省出的剩余劳动打短或驮贩炭赚的钱向城里购买，今年光买粪钱花2300元，其中只有李善珍从家里补了一斗老麦。

6.现在他们已把18垧麦地粪都送上，计划种完麦后，把31垧谷地被虫蚀的连根挖掉，并翻秋地13垧，以防来年害虫繁殖。

（二）余工盈利：

春耕完后，四月间，抽出3个人出外跟工，未种完的庄稼（糜子、洋芋），留给家里的人去料理。

李善珍，出外烧一个月石炭，赚2700元。

姜汝华，出外包一月工，赚2250元。

李善开，出外盖桥一月，赚1350元。

在家的5人，除负责料理各家的庄稼外，有驴的如李善钧、善来、高照亮，还“吊打”的去驮炭卖，每人驮了12次，共赚一万元，驮时多半是捎驮

（一人赶二驴），可节省一个人工（捎一次还工半天）。最近因种冬麦和快要收秋的缘故都在家里，李善珍集合了四人向该村石炭窑以2400元包了14个工掏土，但4个人4天就完工了，集体劳动的结果又省出6个工来，每人赚到300元的工价，而节省的工就以原工价180元计，最低限度又可赚1200元。

合算起来，只半年工夫，眼看到的这8个人共得到22500元的收入。若将新增的地也折成价，则将多有万余元的收入，无怪他们变工愈变愈起劲，众人愈看愈眼红了！

去年边区的生产运动证明了：发展农业生产的中心关键是组织劳动力，而组织劳动力的首要工作和最有效的办法又是组织农民的劳动互助。经过劳动互助就可以发动农民的普遍生产热潮，造成真正群众性的生产运动，吸引更多的劳动力到生产战线上来。这样就可能多开荒地，多耕、多锄、多施肥，改良作法，兴修水利，以达到增加粮食产量的目的。这是在今天条件下提高农业生产力必须遵循的道路。不但这样，由于劳动互助的发展造成了我们进一步改良农作方法，增修水利，使用比较进步的工具（如风车、水车、耧等）的可能与便利，给农业生产力的进一步提高造成了有利的条件。

第四节　新的劳动互助的组织形式

一、几个模范的劳动互助组织

去年劳动互助的发展，在边区的不同地区是根据农民的不同劳动互助习惯和不同的具体条件，广泛地利用了各种各样的旧有形式。在进行劳动互助中间，各地的农民群众又根据实际生活的经验，发展与改造了各种旧的互助形式。因此在边区去年曾出现了许多模范的新的劳动互助组织，给边区劳动互助将来进一步的发展开拓了一个新的方向。下面我们选择出几个典型的劳动互助组织来作为代表。

（一）白原村式变工

1.它是一个行政村（计三个自然村，都相距不过一二里路）包括全部72家农户的大变工。

2.它不但把全村的男子全劳动力都组织起来做主要劳动，它还把6个老汉组织起来变工垫圈、割草、做零活，把11个娃娃组织起来变工放牛、开荒，把21个妇女组织起来变工做饭、锄地、纺织。

3.它不但把全村的耕牛组织在搭工组里，它还把全村的驮运牲口组织成为运输队。

4.它是全年不散的变工，耕种时是9个搭工组，开荒时变成4个开荒班子，锄草时还是4个班子，收麦收秋时又变成9个搭工组。此外开秋荒、修埝地、秋翻地和各种农事的准备工作，都是变工进行的。变工的组织是随不同的劳动而灵活变更的，每次变更都由大家民主决定。村主任石明德则担任总的领导。

5.变工队还进行了开义仓地、运盐、优抗、送公粮、自卫动员的工作。

这是从“搭庄稼”形式发展而成的变工队的典型。

（二）马家沟式变工

1.它是包括全自然村14户的大变工。

2.它把全村的15个全劳动力、10头牛、10头驴，都组织在4个组里。

3.它也是全年的变工，全队在春耕时按牛犋好坏和相互关系分为4个小组，变工开荒、播种，没有牛犋的农户则用人工变牛工。锄草时把9个劳动力吸收几个短工组织成一个扎工。又以7个劳动力组织成一个变工。秋收时则按7个组进行收割、背、打。

4.除农业外还朋伙放青运盐，变工进行优抗。

这是一个大牛犋变工队的典型，其中又包含了人工变牛工，人工的变工和锄草扎工。它和白原村变工的不同处是包括的农户比较少，半劳动力还没有组织，变工应用的范围也没有白原村广泛。

（三）吴家枣园式变工

1.它是包括全村22个全劳动力的人工变工。半劳动力及牛犋均未参加。

2.全村是一个变工队，按劳动力强弱及相互关系分为3个小组。

3.从开荒、锄草，到秋收全年变工不散，都是按三组进行的。这是一个人工的大变工的典型。

（四）后殿村的唐将班子

1.取消了唐将班子和札工包头抽空工，抽工人工钱，高价出赁、出卖工具等一切办法。

2.取消了过去唐将班子的一切迷信习惯，增加了读报纸，教唱新秧歌等文化娱乐活动。

3.取消了包头、领头对工人的压迫，代之以民主的生活。劳动力强弱不同互相帮助，帮助难民。

这是一个唐将班子（扎工）的典型。

以上3个变工和1个唐将班子（扎工），去年它们都收到了极大的成绩，而且对于周围的劳动互助起了极大推动作用。其中最完备的是白原村式变工，它包括了一个行政村的全部人力和畜力在全年各种生产活动上的变工，这样全部的人力和畜力，都得到了最适当的配合和发挥，在不同季节和不同农业劳动上灵活编成不同的小组，各组之间又取得密切合作。这种劳动互助组织形式虽然在大多数地方或者还不容易立刻办到，但它应当成为边区大多数农村变工队努力的方向。

其次是马家沟式的变工，它包括了全部全劳动力和全部畜力，没有牛犋的农户可以用人工换进牛工，畜力和人力也得到比较完满的配合和发挥。其缺点是半劳动力还没有组织起来，所以成效也就不如白原村式变工大。这在组织半劳动力还有很大困难的农村，是可以效仿的一种组织形式。

再其次是吴家枣园式变工，它只包括全部全劳动力，而没有包括半劳动力和畜力，这个变工队由于附近有荒地，而且由于有领导地造成了热烈的开荒运动，所以开荒最多，增加粮食最多。不过，由于畜力和半劳动力没有参加变工，所以熟地增加收获的成绩就不如上述两种形式的变工。在组织牛犋和半劳动力有很大困难，而只能组织全劳动力的农村，仍是可以效仿的。

后殿村的唐将班子，应当成为边区各地的唐将班子和扎工学习的榜样。除了完全取消抽空工一点还不宜于普遍推行之外（若包头或功德主自愿不抽空工的当然也可以，不过在各地都提出完全不抽空工，恐怕造成扎工大规模发展的困难），其他办法可以完全逐渐推行到边区各地的。

下面我们摘抄关中报告中后殿村唐将班子的情况作为参考：

关中同宜耀后殿村的唐将班子

从前本地（同宜耀庙湾区二乡一行政后殿村）只有在每年锄地时才组织唐将班子，人数很少，去年（1942）也只有10个人，而且“换工”的时间少，都是“卖工”。为什么过去不成立开荒班子呢？原因是：“没有人出头成班子，人们都七嘴八舌的，每年春上吃的欠缺”。这说明过去不能成立开荒班子的原因主要是党、政的领导组织不够，没有解决他们的具体困难（吃粮和领班子的包头等）。旧历二月初五日区上干部在乡上召集了村以上干部会提出各村赶快成立班子，马上动手开荒。乡长（就是这次参加边区劳动英雄代表大会的代表田云贵）村主任都提出自己的开荒任务，会后他们回到本村去瞅对象。有一个赵天发，当过多年包头，即积极又有办法，群众中也有威信，他们马上找他和领头刘宗法，书班韩书礼商量，对他们说明开荒的好处：多打粮食是自己的，公山谁开下就是谁的地，私山上五年不出租子，难民开荒三年不出公粮，成班子开得快等对他们本身利益有关的道理。当时就顺利决定从第二天起（初六）就起班子。经过乡长、包头、领头回去一号召：“今年谁愿开荒，愿上班子做庄稼的，明天拿上镢头先给村主任换工！”第二天就有10个人自动来参加。不几天就增加到15个人，10天后就有了25个人，差不多包括了全村的劳动力。因为人数多了，就以3个小村子为单位分成3个小组，各选一个组长，每天早晨叫人，按时上地。开荒也是分为3组进行，每天比较3组的开荒成绩，互相竞赛。区上来人到班子上看过几次，给他们加了加油鼓励了一下，他们情绪更高了，开荒记录每天在增加。

这个班子和往年的不同是“卖工”少，“换工”多。今年班子上有3个“客班”，包头不抽他们的钱，只决定在散工时大家每人拿出一个工的钱会餐一次。客班的待遇和其他一样。没有镢头的由包头代买一把，在工资内按原价扣。这就去掉了过去班子上包头对工人的剥削。

他们又改过去的“五火六烟”为早晚休息两次，每次两袋烟的时间。又规定有特殊事不能来的要向包头请假，每人每天最少挖二分地（这一带地难开），每天工作完要洗手洗脚。他们又创造了“包工制”的办法，每天上山由包头划出二分地作为一个工，开了二分地算一个工，谁开四分地算两个工，代替了按天算工钱的办法（这叫“论工制”）。这样劳动力强的人积极性更提高了，例如赵天发一天就挖了五分地。“包工制”和“论工制”是灵活运用的，遇到太难开的荒地或是有新来难民参加的还是“论工”（按天算），以免他们吃亏。

他们在开荒时还采取了简单的分工，轮流抽出两人专门砍梢子，当时捆成捆，每天回家时每人背一捆，平均每人每天可带柴150斤，节省下上山砍柴的时间。班子上强弱不齐可以互相调剂，家庭的妇女也进行互助。当班子给某家开地的时候，包头就动员班子所有家庭的妇女帮助这家做饭，她们也采取换工的办法。

有一次有人怀疑班子上的账目不清，又有人觉得给自己挖地的时候人数来得少些，于是决定账目公开；每十天把账向大家公布一次，谁有意见向包头提出。

在休息时候书班读《关中报》和《群众报》给大家听，有一期群众报上面登载着庙湾区的生产计划的消息，引起他们很大的兴趣。有一次报纸迟来了几天，他们自动到区政府去寻。报上有些开荒的秧歌，由书班念过后，马上在开荒中就唱起来，这样生产情绪更高了，文化教育工作也进行了。

在4月27日他们向全庙湾区的80多个唐将班子提出四个条件进行竞赛，条件是：（1）开春荒100亩；（2）保证经常参加16人，开荒45天，每天最少每人开一分半；（3）秋田锄两次，第二次时壅土；（4）每天休息两次，每晚洗手洗脚，休息时读《关中报》《群众报》。这个挑战书在《关中报》上发表后，马上就有四区罗家岭的班子应战，前后应战的达八处。有的班子派人向政府请求把他们和后殿村的班子调到一起比个高低，有的托人从旁探听虚实。他们都对竞赛看得非常认真。由于这个班子的推动和群众竞赛的浪潮，在全同宜耀造成了热烈的开荒生产运动。到1943年5月，这个班子已经完成任务并超过30亩，每天开荒的标准已经提高到3分了。这个班子准备夏天转变成锄草班子，全年不散。

二、“刘秉温式”变工队

以上几种劳动互助形式，都只是人力和畜力的合作，在开荒的时候，某一天给谁家变工，开下的荒地就是谁的。收获的时候仍旧各人的庄稼是各人的（长在谁的地上就是谁的）。这种分配方法我们把它叫作“按土地分配”。另外，从农村旧有的“伙种”“伙开荒”发展起来的一种新的形式就是“刘秉温式”的变工队（在陇东分区则叫作集体开荒队），它和其他各种形式的基本不同点是在庄稼的分配方法。在开荒的时候，不是某一天给谁变工，开下的荒地就是谁的，而是凡在变工期间开下的荒地，都归参加变工的农户公共所有。因此在收获的时候，不是按着各人的土地分配，而是按着参加变工的农户人力和畜力的多少分配，这种分配法可以叫作“按劳动力分配”。这个时候长在这块土地上的每一棵庄稼，对于每一个参加变工的农户来说，都有他的几分之几。在变工土地的范围内土地得到了最合理的使用和调剂，作物有计划的播种和轮种（调茬）可以完全不顾土地的界限。在变工开荒中争开好地和在变工锄草、播种、收割中所常遇到的争着先种、先锄、先割的现象，在这里也不会发生了。若是使用真正现代化农业技术的时候，这种变工也可能是最适合与最便利的一种变工形式。在这点上说来，这种变工是最具有进步意义的一种形式。

不过这种变工也有其缺点。除了公共土地之外，每个参加变工的农户，又都有自己的土地，他们会觉得公共土地上的收获他不过能分得几分之几，而在他自己土地上的收获则全部是自己的，所以许多农民是先把自己的庄稼种好，才去管公共土地上的庄稼。例如曲子土桥区一乡一村的集体开荒，就因为公共土地不但耕的晚锄的晚，而且少耕一次少锄一次，因此收获很少。此外，其他变工形式，若因种种原因变工队不能集合的时候，有地的农户就会单独进行耕作，不会误了农时，在这种变工形式之下，就必须将人集合齐才开始耕作，所以就往往浪费了互相等待的时间。类似这种缺点在其他变工形式下也会发生的，但是都还比较容易克服，而在这种变工形式下，这些缺点就更难克服。土地和庄稼既然是大家公共的，所以每个人都不像对于自己的土地和庄稼那样关心。

“刘秉温式”变工队比较其他变工形式有它的优点和进步的一面，但是这些优点必须是在采用现代化农业技术的条件下才能完全展开来。那时农民看到这种变工形式可以若干倍地提高生产力，才会觉得采用这种形式的必要，上述的缺点和农民的落后意识才会被克服下去。在今天我们还没有完全克服这些缺点的物质条件（技术条件和社会经济条件），它的优点不能展开，而缺点反而完全暴露出来了。

在“刘秉温式”变工队下农民的私有观念形成了提高生产的严重障碍，相反在其他各种“按土地分配”的变工形式下就可能把农民的私有观念和公共利益配合起来，把它变成促进生产的刺激。吴家枣园变工队的经验，变起工来，每逢开到自己的地的时候早就操上心了。起得早，回得晚，歇得少，掏起地来头也不抬。大家都并排掏地，谁也不能落在后面，只好跟上一样掏。第二天轮到另一个人也是一样，人家给自己掏地出了力，赶到给人家掏也不能不出力。所以这种变工的结果是越到后来劳动强度越增加，工作时间越长，劳动效率越高。所谓“工变工，挣断筋”的道理就在这里。

延安县念庄的变工队和陇东许多“集体开荒队”，都准备在今年改变办法，把土地按劳动力分开归每户私有，只集体进行耕作。这样他们已经取消了“按劳动力分配”收获的基本特点，而改变成为“按土地分配”一类的变工了。

在今天的条件之下，“刘秉温式”变工还是不应当普遍提倡的。

第五节　新的农业劳动互助的性质

边区农村旧有的各种劳动互助本来有小经营农民之间生产合作的性质的，不过在当时它们不能发展且限于极狭隘的范围内，而且这些劳动互助本身也具有许多缺点。今天边区的劳动互助则是在完全新的条件下发展起来的。边区已经消灭了或是减轻了封建剥削，边区的农民已经在土地革命斗争和减租斗争中团结起来，他们又在无产阶级政党的领导之下参加了政权，进行生产运动。在党和政府帮助之下，各种形式的劳动互助以空前的规模发展起来，旧的劳动互助本身也起了变化，而取得了完全新的意义。

现在边区已经有大约四分之一的农民参加了这种新的劳动互助，他们仍旧保存着各人的土地、耕畜、生产工具和各种财产的私有权，但是在进行生产的时候却是把他们的人力、畜力以至工具几家合作起来进行集体的劳动，这就是建筑在个体经济基础上的集体劳动。这是一种新型的农民生产合作社。

今天这些劳动互助还没有改变小农经济的技术条件，农民还是使用着原来的工具，用原来的方法进行生产，不过他们已经不是分散开在各人土地上劳动而是集体共同劳动。这就大大提高了劳动生产力，增加了粮食的收获（有的增加几乎达一倍），这种新的生产力是从前小农业经营方法所决不会有的。新的劳动互助虽然不改变小农业经营的个体经济基础和技术基础，但是它已经打破了小农业经营方式对提高农业生产的第一个限制——分散的个体劳动。这样，劳动互助不但提高了农业生产，而且在进行过程中它将逐渐改变农民分散劳动的习惯，养成他们集体劳动的习惯，给将来使用新的农业技术集体生产造成有利的条件。

按小农经济本身来说，它是排斥集体劳动和新的农业技术的应用的，它的生产力是极其低下的，这也就是小农业经营迟早必将为大农业经营所代替的原因。由小农业经营到大农业经营的转变过程是可能经过两个道路实现的：一个是绝大多数农民的破产和土地、生产手段的被剥夺，农民转化为一无所有的无产者，土地、生产手段和生活资料集中于少数人之手，然后来发展资本主义的大农业，这是旧的资本主义的道路，也就是绝大多数农民贫困、痛苦和灾难的道路。一个是经过小农经营农民之间的合作与逐渐集体化，经过各种形式的合作社和许多过渡阶段，逐渐达到社会主义的大农业。在今天我们所实行的就是这种集体化的第一步，在个体经济（私有财产）基础上的集体劳动。这就是新民主主义经济的道路，毛泽东同志所指出的道路，是符合全体人民利益的道路，而且是在中国必将实现的唯一道路。

在无产阶级政党的领导之下，个体经济和集体劳动的矛盾并没有消灭，但是它所提出的许多困难却可以得到相当的解决。由于个体经济的存在，参加劳动互助的各农户经济发展也会是有差别的，但是这种差别，决不致酿成少数人致富和大多数农民贫困化的现象，而是各个阶层经济状况之普遍改善与上升。这就是劳动互助运动能够取得全体农民拥护的根本原因和逐渐集体化的道路能够成功的条件。

第六节　边区组织农业劳动互助的主要经验

去年一年，我们积累了许多组织劳动互助的经验。边区许多地方的工作有很大收获，但是有些地方的工作则比较落后。我们有许多成功的经验，也有不少失败的经验。

一、必须充分认识组织劳动互助的意义

我们的干部必须彻底认识组织劳动互助工作在今天的重要意义。因为发展生产的中心关键是组织劳动力，而组织劳动力的首要工作是用变工队一类形式，组织最广泛农民群众的劳动互助。组织劳动互助不但是在今天条件下

提高农业生产的唯一有效方法，而且它是分散的小农业个体经济逐渐集体化的第一个步骤，“这是人民群众得到解放的必由之路，由穷苦变富裕的必由之路”。因此，组织劳动互助是建设新民主主义经济的最重要的工作。此外，只有劳动互助这种能为群众谋得物质利益、适合群众要求的组织，才是真正有力量的群众组织，经过它我们就可以团结和教育广大的农民群众，使他们在生产中认识自己组织起来的力量，使他们觉悟到组织和团结的必要，把他们团聚在党和政府的周围。任何在组织劳动互助的工作上不调查，不研究，不肯深入地刻苦地工作，或则强调客观困难任其自流进行，或则不顾具体条件强迫命令的倾向，都是不关心群众利益，缺乏群众观点，脱离群众的官僚主义的倾向，我们所应当坚决反对的一种最恶劣的倾向。只要我们的一切干部都从思想上彻底解决了这个问题，那我们就有保证可以在今年达到组织全边区50%以上的劳动力，在几年之内达到组织全边区的全部全劳动力和半劳动力的目的。

二、坚持自愿的原则

如何进一步发展和组织劳动互助？一年的经验证明：我们所必须遵守的第一条原则是根据群众的自愿。这就是说，必须根据具体情况（劳动力的强弱，土地的多少，住址和耕地的距离等条件）是可能组织到一起，而且组织到一起会对生产有利的时候才把他们组织起来。不是一开始就一定要把全村全乡都组织起来，而是首先由群众自己觉得合得来的自愿的结合，逐渐把他们组织起来。在群众还不愿进行长期的大规模的互助的时候可以先从临时的小规模两三家的互助做起。在个别农村群众根本不愿组织时可以先做好一个队一个组，拿这样现实的例子使他们知道劳动互助的好处，而使他们自愿地参加。边区农村流行着各种各样的旧有劳动互助形式，大多数农民都有劳动互助的习惯也了解劳动互助的好处，所以利用旧的各种互助形式就最容易为他们所接受，可以收到事半功倍之效。凡是这样组织起来的劳动互助就能提高生产，它才是巩固的。边区去年的劳动互助绝大多数是这样组织起来的，所以它们收到了伟大的成绩。

另外，我们也有不少相反的例子。如绥德的义合区开始曾提出以乡为单位组织变工大队，行政村为排，议员小组为班，以下为小组。其他区也发生不管条件如何，抄名单组织成，只追求数目字的倾向。再例如曲子县在春耕时期名义上组织了529个变工队，6794个劳动力参加，而实际只是变了2600多个人工，3300多个牛工。镇原的127个变工队实际只有三分之一变过工。合水、华池也有许多形式主义的变工队。定边四区的个别乡单纯由政府命令有牛的农户向外变牛工。赤水、新正也曾发现过这样的例子，有的干部要每村成立一个班子，说："硬任务非完成不行！"结果他一走，班子立刻垮台。有的强迫组成班子后第二天一早农民就各人到各人地里去了，连找人也找不到。其他地方还有个别的强迫组织的变工，因为农民不肯好好劳动，效率反而减低了一半，结果也是几天垮台。有的是不管农民是否接受一定要叫"××队""××社"，结果农民还以为是动员义务劳动的组织。总之，凡是这样强迫命令，抄名单，不顾具体条件，不管农民是否接受而组织成的劳动互助，都是不起作用的甚至障碍生产的。去年这种形式主义的组织大部分已经纠正改组了，但是可能还有一部分存在着，这种作风也可能今年又在个别地方复活。这需要我们及早防止，而且对旧的不起作用的组织，也要根据农民自愿的原则重新加以改组。

在组织劳动互助工作上的另一个倾向，就是任凭农民自流地进行而不积极地来倡导帮助。去年春天志丹、甘泉等地都曾有过这种倾向，有些干部以为农民在春天没有变工、扎工的习惯，就不能提倡。绥德分区也发生过以为本地土地分散就不能提倡劳动互助的想法。但是事实证明：只要我们做了工作，任何地方都可以成立劳动互助，而且都可以收到成绩。

这种倾向产生的原因，是由于有些同志还不肯深入地调查研究，不肯耐心地刻苦地工作，不会依靠群众中的积极分子，克服农民中的部分落后意识，不会抓住一点做出成绩来帮助全面。这种自流主义的倾向也是障碍劳动互助发展的主要原因之一。

发展和组织劳动互助的另一个重要工作是选择适当的领导人，他应当是了解情况、联系群众、有威信而又处事公平的干部，或是群众中的积极分子。有了这样的领导人就能使劳动互助很顺利地进行，一切困难都容易解决。各地的劳动英雄都应当在进一步组织劳动互助中发挥他们的作用，成为当地农村劳动互助的领导人或积极参加者，借着他们团结更多的群众。

三、不断检查，帮助克服困难

劳动互助组织起来之后不是就万事大吉了，而是还需要我们不时地检查，不断地帮助，使其巩固和坚持下去。若是发现原先组织的不妥当，领导人不适合的时候就要及时地重新配备。例如安塞魏家塌的变工队在组织好之后发现编组时把几家不团结的农户编在一组，住在东边的到西山开荒，住在西边的到东山开荒，经过重新编组和划分荒地，后来又不断地检查才收到成绩。再就是任何劳动互助在进行中都会发生许多的困难和或大或小的纠纷，只有不断地检查和及时解决问题才能坚持下去，不然也会中途散伙。例如赤水暗门子的唐将班子和淳耀县政府领导的班子本来都是很有成绩的班子，后来由于包头打骂工人等问题发生矛盾，乡政府和县政府未及时解决，班子因而瓦解。这都证明：劳动互助虽是对于农民有利的，但是个体经济和集体劳动的矛盾还是时刻存在着，若是党和政府放松对它的领导，它就不能坚持下去，就会前功尽弃。去年我们已经有四分之一的劳动力组织在劳动互助中间了，今年我们还将增加许多新的劳动互助，如何使这些劳动互助坚持下去，这是我们各地党、政干部必须注意的第三个问题。

四、要注意解决好几个具体问题

劳动互助组织起来之后，应当逐渐地来提高它，民间旧有的劳动互助形式中间的许多不合理成分应当逐渐地加以改造。边区各地的农民群众去年在实行劳动互助中都有一些新的创造和对旧习惯的改造。例如关中分区对唐将班子的改造和对搭庄稼的提高，吴旗县对请牛对之发展与对伙格牛之提倡都是较有成绩的。其他地区则一般对于群众这些创造缺少及时地加以吸收、综合与推广，对于民间各种旧有互助形式的调查研究做得还不够。总的说来，我们对这个工作做得还是很少的。现在对这个问题提出下列几点供各地同志参考：

（一）建立劳动纪律问题。过去的变工队因为规模狭小，所以没有一定大家必须遵守的纪律，去年由于劳动互助范围之扩大，有一些变工队自己订立了劳动纪律。但是这只限于很少数的变工队，大多数变工队还是没有的。变工队若是没有一定的劳动纪律，不但不能进一步提高工作效率而且也难长期维持不散。今后应当把各地变工队制定劳动纪律的办法，推广到所有的变工队中去，由参加的农民民主讨论决定共同执行。

（二）计工问题。去年有些劳动互助组织发明了“折工”（例如凡不足一个全劳动力的，一天折成七成或五成）和“包工”（按地计算工资）等办法。这些办法的好处是使得劳动日的计算更为精密与合理，能提高劳动热忱，能扩大劳动互助，把劳动力强弱不等的也可编成一起，这些办法根据农民自愿是可以逐渐推行的。

（三）逐渐扩大劳动互助规模问题。经验证明：凡是规模太小而只限于亲族关系之间的劳动互助组织并不能真正发挥集体劳动的效能，所以凡是有扩大的可能条件，而且扩大了会有利于生产的时候，应当说服农民加以扩大，或者是把几个小的变工队联合成一个较大的变工队，在不同的农作上再把它们划分为不同的小组，这是最好的一种组织方式。

在土地很分散的地区，目前还是以小规模的变工为主，不过应当从短期的临时的变工逐渐过渡到长期的永久的变工。可以试行提倡农民之间相互自愿的“兑地”。绥德分区一类地方可以大大提倡“并地种”“抽牲口”一类形式。

（四）进一步提高劳动效率问题。群众的劳动互助劳动效率和劳动强度是否还可以再加以提高呢？根据边区部队开荒生产的经验，这是可能的。例如部队开荒的记录最高达到每人每天六亩二分，一般平均每人每天开荒一亩至二亩，群众开荒的记录则相差很远。由于各种条件的不同，我们虽然不期望群众的劳动效率也能达到部队的标准，但在改进劳动互助的制度和办法之后，群众的劳动效率和劳动强度一定还能再提高一步的。去年已有成绩的劳动互助组织今年应当研究如何进一步提高农作技术，改良工具以及使用风车一类较复杂的工具。

（五）劳动互助发挥更多作用问题。劳动互助是群众农业生产的组织，但是它一办出成效就不但能在各种农业生产活动上组织群众，它还能在拥军拥政、自卫动员、文化教育各方面团结群众。去年我们有许多这样群众创造的例子，今年应当大大加以发扬，把劳动互助变成真正从各方面团结群众的组织。

（六）劳动互助和合作社的联系问题。劳动互助就是农民的农业生产合作社，它应当和当地的合作社取得最密切的配合和联系，互相帮助发展。去年边区的合作社只有延安县南区合作社曾以14万元无利贷给了11个变工队、扎工队，其他合作社再没有对劳动互助的直接联系。今年各地的合作社应当把帮助本地的劳动互助当作自己的重要工作之一。各地的劳动互助也应当在消费、农产品出售、信用等方面与合作社取得联系。

（七）取消各种剥削问题。扎工和唐将班子在各地都比从前发生了变化，最有成绩的是关中对于唐将班子的改造。扎工的功德主和班子的包头所抽的空工或抽的“佣钱”在关中的许多班子也一律取消了，不过这个办法还是不应当普遍实行的。这里的问题不在于抽空工是否是一种剥削，而在于禁止抽空工将很少有人愿当功德主或包头，将影响到扎工和班子不能发展，这反而是不利的。所以扎工和班子的改造一般应当只取消其各种额外剥削和迷信及不合理的习惯，抽空工暂时还不必干涉（若功德主或包头自愿不抽空工，不抽钱的当然也不必干涉）。此外在人工变牛工（或驴工）比率太高的地方，应当规定适当的比率（也不宜太低），而且更进一步组织人工和牛工的互变。

上面的叙述已经充分说明了没有党的领导，边区根本就不会有去年的劳动互助运动。各地农村的党员都是劳动互助的积极参加者，有的就是劳动互助的直接领导人，经过他们的模范作用才团结了广大的群众，收到去年这样的成绩。今年要达到组织全边区50%以上的劳动力的目的必须是依靠农村的支部和党员起更大的作用。今后各地农村支部工作的中心应当放在变工队、扎工队和唐将班子等劳动互助组织上，经过这些劳动互助组织来领导农民群众的生产，来团结最广大的农民群众，农村的党员不但要积极参加劳动互助成为劳动互助的领导者，而且要为着提高劳动效率，改造旧的劳动互助组织而奋斗，他们应当有牺牲一些私人利益顾全大家利益的精神，他们应当发挥革命的友爱互助的精神，他们应当在劳动互助中间排难解纷成为群众的核心。在去年我们有无数这样模范的例子，各地农村的支部应当在参加劳动互助中，用这些具体例子来教育党员。

解决了上面这些问题，我们就一定能完成今年组织全边区50%以上的劳动力的任务。

（《边区的劳动互助》，中共西北局研究室，1944年）

第二章

边区合作社发展概况

引 言

边区在内战时期，就有合作社。抗战以来，边区政府继续提倡，又经过五年半的磨炼，逐渐发展了边区合作社。

就消费合作社说，从1937年到1941年的4年中，由130社增到155社；社员由57847人增到140218人，股金由55525元增到693071元；销货额由261189元增到6008000余元；红利由4800元增到102万余元；公积金由3500余元增到173000余元。

1942年10月底止，19个县市的统计，与1941年比较，社员由97297人增至115899人，股金则由712900余元突增至600余万元，红利亦858000余元增至3398000余元。

消费合作社社员的股金，最高的达到一万元，最少的每人4元、5元不等。

消费合作社的分布：到1941年底，计延安28个，安塞12个，延长8个，固临8个，定边8个，庆阳、华池、曲子、延川各7个，安边、鄜县、吴起各6个，甘泉、靖边、合水各5个，延市、米脂各4个，绥德2个，其余各县尚无统计。

就生产合作社说，1939年起，经过政府的提倡与中国工业合作社西北办事处的帮助，建立了10个生产合作社。继而有一些资本较大的消费合作社也兼营生产合作社业务。到1942年10月止，由10个生产合作社增至50个；从事生产的员工，由199人增至563人；股金11130元，增至2491600元；每月生产总值由6万元增至230余万元。

生产合作社的分布：据今年统计，绥德16个，延安7个，固临5个，延长5个，延川5个，甘泉3个，安塞3个，靖边2个，庆阳1个，葭县1个，米脂1个，安定1个。

50个生产合作社中，有纺织合作社大小27个。计绥德13个，延安4个，固临两个，甘泉、鄜县、延长、延川、安塞、安定、葭县、米脂各一个，共员工497人，股金170万元。其中有25个员工以上的有6个，其余10余人，三五人不等。此27社，如果全部开工，年可产布3万匹（10丈一匹），现只产2200匹左右，织线毯6000条，织毛巾4152打，织袜8400打。

染色社5个：计延川2个，绥德2个，延长1个，员工共13人，股金128000元，年可染布7000余匹。榨棉花籽油的生产合作社5个：计固临2个；靖边2个，延长1个，员工共19人，股金245000元，年可榨棉油1万斤。粉房9个：计安塞、甘泉、延长、延川各2个，固临1个，员工共24人，股金262000元。制毯合作社4个：计延安2个，庆阳1个，绥德1个，员工共42人，股金152000元，年可制毯7600条。瓷窑社：延安县1个，员工7人，股金3000元，年出瓷器6窑。

从上面的统计来看，消费和生产两种合作社，不论社员、股金、红利与事业各方面，在数量上都有很大的发展，但发展是不平衡的。这种发展，五年来经过了三个阶段；而质的发展，则直到1942年才迅速前进。在1939年以前，各地合作社以公家的股金为基础，再加上向群众摊派而得的股金，这时候是带着公营性质的，多成为县、区政府的公营商店。合作社的事业不是面向群众，而主要的是面向政府，替政府解决经费，一切问题由政府解决。这是第一阶段。1939年后，提出了“合作社群众化”的口号，但各地仍多用旧方式在群众中去扩大摊派的股金，来推行其所谓“群众化”。因此合作社仍被群众认为是摊派负担，而不被认为是群众自己的。合作社的人员，仍然是和公务人员一样，要群众优工代耕，群众看不到合作社对自己有多大利益，反而增加了群众的劳力负担。由于1940年以后各地政府生产自给任务的增加，于是有许多合作社的大股社员不是人民，而是政府机关；合作社对群众利益自然更加无法多去照顾了。这是第二阶段。只在1942年1月，建设厅根据延安南区合作社的经验，提出“克服包办代替，实行民办官助”的方针，各地合作社才从实现这一方针中，取消了摊派入股的方式，摸索地创造着和群众密切联系，和群众利益相关的经验。这样，仅仅在10个月中，股金即突增500余万，事业也发展了。在组织人民的经济力量，减免中间剥削与发展人民经济上，起了相当大的作用。这是第三阶段。只有到了这个阶段，边区合作社事业才一般地开始走上了正轨。

以上是说一般合作社的发展道路，但中间也有例外，例如延安县南区合作社，就是较早走上正轨的。南区合作社在几年的锻炼中，成了真正被群众所拥护的合作社的模范。1942年，在绥德、安定、安塞、甘泉、延长、吴起等县的个别合作社，也正在学习这个模范合作社而前进。

（毛泽东：《经济问题与财政问题》，
《毛泽东选集》，东北书店版，第785—787页）

朱总司令在不绝的掌声中起立讲话。他在预祝大会的成功之后，立即着重指出：“合作社要向生产方面发展！”他说：生产在合作社中还没有提到第一位，因此要努力做到生产为主，消费为辅。合作社不仅要注重资金的集结，并且要特别重视把劳动力组织起来发展生产，使合作社在群众中根深蒂固。合作社要组织农业品与工业品的合理交换，我们不是从中垄断，而是给人民谋取正当的利益起桥梁作用。此时，朱总司令即批评有些合作社不去设法组织人民生产，而致力于投机生意，对于边区经济有害无益。关于合作社干部问题，朱总司令说：要选每个区每个乡品质最好的人去办合作事业。朱总司令特别提出“一揽子”合作社的重要性，他说：由于我们交通条件和资金的限制，合作社单独办一项事业不容易发展，但如果生产、运输、信用、卫生、消费样样俱全，就适应了群众的要求。其次，纺织合作应该成为今后合作事业的中心。这是解决穿衣问题的关键。朱总司令又警戒大家不要满足于现有的成绩，并勖勉大家看清光明的前途。他说，合作社是生产运动、运盐运动最好的组织形式，一定要不怕困难地坚持下去。我们不但能够支持整个的抗日战争，而且要学会保证战争以后经济上不发生困难。只要我们有办法，到任何地方都可以把没有饭吃的人变成有饭吃。

（《边区合作社联席会议——总司令演讲：合作社要向生产方面发展》，《解放日报》，1944年6月28日）

第一节　边区合作社的性质和特点

一、合作社的性质

（一）合作社是为群众服务的民营组织

合作社的性质就是为群众服务，这就是处处要想到群众，为群众打算，把群众放在第一位。这是我们与国民党的根本区别，也是共产党员革命的出发点和归宿。从群众中来，到群众中去，想问题从群众出发而又以群众为归宿，那就什么都能办好。

（毛泽东：《论合作社》，《毛泽东选集》，东北书店版第891页）

本条例所称合作社，系用群众集体经营方式以发展国民经济，改善人民生活，并组织与教育广大人民群众，共同完成抗战建国之需要为目的。

（《各抗日根据地合作社暂行条例示范草案》，中共中央财政经济部，成文日期约为1939年）

合作社是为广大群众服务的民营组织，而今天组织人民，发展边区经济，就是合作社为群众服务的基本方向；只有进一步发展生产，人民的文化卫生事业才有物质基础。因此，合作社发展的主要方向，就应是广大农村，而不应集中在城市，有些地方把区、乡合作社合并到城市，或集中在一处是不妥当的，是脱离群众而妨碍合作社发展的，应即改正。

（《西北局关于贯彻合作社联席会决议的决定》，《解放日报》，1944年7月9日）

（二）合作社是在私有制基础上建立起来的

合作社是在私有财产基础上各阶层人民大众联合经营的经济的、文化的、卫生的、社会公益事业的组织，是目前我们组织人民生产，实现耕三余一，全面自给，丰衣足食的基本形式，是全面的经济、文化建设的杠杆。在最近两年合作社的发展和创造中，已经非常清楚地显示出这种意义（出处同上）。

（三）合作社是统一战线性质的

合作社是统一战线的性质，所有农民、工人、地主、资本家都可以参加合作社，它是政府领导，各阶层人民联合经营的经济、文化及社会公益事业的组织。……所有做政府工作与党务工作的同志们，都应该认清合作事业的重要性，不应该有任何轻视的心理。边区的任何经济、文化事业都必须通过合作社才能完成。因此要鼓励更多的同志去参加合作事业。

（《毛主席谈合作社业务》，《解放日报》，1944年7月4日）

合作社是人民大众的，同时也是各阶层的，我们对愿意以自己的人力、财力或智力参加合作社，并做有益边区事业的各阶层人士，不是拒绝而是欢迎，特别是对贸易有经验的商人，和对地方事业热心的士绅，更在欢迎之列，并要切实向他们学习工商业的知识，团结边区的人力、财力、物力、智力来建设边区。这一点应在党政各级干部及合作社干部中加以说明，并向广大群众及各阶层人士宣传。

（《西北局关于贯彻合作社联席会决议的决定》，
《解放日报》，1944年7月9日）

我们的合作社是可以自由入股自由退股的，农民入股一千两千，商人地主入股三万五万，都是一个社员，民主地合理地分红，但是不论你入多少，你都不能操纵这个合作社。为了彻底打败日本帝国主义，我们和各阶层团结一致，只要不是搞封建剥削，搞高利贷，搞投机生意。不论是地主、商人、农民的资本，都可以自由入进来，目的是建立民主的经济，人民大众的经济。

（高岗：《合作社要为群众办事》，在西北局招待合作社主任大会上的讲话，
《解放日报》，1944年7月2日）

（四）合作社是适合边区情况的综合性群众组织

合作社是真正适合边区情况的综合性的群众组织，它的工作就是真正实际的群众工作。因此，各级抗联会干部应一律参加到县联社或中心合作社中去，切实参加合作社工作，精通业务，并虚心学习如何为群众谋利益，及如何在群众经济文化的利益上把群众组织起来。

（《西北局关于贯彻合作社联席会决议的决定》，
《解放日报》，1944年7月9日）

边区每个共产党员，都要把合作社当成一个重要任务，你要组织人民生产，不经过合作社又有什么办法？党的支部要有合作社的共产党员来参加做支部委员，讨论这个问题，只有这样才能研究实际，面向实际，才能打破过去那种对经济工作的错误看法。各级党委都要把合作社放在一个重要的位置上，经常和老百姓讨论研究，但党不是包办，而是指出方针，研究办法，纠正缺点。

（高岗：《合作社要为群众办事》，在西北局招待合作社主任大会上的讲话，
《解放日报》，1944年7月2日）

二、合作社的特点

合作社性质和特点：边区合作社是什么性质呢？这次毛主席也指的很清楚，他说合作社是政府领导，群众自己经营的经济、文化、卫生、公益事业的组织。在这一正确定义下，合作社有什么特点呢？我看有六个特点：第一个特点，民办公助。就是人民办他自己要办的事，党政帮助他们。民办为主，公助为辅。但是，这两个东西是分不开的。公助要注意反对两种倾向：一是包办与脱离社员。有的包办到什么程度呢？合作社该不该开会，该不该分红，甚至一盒火柴卖多少钱都要由区政府决定。合作社的工作当然政府要帮助，但是，只应该在方针政策上加以领导帮助，不应该事事去干涉，或卡得紧紧地，弄得合作社干部变成机械。这种包办是很不好的，是会取消合作社的民主，应该纠正。还是一种叫作不管。什么叫不管呢？就是不去提倡，

不去帮助，办或不办、办好或办坏一个不管。这种不管是不对的，如果没有公家帮助事情也办不好，甚至办不起来。所以我们要反对两种倾向。包办不对，不管也不对。这是第一个特点。

第二个特点，合作社是广大群众的，又是统一战线的。就是说，不论地主或商人，都可以加入进来，但是最重要的是，要合作社有广大群众。如果商人地主和农民是一样多的，这就不是广大群众的合作社。合作社内的社员成分要适合中国这样的社会：地主、商人是少数，农民、工人是多数，只有这种由广大人民组织起来的合作社，才能做到为广大人民服务，才不会为少数人把持操纵，投机取利。刚才我讲的清涧那个合作社就有这种倾向。另外，还有个别例子，同志们看一看，是不是广大群众的合作社？绥德义合镇有个王家坪纺织合作社，这个合作社有11个社员，他们各有一个儿子在这个纺织社学织布，为什么呢？第一，他们是为了逃避兵役；第二，是为了逃避负担。这样的合作社，就不是为人民谋利益而是为了个人的利益。后来这个合作社同另外一个三个人的合作社并了，这样的合作社是不合格的。现在我们在座的主任里有几百垧地的地主，也有商会长，有绅士，有大学生、中学生，我们很欢迎他们，因为他们有许多很好的经验，可以把合作社办好。比如鄜县合作社安主任就是有很多的经验。过去鄜县合作社搞得不好，一到他手里就搞好了，我们应该向他学习。这是一方面，即合作社有各阶层的社员和职员。另一方面已有社员25万人，所以我们的合作社是广大群众的，同时也是各个阶层的。

第三个特点，合作社是一揽子的，或者叫作综合性的。什么意义上说是一揽子的呢？就是说，边区地广人稀，交通不便，如果搞单纯的生产合作社，或是单纯运输合作社，好不好呢？毫无问题办不好的，只有把生产、运输、供销结合起来才方便。过去的经验也是这样的：开初是搞单纯的，以后慢慢地发展成为一揽子的，有的是先搞生产，有的先搞消费，然后再同别的结合起来。过去的经验证明，越是一揽子的合作社越好发展，不是一揽子的就不能发展。所以，我们的合作社应该确定是一揽子的。

第四个特点，合作社是经济、文化、卫生、公益四部分结合起来的。现在已经逐渐丰衣足食了，老百姓已经有了条件来要求发展文化；也只有发展文化才能帮助经济的发展，使合作社的工作做好。比如现在合作社闹会计困难，会计总不能是不识字的吧！不发展文化，会计从哪里来呢？上面是不能给的。同时，同这些事业联系起来对合作社本身也有好处。比如南区合作社、大众合作社，还有许多合作社都把这几项联系起来了，使得合作社有更多的群众，更容易办事，容易发展。如果只单纯地办一件事，合作社就不能有发展，同群众的关系也就搞不好。这是第四。

第五个特点，就是公私结合，公私两利。合作社主要的为民办，但是有许多合作社也有公家入股。比如南区合作社、大众合作社都有机关入股。还有公盐代金合作社去利用，也等于公家入股或投资，这对合作社对公家都是有利的。

第六个特点，合作社是自由的民主的。这表现在什么地方呢？表现在自由入股，自由退股，股金不限制，按股分红，按期结算，一个社员一个表决权，合作社主任由社员大会或者是由代表大会选举，合作社的业务方针是由社员来决定。

以上民办公助的，有广大群众与统一战线的，一揽子的，经济、文化、卫生、公益结合的、公私合作、公私两利的、民主自由的，这就是边区合作社的六大特点。因为它有这六个特点，所以边区的合作社是新民主主义的，它既不是苏维埃式的，也不是大后方式的。这是我们在长期的摸索中，特别是经过去年到现在一年半的发展中产生出来的。在这一年半当中，因为找到正确的方向，创造了许多模范合作社，充分证明了这个方向是正确的，所以毛主席说合作社现在已走上了正确的轨道。

（高自立：《合作社联席会议总结报告》，1944年7月）

第二节　发展合作社对建设边区，夺取抗战胜利的意义

一、发展边区经济，夺取抗战胜利

边区合作运动在抗战建国的意义上来说，是以合作的方法，组织广大群众的经济，并集中其力量发展各种事业，使边区合作事业成为边区经济发展的一个有力的组成部分，并以此力量推动边区经济建设的发展，使边区经济能够在已有基础上发展起来，达到抗战的需要。同时在合作运动的开展中，同敌人经济封锁做斗争，抵制仇货，发展土产，粉碎敌人经济封锁、经济破坏的阴谋，壮大边区经济实力，在抗战的转变过程中，求得边区的经济力量与日俱进的增长、强大和巩固，成为抗日战争的供给与建设一个新的“中华民国”的一个有力的经济基础。

二、组织人民，教育人民，改善人民生活

边区合作社不但是对于抗战建国有它的重要意义，而且对于组织人民，教育人民，改善人民生活，都有很大的意义。因为边区各种合作社的业务，都是由广大群众拿出自己的钱组织起来，集中经营的，而且在社务上是由社员自己推选他们所信任的人来管理的；它是为着大家的利益与生活的改善，去实行抑制资本剥削，抵制奸商投机垄断，起了调剂农村经济的积极作用。这个作用，在消费合作方面是很明显的，它一方面把人民日常需要品从外面购入，供给人民需要；另一方面，它把当地土产品输出，调剂人民生活。在这样的交换过程中，它的目的主要是为了群众的便利而进行调剂，抵制投

机、操纵。同时在战争环境中，某种物品发生非常困难的时候，它可以有计划地调剂分配，它可以节制不必要的消费；用合作的办法吸收大家的资金、大家的劳力，将边区的原料制成各种成品，供给人民生活上与抗战中的一切需要。在生产合作社的生产过程中，同样有抵制资本剥削的伟大效力。至于其他信用、运销合作，其作用都在于以便利抗战的供给与改善人民生活为宗旨。所以，它是一种有组织的经济力量。经过这种经济组织，可以教育广大人民并坚定广大人民的抗战信心。

三、推动全国合作事业的发展

这个意义不仅如上所述，而且它可以影响全国推动合作事业向前进步。使全国的合作事业向进步的目标前进与改造。因为边区合作社基本上是进步的，它是真正的人民自己拿钱选举人民办理的，没有任何包办、操纵、投机的现象。因此我们说，这样作风是模范的，是全国应该向它学习的。但今天我们许多抗日根据地，其中有不少的合作社操纵在少数自私自利的分子手里，他借着合作社名义拿国家银行的资金，进行投机操纵，剥削广大群众利益，为他私人发财。这种合作社对于改善人民生活与抗战建国有很大的阻碍，因此，我们应该取缔它的继续发展，并改造它使它进步，使它成为广大人民群众的经济组织，使它成为抗战的经济力量，使它成为新中国的新经济基础。这在合作运动中是一件非常重要的不可忽视的事情。

（刘景范：《两年来边区合作社工作总结及今后边区合作社的任务》，在陕甘宁边区合作社第一次代表大会上的报告，1939年10月）

四、组织各种合作社是实现边区建设任务的重要方法

在1941年和1942年，由于日寇的加紧进攻和国民党的包围封锁，断绝八路军新四军的给养，解放区在财政经济方面遇到极大的困难。1942年12月中

共中央西北局召开高级干部会议，在这个会议上，毛主席作了《经济问题与财政问题》《论合作社》的报告，批判了在干部中存在的忽视发展经济、开辟财源的错误观点，提出“发展经济，保障供给”的方针；同时并强调指出发展经济的重要办法是通过互助合作运动来发展农业生产和其他方面的经济。

（《把劳动力组织起来》，《解放日报》社论，1943年1月25日）

无论是在农业劳动上以及水利、消费、运输、信用、手工业（包括妇女纺织）上，当它们分散为个体经营时，就显得软弱无力，没有前途，而一经适当地组织起来，合作起来，就得到空前发展，有了广大的前途。这些经验，经过今年一年的生产运动和劳动英雄代表大会之后，将为边区绝大多数群众所接受。因此，我们今后领导生产的中心环节，是在自愿的原则下，采取各种合作形式，来组织广大的群众。

（《边区劳动英雄代表大会给我们指出了什么？》，
《解放日报》社论，1943年12月26日）

变工队和合作社，是以私有财产为基础而由群众自愿联合起来的组织，它们从物质上团聚着群众。现在有许多模范变工队，大体上是劳动英雄为之骨干，它们成为村子里各种活动核心，所谓一揽子变工队。又有许多模范合作社，大体上是劳动英雄或模范工作者为之骨干的，它们逐渐成为经济、文化和公益的组织，所谓一揽子合作社。

经过劳动英雄和模范工作者，经过变工队与合作社，这就是我们为实现边区建设亦即边区民主政治的新任务新目标，所必须经过的道路和办法。

（林伯渠：《边区民主政治的新阶段》，
在边区参议会上的报告，1944年12月）

边区人民通过合作社的方式，组织起来，发展生产、运输，开展内部贸易，兴办许多福利事业。合作社的政策是正确的，必须坚持下去。……边区政府对于一切有利于发展边区经济的事业，不论是公营、私营或合营，都予以帮助，而对合作社特别予以减税优待。希望各阶层人民参加合作事业。

（《西北财经办事处陈云副主任在边区参议会第二届第二次大会上关于财经问题的发言》，《解放日报》，1944年12月7日）

第三节　边区合作社的方针和任务

一、毛泽东谈合作社的方针与任务

把群众力量组织起来，这是一种方针。还有什么与此相反的方针没有呢？有的。那就是缺乏群众观点，不依靠群众，不组织群众，不注意把农村、部队、机关、学校、工厂的广大群众组织起来，而只注意组织财政机关、供给机关、贸易机关的一小部分人；不把经济工作看作是一个广大的群众运动，一个广大的战线，而只看作是一个用以补救财政不足的临时手段。这就是另外一种方针，这就是错误的方针。陕甘宁边区过去是存在过这种方针的，经过历年的指正，特别是经过去年的高级干部会议和今年的群众运动，大概现在还作这种错误想法的人是少了。

（毛泽东：《组织起来》，《毛泽东选集》1953年版，第933页）

毛主席首先述及自边区高干会后，一年半中间合作事业有了很大的发展，整个工作走上了轨道，出现了大批的模范合作社。“每一个模范合作社，都是一本活的教科书！”毛主席在赞扬了这批合作社，并号召全边区的合作社都要向他们学习后，继即通俗地详细的说明下列四点：第一，合作社是为什么人办的？毛主席说：是为广大群众，是为边区140万老百姓和10万部队机关学校人员。这个方针在前年冬天高干会上就已确定，这就是刘建章的方针。一年半以来，很多合作社都朝着这个方向走，都有很大成绩，但是还有些合作社没有解决这个问题，因此这次合作社会议，要重新宣布这一条方针。

第二，合作社办些什么事？毛主席指出合作社的业务主要的有十项：工业、农业、运输、畜牧、供销、卫生、信用、教育、植树、公益。通过合作社把全边区的人民组织起来。在说明合作社各项业务中，毛主席着重地说明动员30万人参加纺织完成32万匹大布，及每区设一个铁匠铺解决全边区农具供给的重大意义；并号召全边区人民在几年之内消灭文盲，在十年之内每家种一百棵树。……

（《毛主席谈合作社业务》，《解放日报》，1944年7月4日）

二、边区合作社第一次代表大会对合作社方针和任务的决定

（一）合作社的任务

现在抗战已进入到相持阶段，敌人在相持阶段中，更加紧进行他的政治阴谋与经济的破坏。它企图从政治上诱降，利用汉奸和顽固分子制造摩擦，挑起武装冲突，分裂统一战线，破坏边区，削弱抗战力量；在经济上，它掠夺我国资源，并阴谋用经济汉奸贩卖仇货，收买现洋，破坏我经济建设与财政金融，削弱我抗战的物质力量，我们如何粉碎敌人的阴谋，达到反攻与取得最后的胜利？除在政治上坚持抗战反对妥协投降，坚持团结反对分裂，坚持进步反对倒退外，在经济上，我们要动员广大人民的力量，发展国防经济，以我们的经济发展向敌人经济侵略做斗争，粉碎敌人的经济侵略，巩固与扩大我抗战的物质力量，以达到抗战必胜之目的。因此，边区合作事业之发展，应本此目的，努力发展边区经济建设，扩大边区的生产运动，便利人民生活之调剂，改善人民生活，巩固边区的经济基础，强大其抗战建国的力量。

（二）边区合作运动的基本方针

1.发展生产合作社，以生产合作的办法组织广大群众的劳力与资金，普遍地发展手工业，求得战时的工业品自给自足；并对现有的生产合作社加强管理，提高其生产技术和管理方法，使之增加产量，改善产品质量。

2.整理与扩大消费合作社，使它成为广大群众的消费合作，能调剂物价和供给人民日常需用品，在经济上成为团结教育人民的组织。同时，在加强的基础上扩大股金与社员。

3.建立信用与运销合作社，来活跃农村金融，便利农民借贷。

（《陕甘宁边区合作社第一代表大会决议》，1939年10月30日）

三、边区合作社联席会议确定合作社八项任务

当前耕三余一，全面自给，加紧生产，丰衣足食，是保卫边区，打败日本的实际任务。合作社就要担负起这个任务来组织人民生产，发展国民经济，而不是投机取巧、唯利是图、脱离群众的利益。真正替人民谋福利，把边区建设得更好，是我们合作社今后业务的基本方针。本此方针，全体一致决议实现下列任务：

（一）把棉花纺织成布。用陈家楼子的纺织合作社形式，乌阳区的家庭纺织变工形式、南区的小型工厂形式、冯云鹏的轮流各村织布形式，总之，用各种适宜本地的形式，来组织纺织。你教我，我教他，一传十，十传百，大家都学纺纱织布，纺好纱，织好布，调剂棉花，供销土布，奖励纺纱织布英雄，组织30万人纺织，实现穿衣自给。

（二）把铁打成农具。绥德张丕元合作社、安塞二区合作社等都成立铁匠炉子，专为群众打修农具，解决群众的农具困难，这是好经验。所有的合作社都要学习他们的办法，在区上建立一个铁匠炉子，实现农具自给。

（三）把边区盐好好驮运。所有合作社的运输队都要学习延安张仁和新宁杨怀智等运输队的办法，整顿牲口，加强管理，改善制度，减低成本，把边区的盐运出去，换各种必需品进来，平衡出入口贸易。

（四）每区一个信用社。学习南区李生章信用社的办法，实行低利借贷，抵制探买粮和高利贷，吸收民间游资，转入生产，流通金融。

（五）每区一个医药社。学习延安市大众卫生合作社的办法，不管中医西医，不管人医兽医，大家合作，为民服务。集中中医，传授西医，医治人疾，医治兽病，减轻人和牲口的死亡率，实现人财两旺。

（六）每社一个货郎担子。学习吴堡任家沟合作社、南区合作社、吴旗金汤合作社、石峁合作社的货郎担子，深入民间，调查民情，供给用品，收

买土产，便利交换。

（七）每社办夜校、办冬学、办识字组、办黑板报。学习南区合作社和新正合作社的办法，推广文化，普及教育。

（八）举办地方社会公益事业。学习模范合作社植树造林，修桥补路，养老扶幼，救济难民，优待抗属，诸凡有关群众的福利事业，合作社都要创办。

上面八项都是大事，只有集合民资民力才能办好。绝不能由少数人包办，一定要依靠广大群众；绝不能强迫命令，一定要自觉自愿。自古说：人上一百，五艺俱全。会写的办文化，会算的当会计，会医的办卫生，会商的办贸易，会什么就请他干什么，只要有事，不愁没人。贯彻民办公助是我们合作社今后社务的基本方针。本此方针，全体一致决议，实行以下各条：

（一）社员选举主任，主任不称职，社员有撤换之权。

（二）民主公议社务，社务有毛病，社员有批评之权。

（三）入社自由，出社自由，入股自由，退股自由。

（四）按期算账，按期公布，按期分红，按股分红。

（五）社员一律平等，不论股金大小，都有选举权、表决权。

我们合作社又是各阶层的经济合作，凡边区公民，不论是谁都可加入。盐池商人靳体元，米脂地主常友文，靖边士绅田保霖，鄜县商人安长庚，延安士绅曹玉科等或出力或出资，创办合作社；延安市商人席全喜等五人把全部资金和人力投入合作社，都是我们很喜欢的，我们欢迎边区各阶层各民族人士加入合作社，同心合力，繁荣边区。

（《陕甘宁边区合作社联席会决议》，1944年7月7日）

边区合作社联席会议，已于昨日上午八时在边参会大礼堂隆重揭幕。大会向全边区的合作社提出战斗的号召：组织30万人的纺织，穿衣自给！每区一个铁匠铺，农具自给！每区一个医药社，人财两旺！每区一个信用社，低利借贷！每社一个货郎担，便利交换！办冬学，办黑板报，办识字组，推广文化！大会提出了今后的方针：推广南区合作社的方向，组织人民生产，贯彻民办公助。大会亦给边区的合作事业以明确的定义：合作社是在私有财产的基础上，各阶层人民大众联合经营的经济文化事业的组织。

会场布置庄严简朴，来自各地合作社主任有180人，连同各分区专署二科长及延属、绥德分区抗联主任共199人，参加大会旁听的机关学校人员达800余人。

（《边区合作社联席会议号召组织卅万人参加纺织》，
《解放日报》，1944年6月28日）

第四节　边区合作社的建立和发展

一、土地革命时期边区的合作社

边区合作事业自1935年开创。……

这时期，边区正处在战争与封锁下面，商业又被破坏，军民供给发生极大困难。

1934年间，清涧一带群众自发组织了临时性的“合伙生意”，运出土产，换回日用品，实在是一种萌芽状态的消费合作，它反映了经济封锁下群众对合作社的迫切要求。

1935年春至秋间，先后组成了三个消费合作社和一个粉房合作社，各有股金200元左右，来自农民、小商人和政府投资。业务为：（一）联络小商人向苏区外采买必需品，卖给部队机关和人民；（二）替政府兑换苏票；（三）替红军拍卖没收来的货物；（四）生产粉条，喂猪供给医院和部队机关人员，主要都是面向公家的，且资力小，作用有限。

大量开展是在这年冬中央红军到达之后。那时苏维埃中央国民经济部为了展开反经济封锁斗争，维持苏票，保障军民供给，号召大量发展合作社运动，为此成立了合作指导委员会，颁发“发展合作社大纲”以为指导。由于自上而下的普遍发动，半自愿半固定的劝募股金，在当时环境之下，获得了群众拥护，不到三个月时间几乎每个区乡都成立了合作社。1936年底统计：陕北省11县市有区分社48社，乡支社94社，社员34523人，股金29548.3元；1937年上半年统计：陕北省16县市有区分社62社，社员57518人，股金64992元。自上而下发动与迅速普遍建立，是其第一个特点。业务的主要内容为流通货物与苏票。1937年上半年统计：合作社共向外边办货216次，总值94422元，贩卖农产17734.65元，盈余13765.6元。维护了苏票，保障了军民供给，尤其有些合作社经常带货串乡深入民间，极得群众拥护。这是第二个特点。当时合作社货物多由政府批给（也有不少联络商人单独进货的），干部多由政府指派，有的货价由政府规定，边界地区合作社随军队而转移，红军并有向合作社购货的优先权。一般说合作社带着公办的色彩。这是第三个特点。还有当时规定入股以人（非户）为单位，最多不得超过10股或20股。至于分红多少、有无是不一致的。这些特点大致是适应当时的战争环境而产生的。

这是边区合作事业的草创阶段，虽由于普遍发展，基础不固，但起了大作用。

（《边区合作事业的发展》，陕甘宁边区政府建设厅：1944年）

二、抗日战争时期边区合作社的新发展

（一）发展的四个阶段

1.第一阶段（1937年至1941年）：

抗战之后，经济封锁解除，商业逐渐恢复，群众对合作社的需要比从前淡漠多了。新的环境到来，合作社究竟应该怎样办的问题，没有引起领导上的注意，大家对合作社的认识又是模糊的，因而影响到许多县区党政干部也不重视合作社工作了，也不懂合作社，把许多犯了错误的干部不加教育就放到合作社里工作，以致合作社干部不安心工作，贪污浪费现象也产生了。同时过去成立的合作社资金很少，平均每社不到400元，干部又多不会经营，加之苏票3元换法币1元，吃亏颇大，赔本的现象也普遍发生了。在这一时期

开始时，合作社陷入了混乱和危殆之中。1938年春政府提出了在这时期巩固发展的方针，将乡支社归并于区分社，有的县还将2个或3个区分社合并经营。截止1939年1月，被合并的有43社之多，一般不增设新社，主要是扩大股金。1939年物价高涨之后，更只能年年扩充股金，以维持原有业务，强迫摊派股金的方法也即由此时产生。所以，从1937年到1941年底，虽社数从142社增至155社，只增加13社，社员则由57847人增至140218人，增加142%，股金由55225元增至1362384元，增加2367%，发展不少。这一时期的发展因素，主要的是决定于领导上的主观要求，借强迫摊派的包办方式发展起来的，这是第一个特点。

从1938年起，政府即开始提倡“发展生产合作社”。次年，在中国工业合作协会西北办事处的协助下，建立了10个生产合作社；继而有些资本较大的消费合作社也兼营生产业务及运输业务。到1941年下半年统计：三边分区除外，4个分区15个县共有生产社（经营单位在内）34社，资金103200元。同年上半年统计：延安、安塞、延川、甘泉、鄜县、新正六县合作社附设运输队共18队，牲口208条，资金212600元。合作社开始向生产、运输发展，在经济上起了一些作用。这是第二特点。

在这阶段内，合作社在供给日用品、推销土产、代收与供给工厂原料、响应政府号召及优待抗属等方面固然起了一些作用，但和需要相比，起的作用还是很小的。据1941年上半年统计：股金额平均在2000元以下的合作社占总数61%强；销货额，以统统卖给社员计算，最高的（安塞四、七区）半年可供每个社员20元弱，最低的（靖边县）4元还不到。至于“生产合作社的产品，还不能在社员消费需要上起最低限度的作用”，“并且还有少数合作社依靠动员股金和人民代耕来维持其存在，不仅没有给人民以便利，反而给人民以负担，致使人民对合作事业不发生兴趣，甚至认为没有更好”（高厅长）[①]。特别是这时期领导上用以巩固合作社的办法——如合并、调训干部、成立联社，以及令县区党政干部加强领导等，都是自上而下的，而不是

① 引自陕甘宁边区政府建设厅厅长高自立：《巩固扩大合作事业的关键》一文。见《解放日报》，1942年3月20日。——编者注。

加强合作社和群众的联系的；县区党政干部又不了解正确领导是什么，以致加强的不是真正的领导而是包办、官办：扩大股金由政府按层层摊派负担的形式收集交给合作社；干部由政府指派、调度、领津贴、享受代耕待遇；买货的时间地点及货价由政府决定。加以合作社干部缺乏群众观点，很多收进股金不发股票，业务办得不好，红利好几年也不分一次，结果就造成群众对合作社的反感，被呼为“活捉社”“捉鳖社”，认为没有更好。真叫作“事与愿违”了（自然还有少数合作社起的作用很大，在群众中威信很高）。这是第三个特点。

总之，这一阶段是领导上没有适应新的环境提出新的任务，凭主观要求，产生了摊派强迫，脱离群众的现象，使合作社陷入可有可无甚至没有更好的情况。

2.第二阶段（1941年至1942年底）：

1942年1月，建设厅根据南区合作社的经验，提出了“克服包办代替，实行民办官助”的方针。当初几乎所有合作社主任均无信心。经过两次召开训练班，用民办合作社发展迅速为群众所拥护的实际例子，来教育他们，自此以后，在工作中才开始有了转变。表现在：（1）扩大股金改用干部带头，群众团体和党员起作用，以及开会讨论，自由报名，也有部分的自由入股和自由退股等。（2）业务与群众逐渐相结合，如发展妇纺，资助婚丧，举办适合当地群众需要的作坊，以及包运公盐，包交公粮等。（3）职员待遇……改为薪金制或作份子，取消了代耕。因之，不到一年，消费合作社就由155社增至207社，增加33.6%；股金由1362384元增至9346876元，增加6倍；生产合作社亦由34个单位增至50个单位，资金由103200元增至2491600元；运输队牲口由208头增至246头。发展之速，远过于前一阶段。但大部分合作社没有转变或转变很少。

这是合作社由包办转向民办，由脱离群众转向联系群众开始转变的阶段。

3.第三阶段（1943年至1944年6月）：

在高干会以前，不仅还有许多合作社主任认识不清这种转变的意义，就是在一般党政干部的脑子里也是搞不很清楚的，以至于当“民办”政策初提出时，有人认为“这种提法是失掉立场的”！

高干会上，毛主席肯定了建设厅提出的“民办官助”方针是正确的道路，就是边区合作事业的道路，“发展南区合作社式的合作运动，就是发展边区人民经济的重要工作之一”。从此，人们的认识才大大前进了一步，信心也加强了；从此，边区合作事业才得在“南区合作社式”的正确道路上大踏步推进着。

一年半来，合作社社数由207社增至435社，社员由15万人增至245884人，股金由9346876元增至138800多万元，资金有21亿元。在21亿资产中，消费仅7亿元，占1/3，而运输、生产、信用、医药等占2/3，改变了过去消费占优势，甚至占压倒优势的局面，这就不仅量上而且也是质上的进步。如果从发展规模及经济上所起作用来看，诚如高厅长在此次合作社联席会议总结报告中所估价的，“这个发展超过了过去8年成绩的一倍，可以说是空前未有的成绩”。

（《边区合作事业的发展》，陕甘宁边区政府建设厅，1944年）

自1942年12月至1944年上半年止，这一年半到两年的时间内，边区合作运动有了飞快地发展，被誉为大生产运动主要标志之一。据统计，这时合作社的业务单位有消费369个，生产375个，医药51个，信用86个，运输398个，共1280个单位。这时出现了模范的南区合作社，产生了合作运动的杰出人物刘建章同志，使合作社有明确的发展方向，有了大家遵循的旗帜。正如毛主席在总结南区合作社经验中指出的：“南区合作社冲破了教条主义、公式主义，不拘成规。南区合作社以消费开始，发展到南区全体人民经济生活的各方面，不仅经营消费，还经营供销、运输、生产、借贷，是一个综合性的合作社。它打破了合作社的形式主义，认真贯彻面向群众，替人民谋利益的方针。它以公私两利的方针，作为沟通政府与人民经济桥梁，经过合作社，使政府、合作社、人民三者公私的利益，个人与集体的利益，密切地结合起来。”因之，南区合作社发展很快，社员由160人增至1112人，股金由159元增至252万元，净利数10元增至145000元，“它发展了南区人民的农工商业，照顾人民经济利益各方面，成为南区人民的经济中心”。这时在合作社的经营管理与吸收游资上也比较抗战初期进步了，有些合作社把合作社作为事业经营，贯彻公私两利，是确实获得利润，做到某些程度的企业化（例如维持人员开支，组织了生产，供销能与私商竞争等），吸收游资也很多。这一时期，党政领导极为重视，号召与动员广大干部领导与组织当地合作社，并大量地吸收群众积极分子参加合作社工作。这一时期，合作社的任务和业务方针都很明确，克服了过去单纯搞消费、供销的保守观点，在一定程度上讲，发展了群众性的广泛地与生产相结合的合作事业。

但缺点也同时产生了，首先最显著的是：因为人民经济发展中需要的广泛性而产生了一些地方不顾条件的大量发展，和提倡大型的一揽子合作社的做法，拼命扩大摊子。组织和经营群众性的生产、供销事业是对的，但一个合作社从事十几种业务，摆十几个摊子，企图将全区全乡凡是人民需要发展的经济事业，一手都包下来，如搞纺织，则建立纺织工厂，如搞运输则集中群众牲口入股，集体运输，如搞供销则企图将私营商业全体包办。这种做法是不对的，也是不可能实现的。其次是，由于强调“群众化”“民办官助”和大量发展的方针，于是在一些干部思想上产生了另一种倾向，即是在对合作社的领导上有了消极的成分，甚至发展到放任自流，不闻不问。如绥德分区1943年减租后，绥德、米脂两县有大量的群众小型合作社出现，据调查，米脂民丰、印斗两区即有17个，其中除极少数有形式主义毛病外，绝大多数是好的，是适合个体、分散的小农经济走向合作社道路的一种经济组织形式，但都任其自流，或主观地认为“不合乎合作社规定”而取消或合并了。这种思想还表现在对吸收游资上的“入大股，分大红，入小股，分小红”，以及对私商只有团结而无必要的斗争上，以致一些私商携带其全部资产加入合作社，而我们自己又无法控制，使有的合作社变了质。

4.第四阶段（1944年7月至抗战胜利）：

这是前一时期，即大发展时期的继续，如果合并为一个时期在性质上是可以的，但为了取得整顿时期（今后也可能有这种情况发生）的经验，就将它列为一个时期了。这一时期的特点是：（1）数量大大减少，质量有所改进，即是在大发展中一些质量上确实不好为群众不满的合作社解散了，较差的合作社因整顿改造而站稳了脚跟。社数由1944年的691个减少为370个，社员由26万降为15万，股金由25亿变为32亿（因货币贬价）。在整顿中实行了分红、退股、清理股票，不强迫摊派股金，挽回了一些极坏合作社在群众中丧失了的威信。（2）纠正了由单纯消费、铺张业务，单纯经商，将组织生产与从事生产及作坊合作，提高到重要成分。如当时业务单位由1280个，减少为532个，而其中生产社即有132个（纺织社20个、油坊21个、染坊45个，以及造纸、丝织、炭瓷窑、香坊、粉坊等），占总业务单位26%；并有运输社20个，信用社47个，和公益事业社会救济等。从事生产的合作社，虽然只限于本身经营范围，但因其不从事商业投机，易于和群众联系，所以垮得很少。这已经成为一般规律了。如吴堡李家沟人民社，根据当地群众条件，经营的纸业、丝织，从1938年一直坚持到现在，仍然为群众欢迎，就是一个很好的例子。（3）在供销上注意收购土产及提倡货郎担子或背货下乡，进行供销工作，也是有成效的。如延属延长、延川等三县收购棉花（20000斤）、土布（3000丈），志丹收绒毛（14000斤）、羊子（5000只），安塞收粮食（1200石），鄜县收山货（蜂蜜2000斤）等。（4）医药社有发展，全边区由51社增加了71社，在整顿后不仅没有减少，反而增加。这种情况之所以产生，是因为边区落后，农村医药奇缺，而党政又提出“救命第一”所产生的特殊发展情形。

由于整顿中指导思想上没有很好的掌握积极改造精神，由于整顿中对合作社的作用估计过低，即好就一切都好，不好则一切都坏的思想作祟，由于“纠左必须防右”的思想没有在领导干部中建立，就把不应减少不应取消的也减少或取消了。如绥德县原有80个社，其中30余社可以改造，但取消的只剩了一个，未免太过分。

（《边区合作社工作总结》，陕甘宁边区政府工合办事处，1948年12月）

（二）边区合作社历年发展概况统计

1.1937—1944年边区合作社发展概况统计

年份	社数	百分比	社员	百分比	股金（边币元）	百分比
1937	142	100	57847	100	55225	100
1938	107	75	66707	115	75629	136
1939	115	81	82885	243	125848	227
1940	132	93	123279	214	332943	602
1941	155	709	140018	242	1632384	2467
1942	207	140	143721	248	9340276	16925
1943	260	183	150000	259	170000000	30783
1944（3月）	634	446	182878	316	733918403	132904

说明：

①过去统计只计母社，子社未计入。1944年的社数系包括各种合作社，并见（下）表说明。

②1937年至1943年系根据建设厅历年统计。1944年数字是根据各分区1943年总结报告及《解放日报》《抗战日报》的材料。

③边币与法币的比值1943年起，以前均为二元一角与一元之比，1943年则为十元与一元之比。

2.1944年边区合作社分布概况

县名	社数	县名	社数	县名	社数
延安市	13	定边	26	庆阳	22
延安县	101	盐池	12	合水	12
安塞	79	靖边	62	镇原	4
甘泉	75	吴起	24	曲子	23
鄜县	26	绥德	20	华池	10
延川	17	清涧	7	环县	18
固临	23	吴堡	9	新正	6
延长	14	米脂	8	新宁	4
子长	12	葭县	8	赤水	8
志丹	39	子洲	8	淳耀	6

说明：

①本表包括之社数共634社。

②机关、部队、学校、工厂之合作社未计入。

③各合作社投资设立之脚店及小作坊有一小部分未计入。

3.1944年边区各分区合作社社数、社员、股金、资财比较

分区	社数	所占百分比	社员	所占百分比	股金（边币元）	所占百分比	资财	所占百分比
延属	339	53.4	71854	39.3	385626860	52.7	696082220	54.0
三边	122	19.3	16076	8.8	197300000	26.8	231550000	18.0
陇东	89	14.0	25389	13.9	64689543	8.8	139653792	10.9
关中	24	3.8	13844	7.6	20800000	2.8	52000000	4.0
绥德	60	9.5	55715	30.4	65582000	8.9	168700000	13.1
合计	634	100	182878	100	733998403	100	1287986012	100

4.1944年边区合作社分类概况

类别	社数	各业所占%
消费	281	44.3
生产	114	18.0
运输	233	36.75
信用	6	0.95
合计	634	100

说明：本表说明见（表一）。

5.1941—1944年边区合作社财产增加比较

年别	财产总值（折合小米）（石）	增加的百分比（以实物计）
三十年（1941）	15000	100
三十一年（1942）	38500	250
三十二年（1943）	43640	291
三十三年（1944）三月底	71552	477

说明：1944年还有部分财产未计入。

6.1941—1943年边区合作贷款投资概况

年份	金额（边币元）	折小米（石）
三十年（1941）	290000	1783
三十一年（1942）	3200000	4195
三十二年（1943）	13000000	4874

说明：每年贷款均系每年上半年贷出，所以米价均以每年上半年平均数计算，各年上半年每石米价平均数如下：1941年162.2元，1942年762.8元，1943年2667元。

（《边区合作社八年的发展概况》，陕甘宁边区政府研究室，1944年8月）

三、在发展中依靠群众和脱离群众的两条道路、两种作风的斗争

（一）两条道路、两种作风的不同表现

上述合作事业发展阶段中，自始至终贯穿着两条道路：一条是正确的道路，以南区合作社为其代表；另一条是错误的道路，以安塞旧城合作社为其代表。

南区合作社是1936年冬“由区政府帮助，采取带强制的办法”募集股金成立的。就“有些群众把入股当作了负担”。显然，这样自上而下建立的合作社是不巩固的。“巩固”合作社是当时的急务。如何巩固呢？这就是要给社员以实际的利益来取得其信仰。所谓实际利益就是一开始即按期（三月一期，第四期起六个月）分红，而且头几期不提公积金全部分给了社员；苏票转法币时，代社员贴洋500元，减价（2/5）卖铧，群众省了钱又省了工，成立信用部无利贷款给群众买牲口，这些都是合作社成立后两年所做的。因之，在每次分红的社员大会上，社员自己提出说：“合作社是能替我们做事的。”同时，每次分红时召开社员大会，向他们作工作报告，听取他们对社务、业务的意见。在这样给予实际利益的基础上来使“社务民主化”，绝不是形式主义的。

开始时，它只有单纯的消费业务，但它并不拘泥于公式，而是根据为群众谋利益的原则向生产、信用、运输、包交公粮、公盐，以至文化、卫生、公益事业各方面开拓，至今共达18种业务之多。

它根据对群众有利的原则扩大股金，前后共创造了“团结社员的积极分子去劝导人民入股”“与私人合伙”“供给人民必需品时宣传入股”“公债入股”“分红入股”“实物入股”“公盐公粮代金入股”“分袜子入股”“纺纱入股”“运输入股”“减价买货入股”“信用入股”等办法，主要的从经济上刺激社员入股。它不需要强迫摊派而能保证合作社的迅速扩大。

开始时，它也是有股额的限制性的。为了业务的开展及群众的需要，勇

敢丢弃了这个陈旧公式，吸收大股入社，并实行了退社的完全自由，它吸收的大股有大致每人80万者。经验证明：这不仅没有被私人操纵去，恰好构成自己迅速地壮大。

开始时该社干部也是派去的，但成立之后，它们就转向“从农村里拣选和群众有联系的人，再从办合作社的实际工作中培养出来”，而不依望上级给指派。它们的经验证明：这样培养出来的干部像王耀明、李生章等，“他们了解情况，熟悉民情，和老百姓有联系，所以他们说话老百姓比较相信”。

“老百姓因为对合作社的作用已经清楚了，便渐次要求合作社在各乡设立分社，因为事实上，那时合作社的规模已不能满足需要，为了适应需要又设立了四个分社”。就是说合作社的发展趋势是从典型示范逐渐推广，这也是地广人稀交通不便情况下适合群众需要必由之路。

总之，南区合作社依据群众的需要大胆创造出全套适合边区实际情况的方针和方法。在此种正确的方针与方法下，它迅速地壮大了并超过一切合作社之上。当1941年一般合作社平均股金2700元时，它就有4万多元，当时一般合作社最高卖给每个社员20元货（半年）不到，它即有780元；当时一般合作社被咒为“活捉社”，它却被誉为“救命恩人”！

安塞旧城合作社刚相反，它1935年成立时的股金是自上而下动员来的，后来却干脆年年依靠政府摊派股金以维持其存在。在政府取消摊派之前，从未下乡了解民情，为人民办事，从实际利益中教导人民自愿入股，所以直到最近被解散时止，无一自愿入股的社员。它初成立时是一小杂货铺，此后他一直守着一个小杂货铺，不愿按群众需要搞其他业务，或者干脆按照群众意见予以解散。只是1943年政府强迫它时，才发过500斤棉花和投资过5万元给民办社运输队。到政府召开社员会议解散时，它仍只一爿摊派股金的小杂货铺。它成立8年了，从来没有分过红利。总之，它不仅一切照旧，而且向后倒退了，所以它不可能发展。1938年初的1200元股金，到1943年6月还只28000元，以一小杂货铺始，仍以一小杂货铺终。

如果问“为什么刘主任能创造出‘南区合作社’——被作为边区合作事业道路的‘南区合作社’呢”？在过去，几乎所有的合作社主任都会同声答复你：“在延安嘛，有政府和银行的帮助嘛”！这种见解到今天亦不见得统统消除了。因之，我们来重温一下下面的故事是有益处的：就是几年之前，办垮了延安群众合作社的×主任他说：刘主任没有什么，就是因为在延安，有政府和银行的帮助。高厅长就反问他：“你也在延安，在政府的门口，为什么办不好？难道政府没有帮助你吗？”他默默无以对。由此可见政府帮助不是办好合作社的决定原因。老实说在办合作社的方针、办法上政府还是向刘主任学的！那么刘主任为什么能办好南区合作社呢？

“秘密吗？很简单，只要真正能够为群众的利益着想，把合作社的业务和群众的生活联系起来，一切事情就好办了。……

“的确，他全部秘密就在这里。延安南区的人民流行着两句俗话，他们说刘主任是他们公共的佣人，南区合作社则是他们全区人民的账房。他们之中谁有了问题，都要来请教他，疾病、死亡、婚嫁和缺乏生产用的工具，要来请他帮助，如果鸡生了蛋，做买卖赚了钱，或者谷子吃不了，怎么办呢？那么，谁也不会迟疑，‘到刘主任那里去吧’。

“‘刘主任是共产党员，是真正帮助我们谋利益的老实人’，南区一个叫方德元的老百姓，他毫不思索地告诉我，‘这是我们谁也不怀疑的’。

…………

“全区1700多户，7100多人，除了个别新来的移难民外，他完全是熟识的，这熟识不仅是一般的‘点头之交’，每一户的财产和每个人的性格，他都是透明的，他有一本很宝贵的册子，哪一户多少人，多少劳动力，种多少冬麦，多少糜谷，副业收入多少，以至鸡、狗、猪、马、牛、羊，都记得清清楚楚的。”

（莫艾：《刘主任》，《解放日报》，1943年2月13日）

刘主任和南区群众有如此密切的联系，那么他之所以创造出真正群众性的模范合作社，是很自然的了。

那么，为什么会出现“安塞旧城社”式的合作社也就很清楚了。安塞旧城社主任也叫刘主任，但这位刘主任是一个毫无群众观点的工作者，“看上级怎么办，咱就怎么办”！这是他信守不渝的口号。他说他不愿搞别的业务，免得出了毛病连累大，他就愿坐在小杂货铺里当“照庙和尚”懒得出门。统计他在任6年之久，下乡共只3次，对当地生活民情，就是个“一满解不下”！如果说南区合作社的干部在刘主任影响下都能“了解本区的群众，生活也能和群众打成一片”的话，那么，旧城社的干部在刘主任的影响下就成了逢集来社看一看，集过轮流回家的挂号干部了。那么在群怒之下落得被解散一途，是这种合作社正确的出路。

这是两种尖锐对立的作风，一种是“眼睛向下”“面向群众”的作风，一种是“眼睛向上”“背向群众的作风”，和上述两条道路的划分同时从始至终贯穿着各个发展阶段的。

在1942年之前，“眼睛向上”“背向群众”的作风是一种占统治地位的作风。每次开主任联席会议时，各社主任（只能说刘建章同志除外）都照例带来3件要求，说它“提案”也好。第一件叫作：“资金小，周转不开，给投点资，或命令政府扩大股金”；第二件叫作：“人才缺乏，要一个干部”；第三件叫作：“干部待遇要解决”（即要求给好好代耕）。如果会议上政府都给解决了，他们就心满意足地说：“会议开成功了。”反之，像1942年1月那次会议上统统吃了闭门羹，大家就都很不满意，垂头丧气而归。在这次会议上高厅长作了废除包办实行民办的结论，但过了半年之久，底下尚无动静。因为那时主任们对民办政策有下列几种看法：

第一种是根本怀疑的态度……认为民办是行不通的，他的理由：认为政府对合作社的包办是因为社员不办，……如果政府不包，社员自己又不乐意去办，合作社必然垮台。……有几个包办的合作社比没有合作社总好些。

第二种是半信半疑的态度：他们相信合作社应由社员自己做主，这是很有道理的。……可是原则终究是原则，我们合作社的事实，一向都是由政府摊派股金、动员干部、决定盈余的分配等，而社员对合作社是可有可无的。今天要完全由社员自己做主，合作社一定会糟糕，所以，……民办只有等着将来。

第三种态度是信而不行，这些人不仅了解到合作社是社员的，并认识到群众力量之伟大（？）……而且他们亲眼看见民办合作社发展的迅速，自己包办的合作社是一年年地“故我依然”，因此他们觉得民办是完全正确的。但他们对自己总是没有信心，觉得已经民办起来的合作社都有一些特殊条件，而我们这个地方没有具备这个条件。有时也想试试看，但稍遇困难，就束手无策。

这说明那时中了“眼睛向上”，为合作社而合作社这种作风的“毒”之深了。一个人如果“眼睛向上”脱离了群众，即令他是一位英雄，英雄失去用武之地，就成了无用之辈了。这就是当时很多人发愁的合作社“干部无能”“干部不成”的真正原因。但是过去我们不少同志是不认识的，更不会懂得号召他们向刘建章同志的作风学习了。刚相反，当时“训”的是教条主义的大道理，结果只能更强化其“眼睛向上”脱离群众的恶劣倾向而已。1944年受奖的一大群合作英雄都是怎样产生的？难道不都是高干会后我们实行合作社的群众路线在向刘主任学习在联系群众中产生的吗？在以前我们办过干部训练班不止一次，会计训练班更多，难道训练出来一个合作英雄吗？可见“眼睛向上”“背向群众”，还是“眼睛向下”“面向群众”的作风问题乃是决定合作社干部“才”或不“才”，合作社之“成”或“败”的一个根本问题。到今天，还有一部分合作社主任是抱着“希望政府给投点资”的想法来开会的，讨论到药社的“医生”问题时，还有不少人表示自力更生是无办法的。因之，我们还必须大大发扬“眼睛向下”“面向群众”的作风，大大指责与根除“眼睛向上”“背向群众”的作风。

（二）脱离群众的作风产生于领导上的包办

上述合作社干部“眼睛向上”的作风及由此产生的所谓“干部不成”多半也是包办的结果。

比如延川县民众社，原先干部刻苦耐劳挑货串乡，深入民间，极得群众拥护。1937年下季因苏票换法币的波动，政府即将它和其他3个合作社合并，并搬到城内营业。从此合作社即再未有挑担子串乡营业，只是逢三六九做个白市买卖，这个业务的转变，使得合作社和人民的关系不及以前密切了。1939年政府“统一摊派”股金，分了一部分给民众社，此举大大影响了人民对合作社的反感，认为“活捉社，把人民都捉定了”“入股是负担，来的股都是硬股，非股不成”，……人民对合作社疏远了，把合作社看着是公家的。而民众社本来是自由入股的。1940年该社社员代表大会决议不再摊派股金，复以自由入股为原则，但1941年政府又将摊派成立的3个合作社“合并于民众社，未通过民众社，区乡政府就先在农村里合并收股票，致把社员的名字也搞混乱了……故把红利转给区乡政府代发，有发多或发少的现象”。从民众社这段历史可看到政府3次包办行动给予该社多少恶劣的影响！包办之残害了合作社干部的创造性与成果，于此可见。

其实第一阶段里政府人员的包办范围远过如此。比如乡村中的个别合作社要自由集股，政府人员不同意，硬要代它摊派股金；比如合作社要自由物色干部，政府人员不同意，硬要代它动员；比如合作社要到某地进货，必要请示政府人员，如不获准进就不能进；比如卖货货价，也要政府人员代为规定。如此种种，当时都美其名曰：“一切经过组织”。还一直发展到合作社的货物放到区政府干部家里，区政府办公室设在合作社里！这样一来，合作社干部的手足都被束缚了，动辄掣肘，积极性、创造性自无从谈起；同时，合作社干部也自然认合作社为“公家生意”，以“公差”自居，“不求有功，但求无过”“上级怎么办咱就怎么办”，消极的观念也就很自然地形成了。

缘包办作风始于苏维埃时代，比如吴起陈丕秀合作社，当时就没有董事会、理事会的组织，一切的领导、检查、督促，货物评价都由政府直接管理。那么可以说是历史传统的影响。但那时又为什么产生包办呢？归根结底，是由于认识的错误。如高厅长在其《巩固扩大合作事业的关键》一文中指出的：“为什么发生包办呢？主要原因是不懂得什么是领导，因为领导是‘带路’，带路就不是一个人走路，如果带路人没有领着人走，而只是一个人走，那就不成为带路了。合作社是社员的，合作社的一切，毫无问题只有社员才有主持和决定的权利，政府只能站在政府的地位加以指导和帮助，而不是代替社员，更没有权利来支配合作社的股金和盈余，也如没有权利来支配合伙商店的股金和盈余是一样的。”包办是一种没有群众观点的“领导”；是一种取消了领导的“领导”；是一种主观上想给群众办事，客观上脱离群众的领导。即令你是用了大的力气了，但结果呢？全然“事与愿违”，出力不讨好。我们应深深由此记取教训。

当时也有与包办并存的“包而不办”的作风。比如庆阳县，在领导上没有把合作社看成是自己的事情，任其自生自灭，在几年的档案中间，找不出一件关于整理合作社的文件，从没有具体布置过合作社的工作。专门做经建工作的人员，对合作社也采取漠不关心的态度，有时下区工作，到了合作社门前也不抽空考查一下。区上干部天天住在一起，不能经常检查、督促，区上生产助理员更不要说了。还有许多地方不管群众了解与否，只是摊派一些股金成立一个合作社，然后就不闻不问，自然这同样有害于合作事业的。凡是采取了此种态度的地方，合作社统统没有办好，就是证明。

边区合作社运动整整有十年历史了，我们已经做出了成绩，今后我们将要做出更大的成绩来。

十年的历史告诉我们：推进边区合作运动的关键在于推广南区合作社的道路和作风，克服与此相反的安塞旧城合作社式的道路和作风。在1942年或者说高干会之前，南区合作社式的道路和作风是被埋没的，而相反的道路和逆风占了上风。因之，合作社发展不快，甚至离脱了群众，成为群众所反感的东西。高干会后一反这种局面。因之，短短一年半时间内其成绩超过了过去八年成绩的一倍。这是必须把握的第一点。

南区合作社是刘主任密切联系群众创造出来的。因之，学习和掌握刘主任的“眼睛向下”“面向群众”的作风，乃是推进南区合作社式的合作运动之前提。只要合作社的干部有坚决为群众服务，做群众“公共的佣人”的精神，有深入群众，细密调查研究，给人民以实际利益，坚持自由自愿的作风，就一定能获得群众的拥护，那么合作社的一切问题都可迎刃而解了。反之，一味“眼睛向上”，强迫摊派，忽视民情，空讲利益，就一定脱离群众，为群众不满，这是二。

（《边区合作事业的发展》，陕甘宁边区政府建设厅，1944年）

第五节　各分区合作社发展情况

一、关中分区的合作社

（一）关中分区的合作社是1937年开始建立的

自1937年国内战争停止后，新正、赤水等老区，即先后开办合作社，用摊派办法吸收股金，开设小规模的商店，供应山地农村群众的日用必需品。关中各县既无城市，集市也不多，这些小型的合作社曾起过一些作用，因此，自1937年到1940年这一期间，合作事业还是一直发展着，业务规模也日有扩大，股金也有增加。如新正，1937年在马家堡成立了合作社一处，股金80元，到1940年该县五个区都有了分社，股金增至7000元。赤水县，自1937年起到1938年春季，一、二、三、四区都建立了合作社。二区合作社成立时只有股金八十元四角，到年底即发展到400元，后来增加到3070元，其中有友区人民入股三百零七元五角。之后，赤水县还相继成立了工人合作社和信用合作社。1939年，合作社开始开办工厂：新正县1939年以190元资本开办了纺织工厂一处；赤水县亦于这一年以6000元开办了一个工厂。

……

不久，环境紧张，摩擦开始，合作社遭受很大损失，营业不得正常进行，形成流动游击合作社。同时外货不能自由输入，物价昂贵，致使合作社营业日趋不振，规模亦因之缩小。1940年，顽军侵占新正县四、六两区，该两区之合作社2800元资金被抢去2126元，其他几区的合作社亦不断地移动，财产损失也不小。

中心区及新宁、新正县的某些新区，自1940年后才开始创办合作社。如中心区双龙镇及邢家台合作社都成立于1940年下半年，前者原有股金360元，后者原有股金160元。新宁的盘科，新正的马栏，也于1940年成立合作社。合作社初成立时也有过一时的发展，如双龙镇合作社于1941年分红，每元分红利七元二毛五分。但是，没有多久，营业萧条、账目不清，在群众中失去了威信，致使1941年合作社工作趋于停顿和低落。总之，从1937年到1942年，关中合作事业处于摸索阶段，没有明确的为群众服务和发展生产为主的方针，合作社的性质是官办的消费合作社。所办的几个工厂也都依靠洋纱织布，发展民间纺织微乎其微。有的如中心区合作社做投机生意，赤水县联社倒换边、法币，货价比商人还高，因此，群众把合作社叫作“活捉社”，股金虽逐年扩大，但分红很少。

（二）1942年高干会以后，关中分区合作社走上正确道路

1942年高干会南区合作社的方针被提出后，关中合作工作开始有了方针上的转变，决定合作社以发展生产为主。从此对合作社进行了必要的改革。首先，加强领导，整顿组织。如赤水县于1942年3月，将各区社与纺织厂进行了合并，所有资金、干部全部集中于县联社，由县联社统一分配。同年10月，又重新整理股票，登记社员；新宁县也曾将盘科社合并于相路社，后因群众要求又在盘科成立了新社。新正纺织厂过去放花，农村群众不愿意领，经过整顿改变了领花纺纱的工资，将纱分为三等，按等给工资，提高了群众的情绪，纷纷到工厂领花纺线，推动了妇纺运动的开展。到1943年，合作社发展运输事业，10月间，赤水成立了运输队，最初只有5头骡子，后来发展到25头。新正县亦于11月间在群众中酝酿成立运输队，群众自愿将牲口入股，到1944年初即发展了21头牲口。新宁县杨怀智利用亲戚关系在群众中征集了股金法币184147.4元，加上边府放给关中分区的运货款60万元，共买了骡子40多头，成立了运输队，后来政府又投入了骡子5头，群众又加入驴、骡各10头，该县的运输合作事业空前发展了起来。由于合作社改变为发展生产为主，开展了为群众服务的业务，群众也改变了对合作社的看法。

附：1943年到1944年7月关中各县合作社概况表：

<table>
<tr><th colspan="2">县别
项别</th><th>赤水</th><th>新宁</th><th>新正</th><th>淳耀</th><th>中心区</th><th>合计</th></tr>
<tr><td colspan="2">县社</td><td>3</td><td>3</td><td>3</td><td>2</td><td></td><td>11</td></tr>
<tr><td colspan="2">区社</td><td>5</td><td></td><td>1</td><td></td><td>2</td><td>8</td></tr>
<tr><td colspan="2">小计</td><td>8</td><td>3</td><td>4</td><td>2</td><td>2</td><td>19</td></tr>
<tr><td colspan="2">社员</td><td>4551</td><td>3274</td><td>1492</td><td>2587</td><td>160</td><td>12064</td></tr>
<tr><td colspan="2">股金</td><td>10221900元</td><td>8510070</td><td>3375344</td><td>2216317</td><td>5287400</td><td>29611031</td></tr>
<tr><td colspan="2">资金总值</td><td>50296000元</td><td>19584860</td><td>17117550</td><td>12695895</td><td>10271042</td><td>109973347</td></tr>
<tr><td colspan="2">干部</td><td>56</td><td>14</td><td>17</td><td>7</td><td>10</td><td>104</td></tr>
<tr><td rowspan="2">消费</td><td>单位</td><td>5</td><td>1</td><td>2</td><td>2</td><td>2</td><td>12</td></tr>
<tr><td>资金</td><td>15146000元</td><td>1865596</td><td>5283800</td><td>7891001</td><td>5287400</td><td>35473797</td></tr>
<tr><td rowspan="7">生产</td><td>纺织</td><td>3</td><td>3</td><td>1</td><td>2</td><td></td><td>9</td></tr>
<tr><td>染坊</td><td></td><td>1</td><td></td><td></td><td></td><td>1</td></tr>
<tr><td>油坊</td><td>1</td><td></td><td></td><td></td><td></td><td>1</td></tr>
<tr><td>磨坊</td><td></td><td></td><td></td><td>1</td><td></td><td>1</td></tr>
<tr><td>小计</td><td>4</td><td>4</td><td>1</td><td>3</td><td></td><td>12</td></tr>
<tr><td>工人数</td><td>16</td><td>3</td><td>6</td><td>2</td><td></td><td>27</td></tr>
<tr><td>资金数</td><td>3140000</td><td>1319317</td><td>7595683</td><td>113655</td><td></td><td>2168650</td></tr>
<tr><td rowspan="3">运输</td><td>队数</td><td>1</td><td>2</td><td>2</td><td>1</td><td></td><td>6</td></tr>
<tr><td>店数</td><td>1</td><td></td><td>1</td><td></td><td></td><td>2</td></tr>
<tr><td>牲口</td><td>28</td><td>41</td><td>21</td><td>22</td><td></td><td>112</td></tr>
<tr><td rowspan="2">信用</td><td>单位</td><td>5</td><td></td><td></td><td></td><td></td><td>5</td></tr>
<tr><td>资金</td><td>600石</td><td></td><td></td><td></td><td></td><td>600石</td></tr>
<tr><td>医药</td><td>单位</td><td></td><td></td><td></td><td></td><td></td><td></td></tr>
</table>

（三）在整顿中前进

1945年合作社工作概况：赤水县于1945年1月召集了各区社主任会议，讨论了民办公助的基本精神，将各分社财产、资金及红利全部分给各社，由各区社社员代表会选出群众中有能力有威信的人当主任，如四区选了吕怀荣，五区选了蒲金山，铁王选了陈剑伯，并都配备了较强的会计和副主任。新正也是采用这种办法整理的，使群众从实际中认识到合作社真正是自己的。

继之，各社派人下乡整理股金，补发股票，送红利。中心区合作社主任马秀山同志去年4月16日担上货郎担子，领上营业员，拿上社员名单，下乡送红利。出外20多天，走遍了二区三个乡宣传合作社方针及这次整理股金办法，发现群众中有178股经各方证明过去未扯过股票。因该合作社1941年成立从来未分过红利，过去扩股又是摊派，采取“你上次入了1元，这次加上5元”，按比例类推，有人说“合作社股金我不想要了，就当已要钱输了”，群众不管有无股票的事。当时和区上商量给群众补发了股票，并采取了升股的办法：在1941年入股1元，另加5元，根据此数扯股票分红，查出的178股，原股金为7750元，增股62300元。群众非常满意，说：“马主任能费这大的工夫，合作社今后一定能办好。”有的说：“多年的冤事马主任接手就把这案官司断清啦。”赤水联社责成各区社负责整理各该区社股金，联社派专人帮助，发现群众过去有几个人出钱一个人顶名字的，有把股票贴在墙上扯不下来的，有的是代表代为入股而未扯股票的。凡未扯股票经群众证明都补发了股票。经过这次整顿和分红，股金不但没有减少，反而扩大了。如中心区，过去有1617股，股金1208990元，分红后增加到3540股，股金254万元，使得群众对合作社有了新的认识。

各县合作社经过整顿后，在生产和医药方面有了相当的发展。现将1944年后季到1945年7月关中各县合作社发展概况列表于后：

项别＼县别			赤水	淳耀	新宁	新正	中心区	合计
原有的	社　数 股　金		8 7120000	1 2830000	3 3466470	4 350000	3 2183400	19 15949870
1944年六月后	纺织社	社　数 股　金	8 110925	10 1566500	7	4		24 20942705
	染社	社　数 股　金	1 8500	1 280900	1			3 289400
	畜牧	社　数 股　金	1 250000					1 250000
	粮食信用	社 股	1 291石（细粮）					1 291石
新扩大的社	消费社	社　数 股　金	2 420000					2 420000
	油坊	社　数 股　金	1			1 260000		2 260000
	医药	社　数 股　金	1 220000	2 3921000	1 1400000	1 5870482	2 1120000	7 12531482
总计	社　数 股　金		8129425	14598400	11904800	6480482	3203400	50643457

说明：新宁纺织社共有股金10504800元，纺织社共有股金为20942705元。

（《关中分区1945年合作社工作报告》，1946年3月）

二、陇东分区1943年前后的合作社

（一）贯彻民办方针合作社蓬勃发展

陇东分区各县合作社自1943年实行民办方针后，业务即蓬勃发展。1942年，庆阳、曲子虽也实行过民办，但却办成合股式的经营商店，仍不是真正群众性的合作社。1942年全分区32个合作社，都是消费合作社，仅有资金599236元。据今年统计，消费合作社只有1个，运输社15个，纺织社1个，综合社22个（曲子只统计了运输社），拥有资金71034000多元，较1942年增加120倍左右。分区各运输社有432头牲口，尚未统计在内。发展最快的是华池和庆阳。华池县合作社股金增加了300倍，由111800元增至33094880元。庆阳由112180元增至13098900元，增加了100倍。过去群众不愿入股的原因是：1.合作社脱离群众，没有给群众解决什么实际经济问题。2.集股的方法多是摊派，股数有限，而且必须以现金入股；同时，很多群众入了股就不见分红，故群众叫合作社为“捉鳖社”。这些缺点在实行民办后都克服了。如华池温台区社原有资金3万元，股金摊派，买卖又少，1943年提出民办，发动群众自愿入股，取消公积金，并叫社员自己出来管理合作社，群众选举乡长张凤岐为主任，要求区政府秘书年希忠为采买，政府都答应了，因此，到十月股金就达1738290元。年底结账获利1563880元。今年各县合作社又实行退股分红，如曲子、环县两县都把过去用摊派方式入股的股金连同红利一齐退回。环县联社就退回股金3313040元，于是群众都大胆地入股。环县南门外李槐在退股后就入了近40万元股金。分区各合作社都提出“入股退股自由，保证有利可图”的口号，再加上社员的宣传，因此群众入股极为踊跃。

（二）由单纯消费性质转向综合性合作社

合作社另一成绩是由单纯的消费社转向了消费、运输、生产、信用、纺

织等多样性的综合社。分区15个运输社虽仅有牲口1112头（综合社投入牲口在内），但都是经过挑选的健壮牲口。目前运输社主要是巩固时期，如合水将各区运输队牲口都集合县上，分三队经营，加强管理，老弱残废牲口一律换掉，并设兽医处。又如庆阳驿马关运输社今春将牲口都打药、钉掌一次。各县合作社并设毡房3处、纺织工厂1处、口袋厂2处、农场3处、铁匠炉2个、药房1个、皮坊3处、农具木匠铺2处、纸烟公司1所、饭铺1处。这些生产事业解决了不少运输和消费方面的困难。

信用社也有发展。信用社今年借给群众共有670万元，用以买牛45头，铧75页。庆阳一村村民肖生跌崖受伤，没钱医治，去找合作社借了两万元；王茂家里死了人没吃的，合作社借给他一斗麦。

庆阳市合作社还帮助群众送了284石粮到太白，节省了人工畜工两万个，群众只付草料。合水县二、五区运输队帮助群众送粮，得到群众莫大拥护。华池县合作社今春帮助群众、抗属、机关送粪共19953驮。庆阳驿马关合作社给群众包运公盐570驮，可省人工32000个，牲口工6400个。另外，像曲子县合作社供给群众万余元的蓝籽，贷给贫苦社员款2600元，以及各社帮助群众纺织贷出去的棉花、机子、车子尚未计算。

（《实行民办方针解决群众困难陇东合作社蓬勃发展》，
《解放日报》，1944年6月24日）

三、三边分区的合作社

三边分区合作社事业去年突飞猛进的发展，其成绩超过过去几年来的建树。全分区四县现有合作社66个，资金总数达3亿元。据高峰同志[①]谈，今年分区合作社资金可发展至5亿元。全分区大小152个乡，现已有半数以上建立了人民合作经济基础，且此半数以上之合作社主持者多为各区乡之劳动英雄及民选人物。

---

① 高峰系当时三边分区的一位负责同志。——编者

分区合作社早在1936年间即开始创办，然均单纯为消费社，且多脱离群众，摊派股金，不按时分红，人民视为负担。自前年三月间，在分区党政领导奖励民办，刘建章同志去三边巡视合作社工作，亦使分区合作社干部思想有变化；尤其在分区劳动英雄大会后，各合作社乃改进业务，均先后成立运输队。劳动英雄回去自己创办合作社。现将四县合作社发展情况简述如后：

（一）吴旗：现有合作社六个，其中以二区合作社办理最好，成为该县模范社。该社最初只有资本6万元，经去年一年发展至去年年底，本利已发展至2070万余元，目前仍在扩大中。它去年包运该区公盐500驮，给群众节省了7000余万元，成立了300余头牲口的运输队；帮助社员推销土产共值760余万元；给群众借贷现款130余万元，粮食30余石；供给社员必需品——以布匹、农具为主——达2000余万元。仅据去年11月检查材料，该县全县合作社股金总数即达8000万元，在去年年底已发展至1亿元。

（二）靖边：原只有合作社3个，去年6月县委、县政府检查后开始大发展，在去年年底已有34个民办社，资金至9月底已达3790余万元，附设7个骡马店、11处油坊、30余头运输牲口。其中以新城区五乡田保霖所办的合作社名声最著。至去年年底结算，该社资金已达1600余万元。仅去年3月份即供给人民日用品价值140余万元；替人民推销土产高达140余万元。该社并建立药社，治愈病人300余，灌羊500余只；拨资金一部优待难民、抗属。因此，该社在群众中威信日高，成为三边分区合作社发展的旗帜。其他合作社尚未检查，但据县对巡检区一乡合作社的调查，现已发展股金200万元，组织运输牲口73头。该县一小型工厂也有股金500万元。估计全县近3个月内合作社股金的发展有3000万元以上。

（三）定边：合作社去年也有很大发展，全县45个乡，现已成立合作社17处，股金达3365万元。全县合作社现有运输牲口280余头。此外，新塞工厂去年也大大发展了，股金达4300余万元，城市商人入股300余万元。

（四）盐池：现有合作社大小10处，有股金5000余万（公私合办的元华工厂在内），较之其他三县，该县合作社的发展尚未普遍至各乡村。

分区合作社收公盐代金，组织运输队，替人民运盐，大大减轻人民负担。这一发展方向已奠定分区合作事业发展之群众基础，大受一般群众的欢迎。以全分区办理最好的靖边新城区五乡合作社而论，该社社员现占全乡户口75%强。该社去年6月刚成立时，乡村中各阶层均一致拥护，当时社员有地主4人、富农5人、富裕中农1人、中农10人、贫农11人。以党派论，则有共产党员7人，国民党员2人，无党派者22人。三边分区现有民办合作社在群众中威信日高，实由于所有合作社自改造后日夜均以群众利益为谋虑。如改造之初，当时农民对公盐代金的普遍呼声是“公盐不重，只是误工多”。分区合作社即决定组织运输队代运公盐。有地方牲畜瘟疫重，死亡很多，无法解决，分区合作社即设立药社，医病薰羊。又农民需要日用品供给，受高价剥削，土产得不到等价交换，合作社乃以低价供给农民日用品。靖边、定边并有一部分商人需要和农民及政府联合共同发展合作事业，因此，靖边组织合作社，便确定联合商人共同发展的方针。这些经验都是坚持了群众观点和正确方针后所获得的成绩。劳动英雄成为发展合作社经济的组织者与积极领导者。他们的号召已得到广大群众的积极响应，所以分区合作经济今年更会发展的。

（《三边合作社大发展》，《解放日报》，1944年3月26日）

四、绥德分区1944年的合作社

今年分区合作社是空前发展的一年。在1939年时，全分区只有一个合作社，到今年就发展成245个，仅今年一年就发展了201个。现在共有社员86462人，脱离生产的工作人员832人；共有股金440733703元，总资金为513503791元。各县县、区、乡合作社数目如下表：

社别＼县别	绥德	米脂	佳县	吴堡	清涧	子洲	合计
县联社	1	2	1	1	1	1	7
区社	11	7	8	4	7	8	45
乡社	29	20	5	3	4	2	64
村社	12	117					
总计	53	146	15	8	12	11	245

上述合作社在性质上说，属于生产的23个，消费的28个，运输的12个，信用的48个，纺织的15个，农业的3个，综合性的108个。合作社的业务有工业、农业、运输、信用、消费、文教、卫生等20余种。

自边区合作社主任联席会后，又进一步发展了许多办合作社的英雄和创造了许多好的典型。其中走向延安南区合作社的方向的有：

绥德沙滩坪区石家湾合作社：它帮助群众纺纱，解决群众的困难，替永昌公司发棉花给群众纺，又将群众纺的纱收回交公司，共收纱1838斤（其中特等纱占90%，上等纱占10%），发给纺妇工资米一百九十三石三斗三升，工资棉花542斤，合洋756万元。

为了发展妇纺，它贷出纺车15架，借出米8斗、钱22000元；门市部对妇女买货一律打9折，对移民家属给予更多的优待：纺特等线，每斤发工资棉花12两（一般的发9两），家中无劳动力而且离合作社较远的移民家属，合作社派人把棉花送到她家并到她家收线。深受移民家属的称赞。

石家湾合作社是用奖励和说服的办法来教育群众。今年在生产动员会上奖励了纺妇棉花5斤、毛巾9条。合作社在群众中树立了威信，一些婆姨和女孩子的出嫁钱，老汉的养老金都拿了出来入社。去年它只组织妇纺和开粉坊，今年又开了一个染坊、一个织布厂、一个门市部，还专门设了一个流动商业点，专门收集土产出口，换回日用必需品供给社员群众。

绥德薛家坪区石峁张丕元合作社：它发展手工业生产的成绩是显著的，成立了一个铁器工厂、织毛袋工厂、染布和织布厂。发展了4个乡分社，组织了3个流动商业点，并积极发展妇纺，代永昌公司放花收纱1230斤，成为绥德分区合作社的方向。

米脂姜兴庄农村合作社：它是适应群众的需要办起来的。这个村的人民出外染布一次要误两个工，要求集股办一个合作社，解决染布的困难。因为群众有这样的要求，便先集股办起了一个染坊。现有社员1260人，股金314220元。业务发展为：弹花、买卖棉花，设立一个门市部和一个货郎担子，下乡收买土产和卖给群众日用品。

合作社同变工队结合，变工队抽出劳力到延川驮炭，由合作社贷款，炭驮回来后由合作社收购、推销。不仅解决了农民的燃料困难，而且增加了变工队的收入。

（《绥德分区合作社工作总结》，1944年）

第六节　几个县合作社发展情况

一、延川县的合作社

最近县政府检查了各合作社半年来的工作情况，各合作社都有了显著的成绩，在人民中威信提高了，且与群众利益密切联系着。全县4个合作社中，以民众合作社为最大；东阳中区等一带地区，因较为偏僻，没有其他商店，一切日常需用品都由合作社供给。开设在县城内的民众社，它是延川最大的经济机关，在平抑物价，调剂金融上起着很大作用，尤其在去年与生产社承包公粮204石，给了人民不少的便利。群众在实践中已亲身体验到合作社的好处，因为实行社员优待制，凭社员证购物九五折扣，比一般市价低廉。以各社半年营业总计：人民购物共便宜316341元。过去人民入股一两元，还得经过政府动员，今年只是合作社一声号召，群众便蜂拥而来。如民众社一月份原有股金129639元，现在已有581643元，新扩大452004元；永平区分社原有股金41893.12元，现在已有44466.75元，新扩大25573.5元，相继入股者，仍甚踊跃。半年来营业结果，各社红利如下表：

各社		半年所得利	比一般市价便宜	每元股金分利
民众社	本社营利	228113.91元	145684.5元	
	延水关染房	103502元	117961元	
	南区染房	123481.8元	10000元	
	本社染房	178001元	10686.5元	
生产社		249342.41元		
永平分社		147545.51元	22000元	
禹居分社		33254.58元	8000元	
东阳分社		32645.15元	2000元	
合计		1095886.36	316292	2.25元

在春耕时办理销售农具业务，卖铧563页，锄头、老镢等40余件。为解决人民缺少耕牛问题，永平区分社专在陇东买来耕牛265头，低价出售，在春耕中起了很大作用。日常需用品，曾销出火柴1502包，碱面1280斤，棉花12000斤，食盐10640斤，布2950尺，其他还有麻纸、颜料及生产社产品等等。此外，还办了以下几件事：

（一）担负了代民众运盐2600驮的任务。以区为单位组织运输队，每户应担负的驮盐数目以市价折合交出钱来，集股买成牲口，交付合作社去领导转运，这钱就作为入股股金。为使人民便利与迅速交款起见，棉花、棉纱及牲口运输所需的物品（鞍架、绳索、毛口袋），都可以按市价折合当现款入股。

在运输组织方面：设一大队长统一领导运输队，各区分社有中队长一人，运输人员一般的实行津贴制并对其家庭给以代耕待遇。也有采取雇工方式，或调份子作股份的。

现有骡子54头，驴子29头，已至张家畔运过5次，运回盐860驮，已全部出售了。除过一切开支外，得利50204元（民众社27130元，禹居分社3074元，东阳分社20000元）。

同时在春耕时期，代人民转运公粮六七十石，也得到了人民的拥护。虽然是微小事情，但在调剂与照顾人民生产，以及应付临时的运输动员上都有莫大意义，使生产与运输得以兼顾。

（二）民众社以150000元资金分设染坊3所，染价一般的较别处低廉，别处的染价每尺10元，合作社则是8元。半年来染布与得利统计如下表：

名称	收布数	得利
南区染房	20554尺	123481.8元
本社染房	27610尺	178001元
延水关染房	20000尺	103520元
禹居染房	78179尺	（不清）
东阳染房	27186尺	
合计	173529尺	

（三）发展手工业：

1.发展妇纺事业。为完成25000斤土纱任务采取如下办法：

（1）以棉花换纱。准备了16500斤棉花（在银行贷来7530斤，供销站拨来3517斤，生产社1500斤。收纱股4000斤）遍发各处。以二斤棉花还一斤纱，解决了人民中无花可纺的困难。民众社在城附近的村庄赵家沟和城南关发展了34个纺妇，在四个月内领棉花206斤，交纱103斤，赚得棉花103斤，可值30900元，平均每人得洋908.82元；并修了五六个纺纱车子，一架织布机，借给纺织妇女，打算挑选纺纱较好的妇女，加以奖励，所以妇女们都踊跃到合作社来，以纱换花。

（2）为使人民的纺纱便于出售，提高纺织情绪，合作社实行按市价收买土纱，从一月份至六月份全县共买7680斤，分发给纺织所与生产社做原料。

2.建立了小规模的纺织所，资本105000元。从四月份开始到六月底，纺纱380斤，产大布25匹，小布65匹（每匹5丈）。成品出售除开支外净利洋63955元。纺织工人是农村青年。

全县生产合作社现有股金洋239426元，工人19名，手拉织布机八架，毛巾机2架，纺线机5架，弹花盎1架，打袜机4架。从一月至六月产大布153匹，小布11匹，方格毛巾136打，起毛手巾35打，土线袜子95打，四六线单子240块。所需原料洋纱91斤，土纱1311.5斤，产品销售除开支外，净利249342.41元。在延川除各机关的穿衣用布可保证供给外，还可向外销售。

3.收集羊毛200余斤，与人民调份子设立一个毡房，在半年中获利12000元。

这些成绩是由于我们坚决地执行了党与政府所指示的正确方针，以及合作社许多干部发挥了积极性、创造性和苦干精神的结果。没有他们的努力，这些成绩是不能取得的。

（郭永源：《延川合作社半年工作发展与改进》，
《解放日报》，1943年8月5日）

二、鄜县的合作社

自1942年冬，边区高干会指出合作社的方向后，一年来，鄜县合作事业有了飞速的发展与进步。现全县共有大小15个合作社。其中县联社1个，区社10个（全县11个区仅牛武区无合作社），乡社3个，纺织社1个，运输社1个。在运输业方面已有9个运输队，3个骡马店，214头牲口。比起高干会时情形，扩大了一倍以上（当时运输队根本未建立）。另外，在股金方面，扩大了130余倍。现有股金是5475万余元，而高干会时仅有41万元。社员数目亦由1936名增加到4197名，扩大了一倍以上。现有资金6900余万元。其分配情形是：生产占400余万元；医药卫生占2600余万元；消费占3700余万元，约占资金的半数，比起高干会时十之八九的资金用在消费方面的情形也大进了一步。现在的15个社中，兼营生产、消费、医药卫生、运输等业务的“一揽子”合作社共7个，纯生产的2个，纯消费的6个。

为群众服务的观点已日益在合作社干部中增强了。合作社除了供给群众日用品，收购和推销土产，便利群众生产外，去年并为群众包交公粮113.7石，包运1943年公盐4000驮。今年的3450驮公盐，亦全由合作社包运。

同时，各社在群众婚丧、医药方面，无利借出的现款即达500余万元。道德合作社及城关民办社，均常驻人医、兽医，义务帮助群众医治人病、兽病，节省医药手续费约值200余万元。城关区合作社曾派人、派牲口帮助最困难的农户收麦打麦，不取工资。该社又帮助茶坊街上的妇纺工作，代妇纺小组卖布、卖鞋子，以及低价售好货，对贫苦户赊货等，给群众解决不少困难。城关、道德两社的许多动人事实，已传遍各处。因而群众互相宣传争相入股。合作英雄安长庚已创造了帮助群众的典范实例：城关四乡光身汉李玉林兄弟，家境贫寒，兄李双林两目失明，难能独立生活，因兄需要侍养，李玉林也不能出外找事干。安长庚同志见此情形，毅然将李玉林的盲兄接入合作社供养，让玉林在运输队里工作，并把他兄弟家中破烂变卖10万元存入合作社生利息，作为以后给李玉林娶妻及给兄埋葬的基金，结果兄弟俩皆大欢喜，邻里无不赞叹。

但在大进步的两年间，尚有部分合作社仍固步不前，脱离群众，不仅没有发展，反而倒退。如永平区合作社是最保守与脱离群众的典型。该社主任陈锦熙，几年来对工作一贯持“照庙”态度，他不愿合作社扩大发展，恐怕扩大后搞垮了连累家庭赔偿（他是富农家庭）。今年扩股时，会计牛宗栋一人入了10万元，陈主任不满意，嫌他入多了影响到自己不好少入。会计提出计划合作社今年栽30亩稻子，陈主任又批评他“太贪多”，副主任和会计本来还积极，但过去在别处买货回来，陈主任常拖延不给钱，不负责。今年副主任陈树仁在四乡给合作社开荒生产，半年内只给了一斗粮。这样，使干部对工作不安心，不敢负责。陈主任对群众更采取拒绝来往的官僚态度，嫌群众来合作社时爱抽烟要擦火柴，太麻烦，为了节省几根火柴，节省几把旱烟，讨厌群众，常常把门关起来，干脆拒绝群众进门，因而群众都说“合作社是关门主义”。该社从来没有分过红，对扩大股金是依靠摊派、命令。不久以前，计划吸收三乡一家私人小药铺来成立医药合作社，但合作社干部不下乡，靠一个社员代表去交涉，这个代表根本不作宣传解释，一开始就威吓命令人家非连人带药铺加入合作社不可。这家药铺对合作社的来意不了解，连夜把药货搬移到别区去了。自1940年到现在，该社给群众未解决过任何困难，亦未有什么发展。1941年的本利可以买麦子25石，到去年年终结算时，却仅能买8石麦子了。陈主任不仅不设法检讨自己的保守、官僚主义作风，反而给群众戴上一顶“落后”的帽子，怨群众不认识合作社。

在这次会上受到严厉批评的直罗镇合作社，过去会计和采买贪污腐化，把股金赔光；大昇号合作社主任几年来对工作也持“照庙”态度，常说怪话，说：“合作社是大家的，应该大家轮着做一做，为什么要我一个人干？”只坐在合作社里，等群众把股金送上门来，因而六七年来没有发展。

（《鄜县合作社一年半来扩大股金百三十余倍》，《解放日报》，1944年8月19日）

三、安塞县的合作社

安塞县在1941年时曾有7个合作社，至1942年上半年只有5个合作社了，全部股金只有62000元，而且还是摊派来的。1942年秋，该县彻底执行合作社民办方针，合作事业才飞跃地发展起来。至今，全县共有29个合作社，3个工厂，2处信用社，2处药社，4处铁匠炉，由736头牲口所组成的运输队，共有30个分队。全县共有合作社社员12500人，股金9830余万元。全县涌现了一批模范的干部，其中除合作英雄樊彦旺外，如真武洞市任世明合作社，夏征开始时，群众正忙于抢锄，该社首先即为群众垫出40石粮，替真武洞市群众缴纳了夏粮（等群众有空碾米时再归还），不取利息，并派本社运输队帮助转运至延安，为群众节省许多人力。又如三区合作社鲍会源医生，年已六旬，不取任何报酬常深夜出诊，往农村给人看病，群众皆以“鲍善人”称之。类似这类例子还很多。

但是，该县合作事业还存在许多缺点，如五区张元勋合作社，不作营业、生产，却储存硬币，投机取利，半年内除卖20余匹布之外，至今尚存布10余匹，未做任何为群众谋利的工作，合作社给他坐吃山空。又如三区马铭骥合作社，官僚主义作风与脱离群众现象还严重存在着，因一件小事即同群众吵闹，每遇集日到合作社来买货的群众只寥寥几人，由此可见该社与群众关系的一般。

该县为纠正上述错误，并传达边区合作社会议决议，贯彻民办方针，于7月26日召开了全县合作社主任联席会议。会上，贺县长指出，今后合作社工作，人力与资金应为80%的力量用在生产方面。最后会议通过如下决议：（一）扩大股金两亿元。（二）建立小型纺织厂17处，设织布机45架，由枣湾工厂帮助训练工人，至后年年底全县群众穿衣要做到全部自给。（三）建立铁匠炉13处。（四）发展民办社10处，11个货郎担子下乡。（五）建立信用社7处。（六）举办民办小学5处，冬学11处。（七）建立药社5处。

（《安塞县合作社资金将以十分之八转入生产》，
《解放日报》，1944年8月19日）

四、绥德、米脂两县的小型合作社

绥米小型合作社以米脂为最多，绥德次之。按其业务性质可分为粮食、信用、纺织、文教、变工、消费五种。这些合作社都是1943年秋到1944年春季，在政府大量号召成立合作社和在农村干部积极分子推动下先后成立的。有的地方，甚至一个村子就有三个合作社，如民丰区磨石沟村，即有农会合作社、妇女合作社、儿童合作社。1944年冬，县上觉得一个村子同时存在两三个合作社，成了形式主义，因此提出合并。但因村子大，前后村意见不一致，一些具体问题没有解决，所以群众不愿合并，至今还有两个合作社的村子。如印斗区印斗村、民丰区折家坪村。有些村表面上接受了合并，但因思想未通而终于垮台了。

（一）小型合作社发展起来的条件

绥米小型合作社。都是在政府的号召下成立起来的，这说明了一般号召的作用很大；但没有客观条件的成熟，是不能存在与发展的。它能够存在与发展的条件是：

1.绥米的特点是人稠地少和村子大副业特别发达，一般村子都有四五十户人，大一点的则住有100多户。在这种情况下，一方面，生活较难维持，尤其吃粮是一个最大困难，因此，群众需要一个为自己调剂粮食，解决吃粮困难的组织；另一方面，村子大，人口集中，所以也易于组织起来。

2.人多地少，副业发达，尤其是纺织业成为一种主要副业，甚至有以此维持生活者；其次如做草帽、编篓子、贩炭、打短工、出外做长工、耍手艺等。但不论做什么都有困难，如吃粮、资金、原料、工具等困难，都需要解决，因此就有组织起来的要求。

3.在减租减息后生产发展了，农会号召把减租减息的粮食入一点米股，以防荒年及特殊困难的解决；一些破落地主要卖地，农会会员不买就没地种，如果买了，粮食更不够吃，加之一些地主及狡猾的富户不放账，影响穷人们“借贷无门”，因此群众要求成立粮食信用社，一方面调剂吃粮，扶助买地，另一方面解决借贷困难。

4.积极分子的推动。如磨石沟白益山，七里庙李善来，杜家崖杜良起，惠家沟李万桂、冯得英、高家岭、艾芝兰等人，他们有着高度为群众服务的精神，团结了基本社员，时时刻刻提防着荒年，对工作认真负责，而不取任何报酬。

（二）小型合作社的特点

1.举办业务是从本村群众实际需要出发，实事求是的根据自己的力量来解决群众在生产中的困难，真正和群众需要结合起来了。

2.范围小人口集中，群众易于了解和监督合作社的业务、干部作风及行为。合作社的干部由社员直接民主选举，合作社应办些什么事情，如何办，以及放粮的对象、利息、放期等都由民主的方法来决定。

3.因为它能给群众解决生产中的困难，群众的入股完全是自愿的，把减下来的租子和妇女纺纱所得工资，以及村里边失去作用而无人保管的公物，变卖成粮食都入到合作社。这种股金不是为了分红而是为了解决自己在生产中的困难。

4.干部的待遇，除民丰、印斗两个区社有脱产的干部外，其他合作社的干部都不脱离生产，是义务制不取任何酬劳，同时这种合作社没有固定的摊子，开支很小。

（三）小型合作社的作用

根据这次到米脂的调查，民丰、印斗两区现有文教、粮食信用社2处，区社2处（其中信用社1、消费社1），村消费社1处，农会粮食信用社3处，村粮食信用社8处，纺织传习所1处，共17处。社员1502人，股金有米、麦五十四石九斗六升、黑豆12石，法币778.24元。它的具体作用是：

1.业务上与群众的迫切需要结合起来了，解决贫苦农民在青黄不接时期的吃粮困难，扶助了农民正业和副业生产的发展。如姜新庄姜纯深，春上借了4斗黑豆，当时，每斗黑豆法币2300元，到秋后还时黑豆价跌至600元，一年他细算了一下后高兴地说，“合作社不仅解决了我的吃粮困难，把地按时种上，而且比借钱买粮便宜一石多黑豆”，因借粮时粮价贵还时贱。春上借的4斗黑豆如用钱买，就得借法币9200元，到秋天还，本利得3万多元，借合作社的黑豆，秋天是以600元买了还的，本利有3000元就够了。磨石沟白保山安下伙子没粮吃，借了私人1石粮，每斗每月8合利，因利大，支不住，向合作社借了2石，每月4合利，把私人的粮还了。这不仅解决了吃粮问题，扶助了生产，而且少出利4斗。惠家沟李万秀等7人，因没有地种要出外做工，家中婆姨娃娃没粮吃，安不了家，每人向本村合作社借粮二三斗安了家。印斗区刘德光等3人利用农闲贩炭没有资金，每人向合作社借了一斗粮，作为贩炭资金。高家岭这样的例子更多。

2.股金是群众自愿出的，以口粮节约，妇女纺纱所得的工资和减租后少给地主出的租子，三升五升，一斗数升的入到合作社。其次是村里一些已失作用的公产变卖成粮食，作为长期股。还有一种股金是在防旱备荒时期，政府号召成立义仓合作社，用募捐的方式三升二升集起来的。集中这样几种股金不仅使合作社有了长期固定的基础，而且也起了鼓励节约储蓄的作用。

3.对真正贫苦的农民或因婚丧疾病而急需者，他们则按具体情形给以低利或无利贷粮。惠家沟村社有义仓粮9斗，高家岭有义仓粮1石，专门进行低利或无利放粮，如惠家沟李良润娶媳妇没麦，合作社给借了2斗把事情办了；麻常虎从山西回来病了没有办法，合作社救济了6升米。

他们的这种做法，并没有亏本，相反的还赚了利，社员每斗还分了3升至6升的红利。

4.扶助群众副业生产，其成绩最显著的是对民间纺织业的扶助。如民丰区一乡远志山村，纺织业特别发达，村社共放粮四石五斗，其中就有三石九斗是放作纺织资金。高福祷借了二石粮在八个月中得利两百来万元。许多群众得了纺织的厚利，因此在1945年4月，村民会议上通过了把粮食信用社改为纺织传习所，专门推广纺织事业，提高技术。现在全村已有4个人学会了手拉机织布和用速轮纺车纺纱的技术。

5.扶助了贫农的经济发展，提高了农民的生产情绪。如杜家崖1942年贫农有自种地还不足50垧，其余全部租种高庙山常有文的地。常是一个破落地主，连年卖地，佃户不买地就有没地种的危险，因此，佃户们三垧二垧不等的都买了地（多者14垧少者3垧）。

这样就使群众吃粮更加困难。如杜良德原有地6垧，1944年冬买了五垧半地，第二年粮食不够吃，春上向合作社借了米3斗、麦3斗，夏收后还清，5月又买了3垧地（每垧地价小米三斗至四斗半），7月又借了米3斗、麦5斗，秋收后如数还清。用这样的办法全村共买地200多垧。惠家沟也用这种办法买了近200垧地。这种事实不仅单纯地调剂了吃粮，扶助了贫苦农民经济发展，提高了生产情绪，而且刺激了群众节约储蓄备荒和互助精神。

6.便利了人民交换。绥德义合区二乡和合峁村，住22户人家，所有的消费必需品均需到义合街上买，往返60里路，群众感觉非常不便，为了解决这个问题，他们自动集了白洋40元，和义仓粮卖白洋50元作成股金，选出李成福等3人（不脱离生产）办合作社，把妇女们纺下纱或织下的布，收集起来，统一运到集市上卖掉。这样的做法，不仅便利了人民的交换，给群众节约了赶集的盘费，而且也免了商人的剥削。年终结账，每元还分红白洋二元，现在股金扩大到白洋267元。

7.民丰区姬家沟、七里庙两个村子，为了解决小孩子念书的问题，姬家沟36户人家集中了三石六斗粮，七里庙41户人集中了七石九斗粮，成立粮食信用合作社，把放粮所得利息作为办学校的经费（教员薪金），现在每村请了一个教员成立了学校，所以称为“文教信用社”。

8.利用民间因缺地剩余的劳动力，组织变工合作社，以劳力入股，按工分红。如姜新庄农会，去年种了20垧地，94个会员划分成几个生产小组，秋季收绿豆1.375石，谷子8.075石，麻子九升五合，黑豆二石，共花了275个工。以三分之二分给社员，计每个工分了三升粮。其余留在农会成立义仓。这样的以劳力入股按工分红的办法，不但解决了剩余劳力问题，而且给农会打下了基础，会员中如有特殊困难，可以无利借粮或给以救济。

9.抵制了高利贷的过分剥削，解决了农民的借贷困难。一般的利息，每斗每月比私人低三合至五合（私人每斗每月八合到一升的利），而且手续简单好借，所以群众高兴地说，“我们现在入上一点粮，将来吃粮困难到合作社借粮利钱小而且方便”。

（《绥米小型合作社总结》，1946年）

第三章

边区各种不同类型的合作社

引　言

部队、机关、学校的生产是一种合作社，农村中的集体互助劳动是一种合作，此外还有包括各种业务在内的综合性合作社，称为运盐队的运输合作社，工人集体互助的手工业合作社。把这许多式样的合作社都发展起来，全体公私群众就会变为富裕的了，在敌后各根据地的目前困难状况也就能够克服了。

（毛泽东：《论合作社》，《毛泽东选集》，东北书店版，第891页）

第一节　消费合作社

一、消费合作社的性质和目的

为了便利我们广大的劳苦群众自己买卖货物，减少可以节省的支出，增加应该得到的收入，我们需要在经济上有组织地联合起来——成立与扩大我们自己的消费合作社——抵制商人的过分剥削。

（一）消费合作社的性质

消费合作社是政府开的商店吗？不是，因为政府开的商店是由政府出钱开的，工作人员也是政府派的，一切大权是政府的，赚了钱也归政府，所以与合作社是两样的。

消费合作社是私人的合伙商店吗？也不是，因为私人合伙商店是几个有钱的人合起来开的，专以赚钱为目的，过分剥削劳苦群众的钱，来给几个少数股东老板分摊，他们是顾不到而且是不能顾及群众利益的，否则他们以赚钱为唯一的目的就达不到；同时店中的大权，是操纵在一两个股本最多的人手里，这也和合作社完全是两样的。

消费合作社，它是我们广大群众的、集体的经济组织。过去我们向商人买货物，不但数量不足，而且货物不好的居多，价钱又大，一年到头，不知道要吃多少亏，把许多不应出的钱，都送到商人的腰包中去了；不但如此，我们卖剩余的产品时，又是卖不上好价钱，商人一转手，又把我们应卖得的钱赚去了。我们虽然知道这些，想到远处去买价廉物美的必需品，去卖我们的土产多得几个钱，可是我们不会做生意买卖，就是会，一个人要买卖的东西也有限，划不来，所以我们买或卖上，都免不了要吃商人的亏。

我们要抵制商人的这种过分剥削，要减少可以节省的支出，增加我们应得的收入，把过去一向依靠商人替我们买卖的事情，拿过来自己去办。这些事情少数人和少数资本，固然办不成，人多钱多而没有组织，也不会弄好，所以我们要把有同样需要的人，都组织起来，大家拿出股本，选出几个我们信任而且有才能做生意经验的人，去管理，去经营，买我们需要的货物，来卖给我们要比商人的价钱低，贩卖——收买——我们的土产时，价钱就不应比商人低；赚了钱还应当照章程的规定，按股给我们分红，专门替我们大众来办好事。我们开办的这么一个商店，它的名称就叫作“消费合作社”。

换句话说，出钱开店“东家”是我们，卖货买货的“顾主”也是我们，赚了钱还是分给我们，管理的权柄大伙社员都是一样，只有我们所办的“消费合作社”才能而且是这样的。

（二）为什么要办消费合作社?

我们边区因为地广人稀，交通又不便，所以商业不发达，商人也不多，有些地方，我们要买必须用的东西，往往走上百十里路，还买不到；出卖多余的农产，又没人要，就是想受商人的过分剥削还办不到，发展还恐怕迟了，哪里能谈得到去抵制。

我们一方面固然要帮助商业的发展，来繁荣边区的城市和农村，另一方面，我们应当迅速地成立消费合作社，扩大我们已有的合作社，来便利我们自己买卖货物，抵制商人过分的剥削，节省我们可省的支出，增加我们应收的收入。同志们，如果我们过去走一百多里还买不来东西的话，现在不算别的，单就是路费和时间也不知节省了多少，而且还给我们供给了价廉物美的货物；把我们过去卖不出的土产和废物，给我们贩出去卖，又不知增加了我们若干的收入，不但是改善了我们自己的生活，而且帮助了边区经济建设的发展；同时对抗战上的帮助和建设新民主主义的新中国，也起极大而且是一个极重要的作用。我们无论为着自己，为着国家民族着想，都需要扩大我们的消费合作社。在没有合作社的地方，迅速成立新的合作社，未加入的人，快加入，已加入的人，更要多入股金（股本每年不但可以分得红利，到需要时还可以要求退出的），来把我们自己的合作社壮大起来。同志们！人多力量大，资本雄厚，才能更多地替我们这些股东老板，多做些好的事情。我们要尽量地入股，今年至少要把我们的每一个合作社的股金，扩大到一万元以上，那么它才有力量担负起这个伟大的任务。

（《我们群众怎样来认识消费合作社》，陕甘宁边区政府建设厅，1941年）

在内部市场，国家商店有左右市场的经济力量，必须是主导力量，合作社则是它的主要助手；在分工上，国家商店数量有限，仅在主导市场才有据点，而合作社则普遍农村，国家商店经过合作社作为与广大群众结合的桥梁。合作社必须在国家商店指导下，进行收土产、供给日用品的业务，以调剂物资，调整物价。

（《抗战阶段中之边区贸易工作经验》，1945年8月）

消费合作社，在便利人民交换与抵制商业资本的过分剥削上，是起着相当大的作用的。特别是今后的业务，着重于收集土产与建立生产运输部门，将更使消费合作社有着解除贸易封锁的发展前途。

（海燕：《陕甘宁边区经济建设概况》，《解放日报》，1941年11月5日）

二、边区消费合作社的建立和发展

（一）土地革命时期边区的消费合作社

边区的合作事业是从办消费合作社开始的。1935年的冬天，中央来陕北苏区后，由国民经济部号召党政军各机关工作人员来入股组织合作社。在不久的时间内，就收集起2000余元的股金，成立了机关人员合作社。

1936年的1月，中央国民经济部召开了省级和县级国民经济部部长联席会议，详细地讨论了组织合作社的办法，指示各县普遍地发展合作社的组织。由于各县党政的加强领导和努力工作，群众的拥护，不到三个月的时间，各县每个区都建立了区分社，每个乡都建立了一个乡支社。……在敌人对苏区经济封锁之下，合作社吸收了群众的土产品，供给人民的需用品，真正起了便利人民交换和冲破了敌人经济封锁的作用，得到了人民的拥护。同年6月，瓦窑堡市事变，中央移到保安后，敌人就进攻苏区，占据东地区各县，吴堡、清涧、绥德、延长、延川、固临、甘泉、安定、延安等县的合作社组织，被敌人破坏，只留下西地区安塞、保安、靖边以及陕甘宁省各县的合作社。

“双十二事变”后，1937年的1月，陕北省派了工作团到东地区又继续地建立了安定、延长、延川、固临、甘泉、延安六个县的合作社组织。

（《陕甘宁边区消费合作社现状》，
陕甘宁边区政府建设厅，1941年8月10日）

（二）抗日战争时期边区消费合作社的发展

1. 1937至1941年消费合作社发展情况

抗战以来，边区的合作运动是随着抗日战争的坚持与接近胜利而日益发展，随着边区各种建设事业的发展，而日趋扩大与健全。

据统计，1937年，全边区共有消费合作社142个，社员57847人，股金55525.82元，公积金3594.31元，销货额261189元。

（《抗战以来边区合作社发展概况》，
陕甘宁边区政府建设厅，1942年5月18日）

1938年，为了加强合作社工作的领导，决定取消乡支社的组织，把乡支社的股金和干部合并于区分社，各县每区建立一个区分社；为了区分社的股金壮大，干部充实，有些县的区分社股金很少，干部能力太弱，不能进行合作社的工作，又将两个区社或三个区社合并在一块儿营业，以便开展工作。

1938年的后半年至1939年的前半年，在这一年中间，以民主的办法就建立了各县县联社的组织，以及边区联社的组织，使边区合作社工作才有了统一的领导去向前发展。

（《陕甘宁边区消费合作社现状》，
陕甘宁边区政府建设厅，1941年8月10日）

1940年边区17个县市统计，有132个社，社员123279名，股金268756.65元，公积金41678.95元。

1941年上半年，17个县、市新扩大：社员6164人，股金69876元，公积金增加9599元。

各县合作社的货物来源，大部分是向边区内公营商店购买的；合作社货物销售对象，大部是社员和非社员，很小一部分是卖给小商人。1940年一年，据26个县的统计，销售总额为1156436.16元，毛利218251元，费用96645.33元，净利121605.67元；运销土产总值53750元；分给社员红利36035.22元；共有公益金10666.9元；发给职员奖金3637.76元。

1941年上半年，据17个县的不完全统计，销货总额为1341980.35元，毛利300712.78元，费用57517.28元，净利243195.5元；给社员售货打折节省88239.88元；运销土产总值159147.2元。

（《陕甘宁边区消费合作社现状》，
陕甘宁边区政府建设厅，1941年8月10日）

就消费合作社来说，从1937年到1941年的四年中，由130社增到155社；社员由57847人增到140727人；股金由55525元增到767421元；销货总额由

261189元增到6403000余元；红利由4800元增到109万余元；公积金由3500余元增到173000余元。

1942年10月底止，19个县市的统计，与1941年比较，社员由97297人增至115899人，股金则由712900余元，突增至600余万元，红利由858000余元增至3398000余元。

消费合作社社员的股金，最高的达到一万元，最少的每人4元、5元不等。

消费合作社的分布：到1941年底，计延安28个，安塞12个，延长8个，固临8个，定边8个，庆阳、华池、曲子、延川各7个，安定、鄜县、吴旗各6个，甘泉、靖边、合水各5个，延市、米脂各4个，绥德3个，其余各县尚无统计。

（毛泽东：《经济问题与财政问题》，
《毛泽东选集》，东北书店版，第785页）

2.实行民办官助政策消费合作社的新发展

二月间曾召集合作社主任联席会，总结了南区合作社的经验，确定了民办官助的方针，并由政府公布减免合作社负担，设立供销总站以补助合作社之发展。据已有不完全的材料，延安等19县市，去年10个月的工作，消费合作社新成立28社，较前年增加了30%，扩大股金550万元，超过前六年股金总和的9倍。生产社新成立50个，增加了35%，股金扩大180万元，超过以前三年股金总和的3倍。消费社销货约3000万元，生产社产品约值2000万元，所有合作社盈余约700万元。合作社所起的作用，亦较前大为增加，不仅便利交换，且能推广妇纺，组织运盐，代交负担，兑换货币，代收农贷，代办税收，全面地帮助发展人民经济生活。

（《经建计划》，陕甘宁边区政府，1942年）

从数字上看，虽然逐年有了发展，但因为货币跌价，实际上是没有大的发展，如果以实物计算，有些合作社还亏了，在便利交换供给社员必需品上所起的作用很小。这是因为我们历年对合作运动没研究掌握政策，没有弄清合作社的作用，以及怎样去发展合作，仅仅依靠着政府的力量，派干部、摊股金，形成官办民不管，合而不作的现象，使老百姓认为参加合作是负担，妨碍了他们积极性的发挥，只有南区合作社是真正有群众基础，大大地发展起来了。我们总结了南区合作社的经验，今年提出民办官助的政策，推行此项政策之结果，在延安、安塞、延川、绥德等县均有初步成绩。哪一县能贯彻这一政策，哪一县的合作社的发展就快。如延安县推行民办政策最力，消费合作社就由7社增至33社，扩大股金210余万元；并且在合作社的作用上，也有了许多新的发挥。如延安南区合作社，不但在便利人民交换、供给人民必需品上起了很多作用，并且：（1）组织了800余户妇女纺织，月可纺纱一千四五百斤，增加人民收入近十万元；（2）代替人民运盐1080驮；（3）救济移垦难民340户；（4）帮助政府代替人民抗战动员，代交教育经费、自卫军哨站费23500元；（5）替政府代收牲畜税两万元，代收民间公债储蓄券74000元。此外并替公营工厂纺纱收纱，帮助教育经费等，都使合作社的作用大大提高。对于合作社的发展亦创造了许多新的办法，如零星入股，整数退出，或整数加入，零星退出，随时分红利，便利人民储蓄的办法；人民入股若干于一定时期内由合作社代交公粮的办法等，使合作社便于吸收游资，发展业务。但是由于各级政府及合作社干部对民办政策未彻底认识，有些习惯于政府包办的老一套，不相信民办的力量，不积极推行民办政策；有些又认为民办就是一切交给人民，政府可以袖手旁观，取消了政府对合作社的领导作用。也就因为这两种偏向存在的原因，合作社民办的政策尚不能贯彻，合作社的发展是不平衡的，还没有普遍发展起来。今年延安一县发展股金数占全边区60%，新增合作社占80%。要使合作社在全边区普遍发展起来，今后必须继续贯彻合作社民办政策。

明年发展合作社的方针，是继续贯彻民办官助的政策，彻底改造脱离群众由政府包办的合作社，充实扩大已有的民办合作社，发展新社250个。合作社的业务以混合经营为原则，使之适合农村的环境需要。在自愿原则下继续扩大股金，全边区以扩大1500万元为目标。在此方针下，明年合作事业应进行下列工作：

（1）消费合作社。在政府提倡、人民自愿的原则下，发展消费合作社100个，其组织采取设铺面经常营业，小规模早晚营业，及季节性的整批分配等三种形式；组织股金500万元，求得消费合作社普遍发展，以供给人民必需品，帮助农村副业发展。

（2）群众组织之合作社，其盈余以90%按股分红，其余5%为公益金，5%为奖励金。荣誉军人合作社之纯益，以20%为公积金，10%为公益金，5%为奖励金，其余按资本与劳绩各半比例分配之，以提高人民参加合作社之热忱。

（《经济建设报告书》，陕甘宁边区政府建设厅厅长霍子乐在县长联席会上的报告，1942年11月20日）

3.边区消费合作社历年发展情况统计

（1）1938年10月边区各县消费合作社社员、股金统计

县别	社数	社员数	股金数（元）
直属市县	63	44912	44269.91
延安市	2	1418	2264.03
延安县	5	6430	7528.07
安塞"	8	5548	8036.75
甘泉"	4	1226	2116.80
安定"	6	2080	5639.58
延长"	5	4723	5101.0
延川"	6	9269	1506.53
固临县	4	1315	1949.5
保安"	8	4245	2913.4
神府"	7	1011	3289.62
靖边	8	7657	3924.63
关中分区	13	3757	21731.8
新正县	4	2321	2000.5
淳耀"	3	429	1271.30
赤水"	4	745	18000.0
宁县	2	262	460.00
庆环分区	21	8572	8967.8
曲子县	7	3826	4237.03
华池	6	1962	2117.07
环县	8	2784	2613.7
三边分区	20	3740	7836.3
定边	11	1924	3120.6
盐池县	9	1816	4715.7
统战区	10	3267	3795.21
鄜县	2	282	455.98
清涧县	3	1059	1158.9
绥德	5	1926	2180.33
合计	127	64248	86601.02

说明：由本年5月起将各分社均合并在区社一起，故社数比前减少。（《一年来陕甘宁边区经济建设工作对于边区参议会的报告大纲》，陕甘宁边区政府建设厅，1939年1月）

（2）1937—1941年6月边区消费合作社发展比较

项目	市县数	1937年底	市县数	1938年底	市县数	1939年底	市县数	1940年底	市县数	1941年6月底
社数	20	142社	20	107社	20	115社	26	132社	26	138社
社员	20	57847名	20	66707名	20	82885名	26	123279名	26	135269名
已缴股金	20	55225.83	20	75629.63	20	114533.52	26	268756.65	26	373110.04
累积公积金	6	3549.31	8	5420.16	18	14596.42	22	41678.95	23	62533.52
全年销货总值	20	261189.50	20	391282.62	20	552249.34	22	1156435.16	24	1737201.20
销货毛利	20	31905.00	20	48353.97	20	99432.62	21	218051.02	24	415864.92
营利费用	20	27083.80	20	31460.40	20	52421.11	21	96645.33	24	150861.04
净利	20	4821.20	20	16893.57	20	47011.51	21	121405.69	24	265803.88
工作人员数					20	426	26	490	26	601

说明：1937年142社，因部分不健全次年将其合并了。

（《关于边区经济建设之报告书》，1941年10月4日）

（3）1941年上半年边区各县消费合作社概况

县别	社数（原有）	社数（现有）	社员数	股金数（元）	公积金（元）
延安市	1	1	1480	5174	84737
延安县	5	7	8452	62427.43	8848.15
安塞	6	6	8472	47624.98	4002.2
甘泉	4	4	2306	6898.8	1374.41
安定	3	3	4322	10236.8	2897.75
延长	2	7	5231	9153.35	4325.8
延川	6	5	12593	32931.22	9486.58
固临	5	5	4073	9876.5	3947.24
保安	8	8	4587	8580.4	3428.87
鄜县	7	8	3648	7650.3	692.29
神府	1	1	2131	4722	272.3
靖边	8	8	5166	9128.3	1433.5
新正	6	3	5074	9160.4	1026.7
赤水	5	5	6889	7695.9	2550.8
淳耀	2	6	1480	7457.9	400

续表

县别	社数		社员数	股金数	公积金
	（原有）	（现有）		（元）	（元）
宁县	3	3	4813	8742.4	377
曲子	7	7	8403	11170.6	3891.9
环县	6	4	4301	6316.75	1570.28
华池	7	7	4068	10194.8	1533.58
庆阳	6	4	2090	14097.99	2307
合水	5	5	2039	4979	
定边	7	5	4479	11810.52	1165.85
盐池	5	5	2085	21160.70	2147.47
绥德	1	6	8513	11701.5	
清涧	5	6	7087	21167.9	
吴堡	8	9	11487	11049.6	1000.0
共计	132	138	135269	373110	62533.52

（《陕甘宁边区消费合作社三十年份上半期业务概况统计表》，1941年9月）

（4）1939—1942年边区消费合作社发展情况统计

年别	社数	社员数（人）	股金数（元）
1939年	115	82885	88177
1940年	132	123279	200961
1941年	151	140218	673070
1942年	114	66963	3469447

说明1941年是据延安等11个县的统计。

（《经济建设报告书》，陕甘宁边区政府建设厅厅长霍子乐在县长联席会上的报告，1942年11月20日）

（5）1944年全边区有消费合作社数

类别	社数	各业所占%
消费	281	443
生产	……	……
……	……	……

三、边区消费合作社的业务活动及其所起的作用与问题

（一）边区消费合作社业务范围的规定

1.业务范围的规定

消费合作社，为供给社员日用生活上所必需的生产品与制造品及收买本地之土产出口以交换外来之工业品，但于必要与可能时应附设信用、生产、运销各部门。

（《各抗日根据地合作社暂行条例示范草案》，中共中央财政经济部，估计为1939年）

2.边区合作社第一次代表大会对消费合作社业务活动的决议

（1）抵制操纵，低价售货，并以现金交易为原则，但在经济上有来往者，在有期限的条件下，得酌情赊欠。

（2）必须切实执行预决算制度，以统一与节省开支。

（3）各社采办货物以供给群众需要为原则，要有联系联合进货，以期工作上的联系与费用上的节省。

（4）大量的贩卖棉花、农具，运销农产，提高群众的生产热忱。

（5）各社应建立商业情报以利于货物的采办与售销。

（6）对社员、抗属买货要打折扣，并给予优先购买权，以资扩大影响，巩固社务及提高战士的热烈情绪。

（7）在边区边界及交通不便利的地方，设立光华商店代价券兑换处，便利群众调换而资活泼各社营业。

（8）代政府收集抗战资财并代各工厂收集原料推销成品，来巩固和发展边区工业生产。

（《陕甘宁边区合作社第一次代表大会提案内容》，1939年10月10通过）

3.消费合作社应兼营合作交通栈

为便利旅行及政府军事运输起见，各消费社均应斟酌各地情形兼营合作交通栈（运输栈）。

设立地点应在该社区域内之交通城镇，非该社区域之内交通城镇，如无

合作社及运输栈的组织，而又距离该社甚近时，亦可设立。

合作交通栈内设备以力求简单、适用为原则，借用或租用窑洞若干；喂牲口的草棚租借或搭盖均可；置简单必需用具若干件，不宜开支过大，以免亏本。

工作人员以一人或托合作交通栈所在地的合作社附带经理为原则，如困难，因工作上的需要，自可酌情增加。

在商业较盛区域的合作交通栈，可兼卖简单的食品，如面、馍、炒菜、包子等。

对旅客供给食宿不宜取费过高，在不亏本的原则下，尽量做到与边区政府所规定的每人每日出差费相等：每人每日伙食2角、牲口草料3角。

（《消费合作社兼营合作交通栈办法纲要》，
陕甘宁边区政府建设厅，1939年）

4.消费合作社业务活动必须实行的一些原则

消费合作社在业务方面须彻底实行以下十大原则：（1）调查民用；（2）适时供给；（3）集中资本；（4）联合采办；（5）廉价售货，（6）抵制投机；（7）优待抗属；（8）禁绝仇货；（9）调剂民生；（10）运销土产。各合作社根据以上原则，进行彻底整理消费合作社。

（《两年来边区合作社工作总结及今后合作社的任务》，陕甘宁边区政府建设厅长刘景范在边区合作社第一次代表大会上的报告，1939年10月）

（二）边区消费合作社业务概况的统计

1.1940年与1941年直属10个县、市各消费合作社业务概况统计

年别	社员	股金	销货	纯益	土产换货
1940年	54847	145680	686213	82246	
1941年	56717	387690	4517453	796842	530680

另据8个县、市43个社统计：

每个社员平均销货额：

10—20元的4个社；20—30元的9个社；

30—40元的6个社；40—50元的5个社；

50—60元的4个社；60—70元的11个社；

70—100元的11个社；100—200元的2个社。

资金周转速度：

20次以上的3个社，10次以上的9个社，5次以上的25个社，5次以下的6个社。

收购土产：

羊皮2197张，羊毛26376斤，羊绒20636斤，生铁21789斤，羊1420只，土布72359匹。

（《合作指导局召开直属县及绥德分区各合作社主任联席会经过的报告》，1942年2月）

2.1941年上半年边区消费合作社业务概况

1941年9月

县别	销货总值	比市价贱卖和折扣数	收集土产总值	运销土产总值	净利	分给社员红利
延安市	31190.6	3700			5783.18	
延安县	290621.92	53000	17382	12000	47481.38	4714.66
安塞	239333.05	23933.3	36599.48	2800	27970.57	
甘泉	46997.49	7292.40	4897.62		8288.07	
安定	87782.12	2633.40	11301.80	10969.3	18550.24	5722.64
延长	84750.74	6819.3	16074.32	18366.9	14365	
延川	181263.75	23398.98	25031.1	21958.09	37910	2400
固临	44554.93	3353.38	12667.05	8293.5	9635.25	2050
保安	88096.77	23687.30	36004.46	22771.6	15505.35	
鄜县	57903.62	2720	21710.16	31000	18090.52	
神府						
靖边	23576.11	1152.5	10094		5052.54	
新正	45677.69	6440.0			7058	1200
赤水	32716	3200.0	5501		4654.3	1460
淳耀	17000	1700	3800	4000	2319.29	550
宁县	18679	1500	2500		2439.61	400
曲子	50142	13420	12200	5500	5554.82	
环县	14155.31	705	4500	3455	1671.8	
华池	60969.5	4842.12			7961.2	
庆阳	31748.6	1860			2075.9	
合水	9232	580			2930.14	

续表

县别	销货总值	比市价贱卖和折扣数	收集土产总值	运销土产总值	净利	分给社员红利
镇县						
定边	51698.97	2000	10000	12800	4351.74	
盐池	49921.92	4992	12300	20990	3688.72	
绥德						
清涧	99209.2	4960	16372		13714.84	
吴堡	79979.1	8000	26000	8000	2966.82	400
共计	1737201.20	205789	284935.87	182904.39	265803.88	22597.30

（《陕甘宁边区消费合作社三十年份上半期业务概况统计表》，1941年9月）

3.1941年边区几个好的消费合作社业务概况

社名	社员	股金	销货额	纯益	每个社员平均股金（元）	每一社员平均销货（元）	资金周转
延安南区社	1527	52715	1098251	165580	34.5	718	15次
延川民众社	3426	29251	235633	73733	8.5	85 "	4次
延安中心社	1273	11481	260646	41243	9.5	205 "	12次
延川永坪社	3366	5443	195807	40514	1.5	58 "	10次
延川中区社	626	5513	66143	13595	9.0	109 "	7次
志丹三区社	707	3826	24040	15119	5.0	157元	8次

（《合作指导局召开直属县及绥德分区合作社主任联席会经过的报告》，1942年2月）

4.1943年延安等五县合作社供给群众农具举例

县　　别	件　　数
延　　安	5813
安　　塞	2065
延　　川	385
志　　丹	420
吴　　旗	746
合　　计	9429

说明：农具件数包括铧、镢、锄、镰在内。

5.1943年延安、延川等县合作社收买主要土产举例

县　　别	土产名称	数量
延　　川	棉　　花	70000斤
固　　临	棉　　花	100000斤
延　　长	棉　　花	130000斤
靖　　边	麻　　子	150000斤（每石250斤）
志　　丹	绒　　毛	50000斤
延　　川	红　　枣	70000斤

6.1943年延安、安塞两县合作社帮助群众婚丧及移难民举例

项目 县别	用途	户数	贷款数（边币）（元）	折小米（石）
延安	婚丧	73	1571500	222.58
安塞	婚丧	91	438000	87.60
延安	移民	130	624883	88.50
安塞	移民	125	706700	141.34
合计		419	3341083	540.02

说明：粮价延安县以1943年平均价格7060元一石折合的，安塞以5000元一石折合的。

（《边区合作社八年的发展概况》，
陕甘宁边区政府研究室，1944年8月编印）

（三）边区消费合作社所起的作用与存在问题

1.帮助抗战经济动员，调剂群众生活，促进经济建设的发展

（1）组织了边区十分之一的人民为社员，成立了他们自己的合作社。这些社员在合作社的教育与团结下，他们都能坚决拥护政府的抗日民族统一战线政策。他们并且热烈地参加抗战动员，同时在广大群众中起了不少的模范作用。例如1937年的冬天，政府号召募捐毛袜、手套运动时，合作社在社员中募捐了毛袜、手套12514双；1938年，帮助军队在社员中购买了粮食550石。此外，在政府每次征收救国公粮中间，合作社社员都能热烈地响应，并首先交纳。这是合作社团结教育社员的结果。

（2）在合作社的发展下面，改善了人民的生活。首先，他们真正地起了供给人民日用品，与帮助人民调剂交换的便利。它在1937年至1939年6月

止，三年中间经营了964600元的日用品，输出土产值173400余元。同时，它在调剂交换过程中抵制了奸商的投机操纵，调节与平抑了物价。在改善人民生活中，它对抗属买货实行九五折，并给以优先权。它在数百元、数千元资金经营范围内是这样有计划地做了。

（3）在合作社发展的条件下，推动了边区各种设施，特别是经济建设的各个方面，表现出了合作社的力量。如在农业方面，每年的春耕运动中合作社给群众买犁铧、耕牛、籽种。全边区合作社由1937年到1939年6月底，计卖给群众铧30890页，牛1605头，麦种643石，谷种173石，麻种205石，棉种14250斤。在工业方面，由1938年10月到1939年6月，帮助各工厂收买各种原料如羊皮5000张，羊毛8000斤，猪羊油1500斤，生铁12000斤。生产合作社给难民纺织工厂制土纱15000斤，特别是生产合作社的成立与它的产品影响并激起了边区群众发展手工业的热忱，推动了手工业普遍发展，使边区手工业比过去大有进步。此外，在民主建设、文化建设各方面，合作社的发展都给了很大的帮助。这是合作社两年来对于抗战建国的贡献。这些成绩在边区各种困难的条件下，尤其是物质条件的困难下，竟能获得如此成绩，这是惊人的事情。但是，这种成绩的得来，是我们许多合作社的干部能在边区政府领导下，艰苦奋斗，埋头苦干的成就。

……

总之，现在的合作社90%以上是真正起它应有的作用，它进行抵制投机剥削，低价售货，优待抗属，实现真正调剂作用，并能按期分红，因此得到了广大群众的拥护而扩大了社员与股本。例如延安南区合作社在1939年由2月起到10月止，它供给了该区群众日用品价值20000元左右，它的货价均较市价为低；全年分红两次，每股股金5角，平均每次分得2角左右之红利，因此该合作社在广大群众中有无上的信用，得到全区群众的拥护，在群众拥护之下，股本与社员均扩大至20%以上。又如延川县联社、庆环分区联社，都在当地群众热烈拥护之下扩大了。像以上的例子还很多。总而言之，边区合作社在质上是大大地提高了。

（刘景范：《两年来边区合作社工作总结及今后合作社的任务》，在陕甘宁边区合作社第一次代表大会上的报告，1939年10月）

2.业务经营方面存在的问题

（1）安定东区合作社，营业非常死板，主任对营业技术与合作社意义都了解得不够，他不知道合作社是为着社员谋利益，供给社员的必需品，而他们进货大都是奢侈品，如牙膏、香皂………为一般社员和群众所不能享受的东西，以致合作社社员和群众对合作社都感觉不到什么兴趣。同时它还放账，本来资金不多，而它竟放300多元，以致营业上资金周转不灵。同时，它的货物不为一般群众所需用，所以营业不振，引起社员不满，终于关门，使合作社解体。

（其他如华池县华池区、白马区，定边八、九区都有这样情形，还私人做生意与贪污。）

（2）甘泉二区劳山合作社主任私自把合作社股金拿出开店肥己，以致引起社员不满。安塞一区合作社主任、会计贪污达330元，四区合作社会计贪污60元。安定中区合作社主任贪污达100多元。

这些合作社因发生贪污现象，不能将业务活泼起来为社员谋福利，所以合作社在这些地方群众中失掉威信。

（3）合作社变成政府机关的供给部，卖的货物全部是机关用品。如纸烟、皮包、香皂等，结果脱离群众。甚至将货物全部赊欠给工作人员，合作社营业停办。如安定、延川、志丹等合作社都犯过这样的错误。

（4）合作社军事机关化。干部带军帽、穿军衣，组织同机关一样。关中一个区社7个工作人员，主任、会计、保管、营业、勤务、马夫、伙夫、通讯员。因此业务不活跃，亏本倒闭。主要弱点是对干部教育配备不够，干部不会做生意，引起群众对合作社的不满。

（《一年来陕甘宁边区经济建设工作对于边区参议会的报告大纲》，1939年1月）

四、边区消费合作社的民主管理

（一）怎样去管理消费合作社

消费合作社既有这些好处，为什么有些合作社，就没有给我们去干这些好事？同志们，是的，有些地方的合作社，过去是很落后的，这要怪我们自己，没有好好地去管理它监督它；你想一想，我们既然是股东老板，合作社里的事情，就要听我们的指示去办理。为什么自己要放弃权利，不过问，专一依靠政府去替我们管理？政府的事情是那么的多，哪里来的时间常去管理合作社，管理工作既抓不紧，如何能办得好。归根结底，还是我们自己错了，我们应当很快地选出我们信任得过的代表，再代表我们去选举更可靠的管理人员和监督人员（理事和监事），去经常替我们广大的群众管理和监督我们自己的合作社。如果办得不好，我们应当随时去纠正，或改选不称职的管理和监督人员。资金倘若不够时，我们也应当随时增加。总之，我们要把它办好，才能得到更多的利益。

我们为什么不直接自己去管理它？这一点，必须要说明。因为我们的合作社，是广大群众的，动不动股东老板就有好几千，如果大家都去管理它，人多嘴就众，叫合作社的职员听谁的指示去做；同时大家都去管，又形成了大家都不管，倒是一个和尚挑水吃，两个和尚抬水吃，三个和尚就没水吃了。所以我们要推出几个人，专一负责去管理去监督，如果我们选出的人不负责任，我们可以另外推选可靠的人去担任。

（《我们群众怎样来认识消费合作社》，陕甘宁边区政府，建设厅，1941年）

（二）消费合作社的组织机构及其职权范围的规定

1.消费合作社的组织系统

以村为单位，10人以上者组织社员小组，设组长1人；以行政村为单位选举代表，社员20人以内选举代表1人，由代表管理每村小组长。每区建立区单位社1个，社内组织区代表大会为最高权力组织，代表大会闭会后，社内组织有社务会、理事会、监事会（以5至7人组织之）。

每县设立一个县联社，县社员代表大会为最高权力组织，代表大会闭幕后，社内组织有社务会、理事会、监事会的组织（9至11人）。

（《陕甘宁边区消费合作社现状》，陕甘宁边区政府1941年8月10日）

2.消费合作社的组织机构和职权

社员代表大会为本社最高权力机关由全体社员代表组织之，每一代表仅有一表决权。

社员代表之产生，按本社社员之总数，以行政村为单位，依下列比例推选之：

社员在1000人以内者，每10人推选代表1人；

社员在1000人以上者，每20人推选代表1人；

社员在2000人以上者，每30人推选代表1人；

社员在3000人以上者，每40人推选代表1人；

社员在4000人以上者，每50人推选代表1人；

社员在5000人以上者，每60人推选代表1人。

每一行政村之社员总数不足选举代表名额时，其人数如达规定之半数以上者，得推选代表一人。

本社为谋社务、业务执行便利起见，实行分组，按自然村落社员由2至13人成立一组，公推组长1人，协助社务、业务之执行。

本社设理事5人组织理事会，执行本社社务、业务；设监事5人组织监事会，监督本社社务、业务；设后补理事、监事各2人。理、监事均由代表大会就代表中选任之。

理事会就理事中互推或聘任主任1人；得按事实需要设会计、司库各1人，营业员及事务若干人。

理事会设主席1人，由理事互推之，总理社务，对外代表本社，主任专掌业务之执行，规划会计员记账、决算及缮写，司库保管现金之出纳，在未设司库前由主任代行其职务。主席如不能兼任本社职员时，至少每5日应到社一次，检查收支账目、营业情形等。

理事会负社务上的完全责任，所聘用职员如有溺职舞弊情事应由理事会负责。

监事会设主席1人，由监事会互推之，监事不得兼任本社其他职务。

理事会如有溺职舞弊或违章时，监事会得召开社员大会改组或处分之。

理监事与职员通同舞弊时，得由全体社员代表五分之一提议召开临时代表大会改选和撤职，并向法庭起诉。

本社出席联社之代表，由社员代表大会按照规定名额推选之。

本社社员代表组长、理监事及出席联社代表之任期代表为一年，连选得连任。

本社各种会议之职权如下：

社员代表大会：

理监事之选任、罢免及奖惩；制定或修改本社章程及各种规则；

决定业务进行方针及实施计划；审查业务报告及决算；

追认社员之入社或出社；

理监事或社员之提议以及其他重要事项之决定。

社务会：

处决理监事会不能单独解决又无须召开社员大会之事项；

对外订立契约及有诉讼时为本社代表。

理事会：

执行社员大会决议案及一切社务、业务；

拟定业务进行方针及实施计划，按期编制各项报告书表，公布并分别报告政府、联合社及社员代表大会；

聘请或辞退本社职员；

扩大社员及股金；

计划本社社员文化娱乐工作；

处理其他日常重要事务。

监事会：

监查本社财产状况；

监查本社业务执行状况；

审查预决算及各项报告书表。

本社各种会议之召开规定如下：

社员代表大会每年一次，由理事会主席召开之，以理事会主席为主席；

社务会每三月一次，由理事会主席召开之，主席由理监事互推之；

理事会每月一次，由理事会主席召开之；

监事会，每月一次，由监事会主席召开之。

以上各种会议遇必要时，均得召开临时会。

本社各种会议，须有过半数之以上出席始得召开会议，出席过半数以上之同意始得决议。

（《有限责任××县××区消费合作社章程》，1939年10月，陕甘宁边区合作社第一次代表大会通过）

3.建立严格的会议和汇报制度

严格的建立会议及汇报制度。理事会、监事会、社务会、社员代表大会、组长联席会、干部学习会等要按期举行，事先应有充分的准备；并切实由下而上地建立汇报制度，社员向组长10天一次，组长向代表15天一次，代表向理事会一月一次，尽量地由下而上的发扬民主与实际问题的布置及推行。

（《陕甘宁边区合作社第一次代表大会提案内容》，1939年10月10日通过）

五、加强领导，密切公营商业与合作社的联系，从边区经济特点出发，进一步发展合作社

边区自1935年创办合作社以来，成效甚少，究其原因，是由于提倡不力，领导不强，作风不好。今后的中心首先应改造过去的领导机关，纠正视合作社为官办性质的观点，铲除只顾赚钱不管政策的市侩作风，密切贸易局与合作社的业务联系。在种类上应按照经济地区，以发展生产运销合作为中心，消费及其他合作次之。消费合作尽可能附设生产运销等部门。这是整个发展合作的总方针。实施如下：

（一）改造合作社领导机构，颁布边区合作社法规，实行奖励合作。

理由：边府建设厅虽设有合作科，但因人少事多与权力分散关系，难负应有任务。边区以下之各级政府亦无专门指导合作社的干部。因边区尚无合作社法与奖励合作社办法等成文法规，各级政府对合作事业的指导与提倡，无所遵循，有碍边区合作运动的推行与改进。

办法：

1.将边区联社现有的指导员归并于建设厅管理合作事业的科局，加强边区政府指导合作运动的力量。并统一合作事业的指导权于该管科局。建设厅之其他部分（如工矿科、运输科）如有对合作社贷款及技术方面帮助生产运输合作的改进设计等工作，必须经过该管科局统一办理，不应直接指导以社代替包办之弊。

2.开办各县区合作指导人员训练班。抽调文化程度政治水平较高，稍有社会经验的干部，由建设厅负责训练，3个月到6个月，授以指导合作事业的基本知识，然后派往各县区政府任合作指导员，专负指导合作运动工作。首先帮助旧有的合作社彻底整顿社务业务，清洗各合作社的一切积弊，同时教育干部、社员、群众，使合作运动的真实意义普遍传达到干部和群众中去，以继续发展边区的合作事业。

3.颁布边区合作社单行法规及奖励合作事业办法。其奖励办法如下：

（1）对已经登记而社务业务办有成绩的合作社，予以低利或无利贷款。

（2）减免已登记之合作社的营业税。

（3）公营商店和工厂卖给合作社的货物产品，实行折扣优待，合作社并有优先购买权。

4.公营的运输事业，合作社有优先利用权（将来边区运输事业调整合理以后即可实行）。

（二）密切公营商业与合作社的联系

各种合作社彼此之间及合作社及公营工厂、商店，在业务上应有密切联系，克服过去各自本位主义的现象，以资互相发展。

办法：

1.各县区的消费合作社大都有了相当的经济基础，而且相当普遍于各地，今后应努力经营收集农村土产，便利农村群众的交换。同时可以把收集起来的土产供给各公营工厂及生产合作社作生产原料，或把土产卖给公营商店运销出口。

2.公营工厂和生产合作社尽先把产品供给各消费合作社推销。为了克服过去本位主义的现象，公营工厂、商店和合作社以及各种合作社相互间可以预先订立供给合同，将来各县区政府建立合作指导员后，可以做它们中间的居间人。

3.公营商店除在卖货时优待合作社以外，在采办货物上也应当尽力帮助合作社，代合作社采办社员和群众所必需而为当地公营商店所不经售的物品。

4.以上办法须由党政军三系统有关机关协商决定后，各自负责通知并督促所属工厂、商店及合作社切实遵照实行。

5.提倡已经有经济基础的各县区消费合作社，逐渐兼营其他业务。如生产、运销、信用等部门，以便在一个合作社里求得各种业务互相联系配合，发挥生产、运销、消费、信用等业务相互发展的功效。

（三）从边区经济特点出发，进一步发展合作社

今后边区合作事业的发展方向，在种类上，按照经济地位首先注重发展各种生产运销合作，消费及信用合作次之；在组织形式上应以小型合作社为主，并发动家庭妇女组织纺织小组，以增加边区的布匹生产。

理由：根据边区目前经济上的任务，和现有合作社的种类比数，今后边区合作事业主要应向生产运销方面发展，生产合作又以纺织生产，运销合作以棉布运销为中心。同时为了补救边区地广人稀的地理缺陷，以后应注重提倡组织各种小型合作社，以便利群众享受合作利益，密切合作社与群众的联系。

办法：

1.政府发放合作贷款时应侧重生产、运销合作事业。按照各经济地区人

力物力的便利条件，分别提倡组织各种生产运销合作社。如绥德分区、关中分区及沿河三县应提倡棉纺织及棉布运销；三边分区应提倡毛纺织，制皮及毛呢运销等。

2.提倡组织各种小型合作社。应当不机械地限制社员人数，必要时也可以不受行政区域的限制，由一乡或几个行政村的群众自由联合，募股成立，管理人员可以不脱离生产。各区已成立的单位社应负帮助本区小型合作社成立与发展的责任。小型生产合作社的制成品与所需原料，区合作社应代为运销采购；小型消费合作社所需货品，区合作社应尽量供给，逐渐使区合作社转变为该区内各种小型合作社的联合社。

3.各县区原有的消费合作社，应努力发展流动营业，多派人担货下乡售卖，既可以多收集农村土产，也能密切合作社与群众的联系。

4.绥德分区、关中分区及沿河三县，会纺织的家庭妇女，据估计至少在10万人以上。各县区合作社应会同各级妇联会，并取得政府的帮助，动员她们组织纺织生产小组。各合作社可以划出一部分资金买棉花，委托各乡经济委员发给各小组，按一定的质量纺线或织布，制成品仍交乡经济委员收转，合作社则按当地习惯出工资，或以棉花折价交付（如延长每两斤棉花交一斤线，延安每一斤棉花收九两线等）。对经手收发棉纱布的乡经济委员，合作社可予以一定的手续费，以提高其工作情绪。

（《抗战四年来的边区财政经济工作概况》，1941年）

六、几个先进的消费合作社

（一）吴旗金汤区合作社

1.发展概况

吴旗二区（金汤区）合作社成立于1936年5月15日，地址在三乡的道庙，至今（1943年）已有8年的历史。在这八年的过程中是经过许多困难才获得今天的发展。它可以分做四个时期来说：

第一时期：自1936年成立至1937年4月止。这一年的时间是合作社创立与摸索的试验时期。

第二时期：自1937年5月至1938年3月止。这一时期，合作社处于萧条状态。

第三时期：自1938年7月到1941年底止。在这三年多的过程中，是二区社恢复和发展时期。在开张的时候就召开了一次社员大会，改选了组织，选任一批新干部：监事会主任范子厚，理事会主任刘守信，新任会计蒲秉仁，采买宋维业，主任还是陈丕秀。这一期开张时有社员342人，股金198元，因前一年500红利未分投入股本，这一年的开账资金共698元；1940年又将红利900元投入股本，此时股金每股由3角转为5角；1941年又有红利18元投作股本，并有合作指导局投资4000元，这时共有资金7398元。在这三年内，资金周转了36次，每年平均12次，共买进卖给老百姓各种洋布140板，各色老布2674丈，犁铧791页，棉花150斤，并有杂货等；共卖出土产：羊子5030只、羊绒12348斤、羊皮300张、粮食380石、食盐300斤、甘草150斤。三年获纯利32000元。

第四时期：自1942年1月至1943年，将近一年半的时间是跃进的发展时期。这时，组织未变动，在急忙时雇些短工帮忙。开账资金1760元，再未扩大股金，只有些零时投资：供销栈10万元，县政府3万元。这一年资金周转了19次，共买进卖出各色洋布12板，各色老布695丈，铧104页；卖出羊子4980头，羊绒10000斤，粮食30石。资金周转比过去快约一倍，流动资金共495660元，平均每次26000元。这时开始从事生产事业，建立了一个口袋工厂，用1600斤羊毛制成口袋600余条；还开店两处。共获净利121170元。这一时期的发展在群众中造成了深厚的影响，奠定了合作社今后发展的强固基础。

现有一个总社，一个分社。两处都有门市部。

（《三边分区1943年度经建材料之二，合作社工作》，1943年5月28日）

2.为群众谋利益

吴旗县长王明远同志总结该县二区合作社一年来发展概况称：吴旗二区合作社原有本利63500余元，后经政府投资6万元，至本年二月结账，本利共有17万余元。8个月来，该社全体干部即以南区合作社与群众利益密切联系的业务方针鞭策自己，改进业务，该区合作社股金乃迅速扩大将近百倍，社务也大有发展。王县长继称：二区合作社半年来之收获，可总结为下列数点：（1）扩大股金与所获红利除原有17万元外，吸收群众股金263万元，各机关投资193万元，银行贷给运输贷款51万元，除去今年一切开支，共获红利755万元，现共有本利1278万元。若将所存货物、粮食、牲口都折为现款，则该合作社总资金至少已发展到1500万元以上。（2）总社领导下各营业部门的发展。今年一月间，总社下只有两个骡马店，现在总社下已有吴旗分社、金汤分社、杨洼沟门骡马店、吴旗饭铺、吴旗运输站、王沟门骡马店，此外，还有一处药社，一处毡房。以上各营业部门是总社与人民合伙所办，而完全在总社领导下进行业务。（3）组织运输队与运销食盐。该社的运输队是今年才开始组织的，现有六个运输队，共有牲口98头，其中有一个队完全是合作社出钱买牲口成立的，其余五个都是脚户与合作社合作组成的。这98头牲口今年从盐池运销至吴旗、华池的食盐共1372驮，若骡马所驮的盐依驴驮计算，则还应增加327驮，全年共运1699驮。（4）供给必需品与收买土产品。今年该合作社共售出老布2000余匹，铧1200页，镰刀500余把，其他尚有火柴、水烟、毛巾、袜子、针线、颜料、肥皂等货物，总计价值在2000万元左右。合作社售出货物的价格较小商人低10%至15%，约可给人民节省200余万元。该合作社又以高于小商人4%至5%的价格收买土产绒、毛16000余斤，大小羊皮1700张，羯羊410只，粮食50余石，马料210石，多增加了人民20余万元的收入。所购的马料可供给现有98头运输牲口吃至明年五月。（5）组织妇纺，发展纺织。吴旗妇女向无纺织习惯，合作社今年对这一工作也未抓紧，直到现在只组织了17个妇女参加纺线，17架纺车共纺毛线330斤，由合作社代销到定边、延安，合作社未取一分利息，且拿出3匹老布给纺妇奖励了一次，以资鼓励提倡。（6）今年春耕夏耘期间，合作社共贷出粮食二十四石三斗，解决社员耕牛、籽种、粮食的困难，使他们秋后收获更多的粮食。（7）包交公盐。今年二区500驮公盐完全由合作社包运，所收代金全部买了牲口，准备运送时盐价已涨到五六千元，合作社若以实盐代人民交公盐，则赔钱太多，专署为扶助合作社，特允许将缴实盐改为交代金，这样合作社除给人民交了代金外，还给社员分了一倍半的红利，使人民更加认识到参加合作社的好处。在最近的社员代表大会上代表们都自动把明年的公盐折成代金交合作社，托合作社代运包交。（8）合伙放羊。合作社买了103只大母羊伙放给因羊瘟死羊买不起羊的人。一般人伙放羊是对半分羔，合作社则实行四六分羔，使伙放人有厚利可取。（9）帮助移难民和优待抗属。合作社招来移民两家，并借给一石八斗五升粮食，帮助调剂6垧川地，7垧多山地，秋后打下的粗粮使他们有吃有穿，可安心地进行生产。为优待抗日军人及其家属，卖货和住店一律按九折付钱，今年共卖给抗属160匹老布，住店的50多个军人和30余头牲口均一律按九折收钱，而且住店的病号都是优待费免，以表示对荣誉军人的敬意。

王县长指出二区合作社获得这些成绩的原因是：第一，实行了南区合作社与群众利益联系的方针。今年三月刘建章同志至吴旗考察合作社事业时，县府召开了一个座谈会，由刘主任报告他办合作社的经验，并指出吴旗办合作社应注意的问题。该社即根据刘主任的指示和吴旗的实际情形，订出了全年的工作计划，按照这个计划向着南区合作社方向努力。第二，分区与县上的帮助。他们不但贷款、投资，或赊货给合作社，使合作社获取盈利，且经常派人到合作社帮助工作，检查工作，时常给以鼓励和指示。第三，由于该社全体干部的积极负责及合作社主任陈丕秀同志为公忘私的精神，处处为人民打算，时时为群众谋利，使合作社在人民中树立了很高的威信，人民便踊跃地来参加合作社，投入巨额股金，促使该社大踏步向前发展。

（《吴旗二区合作社为群众谋利》，《解放日报》，1944年12月27日）

3.货郎挑子下乡

吴旗金汤区合作社是边区最老的合作社之一，成立于1936年。九年来经历了长期的摸索和无数的困难，由摊派式走向为群众算账，替群众解决困难，根据群众需要来进行业务，因而得到广大群众的爱护和支持，股金一天天扩大，业务一天天开展，到现在已经成为边区办得好的合作社之一。主任陈丕秀同志，生活简朴，埋头苦干，为公忘私，富有艰苦奋斗的精神，随着业务的开展，陈丕秀同志的威信亦日益提高。社员亲密地称他为：“我们的陈主任。”

1936年合作社开始成立时（当时是志丹六区），仅有社员140人，股金

80元，现在已拥有社员2100人，全部资财为15908200元。合作社所进行的业务已达18种之多。

金汤区合作社最主要任务之一是收买土产及替群众解决必需品。历年来替群众卖出了羊、羊绒、羊皮，换进了土布、洋布、犁铧、火柴、针线、颜料等必需物品。据不完全的统计：共卖出羊25000头，羊绒130000斤以上，供给了铧4655页，土布5000匹以上。

陈丕秀收买土产的方式有五种：（1）高价收买土产，防止商人超额剥削；（2）土产换必需品；（3）捎卖土产；（4）以土产代交公盐；（5）货郎担子下乡收土产。在供给群众必需品上，亦有五种方式：（1）低价出售必需品；（2）以必需品换土产；（3）捎卖必需品；（4）现货期价，群众急需必需品以羊、羊绒或其他土产交换。但当时土产价低，群众容易吃亏，合作社乃缓期作价，等羊、绒毛或其他土产卖出时再照市价结算，群众很高兴；（5）货郎担子卖货。

陈丕秀的货郎担子不仅是收买土产、供给群众日用品，而且还作为了解农村情况，调解纠纷，组织妇纺与群众经济生活密切联系的好方法。1941年春，由于二乡陆方平的要求，成立货郎担子2副下乡；1943年发展到八副，今年精简为四副，其办法是各乡去一副，规定5天来往一次，5天检讨一回卖货及收土产情形，不足之数下次即卖。去年总结时以孙向奎一副最好，换回300只羊，5000斤绒毛，组织了25个妇纺，调解了3处纠纷，避免了商人低价收买土产，了解了当时群众生产及消费情形，避免群众往返买卖，替群众节省了无数的人力和财力，以王培应一副较差，全年仅收买羊30余只，绒毛300斤，其原因是每次卖货要回家休息一两天，以后改正了。

金汤区合作社的运输事业，1942年7月才开始建立，利用卖土产所得盈利来购买牲口组织运输队，现有骡马28匹，驴子18头；私人合作的牲口计骡马48匹，驴子110头。合作办法是牲口作价，按股分红，赔钱及一切开支由合作社负责，私人合股很高兴。去年运盐获利575000元，年底存盐15000斤，到今年春天出售，共赚利1800000元。本年驮盐5次，计857驮，除开支外获净利2771980元。金汤区运输队之所以能赚钱，据陈丕秀谈，其原因有四：（1）牲口质量好，喂得好，走得快，骡子可驮到二百七八十斤，最低也有250斤；（2）爱护工具，节省修理费；（3）自带草料，开支节省；（4）存盐办法：盐价低时存盐，盐价高时再卖，利润很大。陈丕秀对管理运输的经验是很丰富的。

金汤区合作社在入股办法上，早在1939年，就转为群众自动入股，曾采取了下列几种：（1）实物入股，比市价高作价入股；（2）公盐代金入股；（3）份羊入股；（4）借粮入股（难民来边区，为借粮关系以少数现款或布匹入股，因而取得合作社的借粮帮助）；（5）养老扶幼基金入股：（6）红利转裁股。

在发展畜牧业上，陈丕秀创造了份羊合作办法：（1）羊入股，四六分红，如1941年王尚忠入股羊30只，规定三年后所产羊羔、羊毛四六分红，由合作社负责找人拦羊；（2）借羊，如1942年，李世明家穷，羊少，请合作社帮助，合作社借给羊10头，再动员社员借给羊30头，规定三年后还本，羊羔、羊毛、羊粪均归李世明所有，这是救济性质；（3）担保合作，规定三年后四五及五五分红，羊主不敢相信拦羊人由合作社担保；（4）合伙拦羊，节省劳动力，如向家畔王姓3家，共有羊70头，各家雇一个拦羊娃，陈丕秀知道后乃说服他们合作，又由合作社投资10头羊，共80头由一个拦羊娃管，晚上羊各归各圈，羊粪各自使用，余下两个拦羊娃到三家轮流种地，羊羔按六四分红，三家各得二份，合作社得四份。这些办法是发展畜牧业中新的创造。

在解决群众困难方面，几年来合作社借出：（1）粮，合洋314740元；（2）草料、籽种共524901元；（3）买牲口农具共359606元；（4）救济难民75432元；（5）婚丧借款237837元；（6）其他贷款258124元。总计共借出1425900元。由于这种贷款及救济，真正替群众解决了困难，扶助了当地群众生产的发展。

金汤合作社还进行过各种业务活动：在扶助生产方面，有组织妇纺，组织变扎工，代发农款；在社会服务方面，有医药社、包交公盐、送公粮、拥军拥政、优抗、养老扶幼、修桥补路等。

（《吴旗金汤区陈丕秀合作社实行货郎担子下乡》，
《解放日报》，1944年7月4日）

4.向南区合作社的方向发展

吴旗县二区社，原是志丹县的金汤区社，去年八月新归吴旗县的，当时只有股金5204元，红利58332元，本利共计63536元。吴旗接收后又投资6万元，今年2月间结账时，本利共计只有17万余元。2月以后，依照南区合作社的方向转变了工作，现在的情况如下：

（1）今年新扩大股金263元，各机关投资193万元，银行贷款51万元，全年除掉一切开支外，赚红利725万元，连本带利共有资金1278万元。

（2）在今年一月间，区社以下只有两个骡马店，现在新建了吴旗、金汤两分社，又一个运输站，一个饭馆，并在一个药房，一个毡房投了资，交总社领导。

（3）有6个运输队（一队全归合作社，五队是与人民合作的）牲口98头，本年共运食盐1690余驮。

（4）今年推销老布2000余匹，铧1200页，镰刀500余把，运火柴、水烟、毛巾、袜子、针线、颜料、肥皂等，总计价值2000万元。推销之货，比市价便宜10%至15%，替人民节省200余万。

又收买了绒毛16000余斤，羊皮1700余张，羯羊410只，粮食50余石，马料210石，共出价420万元，又比市价高卖了4%~5%，替人民增加收入20余万元。所买之料可供6个运输队喂至明年5月。

（5）组织了17个妇女纺线，共纺了330余斤，并代妇女收线子卖在定边、延安，合作社未赚分文，且拿出了3匹老布奖励妇女。

（6）春耕时，借出了二十四石三斗粮食帮助，为缺乏籽种、牛料的农户，解决了困难。

（7）代二区人民交公盐500驮，并分了一倍半红利给人民，人民说不但公盐负担不出，还赚了钱，合作社真正为人民谋了利，因此，明年的公盐代金，今年冬就一律交了合作社代运。

（8）安置移民2户，借出粮食一石八斗九升，又帮助找了六垧川地，七八垧山地，今年两户移民可收粮七八石，明年生活就不成问题了。

（9）今年羊瘟厉害，有些社员死了羊子，想买又无钱，合作社就买了大母羊103只，四六分羔伙给社员，老百姓是对半分羔。

（10）优抗工作，给抗属卖货及过路军人住店一律九折，给抗属卖布160匹；过路的病号军人，不收伙食费。

以上十项，证明该社工作，今年有了大大地改变，成为旧社转变为模范的典型。县府认为转变的原因是：

（1）仿照了南区合作社的方针。刘主任今年到吴旗县政府，召开了一个座谈会，报告了办合作社的经验，县府根据刘主任的方针，抓住二区社为对象，该社学习了刘主任的经验。

（2）分区与县上的帮助。除了贷款外，又经常赊货、借钱，又经常派人检查工作，有时专人住在合作社帮助，有了进步，就加以鼓励等。

（3）该社全体干部积极负责，特别是主任陈玉秀同志，不顾私人的任何事情，一切为着合作社服务，处处为着社员打算，在人民中建立了威信，使人民很踊跃地加入合作社，这是该社发展的主要原因。

以上三点，正是证明了合作社要变成模范的三个原因，即实行南区合作社的方向，面向群众，与党政的提倡。该社明年准备：

（1）组织运输合作牲口420头（连今年98头在内），其中合作社买52头，吸收人民参加300头。合作社替运输队收买草料，推销货物，帮助运输队获利。

（2）发展妇纺100名，做纺车100架，每个妇女至少纺线15斤，合作社拨款100万元帮助。

（3）帮助政府进行移民，合作社派人去帮助动员移民，并拨100万元帮助。

（4）买500只母羊放给没有羊子的社员，生下的羔子四六分，绒毛对半分。

（5）建立一个农场，买牛4头，找移民伙种。

（6）扩大股金1000万元，其中代运公盐收378万元，人民中以实物集股500万元，其余向机关与银行请求贷款来完成。

这个计划是此次社员大会通过了的。

（《合作社工作总结》，陕甘宁边区政府建设厅，1943年）

（二）鄜县城关消费合作社

1.发展概况

城关区消费合作社，成立于1937年。

1937年，在鄜县抗战后援会罗主任（成德）领导下，成立了两个合作社：一是大众合作社，开一饭铺和店，主任董长义，雇两个伙计；一是工人合作社，有一个面铺和缝衣铺，一架机子造卷烟，主任吉子林，采买兼会计赵德。工人合作社，由政府摊派扩大二次股金，每股3毛至5毛。当时政府有客人或过路学生都介绍到大众合作社住宿吃饭，常常不付钱，不久便赔本。1938年两个合作社合并，仍称工人合作社，由吉子林任主任，干部赵德、李西林及工人3个。……当时缝衣铺和铺子都赚得多，但赚得多大部被吉、赵等贪污了。在1938年上半年开了第一次社员代表会，分了一次红，下半年吉子林装病，到牛武休息，带了合作社的款子，又在牛武扩大了一些股金，全部卷逃，由赵德任主任。……赵德也是贪污，赚了的生意是自己的，赔了的生意算合作社，结果因政治及贪污问题被政府逮捕，由赵兴邦任主任。这一时期业务有4种，股金也吸收了些，建立了合作社的基础。但由于领导上没有经验，不常检查，主任又坏，到交代日子连多少社员、多少股金都弄不清楚。

……

赵兴邦接任主任后，停闭饭铺和店，光开设铺子及缝衣铺，添了一架机子。合作社仅赵与李西林2人，缝衣铺有6个工人。一月后，由于误认为合作社是国家生意，商讨改称为“新华商店”。两年中没有扩大股金。赵兴邦接交时存货260元，做生意有时拉扯政府或商人的款子。到1940年底，结账时有800元，论数目上赚了些，实际上因物价上涨可说没有赚钱。合作社做任何事情，都向政府请示，经过许可才做，某次合作社准备倒贩驴子，县长不同意就没有做。赵兴邦同志自己说：“每天就是卖货而已，闲得没有事情干，就是做一天和尚撞一天钟。和老百姓没有关系，老百姓认为国家生意。”……由于没有群众观点，合作社就处在停滞状态。

……

1940年底边联社派王明章到鄜县整理合作社工作，清算账目，仍弄不清多少社员和股金。经过县政府同意将现存800元，估作300元股金，300元分红利，200元公积金与公益金。12月召开第二次社员代表大会，宣布每元分红一元，选举了理事会、监事会，选举赵兴邦为主任。……同时指出合作社称新华商店是错的，正式改名为城关区消费合作社。

1941年县政府提出组织县联社，4月17日召集了全县合作社主任与社员的县代表开会成立县联社，选出赵兴邦为联社主任。城关区合作社主任在会上讨论由安长庚继任。安主任一开始就在建设厅领15000元收购土产的资金，除分配其他社外，本社用3000元作为周转，收购黄芩16000斤，赚了1500元；又常在交道、茶坊等处进行对外贸易，以食盐、牛皮易取布匹、棉花等，周转也快，生意就展开了，卖货价格和布匹比市价便宜1毛至2毛，合作社开始由停滞变为活跃。

这一年合作社以全力从事营业，到年底结账时，共有股金1407元，净余红利14667.39元，比之以往数年是从未有过的赚钱。1942年4月16日，召开了第三次社员代表大会，检查了合作社工作和进行分红，确定民办方针。这次大会的召开与分红是合作社与社员关系转变的关键。

会议解决了以下的问题：（1）确定民办方针，合作社负责人由社员选举，选举了理事会，安长庚为主任，股金由群众自愿加入，自愿退出，取消摊派，没有任何限制，以及实物入股。（2）建立社务制度，理事会一月开一次，监事会三月一次（以上太多了），合作社工作每月报告一次，三个月结一次账，一年分一次红。（3）决定干部待遇采用津贴制，主任每月40元，会计每月35元，练习金30元，每人单衣2套，棉衣1套，鞋2双，袜子1双；伙食规定每月小米一斗五升、油1斤、盐12两、菜1元，医药费实报实销。（4）业务方针，规定收购土产换取外来必需品，建立对外的贸易关系，以低于市价的货物，供给群众需要。（5）分红，年初入股，每元分五元，青救会股金每元分一元二角五分，计分红5155元。

……

有些人将红利抽出，共1699.5元，大部是城内有钱的商人。如复兴和掌柜赵成表，以前摊派入股30元，此次听说可以抽红就抽去50元。一般的社员都没有来抽，反而有的再加些股，连本利凑成整数，调换新股票。自一元分红五元的消息传出后，许多群众都自己来入股，城内一些婆姨将其私藏的白洋送来入股，所以1942年，该年没有经过政府动员就有群众及合作社干部自动入股25000元。超过了合作社的计划，成为鄜县合作社自动入股的一个榜样。县联社的业务与城关区合作社合并，又加入股金12700元。联社有运输牲口3头，亦合并城关合作社。

合作社有了运输队便到韩城、西安等地做生意，由南志德赶脚与商人一起，走时运盐运土产，回来驮布驮货，活动范围亦广，赚钱也更多。

到1942年底城合共有股金40114元，比1940年增加约30倍；全年红利158076.42，提出公积金15815.28元，公益金790元，奖励金7900元，分红利126461.14元（除公粮入股不分红外，每元分红3元）。这次未开社员代表会，红利大部转成股金，少部分抽走。

两年来合作社有明显的转变。首先是合作社由赔钱与停滞状态变为赚钱的活跃状态，由单纯消费变为消费与生产运输（纵然还很少）并有；其次在扩股方面，由政府摊派变成人民自动送上门来，由小量发展变为大量发展，而且实现了自由入股、自由退股；再次是合作社干部由贪污或保守地脱离群众的作风，转变为积极接近群众的作风。

1943年党政号召利用公盐组织运输合作社，发展运盐，城合起初包了2362678.3元的公盐代金，组织了34头牲口的运输队。下半年又利用城关、太乐、牛武、交道、永平、大申号等区1944年的公盐代金，连同太乐区上半年组织的运输队，共成立104头牲口。1943年合作的中心工作，放在组织运盐方面，但在对外贸易、供社员需要、组织妇纺、巩固生产合作社等方面也有成绩。年底计算共有各种资金：股金225629元，公积金22168.77元，公益金3800元，公盐代金16126260元，运输代款100000元，共计16527857.77元。其中公盐代金占了97%。

1943年获利2407715.4元，其中公积金240000元，公益金120000元，奖励金120000元，净利1929715.4元。每元股金分红7元。

1943年的下半年，城合安主任即筹划在城内另办民办社一处，在茶坊设分社一处；1943年底又筹划在交道及太乐设立合作社。现在以上四社都已建立。城关合作社的组织是城关消费合作社下属：

茶坊第一分社，太乐第二分社，交道第三分社，城关民办社，运输队，生产合作社，缝衣铺。

2.在反封锁斗争中的作用

鄜县紧接友区洛川、中部、宜君及宜川，以往商家经营的大部是对外贸易。城关合作社去年以来16个月购进的货物中从友区运入的占全部进货的十分之四，向外运出的占销售量的十分之三。可以输出的东西还有煤油、皮袄等，可以输入的有文具、花椒、年货等。

茶坊第一分社，8个月来也进行了对外贸易，卖出皮袄十几件、栽绒毯3条，换进纸烟84条半、红纸5刀、花椒100斤、席45条。以盐换纸和纸烟，又以法币24200元买回货物几十种。此外该社买的布490匹、新华肥皂2箱、洋火2箱，都是在边区内买，销在边区的。

去年五月以前边境外驻扎的是骑二师队伍，封锁还不严格，货物可以输入，五月以后，五十三师接防，加紧封锁，布、棉、纸等必需品都不能公开输入。合作社通过熟人的关系，以一定的利润吸引友区人民用偷运方法零零碎碎地带货进来。由于合作社干部都是本地人，与附近人民的关系很多，故能在国民党封锁下仍有数千斤棉花，数百匹布运来。

对于运货来边区的友区商人，合作社是优待的，招待他们膳宿；如合作社不要货物，或价格太高，合作社替他代卖，卖得的价完全给他，不打佣；有时送些边区出品给他；上税由合作社业务代办，他如要赊盐合作社就到盐业公司替他作保赊给他，因而商人愿与合作社来往。

除了上述两种关系外，边区内的脚户现在仍可驮盐出去，合作社与他们联系，可以使盐出口，也可以将自己的牲口与合作社一同出去。去年秋季环境紧张时，盐公司将存盐发出，给各区人民运输出境，合作社以20驮盐换进80匹布。今年四月合作社以换来的棉花300多斤，向盐公司换盐2560斤，交给东塬窑窠的脚户卖到边界上，不经税卡卖了。但有名声的人或合作社的人，不能去友区，那里有许多鄜县人，见到了报告队伍就要倒霉。

总之，对外推销土产以及输入必需品，合作社是有办法的。

（《鄜县城关消费合作社》，鄜县县政府，1944年5月）

（三）延安县蟠龙合作社

今年五个月来，蟠龙合作社有了很大的发展，给人民办了很多的事情。第一件大事是担负了蟠龙、青化、牡丹三区运盐的任务。这三个区应该运盐2800驮（原规定3400驮，由县联社运输大队包运600驮）。合作社积极响应了县政府“通过公盐完成私盐”的号召，根据实际情况，采取公私合作，与人民合作的办法组织7个运盐队，计有马50匹，毛驴14头，骆驼130头，还有放青朋帮的150头毛驴。这样一支先后组成的强大运输力，截至五月底止，已运盐1053驮，今后七个月可运2440驮，2800驮运盐任务可超过717驮。这样巨大任务能够完成，特别是从群众眼中看来，认为是一件惊人的创作。因为在去年还只有38000元的股金，今年却能担负运盐的任务，这是群众所最佩服的。在劳动缺乏的条件下，使运盐与生产得到恰当的调剂，不仅是蟠龙合作社发展的条件之一，而且是延安县领导经济建设中，组织上极其艺术的成就。第二件大事是减轻人民负担与供给人民需用品。今年蟠龙等三区人民应缴公盐代金200万元，已全部向合作社入股，由合作社支付公盐代金200万元，即减轻了人民负担200万元。五个月来并低于市价大量供给食盐、布匹、棉花、洋火、犁铧等，仅此几项必需品，就为群众节省132700余元，这在平抑物价上也有相当的作用。如阴历五月初四的集上，原来盐价每升65元，当社存盐卖完时，陡涨至85元，其余可以想见。此外，合作社又调剂与供给棉花3000余斤，刺激了发展新的纺妇600人。纺纱质量由于严格分等的结果，已大大提高，头等纱已占三分之一，二等纱占三分之二，三四等已非常稀少了。协助群众纺纱，增加收入近30万元。第三件大事是合作社力量迅速地壮大，股金由38000元，激增至260余万元，现有社员3400余人。合作社直接经营的运输队有骡、马、骆驼共54头；有营业部两处，饭馆两处，骡马店两处，染坊一处。五个月共销货400余万元，盈余110余万元。全部房产几乎占了蟠龙半条街。人民真正向合作社入股先后不过10007元，但在七八年来，特别是最近半年来，经过政府的正确指导与干部的努力，已替蟠龙等区的人民创造了近700万元财产的大家务。由于合作社的发展和作风上日益与人民的结合，获得了群众的信仰。蟠龙区一乡的老孙，向合作社入股10元，买盐两升，便宜30元。他说：“加入合作社是有利的，不但运盐和交代金对我们有很大的好处，买货也有很多的便宜，以后一定要向合作社多入股。”牡丹区四乡侯燕生，过去经常反对合作社，说合作社是“捉鳖社”，向合作社入股是“上布施”。今年二月间（旧历正月），他妻子病死，跑到合作社赊货3000余元，以后他说：“合作社真的是老百姓的，大年初一，到别的地方不赊货，连买货恐怕也买不着。我现在才认识了合作社。”旧历二月初九的集上，合作社存盐卖完了，有两个商人拿了几斗盐价钱与合作社规定的相符，并冒充是合作社的，但群众并不信以为真，终于跑到合作社，合作社已无存盐，他们宁愿下次再买，不买商人的。这些情形，只是千百例证中的一个，说明了合作已与群众有了亲密的联系。这绝不是偶然的侥幸，而是切实改造的结果。

远在1935年，蟠龙合作社就已诞生，到1940年春，合作社脱离群众的情形已登峰造极。当时群众对合作社干部的批评是：“干不干杨应川（主任），照不照张文耀（营业员），笔下差薛玉贾（会计）。”并赠给合作社以“捉鳖社”之称号。这种舆论引起了政府的深切注意。1940年3月在县政府的直接主持下，召开了第一次社员代表大会，深刻检讨了杨应川任内的工作，揭发了：（1）消极怠工，如工作人员五天逢集一次，才到合作社工作，其余时间是搞私人生意或串门子，即使五天做一天，也是“和尚照庙应付应付”；（2）贪污腐化，如存货200余种，就短货200余种，算账40多天也算不清，生活上是要吃得好，做得少。这种贪污腐化与消极怠工行为，受到大会严厉的批评，除责令赔偿短少货物外，并予以撤职的处分。经过政府的物色，社员代表的选举，为大家所熟悉、廉洁公正、关心群众的孙鸿明被选为主任。深入检查过去工作，彻底揭发不良现象，选举称职干部，这便是蟠龙合作社改造的开端，也是蟠龙合作社改造的关键。当时合作社虽经初步改造，但尚无显著成绩，群众又多囿于成见，观望不前，因此如何把群众视为赘瘤的“捉鳖社”，变为解决群众困难，改善群众生活，为群众所乐意参加的经济组合，确为当时的重大课题。孙主任接受政府一切为着群众的指示后，即采取大处着眼、小处着手的办法，进一步实行工作的改进。首先是改变了一切是公家化以及不许选择货样与还价的营业方式，提出营业员应向商人学习。这一改变在群众中立刻反映，有“现在的合作社到底和过去不同了”的好评。因之到合作社买货的社员日渐增多，群众对合作社的坏印象，有了起码的转变。孙主任利用销货与群众接触的机会，“谈生产，谈生活，谈家常”，更加了解群众的情绪，又进一步提出要把工作搞好，必须干部齐心，首先是从改变生活作风着手，提倡生活俭朴，改一天一顿面为七天一顿面，剩下饭一定吃，夜晚除回家外一律不许外宿。开始有些人反对，孙主任就以身作则，排除非难，小米饭和剩饭自己先吃，麻烦和辛苦的事，自己走在前面，每夜大家睡毕，必亲自检点门户，以此教育干部。当时7个干部，就在他的艰苦精神影响下团结起来。“吃得好，做得少”“夜里还想串一串”的旧作风终被改造。到1940年底召开第二次社员代表大会时，一致称赞合作社的艰苦作风，愿意进一步支持合作社的发展，盈余18300余元，大会一致通过转为股金。由于群众对合作社认识的提高，促进了合作社干部的积极性。1941年工作更为活跃，先后组成了两个分社，扩大股金一万余元。合作社至此已与群众有了进一步的联系，已经有了扩展工作的基础，于是接受了南区合作社的经验，计划组织运输队，代替群众驮盐，使驮盐工作职业化，以减轻运费，发展盐业，并使周围群众集中全力进行春耕。同时借运输队的组成，便利交换业务的发展。这计划提出后，获得广大群众的响应，于1942年8月间，由合作社筹款20000元，群众准备入股30000元，组织运输队。开始买驴、骡各二头，预计取得经验再图发展。但八月间牲口吆到延安，不幸被山洪冲走，给发展运输以很大打击，可是合作社为群众工作的精神，深为群众所谅解。至今年二月间，在延安县政府通过公盐完成私盐，并由合作社负责的正确决定下，蟠龙合作社又充分利用了南区合作社通过负担、便利政府、有利私人发展合作社三者配合极其艺术的工作方针，获得了半年来飞跃的发展。所以，蟠龙合作社的发展与壮大绝不是偶然的，而是由于：第一，县政府的正确领导，推动了合作社的改造，如开始的深入检查工作，选举称职干部，完成运盐，发展合作社的决定等。第二，是孙主任的工作艰苦踏实，如先就合作社实际可能改造营业方式，在改造中，又处处以身作则，群众对合作社印象转佳后，才进一步地扩展工作。第三，掌握南区合作社经验。

（伯森：《跃进中的蟠龙合作社》，《解放日报》，1943年7月26日）

（四）淳耀照金消费合作社

由于照金地区偏僻，人烟稀少，且距离中心较远，故农村日用品供给颇感困难，群众往往远运粮食到铁王或柳林集市（相距50里）去卖，然后才换到油盐、布匹等日用品及犁铧、老镢等农具回来。每去一次，至少得一天工夫，如以每月至少赶集一次，则全区667户人家中为赶集花费的劳力每年就8000多个工，所花费的牲口运输力至少亦在600个以上，在劳动力的浪费方面这是多么惊人的数目！至少能开荒地800亩，每亩产粮以2斗计，可产细粮160石（为本年所征公粮的半数）。至于夏天因赶集而误的工至少能锄2000多亩地，每工工资以40元计，则耗费了8万余元。因此，在群众的要求下，在干部与士绅的提倡下，特别是安置难民以来人口激增，消费量日益提高，照金区合作社便开始筹办起来。这个合作社的发起人共有38个，其中群众占28个。它以解决全区人民生活及生产用品并代销农产品为主要业务。现合作社在群众的热烈参加下，20天已集股13000元。我们所采取的办法则是从消费开始，逐渐走向组织生产和经营生产（如已有的织毛巾、袜子等）的综合性质，以解决群众困难，发展群众生产为奋斗目标。

（《淳耀照金区组织合作社，为群众免除赶集浪费时间》，
《解放日报》，1943年5月15日）

（五）吴堡牛爱彩货郎担子

吴堡任家沟区合作社主任牛爱彩的货郎担子，在全区是很驰名的，只要牛主任隔上十来天不去农村时，老百姓就会说："老牛为什么还不来呀！"牛主任的担子之所以能获得老百姓这样的爱戴，是他真正替老百姓做了事情。自从去年九月牛主任被选到合作社工作以后，他的担子替老百姓解决了很多困难：

（1）部分地解决了纺织上的供销问题。吴堡是纺织业很发展的地区，但也是原料很缺乏、土布推销不易的地方，牛主任为了解决这一困难，由担子上供了500斤棉花给社员，还是低价出售的；待她们把花变成布后，牛主任又高价（每匹比市价高一二百元）收买，替他们贩到晋西北出卖，今年春

天就收了200匹呢！如果老百姓愿意自己穿，需要染布时，牛主任又替他们带到合作社的染坊，给染好再送给他们，社员每匹布染费还要低二三十元。

（2）供给了老百姓的日用必需品，节省了老百姓的路费和时间。牛主任的担子，主要卖洋火、煮色、碱、针、线、梳子、带子、珠珠、顶针、丝绸……，价钱通常比市价低十分之一，又节省了路费和时间，所以很多老百姓都说："老牛的担子好。"特别是妇女们，最是欢迎，因为牛主任常送她们顶针和梳子。

（3）他收集土产，实行物物交换。因为农村中资金周转不易，老牛为便利老百姓买东西，凡是没现钱买东西的，他就让他们拿实物来换，因此他今年收了二十几斤麻绳头、五副棺材、二十几张羊皮及废铁、鸡蛋、鞋、布……

（4）帮助抗工属。平时抗工属的待遇是与老百姓完全一样，遇有特殊困难时则能赊欠和赠送。今年遇有一个工属家里死了人，老牛赊给他一身绸老衣，一个抗属家里娶媳妇，除赊给他们东西外，还送给梳子、带子。今年赊给抗工属的货物就在十万元以上。

（5）帮助老百姓红白婚丧事，帮助贫苦农民解决困难。牛主任对那些有红白事的人家和贫苦农民，只要他们一提出困难，他就允许他们赊欠或者低价出售。

因为牛主任替老百姓解决这些困难，所以老百姓都乐于入股，特别是妇女，她们自己当家的就自己入股（有五个妇女入股两万来元），或者事先与牛主任订货。不当家的，也劝男人入股。从去年九月到现在，凭担子吸收的股金在40万元上下。

由于牛主任在老百姓中的威信增高，使得一些小商人也来向牛主任入股。马跑泉的李县仁，就是在牛主任吃苦耐劳和大公无私的影响下入股15万元，以后还有两个小商人入股，股金共在30万元以上。

牛主任的担子能够发展得这样快，能受老百姓拥护，这与牛主任热心为群众服务的精神是分不开的。牛主任出身贫农，受尽了旧社会的苦痛，因此1933年红军到了吴堡，他就毅然地参加了革命，牛主任当时曾挂着包袱到红白交界地区为老百姓买回洋火、布匹及一切必需品。1941年因家庭经济困难，牛主任就担起担子卖东西，虽是私人生意，但牛主任还能照顾抗工属的困难，遇着抗工属纺织买不起棉花时，他就让他们拿不等价的鞋子及别的实物来交换，或赊给他们棉花，待织成布后卖了再给钱。

（《吴堡牛爱彩货郎担子解决农村供销问题》，
《解放日报》，1944年7月9日）

第二节　手工业生产合作社

一、发展手工业生产合作社的意义

（一）手工业生产合作社是边区公营工业的助手

公营工厂是边区工业的骨干，它的产品主要供给边区部队和党政机关的需要。

与公营工业相伴发展的，即是各种生产合作社——由手工业生产者合作，或由合作社投资成立的生产事业与私营的手工厂，以及家庭手工纺织业，它们相互辅助而不是相互牵制，形成边区工业发展的一个重要特点。即以纺织业（边区工业的主要部门）为例：1939年边区尚只有一家公营工厂，工徒210人，织机23架，年产大布1426匹；纺织合作社即有两家，工徒25人，织机8架，年产大布400匹；私营工厂6家，工徒154人，织机52架，年产大布3690匹；当时家庭纺织部分开始恢复，产量尚小。去年，公营织布工厂固有极大发展，织布合作社、私营工厂及家庭手工业也随着跃进，计有织布合作社37个，织机179架，工徒374人，生产大布6000匹；家庭及私营工厂织机18467架，男女织工42242人，生产大布65334匹。以上连同公营工厂所产布，合共104302匹。合作工业在年产量上增加了15倍，家庭布业在总产量中则占据了56%以上。这说明一个问题：公营工业并不排挤小工业，相反，它们是相依为命的。

生产合作社、私营工厂及家庭手工业，是边区公营工业的助手，它的产品主要供给人民的需要。

（《边区工业的发展》，《解放日报》，1944年5月2日）

边区工业生产合作社，正在蓬勃地向前发展着，特别是广大农民集股的纺织合作社，有伟大的发展前途和必要。发展边区工业应以工厂手工业为主，在现在的物质条件下，已无疑问。而发展手工业，无论在哪一个国家的工业发展史上，都必须是就地取给资金、原料或半成品，就地利用劳动力，就地销售成品。农民集股的合作工厂，正符合于这些条件。这样不仅可以减轻工业品的成本，而且可以减少许多工厂的不必要的困难（如粮食、劳动力等），给工厂手工业的发展以顺利的条件。为适应客观需要，在绥德分区各县，广泛开展农村家庭手工业的产销合作，分散生产，统一供销，如纺织、编草帽、熬盐等。这种生产合作社在江西就已收到过很大的效果。

至于手工业生产合作社的组织形式，以农民集股的和做份子的更具有发展的可能性。所以生产合作社的组织原则，仍应是根据边区第二次党代表大会所指示的“工业合作社是发展手工业的武器”的基本精神，去进行组织，决不能拘泥于什么“合作原理”，或以“不使生产合作社变质”为借口，妨害生产合作社的发展。

（《生产合作社报告材料》，1941年8月）

要达到工业品全部自给，仅靠公营工厂是很难完成这个巨大任务的，必须有计划地发展合作和民营纺织、造纸、煤矿、瓷器等工业（特别是民间纺织业的发展，使老百姓做到自纺自织自穿，同时发展纺纱，配合公营纺织业的发展）。……为了解决民营工业资金的困难，同时来集合民资民力，首先应采取合作社形式，政府得借予工业资金。

（《中共中央西北局关于争取工业品自给的决定》，《解放日报》，1944年7月30日）

（二）用生产合作的方法发展手工业生产

边区合作运动的基本方针：发展生产合作社，以生产合作的方法组织广大群众的劳力与资金以普遍的发展手工业，求得战时工业品的自给自足；并对现有的生产合作社加强管理，提高生产技术与管理方法，使之产量增加与质量改善而向前发展。

……

（《陕甘宁边区合作社第一次代表大会决议》，1939年10月30）

推广生产合作社，用合作方式推动手工业普遍发展：

1.现有的生产社业务确定转变作纺织业务；

2.尽量将延川、延长、固临等县会纺织的妇女组成生产合作社，有计划生产；

3.在安塞、志丹、庆环、关中、神府每县先成立一处到三处生产合作社，渐渐发展。

（刘景范：《1938年边区经济建设工作的报告》，11月5日）

（三）公营工厂应协助手工业生产合作社发展

各县生产合作社，在行政上虽由合作科及“工合”直接领导，但在技术上则由各工厂协助之处甚多。

1.纺织工厂曾派工人数名分赴延长、安塞等县生产合作社领导工作，教育社员。

2.纺织工厂曾转售一部分纺纱机、织布机给延长、延安等生产合作社。

3.农具工厂曾供给各社修理及装置上所用之工具。

4.纺织工厂曾代神府纺织工厂训练学徒八名，并转售一部分纺纱机、织布机。

（《1939年度工矿事业报告》，1940年2月10日）

二、生产合作社组织办法

为了增加生产求得自给自足，克服困难，渡过难关，以期抗战建国的胜利完成起见，各县除加紧农业生产外，并应组织各种生产合作社，以发展手工业及开采原料加工制造等生产以应需要。

（一）纺织生产合作社

纺织生产合作社是要乡村的妇女利用时间进行有组织地纺织生产。它是组织农村妇女参加生产战线最好的办法，不仅可以增加农家收入，而且可以使边区棉毛纺织品逐渐走上自给自足的道路。

纺织合作社以乡为单位，每乡组织一社，凡住在那一乡的妇女不论成年老年或女娃（一家越多越好），只要她会纺纱，或愿意学习纺纱、织布，都动员她参加纺纱生产合作社，把她们依自然村落编成小组，每组3人以上，但最多不得超过20人，每组选组长1人，负一组的责任。

以乡为单位召开组长会议，推选理事3人、监事3人，分别组织理事会和监事会，管理和监查合作社一切事务。

参加纺织生产合作社的社员，每人最低限度应认缴股金一股（每股五角），合作社开成立大会时就要交纳股金，但有特别困难的社员，经理事会的许可，可以在该社员将来生产的纱价内分次扣抵。

纺织合作社的资金，除用一部分购买棉花、纺车、羊毛预备供给社员以外余下现款，应存到消费合作社或其他妥当的地方，以便随时给社员解决与纺纱有关的困难，或缴组织生产联社的股本。

社员纺织的原料如棉毛及纺车，以自给为原则，有特别困难的可申请向合作社借用，但价值超过一元的就按月生息（按当地最低利率取息，最多不得超过两分）。

社员所生产的毛线或棉纱，除自用以外，一律交到合作社整批向外运销，或交给织布社织布，不得私自向外出卖。

每县有两个纺织合作社组织成立并开始纺纱以后，就应该联合起来进行织布生产。

每一个纺织生产联合社应选聪明而身体又很强健的男性或妇女到建设厅纺织工厂学习织布，学会以后就回到各该县纺织生产联合社织布。每县保送到工厂学习的不得超过五人。

（二）其他生产合作社

打盐、挖药、制粉、挖煤、造粉笔、榨油、烧瓷窑等生产合作社：

上列各种生产合作社的组织，不限定以行政区域为单位，要按社员及原料产地分布情形灵活处理。

各该生产社社员以能够参加各该项生产劳动，或有该项原料之出产为合格（如制粉、打盐以能够参加打盐和产麦等），但无上开条件而诚心合作的人亦可认股入股。

每一社员至少须认缴社股一股（每股一元）。

……

参加任何一种生产合作社的工人均为社员，可以享受社员的权利，不得实行雇佣制。

残废军人及难民可以参加或组织生产合作社。

生产合作社组织健全的，本厅可以商请中国工业合作协会予以资金及技术的协助，机器的购置本厅并可代为设计。

（陕甘宁边区政府建设厅：《生产合作社组织办法纲要》，1940年）

三、边区手工业生产合作社发展概况

（一）手工业生产合作社的建立和发展

边区工业生产合作社发轫于1937年秋。当时，边区总工会因感于供给部的鞋靴袜和被服二厂解散后，少数工人流散，同时为了更进一步地团结手工业工人，发展边区手工业生产并改善工人生活，遂成立工人合作社，即工业生产合作社。由总工会直接领导，集合群众股金（当时抗大、陕公学生和工作人员及延安市民均有入股，每股3角）250元，开始组织了鞋袜、被服、木器、食品等4个生产部门。1938年冬发展到13个生产部门，股金增加到1500元，边区银行投资1400元，这一年盈利4300余元。而其中略具手工业工厂规模的只有鞋袜和被服两个生产部门，其余各部门不过是一二人或三五人之作坊而已。由于生产部门的发展，工人合作社又改名为“延安工人合作社联合社”（事实上依它的组织看，仍是一个单位社，下面设有几个生产部门）。它的组织机构如下表：

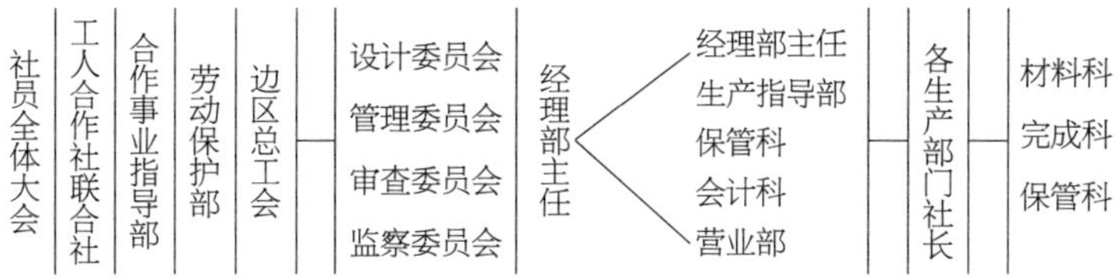

开始时各生产单位均集中在延安，1938年冬因敌机轰炸，各生产单位乃疏散至安塞真武洞和保安等地。1939年初因遭敌机轰炸，有几个生产部门亏本关门，且因学生离开延安，退股者多，致使资金周转困难，蓬勃发展之趋势稍受顿挫。同年四月，因英人艾黎之提议，中国工业合作协会西北区乃在延安设立事务所，推广工业合作。当时，因事务所主任是曹菊如同志，所以此事即由银行主持，将工人合作社之被服、制鞋两个生产部门改组为延安被服工业合作社和延安鞋靴工业合作社。1938年冬建设厅注意到工业生产合作社的组织，除发动大量的组织纺织社外，并在延长、固临、安塞三县各筹备纺织合作社一处。当时因资金、技术及领导干部的困难，未能正式开工。此为工业生产合作社开始创立的时期。

至1939年冬，由于物资的更加困难，建设厅注意到必须发展边区手工业，在边区的客观条件下，发展手工业的最好组织形式是生产合作社。同时，也因外来微弱的资金的刺激（工业合作协会投来基金2万元），生产合作社乃发展至10个，股金发展至11215元，生产总值全年约5万元。

1940年，由于客观环境的需要，引起各方面对生产合作社的注意。这时，除原有合作社业务更加充实外，又增加了7个新社，连前共有生产合作社17个，股金发展至64087元。每月平均生产总值达34470.4元。此为生产合作社向上发展时期。

1941年，更因自给自足任务的要求，生产合作社大量的发展和健全起来，走向一个新的发展阶段。这时，生产合作社对边区的财政经济也能真正地起作用了。这一年的上半年，生产合作社社数和股金都有很大的发展，产量也大大地提高了。特别是纺织生产合作社，如果下半年能使纺织生产合作社的全部基础都利用起来，则完成每月产布6000匹的计划是完全可能的。这是边区生产合作社新的发展阶段——蓬勃发展和健全的时期。这个阶段正在开始。

截至1941年6月底止，全边区已有生产合作社30个，其中分纺织、服装、食品、化学四类。纺织类22社，计毛织社2个，棉毛纺织社19个（主要是棉织），丝织社1个；服装类5社，计被服社1个，鞋社2个，制毡社1个；皮毛社1个；食品类2社，计榨油社1个，面粉社1个；化学类1社，即瓷窑社。30个生产合作社共有股金613117元（内有应收而未收股金168000元）；政府贷款198870元（系指经“工合”贷出的长期贷款。各社在当地临时周转借款约5万元未计算在内），合计资金共811987元。30个生产合作社的全部财产，如以现在市价盘存，再加上利用之旧房产，约值150万元。社员数：参加生产的社员约300人，只入股不参加生产的社员约20万人以上。

合作社分布的地区：延安市四个社，延安县五个社，安塞县两个社，延县、固临、延川、甘泉、鄜县、安定、志丹、淳耀、赤水、新宁、新正、合水、环县、定边、吴堡等15县每县各一个社，绥德、清涧各两个社。

（《生产合作社报告材料》，1941年8月）

就生产合作社说，1939年起，经过政府的提倡与中国工业合作社西北办事处的帮助，建立了10个生产合作社。继而有些资本较大的消费合作社也兼营生产合作社业务。到1942年10月止，由10个生产合作社增至50个；从事生产的员工，由199人增至563人；股金由11130元增至2491600元；每月生产总值由6万元增至230余万元。

生产合作社的分布，据今年统计：绥德16个，延安7个，固临5个，延长5个，延川5个，甘泉3个，安塞3个，靖边2个，庆阳1个，葭县1个，米脂1个，安定1个。

50个生产合作社中，有纺织合作社大小27个，……共员工497人，股金170万元。……染色社5个，榨棉花籽油的5个，粉房5个，制毡合作社4个，瓷窑社1个。

（毛泽东：《经济问题与财政问题》，
《毛泽东选集》，东北书店版，第786页）

各种工业合作社虽然成立时间较短，而它同样有很快地进步。化学工业社已能大量地出产肥皂、牙粉等日用必需品；造纸工业社产量的扩大与质量的改进颇有成绩；制药工业社所出的丸散膏丹数十种，医病活人大见功效；各纺织工业社出产了许多土纱成品极佳；油灯、运输两工业社开办迄今均有成效。又如延川、延长、固临三县的生产社能供给难民纺织工厂棉纱一大部分；淳耀、环县榨油合作社能供给当地群众需要的食油；盐池的打盐社，定盐的挖药社均有成绩。这证明边区工业生产合作社也正在澎湃地向前发展着，因此我们可以说边区合作运动在抗战以来，无论数量上、质量上都是向前进步的。

（刘景范：《两年来边区合作社工作总结及今后边区合作社的任务》，在陕甘宁边区合作社第一次代表大会上的报告，1939年10月）

（二）边区手工业生产合作社历年发展情况统计

1.1938年延安、安塞、延长等四个生产合作社社员股金表

县别	社数	社员人数	已交股金	扩大股金	一年来生产总值	备考
延长	1	不详	1000.00	1000.00	不详	该社1938年10月成立，以纺织为主。
安塞	1	"	1049.30	1049.30	不详	
延安	1	不详	761.00	761.00	300.00	1938年9月成立，制革硝皮为主。
延安市	1	800	1778.30	178.30	106640.00	1937年10月成立分五个部门。
合计	4		4588.60	2988.6		

说明：

（1）延安市工人合作社股本由群众及工人所集股，分设鞋工厂、被服厂、木工厂、瓷窑工厂、营业等五个部门，每日生产总值9720元。营业部销货每日1500元。但因发展各部门及特殊原因致该社亏本，现已由盈余全部扣补，所亏无多。①鞋工厂有工人32人，每月制鞋960双；②被服厂有工人28名，每月制成棉军服1200套；③木工厂有工人12名，每月制成木具约值300元；④瓷窑工厂有工人6名，每月出产瓷器约值300元；⑤营业部每月销货为1500元。

（2）延安县皮革合作社是由延安市、县集股750元组成，设在南二十里铺，现已供前方部队500双毛袜、手套，因各种原因亏本200元，正整理转变中。

（《一年来陕甘宁边区经济建设工作》，1939年）

2.1939—1941年边区手工业生产合作社发展概况表

项目 \ 年度		1939	1940	1941	1941年总计
总社数	社数	10	17	纺织21 其他6	27
	人数	199（人）	380（人）	纺织586 其他110	696
	股金	11315（元）	59951.05（元）	纺织318808 其他21730	340538
	贷款	16400（元）	30839（元）	纺织168342 其他11859	180201
其中纺织社	社数	5	7	21	
	大纺机	39（台）	82（台）	135（台）	
	织机	13	25	98	
	纺纱		5492	1760斤（月产）	
	织布		17125匹	720匹（月产）	
附注			每匹40码	①已做成纺织机173台 ②新宁、志丹二县未列入	

（《关于边区经济建设之报告书》，1941年10月4日）

编者注：本表1941年的数字与前面文字叙述中的数字不符，原表如此。

3.1943年几类主要手工业生产合作社生产概况

类别	社数	设备	产品	产量
纺织	38	织机176台	土布	6000匹
榨油	16	油榨47副	植物油	2320斤
肥皂	1		肥皂	482885条
造纸	1	池子16个	印刷纸	1281令

说明：（1）布每匹为长104尺，宽2.5尺（裁尺）；

（2）油每斤16两；

（3）印刷纸每张长224寸，宽16寸。

（《中国工业合作协会西北办事处延安事务所工作报告》，1944年）

4.1944年边区手工业生产合作社发展到114个

社别	社数	占总社数%
生产合作社	114	18
消费合作社	281	44.3
运输合作社	233	36.75
信用合作社	6	0.95
医药合作社		
合计	636	100

（《边区合作社八年的发展概况》，陕甘宁边区政府研究室，1944年8月）

（三）抗日战争结束前后边区手工业生产合作社情况

边区的合作社，绝大多数是综合性的，抗日战争结束前主要手工业生产合作社的生产概况有如下表：

抗战结束阶段，全国物价下跌，这一度的经济恐慌，影响边区合作事业很大。全边区合作社经得起这一波折者也有很多。据目前不完全的统计，边区合作社从1945年8月起直到12月底，四个月内合作社由882社缩小到662社了，其中大部分是合并的。股金、社员正在变动中，现尚未接到全部合作社精确的统计数字，可能还有变动。

1945年主要手工业生产合作社生产概况

分类	合作社		工人职员		计划股金数	收到股金数	借款	月产量
	社数	%	工人	职员				
化学业	11	1.86	608	21	365000000	1125600000	140000000	390546280
水泥木工匠	10	1.69	72	3	25000000	20000000	5000000	
食品业	48	8.12	308	46	50000000	58750000	15000000	45638925
矿业	2	0.34	492	4	22000000	250000000	10000000	435000000
铁铺修理所	6	1.02	61		10000000	12670560	19000000	
缝衣业	68	11.51	859	90	15000000	32000000		15650715
纺织业	90	15.23	2926	111	435000000	450000000	135000000	437500000
说明	（1）上述材料系根据1945年7月之统计与全年之数字有所不同。 （2）消费社和信用社未列在内。 （3）边币与法币比率边币10元折法币1元。							

检讨这次被摧残的原因，最主要的是全国性的金融恐慌。例如抗战结束前，在延属各县以延市为例，每斗米边币25000元，白土布每尺边币1800～2000元。抗战结束阶段物价猛跌，米跌到8000元～5000元，布跌到800元～300元。普遍的物价，跌了60%以下。当时生产合作社生产出来的成品都要赔本。固临县纺织生产合作社在9月份专以5天来测验计算，据本所调查材料，该社5天内共产大布15匹（十丈四尺长，二尺四寸宽），每匹价约120000元；小布12匹，每匹65000元；线毯44条，每条3万元；毛巾5打，每打32000元；袜子3打，每打12000元；纺纱27斤，每斤4035元；共出成品总值为4166000元边币。原料如棉花350斤，按市价折合边币4558000元；伙食费60人计算，5天内共用麦子1石（每石35万元），米2斗（6万），糜子7斗（175000元），柴2500斤（15万元），油盐27000元；牲口草料11万元；工人开支以5天计需262500元，合共开支1134500元，成本开支总值5692500元。以此5天计算，需要赔本1526500元，一个月约亏损800多万元。又在延长纺织工业合作社以一匹布简单计算，需用6斤棉花，每斤花15000元边币计共需9万元，成品则只卖得75000元。一切制造费不在内，织一匹布就得亏本15000元。所以许多生产合作社都无法支持，只好把一些好的合作社合并起来。

这时边区政府拨款救济，合作事业得以支持。例如延安市合作社就得到边区银行贷款边币2亿元左右。后来物价回涨，各合作社才渡过了这一难关。

依据各方面材料，总结以往的经验和教训对边区合作事业有以下的认识。

1.抗战前期合作事业为着当时的需要——民生的改善和受经济的封锁——在政府发展生产的方针下，部分合作社大量生产，并同时帮助推销土产，发展妇纺，从事运输和医药卫生等工作，这时合作工作是起了它应有的作用的。

2.抗战末期，由于数年来物价之上涨，人民购买力之增长，合作社易于获得票面红利，故刺激群众大量入股，因此形成合作社在业务上铺张，人员庞多，又缺乏合作经验，所以当日寇投降后，金融波动，使合作社遭受莫大的损失。

现正在大力整顿与改造，以俾适应于和平建设时期的需要。

（《中国工业合作协会西北办事处延安事务所工作概况与今后计划的报告》，1946年1月）

（四）“中国工合[①]”延安事务所在发展边区手工业生产合作社中的作用

1.延安事务所的成立和工作概况

本事务所是1939年中国工业合作协会总顾问艾黎先生，莅延参观建议边区政府在延安设立的，曾由总会拨开办费1500元，工合基金20000元，于同年四月初正式开始工作。

本事务所在陕甘宁边区政府合作政策的直接指导之下，历年来与政府建设厅合作科合作举办各种合作事业，组织工农群众、家庭妇女和各种手工业者加入合作社。其中包括生产、运输、农业、医药、消费、信用、供销等社。边区合作社历年发展的概况表列如下：

年别	社数	股金	社员	附注
1939	10	11315	213	（1）生产合作社工人职员7967人和消费社职工1782人未列在内； （2）上列数字系1945年7月之统计； （3）1942年以前股金为法币，以后为边币。
1940	17	64037	381	
1941	32	669314	827	
1942	51	2491626	563	
1943	214	97129000	2305	
1944	691	440266800	245866	
1945	882	3890869948	265777	

…………

由于本事务所人力与资力有限，对各合作社的帮助，只得向经验的交流与人员的训练方面努力。例如，1940年起，办青年技术学校，1942年、1943

① “中国工合”，系“中国工业合作协会”的简称。中国工业合作协会1938年8月在汉口成立，隶属于国民党中央政府的行政院。成立之初划分全国为西北、西南、东南、云南五区，后重新划分为西北、川康、湘桂、赣闽粤、滇黔五区，又在敌后成立晋豫、浙皖两区，共为七区。各区有办事处一，设事务所若干，所下则为单位合作社。（田家英：《抗战中的工业合作运动》，《解放日报》，1941年12月8日）

年举办三次会计训练班，将毕业人员介绍到各地合作社任会计；1941年办二次妇女纺织训练班，散到各地指导妇纺事业；1944年6月协同建设厅召开合作社主任联席会议，总结边区合作经验教训。在方针和业务上对合作社加以具体指导，例如对爪哇区振华造纸工业合作社，历年来在帮助他们减低成本提高生产效率的经验交流上即获得了一些成绩。

附：爪哇区振华造纸工业合作社历年来生产效率及成本比较表

年别	生产效率（每令）	生产成本（每令以小米计算）
1939	22.89个工	2.20石
1940	22.31个工	2.30石
1941	22.00个工	0.90石
1942	13.66个工	0.91石
1943	12.935个工	0.90石
1944	8.14个工	0.80石
1945	6.2个工	0.58石

说明：1.每令纸的效率是以全部生产人数的平均工时计算；

2.每令纸的成本因物价变动太快难以币值计算，故以每斗小米（30斤）折算。

但本所工作，不是没有困难的，例如1941年初期，西北区宝鸡工合办事处仍旧发给延安工合事务所每月经常费300元，按当时生活水平可以供6人度日（办公费还不在内），而当时就有15人工作，经过多次与卢广绵（西北宝鸡工合办事处主任）交涉，要求每月经常费增加至1500元，艾黎先生完全同意，结果，卢主任将经费扣下不发，从此联系就完全断绝了。国际捐助除中国保卫大同盟部分捐款外，外援经费也完全断绝，工合同人无法维持工作。经曹主任请求边区政府没法帮助，当经决定实行与边区政府建设厅合作科合并办公，一切经费由建设厅拨给，共同管理所有合作事业。如果没有政府的帮助“工合”本身是很难渡过这一难关。为便利工作起见，1944年、1945年又与边区银行合作，迁于边区银行大楼办公以至于今，一切费用由银行协助。

抗战结束阶段，全国物价下跌，这一度的经济恐慌，影响边区合作事业很大。全边区合作社经得起这一波折者也有很多。

（《中国工业合作协会西北办事处延安事务所工作概况

与今后计划的报告》，1946年1月）

该所1939年4月开始工作，迄至1940年12月止，先后组成29社，社员1132人，股金135000元，贷款120000元，产品300余种，月产总值约200000元，其中以抗战需用之布匹、蓖麻油、化学用品为大宗；并设有抗属社，收容抗属100余名，抗属托儿所，收容婴儿50余名；为着巩固提高工合事业，办有青年技术学校，学生120名；又设有妇女纺织训练班，造就纺织推新人才，已毕业40名；设有工合苗圃，培植工业所需原料油脂纤维等；设有工合医疗所，对工合人员家属及社会之实惠更多；成立有四个妇女半日学校；发动了五万妇女纺纱，纺成纱线20万斤以上；广泛组织了妇女识字组，对于提高妇女文化及社会地位有很大的贡献。

两年来工合工作，在国际友人热情帮助下已取得蓬勃开展，不仅部分地帮助解决了抗战民生的需要，且大大推进了陕甘宁边区工农商业的开展，这不能不是工合事业的成就。但是两年来由于工合基金仅有20000元，每月经费仅有300元，远不足应付事业开展之需要，而边区政府又因财力有限，爱莫能助，影响工合事业之发展；且购置机器材料多被封锁，同样阻碍事业之前进。以上原因，使该所工作未能获得预期的成绩，实不无遗憾。

兹为适应当前需要，计划在1941年除陆续扩大与提高原有事业外，在组社方面以纺织为主，发展纺织社至23社，提高月产量6000至8000匹布；更加扩大制药化学等，并重新组织精盐、制药、炼铁、皮毛等预计为13社。在本年内提高月产总值至500000元，并尽量改善品质减轻成本。在辅助事业方面，扩大抗属托儿所为保育院，工合医疗所为医疗院，训练妇女纺织推新人员400名，发动120000妇女纺织，开办会计人员训练班共计200人以加强各社工作，继续举办青年技术学校及与工合有关之文化事业。欲完成此项计划，需要贷款300000元，事业费100000元，事务所全年经费20000元。前述各款，在边区财力困乏下，唯有请求全予资助，任务才能完成。

（《给李富春同志的信》，陕甘宁边区政府建设厅，1941年）

2. 延安事务所1940年上半年工作总结

我们是从三月中旬正式开始工作的。行政上原归中财部领导，三月份改隶建设厅。……为发动妇女从事工业生产，并借此争取外援，而成立了妇女工作支部。

从四月份起到六月底，这是我们积极主动的开展工作的时期。当时，各合作社都存在着一些问题，如合作社同各方面关系问题、社员及学徒的福利问题、盈余分配问题、社务组织问题等。由于过去领导不统一，对这些问题的解决是各自为政的。为了使这些具体问题得到较好的解决，和有利于放手开展工作，根据刘景范厅长的指示，我们筹备并于4月11日召开了各合作社主任联席会议。……

……根据党和政府经济建设的总方针，草拟了盈余分配办法、入股储金奖励办法、纺织推广办法、联合供销处章程等。

……

合作社主任联席会结束后，我们一方面收集展品，绘制图表，送重庆参加全国工业合作社产品展览会，另一方面根据联席会的决定及建设厅厅务会议的指示，着手整顿旧社和发展新社。

发展新社：指导成立了延安木器合作社；筹备改组抗属工业社；帮助建立了定边皮毛社、制鞋社；帮助延安市筹备孟家湾纺织社，制造水轮，利用水力纺纱、弹花；帮助志丹县纺织社的初步建立。

整理旧社：派人到安塞鞋靴社、团结毛织社、枣湾纺织社，深入地检查工作，帮助他们改进工作；派人到延安市的染织、被服、木器等四社，测验他们的教育程度，帮助他们开展教育工作。另外，协同延市民教馆成立了六个妇女半日学校，进行生产教育。

……我们深入地检查并整理了延安的被服社、染织社、木器社、制毡社、榨油社、瓷窑社，延长纺织社，固临纺织社，并根据检查总结出来的经验教训，给鄜县、志丹、赤水、新正等县纺织社和定边皮毛社、制鞋社，曲子榨油社指示了工作。

此外，还筹备了妇女纺织训练班。还经常地帮助各社整理账目，审计各社的资产负债，代为接洽推销成品，购买原料、材料、工具及机器等，代为物色和介绍技术工人，调整各社的人事，贷款调剂各社资金的周转。半年来共贷款15宗计11600元，连前共贷出21500元。列表于下：

社名	贷款额	社名	贷款额
延安被服社	3000元	安塞鞋靴社	2000元
延安瓷窑社	900元	安塞毛织社	3500元
延安榨油社	800元	安塞纺织社	500元
延安磨粉社	200元	延长纺织社	2800元
延安染织社	1500元	固临纺织社	3500元
延安制毡社	600元	定边皮毛社	1000元
延安木器社	200元	总计	21500元
延安群众社	1000元		

我们还同西北区进行了各种统战工作，如呈报17个合作社的备案，送展览品到重庆参加展览，呈报了各种必要和可能报告的工作情况和各种会计报表。还经常利用统战关系，写信发电报或呈文，争取他们更多的同情和在资金上的援助。

在“工合”内部，我们建立了各种制度，团结了十几个干部，为边区的艰苦的经济建设而奋斗!

……

“工合”内部也有很大的进步。首先加强了“工合”本身的建设，由原来的5个人增加为14人。孙霁东负责一般领导工作，章伯森、刘毅、黎明、张旭初等主管合作工作，张翠云、王玉兰、沈玉兰等主管妇女工作。

（《1940年上半年六个月工作总结报告》，“工合”延安事务所，1940年8月）

四、发展纺织合作社

（一）实现穿衣自给是合作社的中心任务

毛主席号召，今明两年做到布匹全部自给。今年边区植棉30万亩，除冻坏一部分外，估计当能收棉380万斤，足以自给全部纺织原料。把棉花变成布，主要依靠民间纺织业。此次边区合作社联席会一致决议，“组织30万人纺织实现穿衣自给”，是合作社的中心任务。

（《合作社与民间纺织》，陕甘宁边区政府建设厅，1944年）

边区原来有纺织基础，后因洋布倾销，军阀摧残，旱灾袭击，植棉与纺织基础全被破坏。从土地革命到1938年，主要提倡粮食生产，军民需用布匹，全由外面输入。

1939年开始，国民党经济封锁边区，布匹来源减少，价格飞涨，农民用粮食换布，粮价与布价之间的剪刀差逐年扩大。兹举延安市近七年来粮价与布价的变迁为例：

项目＼年份		1937年（上）	1937年（下）	1938	1939	1940	1941	1942	1943
小米	物价（斗）	2.5元	2.7元	2.5~3.8	3~4.2	4.0~7	8.5~57	63~145	150~2200
	指数	100	108	132	143.3	214	1190	4038.3	30683.12
四姬青市布	物价（匹）	9元	9.5	21.2	30~59	55~170	180~1400	1400~4100	4300~90000
	指数	100	105.6	235.6	481.3	1390.3	7365.3	33366.6	375905.5
三八老布	物价（匹）	2.5元	3.1	3.1~5	4.5~7.4	7.2~19.9	20.4~116	113~340	364~6782
	指数	100	124	148.5	228.2	506.3	2328.7	10718	123908.7

从上表看来，粮价与布价虽同样上涨，但布价的涨率远过于粮价。因此一斗小米所能换得的布匹逐年减少。根据上述统计推算如下：

年代	每斗小米换三八老布（匹）	每斗小米换四姬青市布（匹）
1937年	1	0.28
1938年	0.9	0.15
1939年	0.6	0.08
1940年	0.45	0.046
1941年	0.5	0.044
1942年	0.39	0.03
1943年	0.22	0.02

今年粮价与布价的换率并未上升，有些地区更形下降，据最近建设厅的调查，各地交换情形如下：

延安市	每斗小米换中等四八布8.46尺
马　栏	每斗小麦换加生布12.5尺
定　边	每斗小麦换加生布3.16尺
庆　阳	每斗小麦换小布6.04尺

因此，绝大部分农民深感穿衣困难，穿衣开支在农民全部开支中所占的比重日益扩大。根据延安市西区一乡的调查，农民买布开支占全年总开支的比例如下：裴庄村平均占38%，崾岘湾占26%，庙嘴沟占25%，玉皇庙占27%，何家塌占24%。再根据延安县一乡50家农户调查，买布支出占全年总开支的30.4%。

而且愈是贫苦农户，穿衣负担愈大。根据1943年西区一乡的调查，富农田二鸿家每人每年平均穿布4丈，布匹支出占全年全家总开支的11%；中农朱维川家每人每年平均穿小布3丈强，布匹开支占全年全家总支出的34%；贫农张福兴每人每年平均穿小布2.5丈强，布匹支出占总开支的54%。再根据延安县一乡20户新来移难民调查，买布开支占全家合计支出的66.8%。因此绝大部分农民急切要求减轻穿衣负担，自给布匹。去冬延安县开群英大会时，众英雄一致认为如果买布穿用，耕四余一也难办到，如果穿衣自给，就能达到耕二余一。不仅这样，有些地区——如绥德分区等，地少人多，大部分农民收粮甚少，不仅需要依靠纺织业自给布匹，还需要以纱、布交换粮食解决吃的问题。在其他分区，贫苦农户或新来的移难民都有类似的情形。

从农民生活方面看来是这样。

再从边区整个国民经济方面来看，前年进口布匹689739匹，棉花46万斤，占入口总额的70%以上，共值边币311851763元，折合小米404592石，所以向外买布对边区整个国民经济来说，是一个巨大的漏洞。

群众在实际生活中体验到自给布匹的重要。在原料、工具及技术条件比较优越的地区，群众自发地发展纺织业，现在边区民间纺织最发展的绥德分区，战前并没有普遍的基础，依靠河东输入布匹，解决穿衣问题，抗战后因布匹来源减少，布价昂贵，纺织业才逐渐发展起来。其他如延安乌阳、姚店区，安塞东沟以及有一部分边境地区等，民间纺织都是抗战以后，特别是1939年以后逐渐生长起来的。

毛主席在边区第一次高干会上提出为全面自给老百姓、军队及公务人员需用的25万匹大布而斗争。为完成这些任务必须依靠公营工厂、民间纺织妇、民间合作社三方面协力而逐步发展民间纺织手工业，扩大其数量，改善其质量，尤为边区极重要的任务。据此方针，边府建设厅提出“巩固现有公营工厂，发展农村纺织业”的具体政策。1944年弼时同志在边区二次高干会上指出“除加紧整理政府及公家所举办的公营企业……今年还必须强调提出发展广大群众的手工业生产，……把边区所生产的棉花变成布”。去年边区合作社联席会议又具体议决“大家都学纺纱织布，纺好纱织好布……组织30万人纺织，实现穿衣自给”。这一连串的方针办法指导了近两年来的民间纺织业。

从1942年高干会以后，民间纺织业有了新的发展，具体统计如下：

	纺纱			织布		
	纺妇（人）	纺车（架）	纺纱（斤）	织妇（人）	织机（架）	织布（大匹）
1942年	75000	68000		13500	12000	14158
1943年	133457	120255	835849.9	39038	19283	35451
1944年	152645	145683	166020.3	60548	23095	114497

从这里可以看出纺织能力、纺织效能及纺织产量方面都有很快的发展。1944年纺纱数量超过1943年的两倍，织布产量超过1943年的三倍，1942年的八倍。近两年来，全边区党政军民共需消费大布31万匹，照1944年的产量，能自给三分之一，比之1941年已有长足的进展，但离开全面自给还有相当距离。

（二）民间纺织业的四种类型

根据现有的材料看来，边区民间纺织业有四种不同类型。

第一种，乌阳区的形式：这是散漫的自流的家庭纺织业。该区邻近延长、延川，采购棉花，传习技术都比较方便，10多年前有个别家庭纺织，抗战后逐渐普遍，但真正普遍发展是近两年来。全区现有纺妇699人，织妇172人，约占全体妇女的三分之一，完全以家庭为单位，自己买棉花（或种棉花）自己纺织，自己穿用，剩余部分在本乡本村或邻近市集出卖。一乡陈家屯纺织业比较发展，全村40余户，30余户参加纺织，其中20余户完全自纺自织自穿，六七户有余布出卖。

用的织机都是旧式腰机，熟练织妇每天能织小布2丈余。由于大部分家庭仅仅要求自给，推销困难，没有大量增产的希望，腰机能满足这种要求。

第二种，陇东合水黄生秀的形式：黄生秀家住合水五乡黄家嘴村，邻近西华池。西华池是陇东商业重镇，五天一集，买棉花和卖布都比较方便。黄生秀原来是庄稼汉，去年秋后因布贵粮贱，想自给布匹，开始学织布，在这过程里，认识了纺织有利，在农闲之时专门织布出卖。

他是一个光棍汉，要织布必须发展农村妇女纺纱，于是他就在本村及邻村劝说妇女纺纱。当地妇女素来没有纺纱技能，他从一个会纺的老太婆开始，帮助他解决纺车困难，预支工资，廉价卖布，替他解决穿衣困难。这样，这位老太婆变成了经常纺户，由此逐渐发展，现在共团结了14个纺妇。她们之间虽然没有什么形式的组织，但是实际上紧紧联系着。他纺的花完全由西华池买的，开始因为成本小，必须卖掉布才能买花。西华池五天一集，他自己四天一定要下一机布，第五天到集上去做买卖，买到了花再发给纺妇，同时收纱发工资。他这一套过程五天周转一次，后来资本逐渐扩大，周转比较灵活。1944年他除了种庄稼以外就是织布，到10月份为止，共织小布700余丈，其中一部分卖到西华池，一部分和纺妇变工织的，一部分卖给本村居民，还有一部分无代价帮助本村贫苦群众织的。由于这样，今年黄家嘴11家，除了2家自己织布外，其余9家都是穿黄生秀织的布，没有向外购买。

黄生秀这种形式虽和乌阳区相同，都是自发的家庭小生产，但是乌阳区是各家各户各自为政，而黄生秀以一架织机为中心，在他本人统一领导和计划下团结纺妇分散纺织，经过一年半的努力，他自己挣了钱建立了家务，而全村又做到了布匹自给而有余。

第三，陈家楼子形式：陈家楼子纺织合作社是合作起来的家庭纺织业。其特点有四：

（1）是从帮助群众解决穿衣问题出发的。行政村主任贾恒春在1944年春做农户计划时，发觉群众余粮颇多，但以粮换布，有一部分家庭不够吃，他就和群众算细账。全行政村81户，如果大人每年穿用小布5.2丈，小孩2.4丈，全行政村需要1077.2丈小布，向外购买需边币5335890元，自己纺织仅需边币1739658元，节约3596232元，合细粮一百四十五石五斗，顶全村三年半公粮（1943年交公粮四十五石五斗）而有余。群众听了这样的计算大吃一惊，决心学习纺织，争取布匹自给。（2）陈家楼子原来只有两个织妇，两个纺妇，大家要纺织，就要棉花纺车织机，大部分人不会纺不会织必须传习技术。为解决这些问题，群众自动集股办合作社，每股苞谷5升，开始共有309股，后来逐渐扩大，每股苞谷1斗，共1034股，用这些股金先后买进了792斤棉花，30架纺车，14架织机，用买卖方式或借贷方式给群众使用，群众各自在家里纺织，有些自纺自织自穿，有些到合作社领花纺纱，或领纱织布，挣工资补充生活。对于不会纺不会织的，合作社利用小组形式组织教育。到现在全村已有57个纺妇，其中有12个能织的。（3）合作社照顾了纺织妇及社员双方利益，对纺织妇除掉合理的付给工资外，尚有各种优待及奖励办法。例如，经常廉价卖给棉花；纺织到一定数量，合作社给以奖励股和照本购买自己全家穿用的布匹等。对于社员保证了一定的红利，从四月开办，六月第一次分红，每股分红边币204元，此外尚有购买布匹的优先权，并给以9折优待，购买其他用品也给予9折优待。（4）因为采取了这种种办法，在合作社领导之下，去年从四月到十月，全村纺纱663斤，织布992丈，全村实穿760丈，尚余200余丈，换给邻村穿用。

所以陈家楼子只经过短短6个月的努力，由不纺不织发展到自纺自织，由买布穿用达到布匹自给而有余。

第四种，延安县南区的形式：南区完全没有植棉和纺织基础，南区合作社为发展纺织，成立新合工厂，工厂织布，民间纺纱。从1941年创办以来，工厂产布逐年增加。但因棉花来源困难，成本高，技术差，产量低，因此，除1943年以外，连年亏赔。

合作社发展妇纺，曾采取了各种具体办法，例如帮助纺妇解决纺车及技术困难，预支工资并给予种种奖励等。因此从李国泰婆姨开始，农村妇纺很快发展，1942年全区纺妇增至800余人，这在建立南区纺织业方面有了很大的贡献。

但是从1942年以后，一方面由于棉花来源缺乏，纺织利小，合作社没有用大力发展。另一方面纺妇因纺纱工资从棉花改成小米，当地农民粮食较多，棉花缺乏，工资如此变动，不合群众需要，实际纺纱的妇女逐年减少，纱的产量逐渐下降。1942年纺纱4000余斤，1943年减为3000余斤，1944年又减为2000余斤（据县政府调查只有1000余斤）。南区区政府及南区合作社有鉴于此，于去年七八月间商定了六项办法重新开展纺织业。第一项办法，合作社与纺户之间采取买卖关系，纺户向合作社买花纺纱，纺成纱卖给合作社或按市价换布；第二种办法，如果纺户没有本钱，合作社可以赊花给他，纺成纱卖成钱后，再行还本；第三种，纺工改成布工资，头等纱给布6尺，二等纱给布5尺，三等纱给布4.5尺；第四，如果纺户需要钱，可按布价折成钱；第五，如果纺户需要花，可以布价折成棉花；第六，纺织户自已买花自纺自织自穿。

根据这项办法，南区区委和区政府到农村中宣传，在北沟村第一次村长召集村民大会，讨论发展妇纺，大家认为向合作社领花纺纱利太小，不愿纺。尹区长亲自到北沟向群众宣布上述六项办法，征求群众意见，结果大部分群众赞成自纺自织自穿，当场集合边币3万元，向合作社买花30斤（欠一部分）。会纺的妇女纺成纱交给一位河南妇女织布，每匹布给工资小米8升。从七八月开始到年底，已织成小布100余丈，自给全村布匹的三分之一。现在群众计划扩大织布机，学习织布，全村出现了纺织热潮。其他五项办法，除第五项因合作社缺乏棉花无法实行外，其余四项办法，只有新合工厂附近的少数纺妇实行。

前述四种纺织组织形式，都是当时当地具体条件下产生的，客观上都能替群众解决一部分穿衣问题，逐渐争取布匹自给，都可酌量采用。但是陈家楼子纺织合作社，是从替群众解决穿衣问题出发推行了纺织并进自纺自织自穿的家庭纺织业，集合群众自力解决供销和技术困难，采取了统一领导分散纺织的经营方式，是农村环境里发展纺织业的有效办法。黄生秀的形式，在群众觉悟程度比较差，纺织基础比较弱的地方，也是比较适当的组织形式。开办小型织厂，工厂织布，民间纺纱，在集中生产，提高技术方面是比其他三种形式都进了一步。但是就目前边区的条件来看，只有供销问题、技术条件能够顺利解决的情况下，工厂才能存在和发展。也只有适当地规定工资数额、工资形态、合理的评定等级，源源不断地供给棉花的条件下，才能发动妇纺，并坚持下去。乌阳区的纺织业，在其自纺自织自穿这方面，能够部分满足群众自给布匹的要求，但因其自发散漫，发展比较慢，成效比较小，所以必须在现有基础上，适当地组织领导。过去政府及群众团体惯于组织妇纺小组，是在纺织分工（工厂织布，民间纺纱）的方针下产生的组织形式，虽曾千篇一律到处组织，但是真正起组织作用的很少。

今天看来，要适当地组织纺织业，必须根据当时当地的具体情况、群众的需要和认识采取多样的形式，在群众自愿的条件下逐步组织。陈家楼子和黄生秀的组织形式，可供一般参考，但不能照样抄袭。

（罗琼：《边区民间纺织业》，1945年1月）

（三）各县人民纺织合作社

边区纺织合作事业始于去岁，经由边区政府之倡导，才有人民纺织生产合作社出现，直至现在业已组成110社；同时本年春季经由全国工业协会延安办事处组织，有纺织工业合作社四社。

上述人民纺织合作社系家庭妇女，在不脱离家庭职业的原则下进行纺织，其所需用之纺线车与织布机或则自己购置，或则由合作社购置发给之。其原料则由合作社购置分交各社员，各社员纺织成的纱线或布则交合作社，由合作社照规定发给其工资，合作社所获红利则照章支配之。此类合作社已为农村妇女所拥护，可以利用每人空闲时间而生产之。因不需脱离原来家庭职务，又无须离开家庭花费往来时间，更无须拿出一宗购置工具和原料之资本便可生产，而且已纺成的纱线，皆由合作社派人到各社员家中收集之，这对于农村妇女是有莫大之方便，因而发展之前途，亦就未可限量也。

以上人民纺织生产合作社，均已先后开工。本年5月边区所组织的工业品展览会，便有十余社将其成品参加了展览，获得了优等奖牌。但因领导上还欠经验，不无相当缺痕，同时棉花和经纱的来源以及交通运输的不方便，亦不无影响。至于纺织工业合作社因成立较迟，以至尚有部分未全开工，该办事处正设法使之全部开工与继续扩大中。此为纺织合作部分之大概情形。

附表：

表1　1939年上半年各县人民纺织生产合作社统计

县别	社数	生产种类	社员数	股金数（元）	备考
延长	27	纺织	1300人	700	
延川	50	" "	5885	2625	
安塞	9	" "	455	300	
固临	19	" "	1297	2225	
安定	5	" "	610	323	
合计	110		9547	6178	

表2　1939年边区纺织工业合作社统计

社名	社址	社员	股金	机器或工具	工人	产品种类及数量	借款数	备考
延安毛织生产合作社	安塞王家河	21	1100	弹花柜一织纱大车五七七纺纱机一	5	毛线棉纱	2000	尚未全部开工
延长纺织生产合作社	延长三区槐李坪	40	3330	弹花柜一织布机四纺纱大车三引线倒线经纱机一	17	日出纱八斤洋布二匹土布五丈	2000	
固临纺织生产合作社	安河区	35	2000	弹花柜一纺纱大车六铁布机一	11		1000	现正积极准备开工
安塞纺织生产合作社	安塞一区枣湾	27	2145	手摇纺纱车六一木织布机六倒纱机六	6	每日纺纱四斤并制毯	500	尚未全部开工，制毯暂停
合计			9095		44		5500	

（林伯渠：《陕甘宁边区纺织业概况报告书》，1939年8月18日）

五、边区手工业生产合作社的几种组织形式和生产管理

（一）三种不同组织形式

边区现有生产合作社约80社。其组织形式大体上可以分为三种：一种是群众集资加工生产，即出股金的社员不参加生产，参加生产的社员不出股金的生产合作，如延安南区纺织社、高庙弯纺织社等，约占所有社中十分之二；一种是资本动力都出自社员，即社员自己凑集资金，又自己参加工作，

如过去延安市被服社，现在绥德王家坪纺织社等，占所有社中不足十分之一；一种是前两种形式的混合，即部分社员既出股金又参加生产，但资金的十分之九为非参加生产社员所凑集的，这样的生产合作，如固临、安塞、延长纺织社等，约占所有社中十分之七以上，就是说，这种形式占了绝对多数。

（伯森：《延安南区合作社纺织社实行分红制工资的经验》）

边区生产合作社因其组织的情况不同，组织机构亦有区别：

1.纯粹由手工业工人组织的合作社。这样的合作社，生产者是社员，社员必须参加合作社的生产，股金由工人自集，管理人员由工人推选，“自营自享”。其组织机构为：

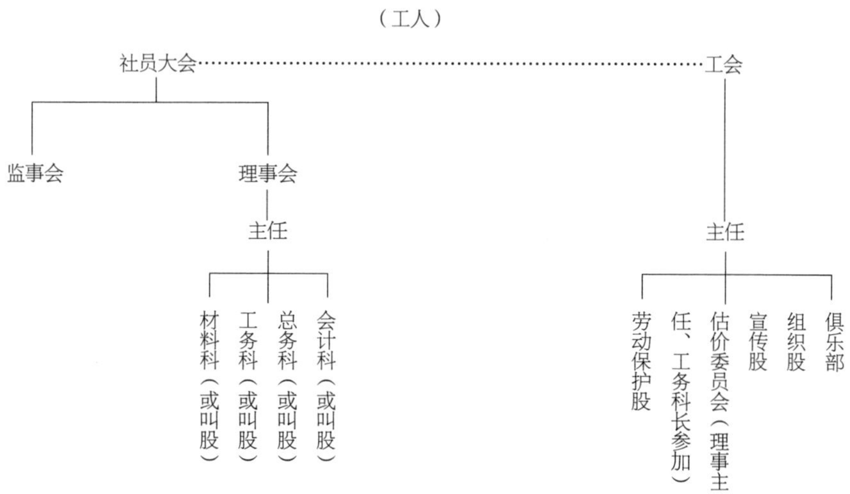

2.广大农民集股组织的合作社。这样的生产合作社，生产者不一定是社员，社员不一定参加生产，股金由广大农民凑集，组成合作工厂，招请工人、学徒。其组织机构为：

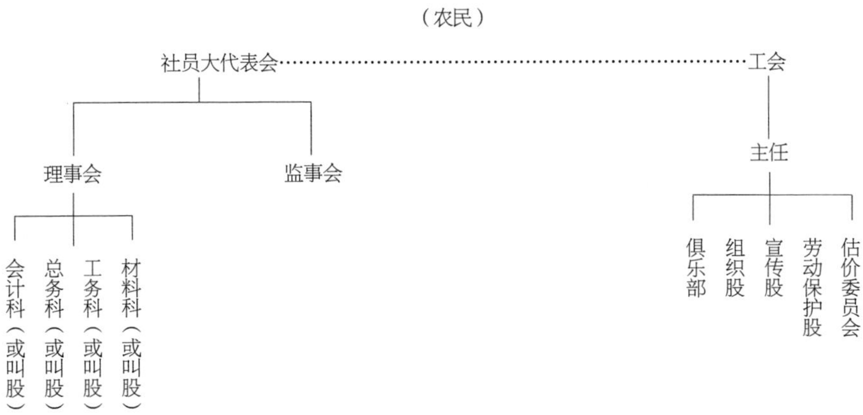

3.合作再合作的。这又分两种：

（1）类似股份公司的，即由群众集股经营，为了发展再以合作社为单位，同其他机关、学校、团体合作的。其组织机构为：

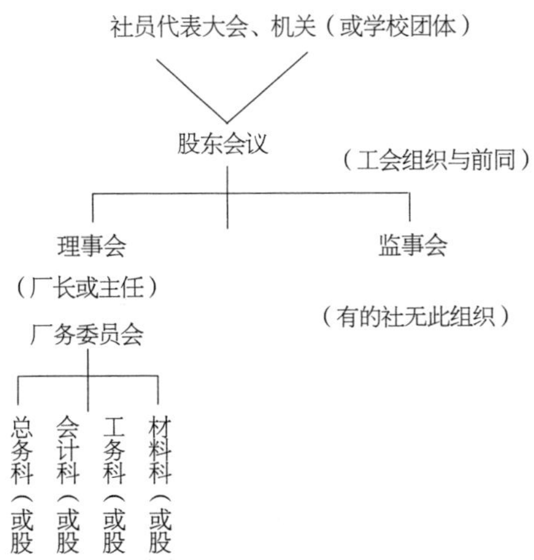

（2）做份子的，就是由农民集股出资，工人出劳动力，资本与劳力合作的。其组织机构为：

生产合作社内部的会议制度：纯粹工人组织的，社员大会每月开一次；农民集股组成的，社员代表大会每年开一次；合作再合作的，类似股份公司组织的，在合作社方面，社员大会或社员代表大会，每月和每年召开一次，同机关合组之股东会议，每半年开一次；做份子的，有股东会议，但无一定形式。另外，各社理事会每月一次，社务会议（主任、各科长组成）每月两次。

（《生产合作社报告材料》，1941年8月）

（二）生产管理

1.各合作社内部发扬了民主作风。纯粹工人组织的合作社，干部实行彻底的民选；有群众入股和工人参加的合作社，在召开社员代表会还未准备就绪之前，理监事会除地方党政派一人参加外，均由工人、学徒选举，在日常生产、生活和学习等方面也尽量发扬民主，实现了学徒和工人、女工和男工同工同酬，政治上没有师徒的区别，从而提高了各社员的生产热忱和学习的积极性，也提高了社员对合作社的关心，把它看作是自己的事业。这样使合作社更加巩固了。

……

2.要切实地想出具体办法，防止和纠正合作社工人或学徒中的小团体倾向，在平时要加强反对小团体倾向的教育，遇有这种倾向存在时，宁可使合作社生产上暂时受点损失也必须坚决地加以解决，不如此，合作社将始终陷于人事纠纷，而结果弄得一塌糊涂。

3.要帮助合作社深入地检查工作，正确地解决问题。解决每一问题时，不要马虎地做结论，要收集各方面的具体材料，要尊重多数人的意见，但要注意三人一群五人一派的私人攻击，和无原则的排挤等情况。

（《1940年上半年六个月工作总结》，“工合”延安事务所，1940年8月）

4.要控制生产人员与非生产人员的比例，扩大熟练工人人数。参加生产的与不参加生产的工作人员人数比例，据1941年6月统计，全边区生产合作社中参加生产的工人、学徒共584人，不参加生产的工作人员和杂务人员共129人（其中工作人员73人，杂务人员56人），合计713人，不参加生产的人数占总数的18%弱，参加生产的占总数的81.8%强。

熟练工人与普通工人的比例：据1941年1月统计，在参加生产的584人中，熟练工人153人占26%，普通工人431人占74%弱。其中各县的纺织社熟练工人仅占5%；纯粹为工人组织的生产合作社，熟练工人则占30%以上。

（《生产合作社报告材料》，1941年8月）

六、手工业生产合作社的工资制度

（一）工资制度的演变

五年以来，随着生产合作社的发展，它的工资形式曾有以下的演变：当1939年生产社初创时期，工资一般的都采取津贴制，除供给衣服、伙食、医药费用外，每人每月并给三元半津贴。对个别熟练工人，则津贴5元至20元。这一时期，每个生产社中，只有一个熟练工人，绝大多数的生产者都是学徒。生产合作社实际上带有职业训练班的作用。因此，在当时一般的采取平均的津贴制度，对个别的熟练工人采取优待办法。这样做法，是必须的、合理的。至1940年，学徒已大致熟练，生产能力已逐步提高。工人与工人间，学徒与学徒间的生产技术与生产热忱也各有差别。因此完全津贴制的平均主义的工资形式，已不适合提高技术促进生产的要求，于是乃改行计件与分红混合制。除伙食、衣服按人发同样实物外，实行货币工资，按制成品件数之多寡分别发给，并从年终红利中提出15%，按工资多寡比例分配给工人。这些办法有奖励生产与帮助工人储蓄的意义。在当时，一般的工人熟练程度还不高，以供给伙食、衣服来保障一般工人生活，以货币工资部分使工人多生产多得工资。这种办法也是合理的。到1941年，接受了1940年计件与分红制工资的经验，规模较大的合作社，关于计件部分，又进一步实行累进工资的办法。这比前一时期更刺激了生产技术与劳动热忱的提高，成为更加合理的办法。但这一进步，还仅仅是多生产多得工资，至于如何同爱护工具、节省原料、管理与监督生产等相结合则还嫌不足。其原因是出股金的社员，不把生产者当作社员，也以自己股金很少，股金所得不及工资部分之多、无形中也把自己看作不是社员关系。由于这些不正确的观点，形成生产社中的生产者，不是社员关系而是主雇关系，使他们不感到一件工具的损坏，一点原料的浪费，都和整个合作社的成败得失有密切的关系。因此，这种合作社形式，还不足以使工人对合作社有主人翁的感觉，也就是说资本与劳力的结合还未尽善。

南区纺织社，体验了上述的经验与教训，今年采用了边区民间作坊中最流行的分红制度。其办法是合作社资金设备作股20万元，13个工人及工作人员作股20万元。13个工人及工作人员中，又以工作效率的不同，每人作股8800至18000元不等。但各人顶股多少，预先又不固定，待结账时以生产成品的多寡及工作成绩的高低，再确定每个人股份的大小。工人中有人资本的，则钱作钱股，人作人股，伙食由社内供给，算作管理费用。工人平时不领工资，每月支小米一斗，作为零用和服装开支，在年终应得之红利中扣除。五个学徒管吃管穿，每月给五升小米津贴，也算作平时的费用开支。除去一切费用外，年终结账，有红利时，资本与劳力平分。这种资本与劳力进一步结合的生产合作办法，兼有前述各种形式之所长，而无前述的缺点。

（《新合工厂的合伙分红制度》，1943年）

（二）延安南区合作社新合工厂的合伙分红制度

1943年新合工厂在刘建章同志领导下实行的合伙分红制度（有人说是分红工资制度是不对的），它的特点是“根本废除了雇佣性，使工厂成为工人的家”，并正向工厂成为工人的家的方向继续改进着。兹将其经过详述如下：

1.合伙以前是采用计时工资制

工厂初开工时，只有高能文过去织过布，是技术工人，原与刘建章同志没有议定待遇，只说将来要杜修斌（也没有议定待遇）都打份股，搞合作。1941年年终结账，总社给高、杜各2000元（工资1500元，路费200元，奖金300元）；1942年高能文代理工厂厂长，年低结账，总社给高、杜各10000元，各奖毛毯一条，并奖高能文价值3000元的皮大衣一件。

工人是发给计时工资，因他们过去都没有织过布。每月打纬倒线的工资20元，织布的40元，到年底（1941年）因工人技术提高，且物价高涨，逐渐增加到打纬、倒线每月50元，织布的100元。伙食由工厂开支，衣服穿自己的。1942年6月改用实物小米）计算，每月织布的发一斗，打纬的发六升，倒线的五升，伙食仍由工厂开支，全年各发给单衣、棉衣各一套，事病假及婚丧大事一月、半月不扣工资。

为刺激工人生产有奖励制度，1941年底各奖给工人一个月的工资。1942年6月开始建立登记每个工人的成品数目的制度，8月底开了一次生产检讨会，评定6月至8月三个月来各工人生产成绩优劣，分五等给奖，头等姚聚喜给毛巾两块、袜子一双、花裤带一条，二等奖高合昌、杜鸿如各奖毛巾二块、袜子一双，三等奖余世标奖毛巾一块、袜子一双，四等奖高自昇奖毛巾一块，其余各奖小毛巾一条。此次奖励提高了工人生产的积极性，如工人白荣贵，奖励前每天织布三丈多，实行奖励制度后每天织布四丈多，收效相当大，因此规定每月奖励一次，奖品是墨盒、手巾、袜子、肥皂之类，生产多的多奖，坏的少奖或不奖。11月工厂停工，工厂奖每个工人一条毛巾，总社奖每人一双袜子。

实行计时工资，“工人不盼多做，只盼天黑”，工人不把工厂看作自己的，“大众是靠（互相推脱责任），倒了锅灶”生产效率很低，如工人杜鸿如每天只织毛巾十三四条（实行奖励后每天可织20条，合作以后每天织24条）；工人随便请假，如白荣贵装病请了10天假，自己去割洋烟，加之工厂织的布不好，建设厅不要，在老百姓中销路也不好，1942年织的布到1943年秋天才卖完。办了两年工厂都赔了本：1941年工厂赔了98.24元，在收买洋纱上还由总社代垫了10多万元；1942年工厂赔了13401.2元，在收买洋线上又由总社代垫了30万元。货币跌价所给工厂的损失更大。1942年11月工厂里一点存纱都没有了，没办法只好停工，高能文也回了家（佳县）。

2.实行合伙的经过和功效

1943年3月初，高能文自佳县回来，工厂里钱、原料都没有了，就和总社王主任（耀明）计划工厂关门，把织布机分散到农村去。以后和刘建章同志商量，刘建章不同意，说工厂“赔”“挣”总要干下去，叫高能文回厂征求工人意见，谁愿意离厂，可以借给他织布机子，自己去织布。高能文回厂问工人，工人都说“我们已处了两年。很熟惯，又都是新学织布，技术上不熟练，自己出去织怕有困难”，都不愿意离厂。过了几天，王主任又来厂决定：（1）过去织洋经土纬布、洋纱时常买不到，今天改织土布，原料完全用土纱，不再用洋纱；（2）人就是现已回厂的12个人（除高能文外还有工务杜修斌、会计尉润之、工人姚聚喜、高和昌、杜鸿如、余世林、顾建文，杜聿恩、白荣贵、姚聚发、高自昇），由高能文当厂长；（3）工厂与工人合伙，工厂做成钱股20万，12个职工打成份股共20万，年底分红（伙食吃工厂的衣服穿自己的）。为解决工人衣服和家属生活，工厂每月出预支米2.5石，预支给工人，年终在本人红利中扣除，工厂年终结账，挣下就分红，挣不下就作为坐底米，不要工人赔，如工人同意合伙就可以实行。决定以后，高能文就召集工人开会，因为工厂两年都亏了本，工人对合伙没有信心，会上都不发言，散会后高能文就一个个地找工人来解释，说明大家好好干一定能挣钱的道理，如工厂赔钱，每月的预支就作为坐底米（工人领的米作为实付不要工人还），工人才都同意了，并推高能文作定每人份股。

就决定合伙办法，工厂作为钱股20万：

工厂原有资财（房屋、机器等）5万；

总社投资	3万；
各分社入股	12万。

工厂职工除伙夫老李不愿入股外，其余12个职工做成份股20万，工厂与职工对半入股，对半分红。

又将份股20万根据工人过去所领工资及得奖多少分摊给各职工（职员摊甲等份股）。办法是先假定3个职员（厂长、会计、工务）和每月领一斗米工资的五个工人的份股都是2万元，八个人共摊去份股2万×8＝16万元，20万元中摊去16万元，余下4万元，还有4个工人，不好分，就又从得2万元份股的8个人中各抽出800元，8个人共抽出6400元，加到下余的4万元中，共46400元，分三等摊给其余的4个工人。

工厂每月共出预支米2.5石，分别预支给职工，是按职工份股多少分配的，每份股8000元摊预支米一斗（20万元份股÷2.5＝8000元），预支米按月领取，各按当月米价折钱记账，年终在本人红利中扣除。

分红，先要扣下职工奖金（一年年底奖一次）、公积金、公益金，然后公私平分。

筹备妥当即于3月23日（阳历）召集职工开会，到会职工12人（伙夫与弹花工人不愿入股未参加），总社王主任参加指导，他说明合伙办法，大家以后积极生产，一定能挣钱。高厂长宣布合伙合同，说明合伙、分红、奖励、退股的办法，并宣布每个工人的股份：

姓名	职别	过去每月工资	份股等级	得奖次数	份股	预支米（每月）
高能文	厂长		甲		19200元	2.4
杜修斌	工务		"		"	"
尉润之	会计		"		"	"
姚聚喜	工人	1斗	"	3	"	"
高合昌	" "	" "	"	2	"	"
杜鸿如	" "	" "	"	2	"	"
白荣贵	" "	" "	"	1	"	"
余世林	" "	" "	"	1	"	"
杜聿恩	" "	0.85斗	乙		16000元	2斗
顾文建	" "	0.65斗	丙		12800元	1.6斗
姚聚发	打纬工人	0.5斗	丁	1	8800元	1.1斗
高自昇	" "	0.5斗	丁	2	8800元	"

杜聿恩看他只有16000元的份股不满意，说他去年生产少是因为生病，他的份股至少要赶上余世林。高厂长解释说，如年底你做得多，我给你分得多，假若年底结账时份股与成品数目相差太远，份股还要调整，打烂重新分配。以后，顾文建也嫌份股小，说他生产的少是因为初学，如果他学的时间长也可以做得多。大家都批评他，他就承认了错误。散会后大家对分红都没信心，只想领到预支米就够了，都看工厂挣不了。白荣贵开会以后就向工厂借了一架织布机出去自己做，杜聿恩请假出厂去倒生意（做买卖）。四五两月又来了常万祥（当会计）、苗养岐顶了白荣贵、杜聿恩的股。

3月24日工厂开工，浆纱、织布，因为生产没有组织很紊乱，因此在5月20日又组织生产，高合昌、姚聚喜、杜鸿如、顾文建四人织大布，杜修斌织毛巾，苗养岐、余世林机布浆纱（织布的轮流机布浆纱，两个月调换一次），姚聚发、高自昇打纬倒线，5月又来了5个学徒打纬倒线。

实行合作后工作有很大转变，表现在：

（1）改变了工人的劳动态度。如对工厂的关心上，过去工人对工厂是亏是挣从不过问，实行合作后工人常来找厂长问本月工厂是亏是挣，工人也常在一起议论工厂怎样才能挣钱。生产积极性也大为提高，如休假方面过去一月休息4天，合作以后工人自己提议每月初一、十五休假两天；事病假方面，过去每月总有三四个病号，有一天17个人中病了4个，合作以后从无病号发生；事假方面，过去工人常请假回家，特别是六月麦收时，如1942年6月，3个工人回家收麦，今年事假只有一个，且工厂另派杜鸿如顶替其生产，勿使影响全厂生产；工作时间方面，过去天大亮了才上工，早、午、晚饭后还要休息，太阳不落就下工，合作以后，天刚明就上工，天黑才下工，饭后也不休息，大家嫌织布组长余世林上工太慢、太晚，就改选“马利”（快）的姚聚喜当织布组长，上下工吹哨子；在相互批评上，过去工人谁也不管谁，合作以后，能相互监督，如余世林上工晚，上工前还要吸烟，刘狗八做工时说话，倒线组的线有疙瘩，都被工人批评改正了。

（2）提高了职员的责任心。如1942年6月前工人的成品没有登记，哪个工人生产多少没有数目，六月以后虽然登记成品，但仍不精确。合作以后，工厂制定了下布取纬线数目表，每架布机的旁边都挂一张表，厂长处另有成品登记簿，登记每天每个工人下布数量、重量。每月开生产检讨会一次，鼓励好的批评坏的，并将布取出叫工人大家评议谁好谁坏。

（3）提高产量。因为工人生产热忱高，大家互相比赛，谁也不愿落后，常常生产得满头出“水”，不稍休息，所以生产效率大为提高。如织布效率1942年上半年每个工人每天可织洋经土纬布最低1丈，最高3丈，平均2丈，下半年提到最低3丈，最高5丈，平均3丈半。合作后改织土经土纬布（均比洋经土纬布难织1／5）最低3丈，最高5丈，平均每工每天可织四丈半，比1942年多织1丈。1942年经布四匹需工7个，打纬每工3斤，实行合作后经布4匹只需工3个，打纬每工增至4斤，生产效率提高一至二倍。自然，生产效率的提高，还有工人技术的提高的因素在内，但实行合伙也是主要的因素。举工人余世林为例，1942年10月间织布他借口难织，每天只织几尺，合伙后每天可织三丈多。

（4）改进了质量。合作前织的布断头多，不平整，有时还有窟窿，供销处不要，合作后三月底开工，五月将织的布送供销处，就收下了并认为是很标准的布。过去每寸只有二十四五纬，合伙后每寸提高到三十八九纬，且平整干净。

（5）节约。1942年工厂也种了菜，不过是厂长督促才种的，3月实行合作后，工人自动提议要种菜；秋收后洋芋烂了的（过去都扔掉）都切成片晒干保存，准备第二年春上吃。织布的断线头，过去都扔掉，合作后工人自动将断头保存，准备卖钱。10月底工人说工房里不用烧火（为节省柴），以后冻得不能工作了才烧火。特别是伙夫大老李说："大家都是合伙的事，我不节俭，大家要说我不心痛大家。"他把晚饭做得很少，如不够吃，他就不吃饭，饿着肚子睡觉。

（《新合工厂的合伙分红制度》，1943年）

提高了工人管理社内工作的积极性，这不仅表现在生产效率与生产热忱的提高，还表现有下列的事实：（1）做到了精简与节约。去年脱离生产的工作人员占27%，今年只占15%强，过去工人每星期开会一次，但都为私人生活议论纷纷，现在改为半月一次，意见都集中在改进工作上。去年蔬菜、柴依靠购买，今年工人用休息时间种菜背柴，逐渐做到全年自给；去年每匹布废纱三两，每晚需灯七盏，现在以同样条件，废纱减至每匹布一两，油灯减至四盏。伙食管理也引起了大家的注意，即以剩饭一事而论，过去是由伙夫倒在水沟内，工人熟视无睹，现在剩饭必吃，如发现浪费，群起反对。管理与计算之周密，更是无微不至，如发出之面粉，必选其最佳、筛其最细为浆面，次等面粉才肯用于伙食。（2）资金运用与原料筹措更为周到，如给财厅订织布匹，每次领取制造费，必即时买成小匹土布或其他东西，在乡村中换取细纱，不使钞票有一刻空闲，免除因物价波动的损失。这较诸过去事事仰给总社，已截然不同。（3）工人中互励相勉，如做工时大家都很紧张，谁也不愿消极，收到了互相监督之效。又如负责人在经济开支和工资管理上，必须按时向工人报告、公布，发现浪费或不负责任的地方，就遭工人的批评。在工人的监督之下，工作人员的积极性也提高了，人员减少，工作效率反而增高，就是证明。

分红制的工资制度，实际上即资本与劳力进一步结合的办法，也是彻底合作的办法，其所以能够推动工作的改进，是由于这种办法把生产者都变成了社员（钱股或人股），即将工人的经济利益和合作社的成败得失紧紧联结在一起。因为工人一方面可向合作社入钱股，又可以劳动力顶股份，合作社赚钱或失本、进步或后退，直接联系着各个工人（社员）的利益。合作社产品成本低，分红利多，就可以多分钱，反之，如果成本大，红利少，就少分钱。产品的成本的减低，又决定于生产效率的提高，材料和开支的节省等。

因为工人能分红利，他就不仅注意多做工多得工资，而且对减低成本上，也就会有更多的注意。从这样的直接经济利益联系中，进行集体利益的教育，工人对合作社就会觉得自己是主人，就会消除雇佣的观点。由此可以说明，单纯的资本生产合作是不行，必须使资本与劳力完全结合，才能更有效地发挥工人的创造性与生产热忱，才能使生产合作社的发展获得无限的力量。

在过去，在现在，分红制的工资，是边区民间手工作坊中最普遍的形式，这种形式在老的作坊中，包含着雇主对工人的剥削，劳动热忱的提高是有限的。可是这种形式，一经在合作社或公营工厂中采用，其性质已起了根本的变化。合作社和工厂成了劳动人民自己的事业，工人们的劳动热忱便大大地提高，才符合于公私两利的原则，又能解决管理上的许多问题。根据一般的经验，实行这种办法，必须注意下列两个问题：（1）计算盈亏的方法，应以实物为标准，如以货币为计算标准，则资本方面有年年亏损的危险。（2）应有一元化的领导核心（民主集中主任负责），否则会助长极端民主化的思想，造成“龙多不治水”的现象，这是必须加以预防的。

（伯森：《延安南区合作社纺织社实行分红制工资的经验》，《解放日报》，1944年1月12日）

（三）米脂银城八乡纺织生产合作社按质付酬办法

米脂银城八乡在乡政府领导下创办了一个新型的纺织生产合作社。其特点为将纺妇、织工的利益与合作社的利益联系起来，使纺妇、织工自动提高纺纱织布的质量。

该社股金有50石米，职员有经理、会计、事务各1人，都是义务性质，不取报酬。织布工人2人，由市联社派来帮助的技术1人。该社今年5月间已经开工，每日产布3匹。该社组织了纺妇36组，385人，纺车有283架，土机有26架。该社生产组织有长期的和短期的两种办法。长期的乃分散纺纱，集中织布。纺妇、织工除领取工资外，并从纯利中抽出15%作为奖励金，实行按劳分红，即由合作社买回棉花，分发给各小组的纺妇去纺。纱分二等，工资以米计算，头等纱每斤工资四升，二等纱每斤工资二升五合。该社定有质量标准，于放花时给纺妇看过，并加以解释，收纱时便根据标准评定等级，付给工资。质量又好纺得又多的纺妇，将其成绩登记在“优良纺妇记载表”上，作为年底分红的根据。合作社收回的纱，由织布工人织成布出卖。工人待遇采计件累进工资制，除按月领取应得工资外，其产量与质量也进行登记，以备分红。年底从纯利中抽出的奖金，按纺妇、织工各人生产成绩，决定分红比例。因此产品的质量好坏，不但决定合作社赚钱多少，而且决定每个纺妇、每个织工分红的多少。他们的观点与“雇佣性质”的给合作社纺织，单纯为了赚取工资的便不相同，不是只图交去就完事，而是力求提高质量。

短期的办法乃是在自愿原则下集资买棉花，自纺、自织、自卖，所得盈余，大家分红。也就是由合作社号召大家集股买回一批棉花，再组织大家分工进行纺织，先不发工资，等到全部成品卖出总账时，除归还各人本钱，付给各人工资外，钱以钱计，工以工计，均得分红。这种办法使成品质量更直接地关系到每个人的利益，所以提高质量成为每个人自觉的要求。

银城纺织生产合作社的两种办法同时进行，成品质量确较一般为高。银城市联社已采用他们长期的办法，亦获成效。米脂各区合作社主任，现正计划在10个乡同时试办这种生产合作社，每乡办一个。

（《米脂银城纺织合作社按照质量给资分红》，

《解放日报》，1944年6月30日）

七、介绍几个手工业生产合作社

（一）延安南区新合工厂

新合工厂位于延安县南区二乡南庄河村，是南区合作社分社之一。先是刘建章同志看到边区遭顽固派封锁，布匹购买困难，人民买不到布，计划搞织布工厂，慢慢做到解决全南区4000人民的穿衣问题，就在1941年由各分社集资一万元，派张和堂到佳县找来杜修斌、高能文、杜鸿如、刘子乐，买回1部手拉机，6块洋纱，20斤土纱；回来后由高能文指导做了1套整经机，4个倒线车，4个纱轮，1个纱架，就在1941年5月16日开工。由杜鸿如、刘子乐倒线，高能文、杜修斌织布。厂长由和合社（南区合作社分社之一，现已取消）主任张和堂兼，会计由和合社会计尉润之兼。伙食与和合社在一起。三年来发展概况如下：

1941年：有职员4名（两个兼职），工人9名（都不会织布，年底有3个学会织布，连2个职员共有5个能织布的）。开木机5架（开工时只1架，年底发展至5架），织洋经土纬布（折成小匹）296匹。股金，开办时一万元，年底发展至21300元；毛利18105.47元，开销18203.71元，亏损98.24元。

1942年：有职员3名，工人17名（最初有1941年3个老工人会织布，至年底有10个会织布了）。开木机，上半年5架，下半年8架，织洋经土纬布（折成小匹）835匹。股全52700元，内银行新投资30000元；毛利164267.3元，费用149810.95元，盈余14456.35元（此是11月结账时的数目，年底结账实亏损13401.2元）。

1943年：有职员4人，工人13人（有5个新学徒）。开木机四架，织土经土纬布（折成小匹）1008匹。股金，三月开工时20万元，年底有股金999000元；毛利2425286.45元，费用871241元，盈余2327115.55元。（12月15日结账分红时盈余共2108428元，15日后至月底又在营业上盈利218687.55元，共2327115.55元。）

1943年盈余的原因是：（1）实行工厂与工人合作；（2）包织供销处的布，并全部改用土纱织全土布，供销问题得到解决。

现工厂有石窑5孔，房子14间，8架织布机（6架织大布，1架织小布，1架织毛巾），整经机1套，纺纱机子2套，倒线车子14架，纱线轮26个，资财（减去房产器具）共1196642元，折米59.83石（米价2000元一斗）。有厂长（高能文）、工务（杜修斌）、会计（常万详）各1人，工人8人，学徒5人，弹花工、伙夫各1人，共职工18人，其中只有4人是南庄河本村人，一个延长人，余都是警备区、榆林来的。阴历12月停工都回家过旧历年。

（伯森：《延安南区合作社纺织社实行分红制工资的经验》，《解放日报》，1944年1月12日）

（二）陈家楼子纺织合作社

陈家楼子是淳耀县一区三乡的一个自然村，有37户老户，2户难民，村民119人，其中男人56、女人30、小孩33。在今年4月以前，全村只有2把纺车，4个会纺的妇女，其中只有药店掌柜王科昌的婆姨和1个难民会织。过去村上穿的布都要拿钱去买，布很贵又不耐穿。

乡上干部和村主任贾恒春，看到买布穿实在不合算，他仔细盘算了一下，先让王科昌的老婆织下一匹，在检查农户生产大会上，贾主任便给他们算穿衣服的账：一个大人一年穿布四丈四尺，一个小孩穿布二丈四尺，全村共要512丈布（鞋袜还未算在内），每尺布市价350元，共需1792000元，拿每斗苞谷1500元折算，共需一百一十九石四斗五升苞谷。大家都惊讶这么一大笔支出。接着又算王科昌婆姨织的布：一尺只花170元，如全村自己织布可省90万元，就是省下了60石苞谷。真是“自己干，省一半！”大家都心动了。王科昌婆姨织的布被传着看，又紧又细。都说，“这布真美气”，大家愿意参加自纺自织。

可是，她们提出问题了：“主任，我不会纺怎么办？”“主任，我没纺车，没织布机，又没棉花怎么办？！”贾主任说：“没组织，啥事都弄不成！”就把全村30个妇女依照住的地区划分成3个小组，每组10个人。选出杜老婆、齐葡萄、王竹叶3人为组长。组长要教纺和检查督促。对没工具没棉花的问题，主任说：“大家凑起来，我多出钱。”顷刻间居然凑了73000块钱，18斤棉花，就把这钱做了20部纺车，借给没钱的人；做3架土织布机作公用。有钱的人再做了10部纺车。18斤棉花，大家先分了纺。于是全村有了32部纺车，3架织机，棉花也有了。

开了会，大家都动作起来。3个组长有空就拿着线拐去串门；一面说如何拿棉卷，如何抽线，一面也拐着自己的线，并且还提出互相比赛，看谁教的徒弟学得快学得好。只二十几天光景，组长们都完成了任务。学纺的人平均每人每天可纺三两多线。杜老婆除了教妇女外还教会了街上2个铁匠、1个卖饸饹的。药店掌柜王科昌也被婆姨教会了。这二十几天中，共纺了60多斤线，织了16丈布。布都是王科昌婆姨织的，宽一尺四寸，一匹长四丈二尺，重二斤七两，真是纺得好，织得也好。贾恒春帮他们盘算了一下，每尺布不算织工，成本只160元，比市价便宜了190元。

这件事一传开，附近东梁上和石砭子两个自然村轰动了。先有6个熟练的纺妇和4个织妇（都是难民）要求参加，随后陆续有人来。人多了，纺织的队伍扩大了，新的困难也来了。

“棉花完了，纺车不够，织布的人也不够，怎么办？”这真为难了贾主任。正在家里盘算的时候，乡文书杨同志走进来说：“老贾，报来了。”随即把一份4月26日的《关中报》丢在炕上。报上有冯云鹏办流动纺织工厂的办法；有金蒲山的《我办纺织合作社的经过》。贾主任想了一会儿说：“咱们也办个纺织合作社。”又说：“他们办法中还有一个缺点，就是没规定收线的等级，这样，线不容易纺好。”

主意打定了，就挨户宣传组织纺织合作社的好处，劝大家要热心入股。有些积极分子，如油坊胡掌柜都领先入了股。这样酝酿了几天。

5月3日的下午，在陈家楼子街上开会，正式成立了一个行政村的纺织合作社，由每一个自然村选出一个代表（难民开荒模范周保智也被选上了），一共5个代表组成一个监事会，负责督促、查账、分红。主任是贾恒春，会计是油坊的胡掌柜，保管是秦治发；3个小组长照旧，不过管的地区大了许多。进行扩股的时候，大家很踊跃，一下就是290股。在讨论各种办法时，周保智很积极，说出很多办法。

他们采用了五种入股办法：一是粮股，5升苞谷作一股，愿入多少就多少；二是人股（不脱离家里生产），主任作五股，会计、保管都是三股，三个纺织小组长都是各一股；三是义仓粮入股，村内存的义仓粮，经大家同意，用作股金，并按股给义仓分红，用粮时可随时提；四是老户帮助难民的调剂粮，集合起来入股，如难民到了，随要随发，老户可得发粮以前的红利；五是奖励股，规定三个月纺够10斤头等线的奖一股，二等线纺够15斤奖一股（再多五斤，便多作一股），三等线够20斤奖一股，四等线够30斤奖一股；织布是三个月织够10匹四二布（宽一尺四寸，长四丈二尺）奖一股，如再多出5匹，更多作一股。（此种股无股金，只按股分红。）

为了提高质量，分五等收线，头等线每两长240丈以上，工资算苞谷六升；二等线每两长180丈以上，给苞谷5升；三等线每两长150丈以上，给苞谷四升；四等线每两长130丈，给苞谷3升。初学的人纺的五等线，只称重量，不计长短，按情形发工资。交线是：发棉花一斤一两，收线一斤，五等线是一斤棉花交十四两半线。初学的人第一个月可交五等线，第二个月要交四等线，第三个月要交三等线，第四个月要交二等线，第五个月要交头等线。能做到标准的有奖励，做不到的要受批评。

织布的工资是：一斤线用四两面，交一斤一两的布，每织四二布一匹，工资一斗二升苞谷。

六个规定：（1）三个月分红一次；（2）合作社出的布要先卖给社员，比卖给别人低价十分之一，并保证不向外买布；（3）会织布的要在三个月内教会两个人，不然线纺的太多，反没人织了；（4）纺线织布的人，都在每月初一、十五两天到合作社结算成品，领工资；（5）纺工与织工的折合是织一个布换纺一斤半线的工；（6）社员有紧急事可向组长请假，假期内可免纺织任务。

现在的陈家楼子，到处都是纺织声，全行政村的妇女都组织起来，走向穿衣自给。连邻近的第三乡的妇女都想搬过来住，入股的愈来愈多，石砭村王孝材的老婆赶着毛驴，驴背上驮了粮食，天上正下着雨，急急忙忙地赶到合作社来入股。

（《自己干，省一半——陈家楼子纺织合作社创立经过》，

《解放日报》，1944年7月30日）

（三）安塞枣湾纺织厂

张瑞昌同志领导的安塞枣湾纺织厂是边区纺织业中合作民营方面的一个典型。

该厂于1939年春成立，股金是摊派的，工人是动员的，群众不拥护，工人不安心，加以没有技术工人，没有管理工厂经验，因之，业务无法发展。自1941年张瑞昌到该厂工作，就强调民办方针，实行自由入股，实物入股，自由退股，帮助本县小型纺织厂及民办社的发展。对厂内，调整干部，吸收工人意见，强调技术，注意由小而大的逐步发展。后半年就开始赚钱，群众于每元股金分得40元红利后，就踊跃入股，该厂出产的布，质量合乎标准，畅销安塞境内，大受群众欢迎。同时，张瑞昌能根据环境需要，实行纺织机下乡与坚持发展妇纺方针。现在已经由枣湾工厂帮助成立了6个小型纺织厂，还有三、六、七区3个厂正在筹备中。为着发展妇纺，张瑞昌先调两个纺得好的妇女来纺，给以奖励，影响大家。现在该厂直接发花的纺妇有六七百人。今年枣湾厂和各小型厂可织布72000丈，可使该区布匹做到半自给，明年就能做到全自给。

为什么许多县份合作民营的纺织厂垮台，而枣湾工厂能够发展呢？这就是张瑞昌能坚持民办方针，工厂由小而大，脚踏实地，有多少力量就做多少事，并能提高技术，发展妇纺。而那些垮台的工厂，却不管具体条件，把摊派来的资金都砌了房子，制了机子，结果就因为没有技术工人，没有原料，没有流动资金而宣告垮台了。

（《安塞枣湾纺织厂办得好》，《解放日报》，1945年1月8日）

安塞枣湾纺织工厂，是边区各县官民合营的小型工厂中一个较好的典型。张瑞昌同志经营这个工厂，以大量资金投入生产部门。现有股金3000余万元，不动产只占十分之一，多为房屋、土地、工具及牲畜。由于能把资金用到最必要的方面，业务乃蒸蒸日上，去年盈余3000余万元。

该厂生产以小布为主，以适应民间需要。大布有订货就织。该厂产布质地坚耐，价格便宜，深受群众欢迎。现该厂共有工徒70人，每日平均工作10小时，工资采用实物和货币的混合工资，只供吃喝，不发衣服。最高工资量为7斗米（六月份每斗9000元边币）。

（《安塞枣湾纺织工厂出品受群众欢迎》，《解放日报》，1945年8月9日）

（四）延安姚店区民营纺织工厂

延安县姚店区第二乡刘家沟村于五月间成立民营纺织工厂一所，此为继安塞县陈家窑村民办工厂之后的边区第二个小型民营工厂。该厂由前姚店区女区长刘生荣一手创办，现有社员17名，股金7万元。刘生荣首先入股3万元以作倡导，后得边区合作指导局、延安县政府各投资一万元。当旧历四月六日召开第一次社员大会时，到会社员15名，旁听男女群众数十名。会上讨论了许多问题，每个社员都踊跃发言。他们对于由自己作股东、把工厂开办在自己村上，感到很大的兴趣。如一乡沙滩居民孙世礼，原只入股1000元，但在大会上又自告奋勇地增加1000元。二乡刘家沟居民刘文亮、杨占贵都自愿帮助解决工厂的零用物件。在社员大会上，决定了3个月生产计划，现正在顺畅进行中。第一个月，先开织袜子机1架，保证织袜子不停工，工人有活做；同时建筑厂址，置备工具，并耕地9亩，以作副业生产。第二个月，推销成品，调剂原料，扩大股金。第三个月，准备开机子2架，并提高数量与质量。现有职员4人，他们除管理日常工作外，并积极参加生产，其中一人即为社长刘生荣。在去年2月以前，她还是一个不能纺织的妇女，以后为着要在本村发展纺织事业，便决心自己先学纺线，接着又学织布，现在已是该社一个熟练得力的工人了。关于原料问题，已购洋纱4捆，棉花1石；工具问题，先借高峁湾工厂织布机和织毛巾机子各1架；纺妇问题，邻近刘家沟的一、二乡，现在已组织起来的会纺纱者60名，会织布者15名。按现在所收纱来说，绝大多数都可应用。一、二乡大部分妇女，都愿学纺学织，故经该厂推动后妇纺可在全区普及。

（《延安县姚店区创办民营纺织工厂》，《解放日报》，1943年7月3日）

（五）盐池元华工厂

盐池元华工厂经理靳体元先生，前为该县商会会长。于1942年创办该厂时，就辞去了会长职务，专心经营厂务。由于靳先生热心公益，该厂成立虽只2年，业务发展却极为迅速。他刚到工厂时，没有资本，没有工人，没有工具，跑了几天，才找到一个63岁的老汉和一个13岁的娃娃，终算勉强把工厂开办起来了。1943年，群众自动投资46000元，新塞工厂投资35000元（工具折合），塞北工厂投资160万元。今年2月，在社员（即股东）代表大会上，群众、工人和干部又投资11199000元，又把工厂向前推进了一步。今年4月总结时，资本已达4171万元，工人也从2个增加到现在的56个。

元华厂名为工厂，实际上却是属于合作社性质。因为，第一，资金由群众及公家入股；第二，业务除了工业以外，还扩大运输、发展畜牧业，兼管盐池县合作社及向食品合作社投资100万元。

据靳先生说，他之所以办这个工厂，有两个原因：（1）1941年他到延安开参议会时，参观过工厂，他明白边区需要工业，而且边区的工业也有前途。（2）做了一辈子商人，觉得没有什么大的发展，同时，也想给人民做点事情，于是便决心转变到工业上来。在三边参议会上，他提出了办工厂的提案，被通过了，当时推出8个发起人，靳体元先生即为其中的一个，并着手筹备，一手建立了元华工厂。

该厂业务分工业、运输业、农牧业、盐池合作社、食品合作社及社会服务等数种。

工业，是该厂的主要业务，下设四股：（1）毛布股，现有织毛布机子4架，整经机子1架，织花格毯机子1架；（2）毡房股，有机子7架；（3）毯房股，有弹弓12张，连子7副；（4）口袋股，有工具4副。

过去织毛布数量很少，今年准备270匹（还只能供给干部需要）；“四六”方格毯1000床，“二四”毯200块；衣胎5000套，被胎1000床，绒帽子15000顶；弹熟毛32000斤。

运输业，原有骆驼63头，骡子10头。今年计划驮盐800驮（驴驮），包运一、二、三区及商人的公盐，试代交一两个乡的公粮。

农牧畜，今年成立农场1处，可收粗粮46石，草19200斤，瓜菜10000斤。今年仅供工厂自给，明年扩大，多收一些粮，代交群众的公粮。牧畜：发展“五母运动”，现有山、绵羊300只，牛36头。今年年底要扩大羊到450只，可下羔子400只。

将盐池县合作社合并于工厂。该社过去只入股而不分红，有时还赔本，合并后，业务以供给群众需要为主。

由于创办时间不久，受地理条件限制，该厂还存在一些缺点和困难。比如：过去工厂没有和合作社合并，而合作社方针又不是为群众，所以没有发动广大群众来纺毛；过去工厂的资金有公股（公家投资）与私股（群众投资）两种，今年四月份所结算的41717000元资金中，公股为2800余万元，私股只有1200余万元。这个比例是否恰当还值得研究。

（《盐池靳体元先生创办元华工厂》，《解放日报》，1944年7月9日）

（六）新正县张文起纺织合作社

新正马栏区一乡二行政村，最近由张文起等倡导集股116000元、苞谷五石八斗、棉花一斤，举办纺织合作社。……现该行政村入股的新老户共39户。合作纺织的办法主要是：以38200元买拉梭织布机子一架，请工人刘全福专一织布，供给本村穿用。刘全福的农业生产则由全体社员变工帮助完成。其次，棉花由合作社统一买回，交本村女工弹好再发给全村妇女，有组织地纺成线子。所有弹花、纺线的工钱，皆按市价发给，并按劳动者的需要分别发给货币、布匹、粮食等。比如移难民的工资则多用现有粮食支付，借以解决她们的吃粮问题，且可减少政府救济粮的拨发。现该行政村会纺线者35人，已按三个自然村编为三组，推王玉英、柳楼花、王玉兰3人为组长，负责各村的领花、收线、督促检查线的好坏，发动竞赛及教不会纺的妇女纺线等。此外，成立一个纺织组，推出杨照山为组长，黄声云、张天峰为委员，领导本村纺织之一切事宜，如买花、发花、收线、登记及经常工作之计划等。现他们已买到棉花73斤，正在弹制，拟即发出。

发起组织纺织合作社的张文起，看到该行政村群众都有解决穿衣问题的迫切需要，老户提出不会纺织，而新户则提出无本钱的困难，他即于去冬提出新老户合作的办法。他最初与村民阮宗清商议，而阮宗清则主张雇一织布工人，做几架织布机，即需费资12万元，实非本村力量所能达到。张文起乃立即与住马栏的织布工人刘全福商议，请他帮助。刘全福说，他春季要开荒种庄稼。张文起又与村中群众商议，大家都愿为刘全福变工开荒种地。刘全福遂被聘请为全村的织布工人。张文起又进而与左玉沉等研究出各项具体办法，全村群众都很赞成。该村妇女情绪很高，她们把纺车都预备好了，等待着棉花弹好下发。该乡一行政村在二行政村之实例鼓舞下，在乡长王清海领导下，全行政村20多名纺妇已集股棉花120斤，组织纺织合作社，已开始纺线。同时，马栏合作社与织布工人戚三等3人合作织布，准备以布与纺妇之线交换。

（《新正张文起创办纺织合作社》，《解放日报》，1944年3月10日）

（七）米脂民办纺织生产合作社

米脂全县纺织妇女约7800余人，会织的约1740人，纺机仅3架，纺车6363架。这些数目字，大部分是一年之内发展的。比如万和纺毛工厂，1940年成立时，人数不多，机子也少，1942年才增加了几部机子和一些工人。自今年建设厅投资15万元，粮食局投资5万元，群众集股26万元以后，又添置了5部机子，1台弹毛机，3台织袜机，工人增加了9倍多。到现在，又增加2架弹毛弓，1架梳毛机，1架整经机，1架压布机，2架土织机，5架大织机，2架栽绒毯机，1架格花机。此外尚有大纺纱机1架在试用中。至于出品，则包括毛斜布、土布、毛毯、米脂毛呢、米脂绒呢、米脂呢、栽绒毯、椅垫、毛巾、袜子、毡帽、毡鞋等。

……

这些事实，使许多商店和家庭自己也买了机子，自己生产了。

民办纺织合作社是在1000余元资本和10捆洋纱的基础上发展起来的。开始集股的时候，只收到3000元，去年12月只收到2万多元；同月底，建厅投资2万元，米脂县务委员会投资12万元。有小机子2个，大机子1个，织袜机2架。从这时起，才正式动工。

但开始是想象不出的艰苦。粮食、炭和日常用费，都靠了借贷。一直到今年5月，由于群众投资渐多，情形才比较好转了。计至5月底止，共收股金20多万元。入股状况的热烈是可惊的。比如米脂印斗区二乡贫农刘满和，他用自己劳力所换的钱，抽出500元入股，他向负责人说：“主任，你们办合作社是好事情，咱一满只有这些钱，你们不要笑话我。”还有些老百姓看见合作社没有菜吃了，就挑了菜来入股，此外还有用粮食和用具入股的。现在，全县人民都关心它了，像关心自己的家一样。他们互相见面时，便探问合作社的消息，探问棉花的价格，探问纺线的情形等。

民纺合作社不但发展了自己，还发展了农村的纺织业。这一个时期，替群众解决了30辆纺车。群众向合作社领棉花，先取工资或把工资变成粮食，工资规定按小米折合；一斤二两花交一斤线，并给以适当的奖励。一人每天平均能收入100元左右（按五六月时候的价格）。有许多老百姓自动组织了纺线小组，派人到合作社领棉花。某村马聘三先生，他派了他的儿子送信到合作社来，信上说：“我村现在又组织了7架纺线车，均属高手，有的从事长期纺织……希望咱们的合作社能设法供给棉花，勿使中断……本日若有机花或弹花，请带回六七斤，以便暂时分纺……”合作社随即复了他一封热情的信，并且交给他的儿子6斤弹花。第六区马瑞芝的女儿才11岁，她催促她的父亲到合作社领棉花，父亲以为她年纪小，开玩笑，没有给领，后来女儿不高兴了，整天地叫嚷着，父亲只好领花回去，这11岁的女儿居然成了劳动英雄之一，得了奖。孙家岭村赵清训的母亲，已经60多岁了，她在合作社的影响之下，开始领导她的媳妇、女儿纺线，现在全村妇女都和她家一样，组织了纺线小组。这老婆也是得奖者之一哩。此外，米中和其他学校的女同学，也到合作社领棉花，送线线。诸如此类的事实很多，而且将会更多下去，因为还不到两个月，已经有800多户人家开始纺线了。城里有好几家私人企业也跟着繁荣起来。

但我们还不能满足于目前情况，因为合作社到现在还只有20几个工作人员，产量也不高，管理和营业的方法都有待于改进；成品种类不多；只有4个大机子，每天约织布20丈，毯子和袜子还不是主要产品。兹将成品种类列表如下：

名称	成分	宽	长	重量
毛斜布	纯毛	2尺8寸	1匹	8斤12两
	棉经毛纬	2尺8寸	1匹	7斤
小棉布	纯棉	1尺3寸	1匹	1斤
五七毛毯	纯毛	5尺	7尺	7斤
大棉布	洋经洋纬	2尺8寸	1匹	8斤
	土经土纬	2尺8寸	1匹	10斤
	洋经土纬	2尺8寸	1匹	9斤

（任楚：《米脂民办纺织生产合作社的发展》，《解放日报》，1943年10月28日）

（八）冯云鹏流动纺织工厂

移民劳动英雄冯云鹏为解决新户的穿衣问题，在该乡创办流动纺织工厂，现已借得县联社拉梭机子3架，群众做了平机3架；又组织了纺妇3000人，已做好纺车50架。纺妇间现存线200多斤，即将开始织布。所有新户妇女已按自然村编组，大组8人，小组3至5人，经老冯打条子，纺妇在县合作社领棉花纺线，计划平均每人全年纺线60斤交给合作社，每人可赚40斤（每斤线赚11两），可织布63丈。80个纺妇全年赚的线可织布4800丈。新户600多人，每人每年平均约需8丈布，有的还穿不了，可卖与县联社。织布机按大自然村配备，每村设机子1架，由能织的织妇或工人专织，纺妇与之变工。平机平均每天每人织6丈布，约3斤线，连浆线工每天平均可织一斤半线的布。织一斤线的布，工资为1000元。

（朱平：《关中劳动英雄冯云鹏创办流动纺织厂》，《解放日报》，1944年3月31日）

（九）老池回民生产合作社

老池的回民生产合作社：社员从今年4月到现在，由21人增到29人，内有27人都是由马鸿逵队伍中下来的入伍不久的壮丁。他们原来散在定边一带做杂工。3月间，由专署组织起来送到老池打盐，由盐务局拨给房子9间、坝子50个，借给米钱工具等。他们受过马家队伍中的苦，在我们政权积极帮助之下，都愿共同生活，服从指挥，工作的积极性很高，在老池突击打盐时曾两夜没睡觉。

他们由社员中选出5个理事，3个常务，1个后补，作为领导核心。常务理事中分主任1人、生产队长1人、事务队长1人。下分小组（现有4个），组有组长，有事找组长和理事解决，解决不了开会解决。

他们自4月初到8月底，揽工赚钱59000元，打盐6600驮，得洋665000元，估计今年还可打盐2400驮，合24万元；10月间秋收时出去20人做工，可得30万元（该地工资每人一天500元），11月挖甘草可收入50万元（以20人日挖400斤计），12月和1月打柴，可收入30万（以25人打，每人一天打200斤），2月（旧历正月）休息，3月再挖甘草还可收入50万。这样一年可收入2564000元。

到8月底止，他们都发了新毛毯，做了一套新棉衣，发了一至两套新单衣。必需品如毛巾、鞋等破了随时补充，现在正准备棉衣。4月份初来，吃的稍差，从5月份开始每天吃两顿黄米干饭，一顿白面或荞面，平均每日吃油6钱，5个月共吃了2头牛、7只羊。病号还可以吃好的。不做工，每人月发零花200元；借了钱的抵消，如不大浪费，经理事批准，可预支红利（一年分一次）。有两位有家眷的，女人做衣服做饭、磨面等也算社员之一；有两个孩子在城内读书，公家供给，假期回来，吃饭也不要钱。

现在喂着3头牛，2头驴，1头驴驹，有磨坊1个，醋厂1处。总之，他们已过着新的集体生活。

（《两年来盐务工作总结》，陕甘宁边盐务局，1943）

（十）一个没有办好的生产合作社

延安县高峁湾纺织工厂没有办好，影响了全县农村小型工厂的建立。一提到建立农村工厂时，不少的同志就以高峁湾工厂为例：“你看高峁湾工厂，人家那么大的资本都搞垮了，咱的还能成？”因此，在这次合作社主任联席会议上，比较深刻地检讨了高峁湾工厂失败的教训，它告诉我们农村的小型工厂应该怎样建立。

高峁湾工厂开办于1938年冬，由县府、工会投资33000元，在合作指导局指导之下建立的。原计划以纺织机60台、工人200名，进行自纺自织。

1939年，即在高峁湾修房子20间，窑洞5孔，置纺机12架、木织机7架，弹花机1架，织袜机2架。6月间又并入白家坪私人工厂的铁织机3架、织袜机2架。工厂组织：有正主任、副主任、会计、保管、工务科、总务科、工会主任等等；以下又设织袜股、织布股、纺纱股、倒纱股、浆纱股、弹花股、毛巾股、织毯股等等。50多个工人待遇都是津贴。

1939年上季开工，先开织布机1架，纺纱机五六架，织袜机2架。下半年增开织布机5架，纺纱机6架，后因纺机产量太少，质量太坏，就停了工，工人解散。到1941年底复工时，只有织布机5架、毛巾机2架、织袜机4架。但因原料缺乏，又没有流动资金，乃包织财政厅的布。领洋纱、棉花，织洋经土纬。以后财政厅的纱停止供应，工厂欠财政厅洋纱24捆、棉花1900多斤，赔损很大，没法维持，政府乃决定将该厂改组。

检讨该厂赔钱的原因主要是：1.开办时只有资金33000元，却大修房子，制购机器，至1939年后半年，不动产即占去7万多元。政府看到没有办法，又扩大股金8万元，随收随用，到1941年底又赔2万元。以后包织财政厅的布，赚下的钱也都垫了伙食杂费。2.开始计划自纺自织，但自纺未成；虽在川口、姚店、鸟阳等区发动一些妇纺，但并没有明确地将纱的来源建立在农村妇纺上。给财政厅织布，是勉强维持的办法。后来原料缺乏，长期停工，但人员并未减少，开支很大。3.工人怠工、浪费，产量低、质量差、成本高。织布工人拉空梭，听起来叮叮当当，实际上空来空去。打纬工人不将纬管安紧，摇起来车轮转得很快，实际上是空转，上不了线。倒纱工人把不好倒的纱任意抛掉，甚至把未倒的好纱放在凳子上当垫子，坐烂了就不能用。还有个别坏分子破坏机子或借口机子有毛病不上工；开工的5架机子，经常要请两个木工修理。至于技术工人都是外来的，排斥本地工人，自己不好好工作，也不教给本地工人。因此，24头的纺机一天只纺四五两纱，还不好用或不能用。织布机一天织二三丈布，顶多不过4丈，有的在3个月中只织了15丈，平均一天织5尺布。4.工厂主任是外行，缺乏管理经验，任人摆布。人家说机子坏了，就请工人修；人家说纱不能用，就不用，自己一满黑洞洞的。工务科长和工会主任有技术，但和主任不团结，甚至鼓动工人公开反对主任。从这些惨痛的事实中，可以看出农村小型工厂的建立，应该是老老实实的“有一分力量做一分事，切忌好高骛远”。应该建立在发展农村妇纺的基础上，管理工厂的同志应该是内行，至少要了解生产过程的情况，改进管理，并在工作中不断学习，总结经验，熟悉自己的业务。

现在该厂工作虽有改进，但仍有下列问题，尚待具体解决：1.流动资金少；2.原料缺乏；3.毛巾没销路，毛纱压着资本；4.工人有进步，产量提高了一些，但过去的坏习气还没有完全肃清，待遇仍是津贴制。因此，合作社主任会议决定，重新整顿该厂，具体解决上述问题。深望这一决定能够迅速执行，以便全县今年穿用自织三分之一的计划能够实现。

（《高峁湾工厂为什么没有办好？》，《解放日报》，1944年6月18日）

第三节　运输合作社

一、组织运输合作社发展边区经济

（一）毛泽东谈发展边区运输合作社

组织边区内部运21万至26万驮盐的人力畜力，是一个很巨大、很艰苦、很细密的组织工作与群众工作，应由建厅主持，各级政府负责督运，各级党委则负检查、帮助之责。运盐的动员，一面要带某些强制性，但一定要避免有害的命令主义，主要应取宣传说服的方针。运盐的组织，要采运输合作社及运输队的方式，宣传群众自愿入股，有的出人有的出牲口，有的出人又出牲口，有的出经费，有些特殊情况的人则许其不出；而以赶过长脚富有经验的人及必要的牲口组织成运输队；县区乡各级的党与政府应积极指导这种运输队的合理、公平与健全的组织，顺利地出发；在路上要进行必要工作，保障人员与牲口的安全；归来要注意合作社利益的分配，保障经手人及全体社员的利益。运盐必须不违农时，必须加强劳动互助社（变工）的组织，使运输队出发后一切社员不因缺乏人力畜力而损害农业生产。绥米警备区及东三县的[①]运盐组织（运输合作社及运输队），应允许群众有更大的自由，更少带强制性。任何地方的运输合作社与运输队，必须使其建筑在为社员谋利益的基础上，党与政府的任务在于使这种利益日益增大，否则是一定要失败的。建厅、各分区及各县，应将民众运盐最有成绩的实例教导人民，广为宣传，仿照办理，务使1943年的运盐事业能完成计划，而又大大地直接有利于人民。

物资局各地企业及各地人民合作社，要与人民运输合作社及运输队密切配合，尽可能使人民运盐牲口能驮来回货，才能使人民运盐事业得到发展，整个运盐计划才能完成。

（毛泽东：《经济问题与财政问题》，
《毛泽东选集》，东北书店版，第804—805页）

（二）边区运输业的基本状况和组织运输合作社对发展边区经济的意义

1.边区运输业的基本状况

边区运输工具，由于道路多山，故主要是牲畜驮运，经过连年的发展，共有能运输的牲口约9万头，其中有将近2万头是经常从事运输事业的，其余是耕地为主，附带从事运输的。从事运输的这些牲口，以驴占多数，每头约驮重量是120斤至180斤；牛次之，每头约驮180至240斤；骡更次之，每头约驮220斤至280斤；骆驼又更次之，每头约驮240斤至320斤。主要的运输任务，约每年须驮盐25万驮出口（每驮150斤），每驮平均须往返20天；又公粮30万驮，调剂粮15万驮，每次往返4天左右。

随着农工商业的繁荣，运输事业日趋重要，政府为使运输事业能适应并推动边区经济之发展，首先发展并组织民间运输力量。经几年之努力，自1937年到1941年6月，毛驴增加80500头，牛增加81000余头，骡马骆驼皆有增加。在组织方面，经过合作社建立了10多个经常运输队，共有牲口

① 东三县系指延安以东的延川、延长和固临三县——编者

700余头，并在农闲时大量组织民间运输队，从事运输生产，增加农民副业收入。

（《关于边区经济建设报告书》，陕甘宁边区政府建设厅，1941年10月4日）

边区的运输事业在1941年以前大部是自流的。由于边区经济的分散，当时边区运输的主要基础是靠个体脚户：一是长脚，靠运输获利为生；二是短脚、主要从事农业，以运输为主要副业，但多以揽脚贩卖为主，运盐仅在交秋时节；三是农户脚，利用放青驮一、二次盐；四是边区外面的长脚，他们运货到边区来再运货出去。这四种脚户就是边区运输的主力。个体脚户的特点是开支小、会节省、易赚钱，缺点是无计划、效力差、发展慢。那时运输合作还没有出现，朋帮组织还不发展，放青牲口也不多，仅定庆、定延两路之旁县份某些地区有习惯，其余各地都无发展。东三县地区视运输为畏途，当男子起身运盐时，婆姨送给馍馍、鞋子，伤心得很，以为“永生不能见面了”。因之，赶脚的人情绪也不高，故意压坏牲口跌死牲口不去运盐，造成当地人民对运输害怕，形成边区运输业发展的障碍。

（《边区的运输事业》，陕甘宁边区政府，1944年）

2.组织运输合作，提高运输力量，发展边区经济

边区目前发展经济的最大障碍要算交通运输的落后，考其原因，并不是完全由于运输力量不够，而主要是因为没有建设应有的交通运输设备，未能合理的保证草料的供给，以至有了运输力量不能使用。例如运盐有时反要亏本，运输工具缺乏改进，运盐力量缺乏组织，因之运输力量不能提高和发挥。有了大车道，但未能发展车运，有了各农户的驮畜，但没有很好组织起来，食盐产量虽多，亦不能大量运销出去，很近的工业原料亦不能利用，粮食和商品一经转运，便昂贵不堪。是以交通运输之落后，大大影响了输出入贸易和财政金融的巩固，影响了工业、商业以及农业的发展，影响了粮食的调剂，同时也妨害了抗战的供给。因此发展边区的交通运输事业，提高运输力量，成为发展边区经济，保证抗战供给的前提。

（《1942年交通运输工作计划》，陕甘宁边区政府建设厅）

近年以来一面由于边区生产发展，人民需要增加，物资流通的任务加大；又一方面，由于抗战后海盐断绝，中原及西北各省，对边盐的需要增

加，形成运盐任务的增加，促进边区运输大大向前发展。边区运输的中心，以运盐为主，运货次之。食盐是边区最大富源之一，对于边区财政的收入及国民经济的发展都占主要地位，其作用甚为重要，是发展边区经济，平衡出入口贸易，稳定金融物价主要因素之一。

1942年底，边区高干会检讨了历年边区的盐业政策，决定食盐的督产督运统销的政策，毛主席在其名著《经济问题与财政问题》一书中，对于发展边区运输有非常宝贵的指示。因此，在1943年以后，边区的运输事业走向新的阶段。

（《边区的运输事业》，陕甘宁边区政府，1944年）

发展边区交通运输应当针对着发展食盐的运销、粮食和工业原料的运输为中心。其办法是：

改造边区的交通运输设施，合理地解决草料的供给，以便利运输。

组织运输合作社，协助发展私人运输事业，并吸收外来脚夫以发展边区的运输力量。

根据政府颁布之人民运输合作社组织办法，组织两万头散在民间经常能够参加驮运的牲畜，提高其运输效能，防止民力过多的消耗，使农业发展不至受到很大的障碍。扩大经常参加驮运的运输队，适当地调剂其运输力量，帮助其大量的发展。平均驮重每头按驮150斤平秤计算，一趟可驮两万驮，全年以8趟计算，则可驮16万驮，只此一项即超过了全部任务之半数。

（《1941年交通运输工作计划》，陕甘宁边区政府建设厅）

党和政府对督运工作采取运输合作办法是正确的、必要的。边区数年来运输力量是发展了，食盐运销逐年增加了，但还未赶上需要，因为边区每年食盐运销，粮食、原料和必需品的转运，当在百万驮以上。要完成这项运输任务，需要有长年运输的牲口80000头，脚户30000人，但边区民间目前只有长脚牲口约22000头（包括运输合作在内），因此常感运输力不足。如靠经常动员农户牲口来完成，又与农业分工有相当妨碍；如靠自流发展来供应，数年来的经验已证明不能赶上需要，因为除了运盐利润较低阻碍发展外，还有运输资本大、个人的资力不易经营；又因为有资力的不一定有吆牲口的技术，有技术的不一定有资力。由于这些客观原因，决定了非采取运输合作办法，就不能发展，就不能应付需要。依据目前情况，除绥德分区外，需要每百人中有3头牲口的运输合作，长年从事运输，再加上民间和外来运输力的配合，边区运输力的需要，才能作一般的解决。组织每百人中3头牲口的运输合作，是否可能呢？只要党政努力提倡与支持，并很好地利用公盐代金，以及可能的私盐代金加上半年来组织运输合作经验的发挥，切实组织人民响应，不仅可以完成而且可以超过。

（高自立：《运输合作检讨》，《解放日报》，1943年9月23日）

1943年运盐工作成绩的主要表现：一是运盐驮数的增加，一是参加运盐牲口数目的扩大。在运盐驮数方面，到年底共运了387603驮，出口的占大多数，内中子洲县小盐运输量为17800驮，友区盐过境者约40000驮，余为盐池销出数。比之1942年运盐数量有了极大地增加，同时工作进行的情况比之1941年也有极大的进步。

在参加运盐的牲口方面大约为55000头（此处及下文所谈之运输力，绥德分区均未统计在内）：民众的牲口，一种是长短脚及农户牲口，参加的为49237头，这是运盐的主力，一种是各种新式的合作运输牲口，为数3706头（这是9月底的统计，到年底已达6000余头）；机关部队的牲口，去年约有2000头参加了运盐。此外则为外来脚户。

去年运盐事业之所以有这样巨大的成绩，基本由于以下两个主要原因，这两个原因也就是去年运盐事业的两大特点：

第一是督运的恢复，以及许多具体办法的实行。

去年运盐获得巨大成绩的第二个主要原因，就是把边区的运输力相当广泛地发动起来了，群众的参加运盐绝大多数是自愿的、获利的，而且是按照群众自愿和他们所能接受的程度，利用各种不同形式使他们都参加了一定的组织。这种组织的意义是重大的，不但提高了运输力量和改进了参加者的意识使得运盐获利更有保障，而且更便利了党政的帮助和领导。在去年，一方面民间固有的各种运输合作方式，如捎牲口、朋帮，在量上广泛地发展了，在质上也冲破了小规模的限于至亲好友间的狭隘圈子，而变成了范围较大的群众性的合作互助组织；另一方面，新式的各种运输合作方式也在刘建章同志的创造和党政的提倡推广之下有了蓬勃的发展。因为运输力量的有了组织，边区的运输事业从去年起，可以说是走上了一个更高的新的发展阶段。

（《1943年的运盐工作》，陕甘宁边区政府建设厅，1944年）

（三）边区政府制定运输合作社组织办法

1.宗旨：人民运输合作社是为了保证政府按期收到公盐和公粮并便利人民运输，避免因无组织而浪费人力、畜力和过分妨害人民生产的损失，提高边区运输力量，保证抗战运输需要，便利发展边区经济为目的。

（说明）在抗战时期，政府要人民运输公盐和公粮，是必需的与不可避免的负担，但因以前按户摊派以致浪费不少人力和畜力，又不能如期完成运输任务，于公于私两受损失。如果各县集合部分强壮的牲口或有赶脚经验的脚夫，组织成人民运输合作社，专门负责替人民运输公盐和公粮等，既可减少人力和畜力的浪费，又不致过分妨害人民生产，公家又能如期收到公盐和公粮，于公于私两得其利。

2.性质：人民运输合作社，虽是替人民运输义务公盐和公粮，但性质上应当是营业的，无论社员或非社员，凡委托合作社运输公盐和公粮，均应按照合作社规定出备运费，其运费多寡由合作社按照实际开支需要规定，既不得规定太高也不得规定太低，而应略有盈余，以便利合作社不断扩大，并使社员有相当红利可分，以便于广泛吸收人民加入合作社。

（说明）因为运输公盐和公粮，是全体人民的义务，政府只能发给很少数的津贴，其余均由人民负担。如果合作社本身负担，则合作社的开支便无从取得，合作社亦就不能存在，故合作社必须是营业性质的，但营业所得的盈余仍然归社员所有。

3.社员：人民运输合作社既是营业性质，故不论是为了便利运输公盐和公粮的人民，或是为了从事运输事业，借以获取运输费的人民，均得自愿加入。

4.社股……

5.发起：人民运输合作社，由政府发起，以政治动员和配合人民自愿加入为原则，但有人如自己单独运输更为便利，又能按期完成任务，而不便加入合作社的听其自便。

（说明）因为组织运输合作社，是为了集合有经验的脚夫和强壮的牲口，有组织的运输以发挥运输力，避免浪费和损失，假如人民单独运输更能节省，故无须加入。

6.组织：人民运输合作社，一般的以区为单位组成社。一县之中有3个以上合作社，得组织县联社；全边区有3个以上县联社，得组织全边区联社。合作社受区政府的监督，县联社的管辖；县联社受县政府的监督，边区联社管辖；边区联社受建设厅的监督和领导。

7.职员待遇：凡在合作社工作的人员，不论社员或非社员，一律实行薪金制度，各项薪金应不低于边区的私人雇用工人的中等待遇。

8.人民运输合作社，得享受政府官价草料的优待，如有意外损失，政府得予以补助，如有优良成绩得予以奖励。

……（《陕甘宁边区人民运输合作社组织办法大纲》，陕甘宁边区政府，1941年10月）

二、边区运输合作社的发展

边区的运输合作事业，也就是在高干会后，才普遍发展起来的。1942年底，运输合作的牲口仅246头，经过1943年大量的发展至9月底建厅的统计已至3706头。至今年6月此次合作社联席会的统计，已增至6884头了。据最近统计，边区参加运输的牲口已达61000余头。到年底已运出食盐387603驮，其中有友区过境者40000驮，比1942年增加145883驮。据31万驮食盐输出量的统计，民间牲口运出23万驮，占74%，由运输合作牲口运出35000驮，占11%强，机关部队运出者10000驮，占4%，由外来脚户运出者33000驮，亦占11%强。合作牲口仅占民间牲口十三分之一，而运输任务占民间牲口七分之一。

现将今年边区各分区运输牲口数目列表如下：

类别＼地区	延属分区	绥德分区	陇东分区	三边分区	关中分区	共计
运输合作牲口	3222	122	1084	2331	125	6884
百分比	46.8	1.7	15.7	33.8	1.9	
长脚	3051	2395	4452	8304	2003	20205
短脚及农户脚	11318		12278	9454	1772	34822
共计	17591	2517	17814	20089	3902	61911

在资金的分配上，运输合作的资力（除机关部队及私人脚户外）已达800007500余元，占边区合作社资产总值41.3%。运输合作事业已成了全边区合作社最重要的业务，超过生产、消费、农业、信用、医药各部门。兹将资金分配列表如下：

地区	延属分区	绥德分区	陇东分区	三边分区	关中分区	总计
合作社资产总值	1269840130	237177308	232050132	292357316	88882809	2120307695
运输资金	496745647	138928515	141547434	158152890	35429254	876161043
百分比	60.9%	58%	60.9%	59.1%	28.2%	41.21%

运输合作之发展，主要的原因在于督运的恢复，高干会后各级干部对于发展运输有了正确认识，对于组织运输合作社进行深入了解及具体领导，加之西北局及边区政府有多次的指示和检查并加以具体的帮助和奖励：1.各级政府对各地脚户及合作社曾给以贷款，边府允许各地提前征收公盐代金，借作发展合作社的资金，颁布了对运输合作的奖励和补助办法，去年10月发放运输合作贷款1000万元。2.减轻脚户负担，运盐收入不交公粮。3.奖了大批运盐英雄及运输合作组织，造成运盐的大热潮，保证食盐产量任务去年达60万驮。4.改善统销业务，随到随收，手续简便，避免店家剥削。5.道路的改善。6.脚店的初步整理。由于上述办法的执行造成运输合作发展的主要原因。

（《边区的运输事业》，陕甘宁边区政府，1944年）

三、运输合作的几种组织形式和优缺点

民间运输的互助合作组织可以分为旧形式的利用与新形式的发展两大类别。旧的与新的形式每类之中又有三种，计旧形式为：捎牲口、合伙与朋帮三种；新形式为消费合作社的运输队、合作运输队与综合的合作社下的运输合作社三种。公营运输则可分为直接经营与公私合作两种。

（一）民间旧有的运输互助合作组织

1.捎牲口。捎牲口是有牲口的人家在放青运盐时托牲口不够赶的人把牲口“捎上”去运盐，而给以一定的报酬，盐本及驮盐赔赚归牲口主家负责。给报酬的方式是很复杂的，但不外给钱、变工与实物报酬三种。给钱或者称为给工资，或者叫作给路费，或者说是帮助盐本；变工多是帮助出发运盐人锄草翻地，也有的是几家牲口合在一起赶，彼此轮流出发；至于实物报酬，则有的是回来分给一部分盐，有的是帮助草料米面等，也有是既还一部分工又给一部分钱和实物的，但无论是采取怎样方式致酬，其付给标准多数是按出发人吆牲口的数目来平均负担，譬如出发人吆驴3头，来往15天，则托捎牲口的人便给还5天工，或者给以相当于5天工资的报酬，不过也有些人觉得出外人特别辛苦，而给以稍高的报酬。农户至亲好友之间捎牲口也有不要报酬的，但是“你有情我有谊”，实际还是给些报酬的。

这种捎牲口的办法，过去在沿延定、定庆两条道路两旁的一些县区中原是有的，但实行者不多，又只限于至亲好友之间。去年这一互相合作方式为所有运盐县份在放青运盐时候所广泛采用了，特别是其中变工的方式实行得更多，同时农户间托捎牲口的范围也较为扩大，而不只限于至亲好友了。

2.合伙（亦称伙赶）。合伙是三两家农户将牲口合在一起，由有多余劳动力的一家出人赶脚，一般是人算工钱，除过工钱及开支，见利平分，亏累均摊。有一些长脚户及短脚户就是这样组织起来的。实行合伙的长短脚户多数是自己一家无力单独从事赶脚的农户。现在农民经济发展了，多已有力量单独赶脚，无力单独赶脚的也纷纷参加了合作社，所以合伙方式反趋减少。

农户放青合伙大体可以分为两种，一般均称之为捎牲口，一种是捎牲口回来路费按牲口均摊，托捎的牲口所驮之盐见利均分，有损失由驴主家负责。这种方式在延属分区及陇东分区的个别地方偶有发现，是一种介于捎牲口与合伙之间的方式。还有一种是出发前将牲口作价，回来除过盐本路费和工资又按股分利，如有赔累，按股分摊。这种方式的产生是由于捎牲口时吆脚人有的不经心照管，路上又浪费钱，这样可以促使赶脚人爱护别人的牲口，保证托捎人的获利。农户放青合伙在1941年有实行的，不多，去年更少了。

吴旗则又创造了一种既变工又合伙的办法，如三区柳庄，全村有10头能驮的驴子，春天送完粪，他们全村组织了变工队，在变工队中，抽出两人去赶牲口，其他人在家生产，并替代赶牲口的人耕耘，所赚的钱按牲口分利。但是农户家中经常要推磨滚碾，还有其他驮运事项，所以又将朋伙中的驴子抽出一条留在家里让所有朋伙的人家轮流使用，在家的这个驴子一样分利。这种方式更是农村中经营农业与经营运输互相配合的好方式。

3.朋帮（关中称为搭帮）。朋帮是许多独立的脚户，为了运输上的互相照护和帮助，在一起走路，公推一位帮头照管全队，但经济上则是各自独立的。组成朋帮的成分，有的是长脚与长脚，有的是短脚与短脚，有的是农户与农户，有的是由这几种成分混合组成（这是在放青运盐时候）。新式运输合作组织也有的参加了朋帮，起了带头的作用。陇东和关中的一些县份，将长脚、短脚和农户牲口依各级行政区划组织成大、中、小队，并设大、中、小队队长，实际上也是朋帮。

朋帮组织除延属各县因新式运输合作发达，朋帮组织较少外，其他三边、陇东和关中，朋帮的推行都很有成绩。关于全边区去年组织的朋帮数目现在还缺乏统计，这里只举几个县份为例：三边的吴旗去年上半年已组织起长脚朋帮117帮，共计牲口2152头，该县共计长脚2200头，差不多已把全部长脚都组织起来了；定边全县共组织了232帮，包括长短脚户，也包括有农户朋帮；陇东的曲子县九月间组织起朋帮牲口362头；华池把长短脚及农户驴子组织了191帮，包括牲口2190头，脚户918人；延属的鄜县上半年组织起长脚447头，短脚400头；甘泉一区在区政府领导下，除了合作社牲口，还组织长脚成立5个分队，包括牲口140头，……从上述各县份的统计，可以看出边区运输朋帮的发展是很大的（有些朋帮以后又参加运输合作了）。

（二）新式运输合作组织

关于运输合作组织，形式甚为复杂，名称也很多混同，现在就其构成的形态及其在整个合作事业中的地位来分类，可以分为以下三种。

1.消费合作社下的运输队。消费合作社为了本身业务上的需要，或者为了运盐，多有成立运输队作为消费社的一个附属部分的。这类运输队的组成，有的由消费社单独出资买牲口，雇人赶脚，有的除了自己的资本和牲口再与脚户合伙，并且有的还借用或吸收政府、银行等机关一部分资金。这种运输队，是在去年以前，在一些规模较大的合作社中即有的。去年有些县份的合作社也曾经利用公盐代金自己买牲口经营，代替群众交纳公盐。这种运输队与别的运输合作组织的基本不同之点，在于它的结账分红都与消费社一般的营业混在一起，无论机关、群众和脚户分红资格均与一般消费社的股东相同。这种运输队是旧日规模小时的组织，去年大运盐，开始时，有些县份仍只实行这种旧的办法，所以它也有些发展。

2.独立的合作运输队（或可称为独立的运输合作社）。这种合作运输队以自然村、行政村或区乡为单位，由农户用公盐代金或另行集资购买牲口组成，目的在代大家完成运盐任务。这种合作运输队与旧有合伙的方式不同，因为这种合作包含的农户较多，而其成立的用意也在于长期运盐。这些合作运输队集股一般是按各个农户分配的运盐任务的大小而定入股的多少，其领导则由政府负责，一般多是雇人赶脚，但也有再进而与脚户合作的。像这样的合作运输队，陇东各县组织的最多。

3.综合的合作社中的运输合作社（或可简称运合社）。这种方式的主要特点在于它是综合的合作社下的一个独立经营单位，独立算账，按照自己的盈利多少来分红，不与消费等社混合。这种运合社，由于它所包含与吸收的成分不同，又表现成了各种不同的形色。总括来说，组成的成分有四种：一种是原来合作社（或综合社或只消费社）的资金，一种是政府银行或其他机关的公股，一种是广大群众的零碎资金，一种是私人脚户的牲口和人力。有的是四种之中两种或三种相结合，有的是四种成分全有，但都必须在原有合作社的领导主持之下。其中吸收广大群众的零碎资金办法是去年由刘建章同志所发明而广泛推行于各地了的。公盐代金的利用其实质就是群众股金的凑集，而这种利用代金的办法既转变群众负担为替群众谋利，又扩大了边区的运输力量和合作社的经营规模，真是伟大的发明。至于与私人脚户合作的办法有的是按股分红，有的是让一成分红，即是比起脚户入的股子来多给脚户分得10%的红利。

这种运输合作社是南区合作社自1940年就创造了的，去年广泛推行到边区的多数县份。在延属各县，运合社的发展尤有成绩，成为各种运输合作的一种主要形式。

去年一年间，上述三种运输合作组织都有猛烈的发展，据1942年10月的统计，边区各县合作运输牲口才共有9队，包括各种牲口246头，而去年9月份的统计则已达3707头，增加达15倍，若与去年一般长脚17000余头比较，组织在新式合作中的牲口已是五与一之比。各分区中，以延属分区发展最迅速，为2526头，与一般长脚户的数目已相等，延属各县之中又以延安与志丹发展最多；陇东组织的数目到9月份为772头，为一般长脚数的五分之一；三边材料不全，一般是注意了组织朋帮，仅知道吴旗一年内组织了302头；关中到9月则只有新式合作牲口20头，数目最小；绥德分区因不到三边驮盐，运输力还未着手组织。以上多是9个月的材料，但由于西北局和边区政府的多次推动提倡，组织合作运输差的县份多已在后半年迅起直追，估计到年底边区新式合作运输牲口的总数当达6000余头，与一般长脚牲口约已是一与三之比。

以上就是去年一年间边区民间运输力的组织形式和组织起的数量。

（三）公私合作运输队

公私合作。机关部队学校以全部牲口或一部分剩余的牲口参加到合作社中去或与私人脚户合伙，这是公私合作。如西北局以4辆大车及17匹高脚（骆驼）参加南区合作社，保育院将全部牲口与私人脚户张维如合作，银行在南区合作社运输队进行投资，公私双方均出牲口资本，这就是公私合作的实例。但在去年，公私合作还不甚发达。

（四）各类运输组织优缺点的比较

第一种捎牲口办法适行于农户放青运盐，能够大量发动农村中闲余的畜力，因为它对于驴主方面是不用出人便可利用驮水送粪的牲口赚钱或驮回盐吃，对于吆牲口的，多赶一个牲口便可减少一部分开支，多增加一部分收入，特别是捎牲口中变工的办法，更可以不误庄稼。所以这种方式为各地所采行。

第二种合伙办法实行于无力单独从事运盐的农户之间，也是组织运输力量的一种方式，不过既有了新式运输合作，这种合伙办法，因为力量小，经营获利远不如新式运输合作之大，所以已不是组织群众畜力的主要方式。

第三种朋帮有很多好处：一是可以多赶牲口，多赚钱。一般单人赶脚，骡子顶多吆两头，驴子顶多赶3头，如果在一起朋帮，每人便可赶3头骡子，赶四五头甚至6头驴子，牲口多可以多驮东西多赚钱，而人的开支则可相对地减少。二是在技术上可以分工合作，特别是在放青时候，非有较多的脚户同路不可，并且有传习赶脚技术的作用，一些运盐农户和新学赶脚的人多参加朋帮学习。三是在发生意外事情时彼此可以互相帮助。这些都是过去一般脚户参加朋帮时所能得到的好处。但是去年以来政府广泛提创朋帮还有以下的用意，就是长短脚朋帮以后，由于彼此督促，可以增加运输次数，组织朋帮时可以将短脚与农户牲口提高为长脚，而且有了朋帮的组织，政府更容易帮助他们规定运盐计划，更容易加以督促帮助。

这种朋帮组织比之散漫脚户运盐虽然有许多好处，但也有一些缺点：1.各个脚户的牲口、资金账项经营还是各自独立的，还不是一个完整的经营单位，所以力量仍然小，发展仍然慢；2.参加者多受家中农业的影响，有时又担心运盐赔钱，所以运输力的使用还不是很充分的；3.它所能组织在内的都是已经能单独从事运输的脚户或农户，还不是集聚群众广大零散的人力畜力资财的组织方式。

第四是消费合作社的运输队。这种运输队因为是由合作社成立起来，并且是由合作社经营的，它的运输力强，运输力的使用比较充分，在流动资金、采办货物和积存草料种种方面，又都能得到合作社的帮助，这都是比之一般散漫长脚和朋帮长脚优长的地方。但这种运输队也有它的短处：1.它是以消费社的资金为主（或全部）成立的，因为消费社本身资金有限，它就不容易大量地扩大；2.它并未组织广大群众直接参加到运输合作事业之中；3.这种运输队不单独结账分红，所以积极经营核算的观念不强，畜力财力往往浪费，发展较慢。

第五，独立的合作运输队的一个最大优点，就是它能集中广大群众零星的畜力、财力、人力和物力直接参加到运盐事业中来，从而扩大了边区的运输力量，而且它是在群众本地区组织起来的，既能代替群众运盐，又便于群众自己来监督管理。此外这种运输队的牲口多比群众牲口健壮，能多驮，吆脚人又只管专门运盐，所以比之过多的发动群众去运盐，可以减免对于农业的妨碍。不过这种运输队一般是范围小、牲口少、资金比较薄弱，不易有大的发展，加之由区乡政府来领导，不能随时注意周到，在运盐利小或队员不可靠时，常常会陷于亏累，因为它有这种缺点，所以它只能是一种过渡的形式，它是需要由一村一乡的运输队集合成一区一县的运输队的，又是需要由独立的运输队进而与合作社相结合的。若干县份实际的经验证明了它的过渡性。

第六，在今天，具备着上述各种合作的好处最完善的合作形式乃是运合社的方式，运合社的组织虽因参加成分和分红办法的不同而又有许多的形态，但其基本特点是独立结账分红，并且有原有合作社的领导帮助，所以一般经营得法，发展迅速。特别是那些把广大群众的零散资金和私人脚户组织在内的，其组织更为合理，在运输业中的作用更大。因为吸收了广大群众的资金就可以大量发展边区新的运输力，吸收了脚户就组织了他们，并且利用了他们的赶脚经验，使得已集起的畜力财力有人力来经营。运盐业的经营是需要有相当够用的畜力、人力、财力和经营能力才能有发展的，而只有运输合作社才能最完满地把这许多条件集中与组织起来。

不过运输合作社的组织也必须有其必备的条件，首先就要有强有力的合作社与之相结合，其次当地运输条件、群众的认识程度、脚户的选择等问题，与运合社的建立和发展都有关系。

第七，公私合作。公私合作的好处是一方面可以解除公家管理经营上的困难，一方面又刺激了群众运输业的发展。仅就保育院来说，前年该院自己经营，虽有10余头牲口，但因运输队员情绪低落，浪费运输力，开支庞大，以致冬天断过木炭和小孩面食的供给，仅10月底20天中便超支马乾27000余元。自去年与私人脚户合作后，因为私人脚户经营得法，不但完成了比前年重的运输任务，而且较之自营，8个月就节省了60余万元。在这一合作当中私人脚户张维如也发展了，现在已备有骑马。

（《1943年的运盐工作》，陕甘宁边区政府建设厅，1944年）

四、加强领导，使边区运输合作事业不断发展

（一）边区的运输合作事业是在党和政府积极倡导与支持下发展起来的

半年来所组织的运输合作，无论是公私合作或民间合作，均是党政积极提倡组织的。哪一县最努力提倡，就最有成绩，哪一县不努力提倡，就最少成绩。由此得出经验，运输合作的发展，要有党政的积极提倡，否则是不可能的。半年来采取了什么提倡办法呢？最主要的有以下几点：

1.利用“公盐代金”，这是延安县党政首创的办法。该县利用6000驮公盐，组织了1070头牲口，在7个月之内运盐8240驮，完成该县全年任务之半数，成为该县完成运盐任务最主要的运输力量。由此得出经验，利用“公盐代金”是提倡运输合作的重要办法，是值得广泛采用的。边区政府提前决定明年公盐负担，由10万驮减为85000驮，由代金改为实盐。除为了减轻人民负担外，这一决定最重要意义之一，是为了更便利于提倡运输合作，只要各县能好好利用，对于今后运输合作的发展，当有决定的作用。依据上半年的经验，很好地利用公盐，必须做到尽可能及早利用、全部利用，并利用公盐与私人合作，必须做到照顾公家，按期交纳政府公盐。同时必须顾到人民，如无法提早交纳全部，只交纳半数，如不能增加驮数，不勉强增加。

2.“私盐代金”是提倡运输合作方法之一。在人民“自愿原则”下，可酌量采用。

3．“公私合作”是提倡运输合作最重要的方法，因为半年来的实际情况，公私合作占运输合作中最主要地位，民间合作只占次要地位。公私合作、公家资本所起的作用，主要是作为流动资金，牲口主要是由人民集股的，整个合作的股金，私人股金占多数，公家股金占少数。即使有些公私合作，最初公家资金占多数，但因逐渐扩大私人入股，公家股金必至变成少数。这种公私合作及公家股金占少数，私人股金占多数的原则，是符合党政提倡合作的正确原则，均可采用。另外公家的股金少分红，私人的股金多分红，如有损失，公家又按股平摊的原则是对的，是提倡与刺激运输合作所必要的办法，没有采用这一办法的，也应当采用。即公私合作采取私利多于公利的原则。

4.积极分子的倡导。已经组成的运输合作，均是经过党政干部首先找到长短脚户中的积极分子或模范党员、模范干部的倡导，再经过他们去号召群众加入所组成的，如果没有他们的积极倡导是组织不起来的。例如志丹县在三月以前，因为没有采用这种办法，便没有成绩，自从采用这种办法之后，成绩马上就有了，现在成为延属分区成绩最好县之一。靖边镇罗区组织120头牲口的例子，也是采用了这种方法的典型。由此得出经验，运输合作社的发展，是要首先找到积极分子出来首倡，再经过他们来号召群众加入才有可能的。这也是值得各县学习与采用的。

5.党政的支持。由于食盐归政府统销，盐价随着运费需要的适当配合，使运盐不但不会赔本，并且有利可图是不成问题的。为了刺激人民热心参加运输合作，故需要政府采取许多具体的办法以资鼓励和补助。另一方面因为利润不大，经不起大的波折，这种波折在运输合作刚开始的时候，还不太成问题，将来组织普遍，管理上稍有欠缺，某些合作社暂时波折是会有的。这种暂时波折，可能影响其继续存在时，这就需要政府的支持。边区政府颁布的运输合作奖惩办法，以及今年先后贷款近2000万元，上月又规定运盐所赚运费免征公粮，又由物资局购买草料低价供给脚户，以减低运输队的运费，以及各县规定参加运输合作的人民，减少义务劳动等，均是为的起奖励和支持的作用，也即是公私两利的作用，是完全正确的、必要的。

（二）党和政府对运输合作社的具体组织与领导

现有的运输合作，无论是公私合作或民间合作，均系各级党政领导组织起来的，也都是受党和政府的领导与支持的。但具体来说，有统一领导、分散经营，与统一领导、统一经营两种。统一领导、分散经营的，除了民间合作外，也有公私合作的一部分。统一领导统一经营的则纯是公私合作的。统一领导与统一经营的机关，有的组织运输大队，受县合作联社管辖，合作联社受县政府领导。没有运输大队部的，归县联社统一领导，或直接归县政府统一领导。统一领导机关（大队部，或县联社或县政府）对于分散经营的合作社所做的工作，主要是检查工作，介绍经验，分配任务，调剂投资，供给干部等。统一领导机关（大队部）对于统一经营的运输合作社，所做的工作比分散经营的更多、更便利。因为牲口、人员、资金均归大队部支配，所以调度自如。编制上毛驴骡可分开编制，放青和住店的牲口也可分别编制，使用便利。有经验的脚户和抱大鞍的干部，可以适当配备，发挥其技术。可以帮助调换牲口，办理草料供给，办理上脚货以及统一规定行程、路费、待遇等，但统一经营的领导机关，须具备有必要的条件。这些条件是什么呢？以延安县为例：

1.要掌握运输合作政策，首先是“公私两利，私更有利”的原则。在目前最重要的是从各方面支持运输合作，保证其有利可图，才能巩固与发展。延安县上半年的运输合作，本身并无多大利润，但大队部利用做走水生意，倒换牲口赚钱来帮助运输合作，如没有这一帮助，合作暂时就难于长久支持。延安县这种政策，尤其运输合作刚成立的时期，是非常必要的。

2.统一经营的领导机关，必须有相当经济力量作后盾，才能支持运输合作。延安县有南区合作社为基础，又利用了全部公盐代金，加上大队部向银行、物资局、建设厅等的临时借贷，才有了支持运输合作的力量，如没有这些，就无法来支持。

3.要与人民（特别是长脚户）有密切的联系，使人民相信统一经营确实有利。要有相当经验，才能领导运输合作。延安县的大队部，是具备了这个条件的。

（高自立：《运输合作检讨》，《解放日报》，1943年9月23日）

（三）有计划地调剂运输力，克服困难，使运输合作事业不断发展

1.运输合作社在发展中的困难

目前运输队的发展中，在运输力的分配与调剂，发现有这样的困难：

（1）运输力太少或过多的矛盾：运输工作本为保证运盐任务而产生，但由于国民党对边区的封锁，盐销有一定季节。因此，形成有时运输力不足，有时运输过剩，如每年放青时间边区农户可以抽牲口运盐，但是国民党要封锁压价，盐卖不出去，形成运输力的过剩；农忙时秋收时，边区农民不能参加运输，但由于友区人民的需要，有时国民党不能不开放一点，销盐增加，运输力便感到不足。

（2）地区分配不均的矛盾：由于边区经济发展不一，形成有些地区运输过多，有些地方过少。如延属分区参加运盐的牲口17591头，占全数28.4%；三边分区20089头，占全数32.4%；陇东分区17814，占全数28.7%；而绥德分区参加运输的牲口才2515头，占4.6%；关中分区才3902，占6.3%。而运输合作牲口，延属分区12226，占总数46.8%，几占一半；三边分区2331头，占33.8%，占三分之一；陇东分区10848，占15.7%；关中分区仅125头，占1.9%；绥德122头，占1.7%。因此延属分区、三边分区形成牲口很多，关中与绥德分区则不足，这是地区分配的矛盾。

（3）运输队大小问题

运输合作牲口比较集中，能够保证运输任务，但因数量太大又发生困难。如庆阳市合作社每队牲口60余头，出门住店困难，小店住不下，草料困难，在家停两天就需草料费数万元。固临运输队、延长运输队也有停不得之苦。因此我们看出，牲口上30头，便发生5件困难：1住店困难；2草料困难；3回脚困难；4行动困难；5放青困难。如果太小也不好，队员不起劲，分不多，运输效力也不好。因此，形成运输队大小的矛盾。

（4）运输力的浪费

去年对外贸易没有完全管理，对内物资的流通也是自流的。由于各地物价的涨跌或此起彼伏，因而形成运输力的浪费。如韩城的棉花，河南的土布，由于国民党的封锁，不能从南路入口，绕道定边入口到来延安，旋因延

市物价波动，土布过多，布价下跌，于是此批土布又运往三边，旋因延市物价高涨，又运回延安。如颜料由榆林经绥德来延销售，但因物价低而又运回绥德，旋延市货涨再运回延安。这种货物运来运去，不徒使物价大涨，也形成运输力的浪费。

这四种困难，形成运输发展中的障碍，我们要好好地解决，才能使边区运输得到正常地发展。

2.有计划地调剂运输力，使运输合作社不断发展

我们要解决上述困难，就是要有计划地调剂运输力。

（1）要解决运输过多过少的矛盾，首先希望国民党撤销对边区的封锁，如果不然，我们只有“有盐运盐，没盐运货，没货转入生产”来对付运输力过剩的矛盾。我们要保存合作社运输的基干力量，发展公私合作，及时组织私人劳动力，对付运输力过少的矛盾。

（2）要解决地区分配不均的矛盾，应注意延属分区、三边分区一般地停止发展，采用包干政策；绥德分区、关中分区可以根据需要来发展，或由延属分区、三边分区的运输队去负担当地运输，要根据具体情况来调剂，以解决地区分配的矛盾。

（3）运输队太大（30头以上）太小（10头以下）都不好，此为一般人士所公认，大家都认为20头左右为最好。上次各县联社主任会议上，庆阳、华池、曲子、靖边、吴旗等地均主张缩小到15头为宜，以班为独立单位。队小有好找回头脚、草料容易、住店容易、又可放青、行动迅速五大优点。而延安县联社刘主任则主张二十几头为宜，以队为活动单位，队长可以领导全队进行活动，太小效果不大。我们认为这两个办法都好，希各地根据本地的具体情况决定之。

（4）要避免运输力的浪费，只有完全管理对外贸易，对内物资流通，要有计划地调剂和组织贸易公司、运输公司，要有计划地根据各分区生产与消费的需要来适时地调剂运输力，只有这样才能避免运输力的浪费。

（《边区的运输事业》，陕甘宁边区政府建设厅，1944年）

（四）边区政府奖励运输合作社办法

为发展边区运输合作社，便利食盐运输与对外统销，及保证合作运输得利起见，特制定陕甘宁边区运输合作社奖惩办法。

1.凡具有以下三个条件的运输合作社均可得到政府的奖助：

（1）以运盐为经常的主要业务；

（2）运盐不走私；

（3）运输路线受盐业公司的调动。

2.奖助办法如下：

（1）如因盐价跌落，影响亏本致不能维持存在，政府可给以贷款，或酌量予以津贴。

（2）已成立的运输队，如因流动资金缺乏不能运盐，政府可给以短期借款。

（3）如因在边区内受军事差役损失，致不能维持业务，政府可予以津贴。

（4）遭受天灾及其他祸患非人力所能抵抗，致不能维持存在，政府可贷款或酌予救济。

（5）得享受政府规定平价草料的优待。

3.凡领导发展运输合作社，达到如下的标准者，可受到政府名誉（奖旗或奖状）或物质（棚帐或毛口袋）的奖励。

（1）一年所赚运费发展牲口在原有数五分之一以上者。

（2）一年运盐次数至少达10次，每次单程8站以上，平均驴驮在150斤，骡马驮在220斤以上者。

（3）脚夫每人赶骡马3头以上，或毛驴4头以上并管理饲养有良好成绩，全年损失最小者。

（4）受盐业公司调剂运盐路线者。

4.凡有下列情形之一者，应受到政府的惩罚：

（1）运盐走私者。

（2）故意损伤牲口及合作社财产，或故意使营业遭到亏蚀者。

（3）贪污浪费，假公走私者。

(4）消极怠工，致使合作社受到损失者。

（《陕甘宁边区运输合作奖惩办法》，陕甘宁边区政府，1943年8月）

（五）边区政府对运输合作社因物价波动而赔本的补助办法

运输合作社是今年运盐的重要力量，也是明年要大量发展的运盐组织，因此，本府曾颁发运输合作社奖惩办法，规定各级政府必须支持奖励，使之能经常运盐。

运盐能否赚钱，有许多条件，如骆驼、牛等放青的能够赚钱，骡马、驴等不放青的不易赚钱；管理得好，能多驮、走够站、人少、损失少的能赚钱，否则不易赚钱；有回头货及自带草料，花费节省的能赚钱，否则不易赚钱。

兹因草料、伙食价格高涨，运盐可能利少甚至赔钱，本府为了支持运输合作，特规定如下办法：

1.运输合作社如在10月1日以后，因运盐卖交盐业公司而赔钱，由县政府（有物资局、盐业公司者协同进行）进行检查，了解其人数牲口数及前节所述各种条件，确实检查其所赔数目及原因，并计算连同工资在内，每两头骡子（或3头驴子）以每天赔一升半小米（18桶）计，应赔若干，由县政府报告专署。

2.三边、陇东、关中专员公署接获报告后，应会同各分区物资分局加以审查，确实除草料、伙食、装备开支外，根据每2头骡子（或3头驴子）每天应补升半小米之标准，由物资局补助，但以确因草料、伙食昂贵而赔本者为限。如果因管理不善而赔本者，物资局不负赔补责任。延属分区则由专署报告物资局及建设厅协同审查。

（《陕甘宁边区政府关于补助运输合作社的通知》，1943年11月25日）

（六）边区政府决定利用公盐代金发展运输合作社

明年度公盐任务，已经本府于战字七八一号命令公布。为减轻人民负担，由今年10万驮减为明年85000驮；为了保证公家供给，由今年完全征收代金改为明年完全（除绥德分区）征收实盐与代粮代棉等实物；为了发展运输合作，允许各区提前征收和利用公盐代金。

根据本年各县组织运输合作的经验，正确利用公盐代金，是政府提倡运输合作，发展运输力的良好办法。为了发挥利用公盐代金发展运输合作的经验，特作如下指示，希各分区各县根据具体情况研究实施之。

1.明年公盐负担，除绥德分区外，准许各县提前于本年秋收后，按照各县运交公盐地点的市价征收代金，作为发展运输合作之用。

……

2.利用公盐代金之各县，应注意一方面照顾政府财政需要，必须按本府规定分四、八两月分各交足半数，不得借故延误；另一方面照顾人民负担能力，凡经济条件可能提前交纳的，应尽量争取全部提前交纳，不可能全部提前的，准其只提前交一部分，完全不可能提前交纳的，不得勉强提前，准其于明年四月、八月分期交足。此外，各分区或各县征收和利用代金时，对本府所规定的公盐驮数、斤数及按市价折收之原则，不得自由变更，如因特殊情形须作变更时，须事先呈报本府批准。

3.利用公盐代金，要发挥代金对于发展民间运输合作社的作用，防止仅仅以代金购买牲口，而不进一步以代金发展运输合作的倾向。凡尚未建立运输合作的区域，应以代金与长脚户、短脚户及农户合作，组织公私合作或民间合作的运输事业，并且争取代金占少数，群众股金占多数，以吸收更多的人民及其资金和牲口参加合作。凡已经建立运输合作的区域，应以代金扩大与巩固原有的合作运输队，并发展新的合作。总的方向是力求达到每百人中有三头牲口的运输合作。各专署各县应根据这个方向去具体计划。

4.为了争取长脚户及农户积极参加运输合作起见，各级政府应从各方面支持运输合作，使之有利可图，保证实现公私两利，并且私利多于公利的原则。

5.利用代金要抓紧时间，宜早不宜迟，宜快不宜慢，否则交盐期限到来，失掉利用的机会。所有代金均应用于发展运输力，不准挪作其他用途。

（《陕甘宁边区政府关于利用公盐代金发展运输合作的指示》，1943年10月2日）

五、运输合作事业发展比较好的几个县、市

（一）延安市1943年的运输合作

1.一年来运输合作社（队）发展情况

全市在今年初原有四个运输队（其中有两个规模较小的，即东区和南区，他们是个人运盐队），共有牲口76头，经过9个月来的开展，已扩大至6个队，共有牲口128头，并在质量上提高了。如西区原有牲口28头，牲口内只有骡子1头、马6匹、21头驴，现在有33个，虽数目增加不多，但是质量上提高了，现在有10头骡子、9匹马，其余皆是驴。各区开展情形详见运输队状况统计表：

项目	数目　区别	东区	南区	西区	北区	总社	总计
成立日期		今年二月	今年二月	今年三月	1941年12月	今年8月	
原有股份资本		3350000	30000	236000	20000	2760000	56360000
成立时原有牲口	骡	2		1	6	5	14
	马			6	2	3	11
	驴	4	3	21	5	18	51
	牛						
	合计	6	3	28	13	26	76
现在共有牲口	骡	2	1	10	5	12	30
	马		2	9	6	3	20
	驴	4	5	14	30	19	72
	牛	6					6
	合计	12	8	33	41	34	128

2.怎样组织与领导运输合作社

（1）为了发展本市运输事业，我们在扩大运输队的组织上出了很大的力量，如抽一半农贷（125000元）作为运输贷款，并在群众中动员入股，组织与充实合作运输队。如西区今年五月间动员群众给合作社入股158000元；北区两次搞民办社，动员到21头驴子入股组织合作运输队；东区城镇乡集股20余万元买牛7头（死了1头）成立了乡的运输队；又在商会、作坊工会动员240万元成立本市合作总社，我们为了这一事情的发展，投资150多万元作为

推动，现有牲口30头。其次是给各区运输队以周转基金的便利，如上半年借给公盐代金以及介绍到银行借款临时周转。这样才能有我们今天运输队的壮大（已有128头牲口）。9个月来已驮盐六百六十五驮零二斤盐。

（2）建立了合作运输总社统一领导，便利运输队工作的开展。为了发展本市运输事业，我们曾发动了公私商店集股组织运输大队，现在已集股金400万元左右（商会百万、工联100万、作坊工会40万、市府1581000元），买到牲口34头，于9月初开始了运盐工作。它和各区的运输队是有着领导作用，吸收与总结各队运盐经验。

（3）创造了运盐模范。北区北郊乡的杨家湾村，有22户人家，在运盐赚利的影响下就有19户参加了民办运输合作社。曹万祥把所有的2000元储蓄金全部入股，候学义把春天卖的耕牛钱作为股金加入。杨家湾没有一个不知道运盐会赚钱的。在他们的影响下和在区政府的推动下，杨家湾成了北区运输业的枢纽，除过候学林自己及保育院的牲口外，民办合作社的牲口已由5头驴发展到40头了。在今年的运盐中他们已从盐池驮回来7次，共驮47218斤盐（保育院、候学林的在内），除一切开支及两次损失外，可获纯利445212.5元。

（4）发现了运盐英雄。徐兴才是西区合作运输队的队长，西区的运输队是他以身作则不辞辛苦一手创造的。当市政府运盐座谈会上谈了今年运盐事业的重点后，在区政府领导下他积极地打起了合作运输队的旗帜（他先把自己的2匹马6头驴10丈洋布帐都参加合作社），不仅自己加入而且到处宣传鼓动，不到一个月工夫他的运输队就开始了驮盐。在运输的过程中不仅没有违犯法令，而且是遵守政府法令的模范，不偷税也不走私；为群众利益积极负责，不辞辛苦。以他的家境说，运盐的苦他可以不吃，论他的身份他可以骑着走马指示别人，但徐兴才则相反，虽然他是队长，在路上他和一般队员一样什么活都干，喂牲口抬驮子。西区运输队在他的领导下，由28头牲口已发展至33头牲口；过去只有1头骡子、6匹马，现在则有骡子10头马9匹。共驮盐7次，37009斤（内有6217斤运至临镇），共获利396587元。为了使他更安心工作，我们于8月27日召开了颁奖大会，并选他为运盐英雄。

3.一年来运盐状况

延市全年公盐任务是1500驮，内实盐10876斤，合1000驮另63斤；交代金1300驮另412斤，合洋139万零400元。

我们的私盐任务是1200驮，除各个长脚运输队驮运外，今年放青时期，组织了全市群众的放青驮运食盐的运输队，共有牲口130头，运盐96驮另25斤，加上运输队的驮运数共761驮另17斤，已完成总任务的63.5%（内有西区33头牲口，驮盐1245斤合8驮45斤），尚有439驮，以我们现有的力量得三次半驮，始得完成任务。

项目 \ 数目 \ 区别		东区	南区	西区	北区	总计
长脚运输队运的	运盐次数	4	6	6	6	22
	盐数（斤）	7950	4710	32877	42082	87619斤
	卖价（元）	217077	135273.5	936108	1217659.1	2506117.6
	开支（元）	161962.14	32420	548257	754980.6	1497619.74
	赚利（元）	55114.86	102854.5	367851	462678.5	988498.86
	折驮数	53驮	31驮60斤	219驮27斤	280驮82斤	584驮19斤
组织群众临时放青运的	运盐次数	3	1	1	1	6
	盐数（斤）	6630	5000	1325	1490	14425斤
	折驮数	44驮30斤	33驮50斤	8驮125斤	9驮120斤	96驮25斤
运输队与群众放青总合	运盐次数	7	7	7	7	28
	盐数（斤）	74580	9750	321202	43552	102084斤
	折驮数	97驮30斤	64驮110斤	228驮2斤	290驮52斤	680驮44斤

（《延安市经济建设总结报告》，1943年7月25日）

（二）志丹县的运输合作社

志丹自从1943年3月间开始组织合作运输队以来，截至年底，已经组织起858头的公私合作与民间合作社的庞大运输队了。在6月以后，10月以前，是普遍发展的时期，是突破一区转到二、七区然后三、五、六区，最后发展到四区。先公私合作，后民间合作。各区由一队发展到两队、七队（如一区），由长脚加入推广到组织短脚，由政府领导组织到群众自动成立。这是800余头运输队发展的概括过程，也是党政领导组织扩大运输队的整个步骤。怎样来巩固现有的八百多头运输队？巩固了现有的，才谈得上再发展。

根据实际的经验，在巩固现有，便利发展上急需解决如下问题：

1.是教育问题……牲口加入了运输队，教育每个队员，说明政府是诚心诚意帮助群众，把牲口组织起来，把盐运得更多些，使群众收入更加增加，增加了人民的收入，也是增加边区的财产，发展了边区的经济，这对公私都有利益；说明政府不是今天把大家组织起来，明天就把驴子变成公家的，专门给公家运盐，这里可以举出南区合作运输队为例，来教育志丹的运输队，彻底消除怀疑，才能使运输队在思想上巩固起来。

2.牲口的打价与分红问题。首先是骡马与驴子的打价不合理问题。骡马卖价比驴是高几倍，但驮力高不过一倍。据我们的调查，一头骡子至多只驮一头半驴子的，如按卖价入股，入驴子的吃了亏（骡子的消耗顶一头半驴子），如按驴力打价入股，入骡子的又吃了亏，因之，我们商讨的结果，是均按驮力打价入股，死伤了的按卖价公伙补偿。如果入骡马的主人还不愿意，就把骡马专组一个队，这样就可以解决相互的争执。不论何时加入，一律按驮力作价入股，这样都不吃亏。最后是分红问题，有的队员家贫需要，有的不需要，因此有的运一回盐分一次红，有的三个月或半年分一次红。我们根据这两种情形，规定卖一次盐分一次红，用钱的抽出去，不用的买成驴再入成股子。

3.要使运输队在收场时期运盐不因路费太费而赔本，必须解决以下几个问题：

（1）自己开设骡马店，购买粮食与草料。志丹去冬已开设了11处公私合作的骡马店，除六区不过大道未设而投资外区骡马店外，其他各区都有一处到两处。草料均在当地自行购买，价钱很低，粮食也便宜，这样本县运输队往返都住自己的店，就节省了很多的钱。这笔专设与投资骡马店与购买草料的资本，大部分是从今年公盐折代金拿出的，其中少部分是由县联社与各区合作社拿出，总数达186万元。目前在本县境内，这个问题已解决了，就是在外县仍出一笔大的经费。

（2）流动资金的问题。在冬季运盐一回，刚够一回消费，甚至赔本，因之没有一笔专门作流动营业的资金，要支持运输队是很困难的。有的使用代金，今年四、八月运交公盐，这样冬季利用这笔资金，作一些营业，获一点利来供给与支持运输队过冬。

（3）捎“回头货”。志丹的脚户往年就有捎回头货的习惯，也知道有利可图。可以捎些什么货呢？如粮食中的米、麦、料，木料中的料子、椽子，领子、担子、车轴、辋子、辐条等。这些都是三边需用的，价钱很高，据去年夏天脚户说，1头驴，驼一驮木椽，可卖够3头驴的盐本，至于料子，更贵了。就是一驮回头货，能够一驮盐本，也还算过账，如再多，还可补助经费，这也是支持运输队使其少赔本，不赔本的一个补救办法。

（4）队长与队员的选择，对于运输队的巩固与发展有很大的关系。根据我们检查的结果，凡是队长与队员好的队，都多赚了钱，并且对于牲口的管理，非常关心，没有跌坏、死了驴子，如第十运输队（四区）队长系四区二乡的前乡长邵丕仁，他不骑马，和队员同走，亲自看喂牲口，收拾鞍架，抬驮子，和队员打成一片，因此他在队中的威信极高，加入到他队的人，都很放心，队员都尊敬他。11月县上召开县、区、乡三级干部大会，给了邵丕仁以光荣的奖励。如第×队（二区队）自成立以来，就跌死了两头、乏了四头、狼吃了两头，这是队长不负责任与队员不关心牲口的结果。因之今后必须从队员中（加入驴的）群众中选举有经验有威信的积极分子担任队长，作为一个队的基本核心，同时必须选择很好的运输队员。目前发生的困难，是出钱雇不下赶驴的人，这里流动劳动很少，必须从各地方找雇一些赶驴工人，在当地凡有劳力之家，入驴也入人，从这两方面，可以解决这个困难。

（5）加强与统一领导的问题。为实行这一项，党政在去年9月间，就抽调了几个干部，成立了运输队的统一领导机关——大队部，由原在县联社工作的曹生有任大队长，原二区区委书记韩应德、前七区区长王瑞生两同志任指导员，分管队内工作与骡马店工作，以后还继续抽派一些干部到大队部，分赴各队进行检查指导教育，解决队内问题，提高他们的政治认识。计划今年前半年把民间合作运输队一律公家入一份股，变成公私合作的运输队，这样就便于领导，赶今年年底统一在大队部直接领导之下，像延安合作运输队一样的，成为坚强有力的一支人民运输队。

（王耀华：《志丹县合作运输的巩固与发展》，

《解放日报》，1944年1月31日）

（三）吴旗县的运输合作社

吴旗县的合作运输队，是在今年二月间才开始筹办的。原计划今年组织110头牲口，经过干部与各合作社的研究及在人民中解释宣传，到现在全县已组织起16个队，所参加的牲口计有骡马47头，驴子255头，共计302头，超过了原计划192头。

我们为了得出经验教训，以便利明年的工作进行，特在这次区委区长联席会上，将今年的运输合作社作了较详细的检讨与总结，现将检讨的情形写在下面。

…………

每一件工作起初总有许多困难，尤其合作运输队在吴旗县人民中说来还是个新问题，不懂得参加了是否与人民有利，又加上特务分子在人民中大量的造谣破坏，说："参加了合作运输不但所赚的钱完全公家拿去，而且牲口也要全部归公"，致使有些人民本来想参加而又不敢参加。假若不很好地克服这种障碍，便使工作无法进行，所以我们对组织运输合作社，用了下面的工作方式：

1.我们在今年二月间，首先召开了全县合作社主任联席会议，在会议上说明了运输合作社的重要，并规定了二区的500驮公盐全部由合作社收代金买牲口代运，其他合作社只收一个乡作为试验，以便明年的公盐全部由合作社承运。除公盐代金外，再在人民中集股与公盐代金一同买成牲口成立运输队。在这次会议后，各社主任回去便积极地收股与收公盐代金来买牲口。在三四十天后，二区合作社便买到骡马20余头，一区买到驴子11头，三区买到驴马4头，四区买到驴子3头，六区买到驴子7头，又与长脚户朋帮正式成立5个队。虽然合作社本身的牲口不多，但有朋帮的牲口合伙，每队都有二三十头牲口。这样吴旗县的运输合作便初步地成立起来了。

2.要吸收人民参加，首先就要选择对象，给他多方面的便利，使该人参加进来，由他再宣传与影响别人来参加，假若想一下普遍进行，是达不到很好的效果的。所以在开始时，各合作社都物色了对合作社信任、胆大、有困难的人吸收进来。其他人看了这些人得到了实际利益，便自动来参加。如二区合作社首先找到了田万智，因该人去年害病及死牲口欠下债务很多，无法归还，准备卖牲口来还清债务，合作社就将他的欠债还清，又给他借了料一石，使他的牲口也不要卖了，欠债也还了，并且还解决了牲口没料吃的困难，这样，他认识了合作社确实很好，就将他的12头驴子作了12万元（在二月间）入到合作社内，合作社又补充了2头骡子，并选他为队长，赶14头牲口贩盐。其他脚户看到了田万智参加了合作社得到了利，就接二连三的有三四个长脚帮头自动地参加了运输合作社，如沈牛、王巨才、毕玉祥等，就是在田万智影响底下参加了的。

3.解决运输队的困难与帮助运输队的发展，是运输合作社的主要任务。尤其在今冬草料价日渐上升，如没有合作社的补助是赚不了很多的钱的。

4.组织形式，由于人民的认识不同，所以就不能拿一种方式去进行，要根据人民不同的认识，用不同的方式去组织。在这方面，综合吴旗县今年组织起来的302头牲口，是用下面的四种方式进行的：

第一种是合作社利用公盐代金及在人民中集股所买的牲口，除支费外，所赚的钱，全交合作社，由合作社再给社员按股分红。

第二种是合作社与人民双方入牲口，将双方的牲口与赶脚的人都作为股金，所赚的红利，抽15%作为赶牲口人的奖金，其余的仍按股分，有的买成牲口充实运输队。

第三种是合作社给脚户投资，脚户将牲口作价，所赚的钱按二八入股，一九分红。如二区合作社的第四队沈牛赶13头驴子，合作社给他投资10万元，他将牲口作了50万元，并言明所赚的钱，合作社应分1万，只分9000元，余1000元多分给他。

第四种是长脚户与合作社的牲口朋帮，受合作社的领导，但牲口不入合作社，这种人是在朋帮中试探合作社是否于他们有利。时间长了，看到运输队在装盐、卖盐及买货等都较便利，尤其合作社不但帮助运输队解决困难，而且还帮助赚钱，所以他就参加了运输合作社，这种就是由朋帮转到了合作。

以上四种方式在吴旗县今年组织运输合作社都起了作用，都得到了效果。脚户都成了运输合作社的正式队员。

吴旗今年所组织起302头牲口，已打下了明年组织运输合作社的基础，所以我们在现有的基础上要更进一步地研究讨论，以便明年顺利地进行工作。

（王明远：《1943年运输合作社的检讨与1944年的计划》，《解放日报》，1944年1月11日）

（四）定边县的运输合作社

定边五、六、七区在几年来有80%的农户都拴起了鞍帐，抽空运盐。其中由农业转为专靠运盐为生的（指五、六、七三个区的），已有20%，在这几年有不少由运盐发了家的。这里有句俗话："口袋好像捣金铺，鞭子就是摇钱树。"去年政府布置公、私盐25000驮的任务，除如数完成，还超过1700驮，并获得了一些经验：第一要朋帮合作，少去人；第二要选择好人作帮头；第三半脚要利用放青与农暇时间；第四要把沿途的草店设备好。

牲口的数量几年来增加了几倍。1939年全县不到500头长脚驴，去年总结全县的长脚有1259头，半脚驴有1100头。过去主要的缺点是没有合作基础，但去年冬在分区劳动英雄大会上田保霖讲了运输合作的好处与办法后，定边的各英雄们非常兴奋。同时，政府也指示各区干部要与劳动英雄们共同造成一个热潮，到处宣传，不到两个月的工夫，就组织了262头（盐、七两区在外），另外还集起股金洋4825000元。成立运输合作的办法，有的是以区为单位，有的以乡成立，有的是两乡或三个乡合作组织的，共有17个单位，24个乡已经成立了。方法是首先利用了公盐代金及劳动英雄们的热心来办理。其次还有几种不同的组织形式：第一是农户集股，脚户入驴子，公盐代金也买驴，除驮公盐外，所获的利润脚户得70%，农户得30%；第二种是集大股（公盐代金包括在内），还附设一个"消费合作社"，除驮公盐外，所获利润按股份数分；第三种是不用公盐代金，只是集大股买驴子；第四种是只用了公盐代金买驴子，另外不再集股，但公盐由全区的长脚运出，所买下的驴子也由长脚负责管理，所获的利润脚户70%，农户30%。合作社给老百姓解决具体的问题，而本身得到了发展，例如：在过旧历年时，它早已知道人民需要很多货物，非进城去不可，就首先去城办了年货，除路费外，不赚一文钱就卖给老百姓。这样群众都自动来要入股，于是腊月二十日就在乡上开会大家先商量怎样入股，“脚户提出入驴子”，“农户要入钱”，一下子闹起来了，把一个乡的长脚驴子全部加入合作社了。

（杨正喜：《定边运输合作的发展》，《解放日报》，1944年4月30日）

六、几个较好的运输合作社

（一）延安市西区运输合作社

延安市今年决定要运出盐1200驮，比去年增加20倍（去年只运60驮左右）。为了完成这一任务，市府于去年年底召集了区长乡长和长脚户徐兴财、侯学林，拓成功，江海满等专门讨论运盐的会议。讨论出四个办法：第一，包运公盐，代金每斤按10元收钱（当时市价每斤8元），如果盐价涨了，政府保证设法包运公盐的赚钱。第二，运输队不拘形式，运输合作社或脚户临时朋帮都可以。第三，任何形式的运输队，只要去运盐，政府都给以贷款。第四，运输队由市政府发给旗子护照。四个条件决定后，市府即以西区徐兴财、北区侯学林等作为核心，去号召群众参加运输合作。

会后，徐兴财首先以两匹马、六头驴加入，区长刘子彦同志便决定以徐兴财当队长，又即时和他分头到农村去找光景好的人家宣传。徐兴财和他的老朋友张仲华说好，张仲华又回到他的本庄去劝说，他们除了用市府讨论的四个条件外，又加上“谁参加运输队，入了股，公盐代金就由红利内代交”一条，并说明组织了运输队，就不会普遍动员农民去驮盐了。

群众听了区长的宣传，又知道徐兴财加入了合作社，并当队长，就纷纷都以牲口入股。张仲华入了一骡一马，秦好光、秦好盛各入2头驴，拓成功、梁鸿等6家各入一头驴，一共就有20头牲口。刘区长便召集了股东会，推选了5个人的估价委员会，将20头牲口都做成钱股。当时有几家因为把牲口加入了合作社，家里就没有牲口送粪，便从合作社抽出一些钱，买个便宜些的小驴使用，这个便利社员的办法，老百姓更加高兴。因为运输合作社需要一个住所，于是又商得石佛沟贾生瑞、姬仲珍的同意将他们所开的店也作股加入了，接着有4个人入了一些现金股。

有了牲口，还得有赶脚的。又由徐兴财等四处觅访也找到了，其中有两个抱大鞍的和一个兽医。赶脚的都作成人股入股。

因为徐兴财曾帮助枣园买过羊，赶过脚，关系很密切，又经他将枣园的六头牲口一个抱大鞍的人拉进合作社。

徐兴财的大哥徐兴旺，在定延路局工作，也是赶脚出身，经他向路局商量后，也入股4头牲口、73000元现金，并允许徐兴旺去参加。这样运输合作社便建立起来了，合共有牲口32头，其中有牲口入股，房屋入股，现金入股和人股。商定第一期6个月分红一次，以后3个月分红一次，但不论所入何物都折成钱，合作社有权将不好的牲口换成好牲口。

运输合作社成立后，市政府就实现诺言，贷款5万元，于是合作社又将3头不好的牲口卖掉，买进5头好牲口，以后市府又给了包运公盐的代金款11万元，作为流动资金。

现有37头牲口（骡10、马9、驴18），值809200元；房屋、存款、现金等共28万元。除去公家入股及借款外，原先入股的一元可分一元，因所赚都购成财产，故仍入股，不分红；余2万余元作为公积金。现在该社资金来源是：

群众入股808000元（包括定延路局等机关入股314000元）；

公盐入股162040元；

政府贷款90000元；

公积金60000元；

共计：1120040元。

公盐入股16万余元现在已经可以完全作为一般的股金，因为该社已按政府规定将所欠公盐在6月中旬全部交纳完毕，现在的负债只有贷款9万元了。

从这个运输合作社成立发展到现在，可以得到以下的几点经验：

1.开始是由政府找到了长脚户中的积极分子（徐兴财）和他说好，由他首先响应，再以他为核心去拉拢其他脚户和农户的人力与牲口加入，因为通过了与人民有联系的积极分子，合作社就在自愿的条件下成立起来了，建立起来之后，又由他去管理。徐兴财从1932年就开始赶脚，所以懂得运输队应该怎样经营，赶脚的应该怎样待遇，使运输队员尽量发挥力量，使运输队能多赚钱。

2.合作社不仅有群众入股，而且吸收了机关（枣园和定延路局）的牲口参加，利用了机关的剩余运输力量去运盐，帮助完成延安市的任务，而且赚了钱帮助了机关的自给。

3.起初包运公盐赚运费，以后又采用代金入股，多收为15元一斤，10元作股金，5元代金。合作社代交是10元代金，因此扩大了运输队，使西区的运盐任务，全由合作社担任，不必动员人民，而人民出了代金，又有一份股金存在。

4.市政府与建厅的贷款数额虽然不大，都起了提倡和前导的作用，也是使它能够发展的条件。

5.合作社自开始成立起，市政府和区政府就在帮助它，号召公盐入股时，政府是极力帮助的，每次回来，政府都有检查，了解其中的问题，帮助解决，如抱大鞍的虐待牲口，就是检查出来后交政府去处理的。

6.运输合作社的运输业务如倒牲口，做流动生意、开店、揽回头货等都联系起来，所以牲口不断增加，驮重量由平均每头牲口148斤，逐次增加至272斤，由于管理的人有经验，这个运输队又是一开始就赚钱的，所赚的钱又是逐次增加。

7.运输合作社将消费合作社并进去，成为一个营业部门，又准备扩大营业，以便与人民的关系更加密切。

由于政府在领导上是采取了一般号召与具体解决相配合的方法，将基础建立在人民身上，所以这个运输合作社是有发展前途的模范。

（华明：《延安市西区运输合作社介绍》，
《解放日报》，1943年7月25日）

（二）田保霖合作社运输队

1943年3月份，靖边党政为响应上级号召，保证运盐任务的完成，特提出组织运输合作，并将集体运输与个体运输的效力，及其赔赚的具体材料在区委区长联席会上、乡长支书联席会上及合作社主任联席会上加以动员。

田保霖到县上开会，经过党政的帮助和教育，首先响应号召，决心开展新城区合作社的事业，组成新城区的运输合作。4月在本地集股，5月到县上买回一批货物到新城区低价卖出，群众中威信大大提高，6月1日新城区合作社正式开幕。6月初四田保霖即赶8头驴子往盐地驮盐，其中合作社购买2头，计洋48500元，群众投资牲口6头，计140000元。当时没有鞍架、皮条等，合作社现款很少，仅投资牲口、麻、荞麦，牲口鞍架借来7副、自买1副，棉花套也是借的；盐税盐本也未出钱，是在县上领来盐票500张，卖盐以后才付还。放青时往池上驮盐，不花草料钱。去年6月至9月共驮盐6次，半月来回一次，共计3个月，加上耽误的时间，共费4个月，每次8头驴子，6次共48驮，合7680斤。

当时，一般群众不能囤盐，由于税票过期要补盐税，老百姓都怕囤盐。田保霖经过税局同意后，由合作社囤下，他到池上驮盐又是盐票，更增加了他的利润。由他的囤盐经验来看，“放青囤盐，上槽卖盐”的办法是有利的。由于放青盐价低上槽时盐价高，囤盐可以赚钱，而且囤盐可以防止国民党的封锁，增加对外斗争的力量。

去年10月田保霖打听到米脂春羊毛价好，铁锅便宜，本地群众又急需铁锅，一般群众没有介绍信，在米脂买不上锅，田保霖便设法找靖边县长及张家畔税局缪局长写了3封介绍信给米脂马书记、税局乐局长。手续办妥后即出发5头驴子往米脂共驮春毛750斤，每斤买价100元，到米脂卖价270元，每斤赚洋170元，750斤共获毛利127500元。由米脂驮回铁锅19面，成本大的每面5000元，中的3000元，小的1500元，平均每面3000元，到新城区后，农民大家竞买，7天就卖完了。每面卖价5000~7000元，共获利85500元。来回20天开支30000元，共获净利183000元。

去年11月，又往米脂一次，赶5头驴子驮春毛750斤。同行有群众牲口17头，因为群众看到驮锅有利，要求与田同去。这次春毛在靖边买价120元，到米脂卖价240元，每斤赚洋120元，共获利90000元；回来驮炉齿200条，在米脂买价每条120元，回新城区卖价每条500元，每条赚380元，200条共得毛利76000元；又驮锅10面，每面赚3000~5000元，共30000元。来回20天开支

30000元，共获毛利204000元，除开支外获净利174000元。

又去年替群众送公粮，5头牲口，整整一个月，替群众节省人工60个，驮工150个，每驮每天需草料价650元，共替群众节省草料16050元。

全队15个牲口，赶脚4人，计队长1人，抱大鞍1人，雇工2人。队长及抱大鞍的是份子制，照合作社干部待遇，四六分红，全年红利，合作社6份，运输队干部4份；雇工2人，每人每年工钱170000元。份子制积极性高，爱护牲口，爱护鞍架；雇工容易懒惰，不爱护牲口，不好好喂饮，不爱护工具。队长石有光，原为有经验的长脚，自从区上号召合作运输后，他将自己两头骡卖给合作社，自己加入运输队，以身份作股，两头骡卖价550000元，自己收回250000元，以300000元作为入股，积极性高，管理很好。

现在合作社有兽医，有药铺，成本较一般为低。

装备自给，鞍架自己修理，每次只需半天工计500元，如果请人修理需1000元。

自制皮条、绳索，可节省大半。如4根皮绳，在市场买需洋32000元，他们自制，一张大牛皮，本钱12000元，工钱3000元，可制4根皮绳，成本仅需15000元，仅此一项即可节省17000元，节省一半以上。

（《田保霖合作社运输队材料》，

1944年6月边区合作社联席会议参考材料之二）

（三）庆阳市民办运输合作社

在运盐运动中，庆阳市的民办运输合作社迅速地发展起来了。这是陇东分区合作运输事业的又一成就。

今年正月，运输合作社正式成立。当时，它好像一个初生的婴孩一样，力量小，全部资金不到10万元，要是购买牲口，担负全市的运输任务，当然力所不及。于是开始包运本市公盐550驮，每驮以1000元计算——预收代金35万元。在这个基础上，先买了15头驴子，出发定边运盐2次。这次赔4万元的本。

从3月20日至6月月底，共运盐8次，运回食盐296驮。在这8次运盐当中，发展牲口6头，并在首次结账时，除交还35万元公盐代金，偿完4万元赔本以外，还得纯利26000元，按当时市价在21头牲口身上又得纯利25万元，另外又做了两次上脚生意，得到纯利58万元。这一时期总计得纯利856000元。

然而，运盐合作社的成长，离不开政府的培养与广大群众的支助，尤其民办合作社，更要和广大群众保持密切的联系；在群众滋养下生存，在群众抚育下壮大！按着这种认识，庆市运输合作社又在广大市民中扩大了股金60万元，按着物资局投资22000元，土产公司投资168万元，盐业公司投资562000元。有了这些资本，遂买骡子55头、驴子5头，共组成3个运输大队，合计有骡子56头、驴子26头，整个资本约4310248元。从此，庆市民办运输合作社便迅速地发展起来了。

由于运输事业的发展，改变了群众不相信甚至惧怕合作社的心理，提高了它在广大群众中的威信。因此很多人乐于投资，特别是过去一部分对合作运输事业抱有成见的人，这次都是纷纷入股。例如：庆市五乡李文学，曾经是一个素不信任合作社的农民，他常说："公家出头办起来的合作社，是骗人的把戏？要靠他们把盐运回来，日头还要从西面出来哩。"可是当他目睹运输队一天天地发展壮大的时候，不禁感叹地说："还是公家人有办法！咱本地人到底没本事！"于是他想投资，多多地投资！在8月2日那天，李文学毅然决然地向合作社入了一头骡子，折合股金41000元，不久他还要再入一头驴子。据李文学自白："咱入这样多的钱，是看清楚了合作社的路数——既能赚钱，又能帮助老百姓完成运盐任务。入点股，简直是一举两得的事情。"这就是庆市运输合作社迅速发展起来的头一个原因。

运输合作社其所以在群众中的影响好，也由于它能帮助群众，帮助脚户，并能在整个运盐事业中起模范作用和积极的推动作用。如像庆市脚户邢汉，有一次由定边驮盐到杜家大岔没钱了，眼巴巴地借不到一分半文，结果运输队借给他了800元，才把盐驮回家来。又一次，五乡西河湾的脚户李文华，走到元城子没草、没料，又没钱了，东溜溜，西跑跑，借了一天连一元钱都没有借到，后来运输队来了，连忙给他借草、借料、借吃，又借给他1000元，这才帮助李文华把盐驮了回来。以后，驮盐脚户对于运输队的印象更好了。很多脚户争先恐后地要和运输队同行，以便在各方面求得它的帮助。邢汉说得好：“运输队对咱帮助可大！跟它一路走，算账、上税、打票等事，都要沾很大的光。”这次利用放青时机发动农户驮盐时，要求运输队捎驴驮盐的脚户很多。庆市劳动英雄“昼夜忙”王苍便是头一个人。他只有一头牲口，还少粮没料缺盐本，但他想走定边去驮盐，要争取自己乡里420驮运盐任务的早日完成。王苍找到合作社去和张主任商讨以后，决定把自己的牲口由运输队带上，他本人给运输队赶脚，人和牲口等全由合作社负担，连盐本都是合作社代付，“昼夜忙”只出一点力量，就把盐捎驮回来了。这是一种很好的互助榜样。要想团结群众，发展自己，我们的运输合作社应该朝着这个方向迈进!

在平常的日子里，还有许许多多的事情，使得群众对于运输合作社产生了好的印象，如像庆阳市上常有担柴卖草的乡下人，他们的东西时快时贱；快了，物价好，东西立刻可以变成钱；贱了就糟糕，不但卖得钱少，有时甚至没有人要。这时运输合作社便来收买，仍然按市价付钱。这样得到无数群众的拥护。前些日子，一个三十里铺的农民到市上买铧，只带了500元，他预计买一页铧，吃一顿饭，不料到了街上的铺子里一问，单是一页铧就要650元，于是转来转去想不出办法。以后不知受了谁的指点，就到合作社去，寻主任，找指导员，结果合作社卖给他一页铧，仅收成本450元。从这样的事情中，就可看见它和农民群众的关系了。

庆市民办运输合作社自成立以来，一贯坚持着民办的方针，在运盐事业上，它热烈地响应了政府的号召，并在工作过程中始终是奉公守法，从来没有一次偷运私盐的犯法行为。

在民办的道路上，老老实实地为群众服务，替群众办好事情，并进一步地扩大自己，1720驮的运盐任务，就保证能够胜利地完成。

（柳可夫：《庆市民办运输合作社》，《解放日报》，1943年8月31日）

（四）延安南区合作社组织运输合作社的经验

首先，它是利用了公盐代金的一笔巨款，作为发展运输队的资金，把它用来买牲口和私人进行合作，成立运输队。规定是：凡群众公盐代金均交合作社，由合作社向政府交款。群众的代金，又作为入合作社的股金，所盈红利再按股分红。并保证如明年公盐代金相同于今年时，则群众再不负担公盐代金，而由合作社完全代交。经过刘建章同志一年的艰苦经营证明，这个办法是一个公私两利的最好办法。

第二，它不仅利用了公盐代金，而且还大大地吸收了私人资金和公营资金，这也是刘建章同志发展合作社的一贯方针。在现在的27个运输队中，1400多万元的资金，私人资金即占了660多万元，公营资金（光华商店、盐业公司）占了250多万元，这两项公私资金合计占资本总数60%以上。合作社资金只占570多万元。如果不是这样地利用私人资金，光是公盐代金也不会有这样大的成绩的。这证明在发展合作社的事业上，群众的力量更是非常伟大的。

第三，它是采用给群众利大，合作社利小的办法来刺激群众的热忱，这就要不图眼前利益，而要看得远大。南区合作社的发展，一贯地采用这个办法的，开始它总是给群众无利借贷，帮助群众发展。现在的27个运输队，尚有五六个队是合作社借钱几十万帮助他们的，只有一个借钱的队在脚户的自愿下，每头牲口一年帮合作社运输大队部1000元，作为对合作社的补助之用。在入股方面，也是根据群众力量的可大可小自愿议定，不是规定多少股份，就得入多少。比如现在的27个队中，3个队的资金是合作社的资金大，私人的资金小。股份则由自由入股，盈利则为按本分红。而今年的运输合作，大部分采用了四六入股（私四，公六）对半分红的办法。现在的27个队中，四六入股的为16队，其他则为借钱帮助，或自由入股。从这里看到南区合作社发展的进程，一般的都是由开始的借钱帮助，走到合作的“自由入股”，再到股份入股（三七或四六）。这三个发展阶段，今天已经成为南区合作社发展运输队的一般规律了！

第四，由联络长短零星脚户，进到组织运输合作。它在1937年是用联络脚户投店，利用放旗子的形式来联络脚户的。现在，在合作社领导下的运输队，大部分是投过合作社店的脚户，今年的大发展，就是充分利用了这种关系。这些零星借合作社钱的脚户，今年还有几个队已给合作社帮助运回了3000多驮食盐，估计将来也可以和他们合作起来的。

第五，经过社会关系，宣传和团结零星脚户来组织运输队。根据已往经验，对这些长短脚户，如果宣传运输合作的好处，那就一定会有成绩的。这些脚户也可以成为发展运输队的宣传者和组织者。今年南区合作社利用了脚户冯世英的关系，在一个月中就联络了一百多头牲口来和合作社合作。不仅这一个如此，而是差不多南区合作社的所有运输队都是经过这样的关系建立起来的。采取这个办法，从南区合作社组织运输队的历史看，没有不成功的，而刘建章同志所以能够把运输队大规模地“组织起来”，也就是因为他摸到了这个方法。

第六，运输队的巩固和发展，必须有健全的领导机关。南区合作社现已建立了领导全县运输的大队部，以刘永祥同志为大队长，白友德同志为指导员，他们二人负责管理运输队的运输问题。下设：1.预备队，专门倒换跛跌骡马，添补损失牲口；2.草料店，专管运输队来回住宿，及招留客人；3.兽医所，专管医疗骡马病症。其次在沿途设立草料店栈，专供运输队住宿。这些队里，都设有若干人员办事。运输队则分为中、分队，每一队均设有专门整顿鞍帐的“抱大鞍”者一人。统计全部运输队干部已有270多人，这样规模的组织，在运输队发展的条件下是不可缺少的。

第七，实行股东当队长，赶脚者赚工钱的办法。每一个队里的队长，都是每一个队的股东，所以这一队的赔钱、赚钱都与他有关系。对于该队的全盘运输事务，他要负完全责任的，不是雇佣性的只顾自己赚钱，不管他人的长短，过一天算一天。但是每一个队的赶脚者，他又都是实行工资制度，每月规定一定的钱额，不管赔赚不能短下他们的。这个好处：第一，不是供给的办法，一年的衣服等项运输队完全不管，他自己就要节约了。第二，因不是雇佣性质，所以对于工作不讲价钱。这种办法，在合作运输的事业上，目前是较适宜的。

第八，完全有组织地进行运输。南区的运输队，一个人平均都赶3头骡子，就是因为有组织的缘故。如果没有组织，一个人就赶不了3头骡子，这样就节省了人工（群众个人及脚户赚不了钱，就是因为他们没有组织）。同时又有分工，歇店时喂牲口、筹鞍帐、铡草饮水都有一定的分工，谁也不能偷懒，大家互相督促，队长不时检查，犯了纪律的就要受到处罚。此外，还有检查制度，每队回来，大队部都要算账，看哪一队赔了钱，哪一队赚了钱。对赚钱的加以鼓励，赔钱的指出办法，再要研究赔钱的经验教训。这样，就引起了各队之间的竞赛心理，感到赔钱的不是能手。同时一有检查制度，各队各个人的浪费，胡花钱的现象也就不容易发生了。如果没有检查，自由收支，那些脚户们的胡花浪费现象是难免的。

（《南区合作社组织运输队的经验》，西北局调查研究室，1943年12月23日）

（五）新宁县杨怀智运输队

新宁县杨怀智运输队成立于1943年7月，由政府拨运盐贷款及群众入股牲口组成。共有骡16头、驴11头，共计资金1131000元。从去年7月到现在，运输队共运盐243驮，重70585斤，除开支得净利1608038元；驮脚7次，驮重22684斤，共得净利1486185元；流动生意获利657690元；附设染坊获利70000元，每匹布低于市价500元，替群众节省35000元。今年8月代群众包送公粮193石，替群众节省6000元，驴工240个，去鄜县驮柳板，替群众节省8000元，驮炭2000驮，替群众节省16000元。共替群众节省641000元。

杨怀智运输队之所以能够赚钱，由于他会管理会调剂：

1.实行分工领导。分配保管王振儒负责检查指导第一队，会计王登发领导第二队。队长除全面领导外，并直接领导采买李杰贵的工作，注意打听各地商情，寄售捎运的货物。

2.分配各队一定的任务，发起竞赛。今年3月决定分配各单位每月生产任务：队部40万，一分队90万，二分队70万，各队直接竞赛，每个队员沿途注意行情，反映情报，所以任务都能超过。以4月份为例，一分队完成160万，超过70万，队部完成100万超过60万，二队运盐60万。

3.实行会议制度。每次出发前都开会，由队长讲明出发的目的，出发后每晚由分队长召集检讨会，检讨本日谁对牲口不爱护，发现有无故损坏鞍架者赔偿（没有发生过坏的）。

4.实行奖励办法。每三月分红时给奖一次，规定以一个人管的骡子不生差错，喂得好，得头奖，鞍把式保证牲口不得急病、不压梁者，得头奖，每人边币3000元；工作稍次的给二奖，边币2000元。今年4月结账分红时，给奖一次，在队员大会上选出一分队长李彦春（填10副鞍子，工作吃苦）、李月（夜喂牲口一喊就起），都得头奖3000元，其余奖给毛巾肥皂。

5.杨怀智能够保证运盐捎回头脚，捎脚和商业收入达58万元。如北去时给公司驮棉花、布匹，收买本县土产烟叶、辣子贩延安或捎三边卖。

6.杨怀智的运输队牲口吃得好，驮得重，走得快，骡子最低220斤，最高270斤，平均235斤，驴子平均160斤，走路快，不空站，由新宁到延安普遍脚户来回12天，但杨怀智运输队来回10天。在合作社联席会议期间，杨怀智运盐3次共一个月。

7.与生活结合。今年种地50亩，打粮食十五石六斗，可收草5600斤，足供4个月马草，减低运输成本。

这就是杨怀智的特点，他的经验值得我们学习。

（《运输管理问题——边区运输问题之六》，1944年7月23日）

（六）镇原县大十字、庆阳驿马关骡马店合作社

镇原县大十字和庆阳驿马关，都是用这样办法，把旧有的骡马店组织起来：先由原来开骡马店的各店户，自愿集股做一半资金，再由盐业公司投资一半，组成一个骡马店合作社。合作社负责人由股东民主选举。合作社负责统一采购草料，以原价有计划地分拨给各股东店里。其利润的分配，在公私方面来说，是“对半入股，二（盐公司）八（各骡马店）或三（盐公司）七分红”。在各私店方面，是按股分红，除盐公司分去的部分外，余按股额平均分红。但合作社必须执行盐业公司的两项条件：一为执行政府的金融法令，二为草料卖价必须低于市价10%。现在已参加合作社的店户，计大十字有7家，驿马关有5家。

据陇东盐业公司经理周康民同志谈：上述两处的组织，已有将及半年的历史，在这半年中的试验，颇有成功，它不仅密切了公私间的联系，而且密切了店户和脚户的联系，使各股东店有常闹“槽少牲口多”的兴隆现象。免除了各店户间为争夺顾客而闹的“摩擦”，同时，在稳定草料价和稳定金融工作上，亦表现出很大的成绩。

这样的骡马店合作社，在骡马店工作开展上，还是一个新的和好的创造，因为他具有如下的特点：

1.合作社在旧有店户基础上发展起来，这些旧店户，手上都有很大的资本财产，联系着相当数量的脚户，还有相当充分的经理店务和招引脚户的经验和知识。因之，这个合作社是有群众基础做支持，而会继续发展的。同时由于店户与合作社的利害相关，所以各店户对合作社的工作又很关心。

2.它的性质是“公私合作”“民办公助”的具体实施。在工作总方向上，它完全执行政府的法令而符合我们发展盐业运输的要求。在组织上，服从政府和盐业公司的指导；在经济上又得到公股的帮助，所以它可以尽力地发展业务，做到取利少（低于市价10%），获利大，脚户高兴，运盐又多。所以，它的结果自然是“公私兼顾”“公私两私”。

3.它有很大的力量做斗争。开始时，有些店户不来参加，合作社也不去勉强他们，但由于一方面他们得不到合作社统购草料，按原价分给草料的便宜；另一方面，他又支持不过“低于市价10%”卖出草料的竞赛，于是也只得逐渐参加到合作社来。如大十字由开头3家，现在已发展到7家了。同时在草料价高时，合作社不去买，别人买去又卖不了（脚户不去住高价店），所以合作社又成为向那些故意抬高草料价格者做斗争的一个有力的组织！

4.由于各店户间的会计仍然独立着，所以各店户不得不从尽力改善业务和招待来争取脚户以谋利。谁家招待殷勤，照顾周到，脚户自然就会多来，因此现在大十字和驿马关各店户，对于脚户的招待和照顾比以前更好。

过去我们对骡马店的公私合作，虽已提倡，但执行中总是偏重于“公家办”的方向。要公家抽出资金，公家派去干部，因之随着也带去了一套机关式的制度和作风。例如有的公营骡马店，硬将群众招住牲口的马棚拆掉，不惜几十万元的巨款，大兴土木，去修盖新马棚，结果，生意还没做什么，却将本钱花了很多。有的公营骡马店，不惜百里之远，来延安花了几万元，买些细洋瓷大碟子之类的奢侈用具。甚至有的在靖边开油坊，把房子修饰得非常漂亮，自己以为一定会吸引很多人来光顾，可是事实相反，群众有人疑为“庙宇”，有人疑为机关，有的疑为大批发庄，自己的小本生意不会成交，反正都是不敢擅入，结果门庭很冷落，生意不强。总之，光讲求形式，机关化，公家气味太多，只求脚户服从店家，而不能使店家便利于脚户的习惯和工作是吃不开的。可是以我们庞大的资金和人力，如能采用大十字和驿马关的办法，或者采用投资也投人（担任可能做好的某个工作）进去，和群众合伙开设，其收效一定会比我们自己单独干得好。

因此，大十字和驿马关的办法应该提倡与运用到边区的每个地方去，使我们的骡马店不仅把本身业务能办好，而且能够在组织民力、稳定金融、稳定物价上发挥它的应有作用。

（稚谷：《骡马店合作社》，《解放日报》，1944年8月19日）

七、几个运输合作英雄

（一）延安运输队长刘永祥

刘永祥同志33岁，原籍榆林赵家峁子，10岁随家逃荒迁到靖边，揽工放羊，13岁开始吆牲口。因年荒再逃到志丹，仍旧赶毛驴。1928年大旱，把所赶的3头毛驴，两头换了4升小米，一头杀吃了。1930年又搬到甘泉劳山族叔处种庄稼（即现住甘泉三区五乡杨庄颗），打得5石粮，买了头牛。第二年分了家，又买一牛，贩柴卖炭，又赚了一头牛。1932年又想赶脚，赊了4头牛，一共赶上7头，驮盐两回，将赊的牛钱挣出。1933年14头牛运了3次，赶成15头牛，弟兄两个成亲，所花的钱都凭赶脚所赚。1935年土地革命以后，仍旧赶脚，以后又加入南区合作社，家庭经济便日益发展。

革命时所定成分是贫农，现在有150垧山地，20垧川地，20多间房子，9孔窑，有6头大犍牛，80只羊，1头毛驴，3匹马，雇5个长工（内一个揽羊、一个揽牛），安两户难民（安庄稼），南区合作社内有200多万元的股金（牲口），成了富农了。一家9口人，父亲任村长，弟兄两个在南区合作社，一个兄弟在家种地。

1938年春，南区合作社已经办得有名望了，刘永祥便去找刘主任（因刘健章主任从前是他的帮头）想与合作社合伙，刘主任便叫他与合作社的会计王耀明同志一同去志丹卖布。这一次去卖布下来贩羊，赚了240元，合作社分给他80元。前后不过两个月，便赚了许多，就继续合伙。刘永祥以48元入股，与沟门子分社到山西买驴子，两个月走了3次，共赚500元，刘永祥又分得80元。这两次使永祥认识合作力量大，发展快。

1939年春，光华商店运输队因公家人赶牲口不赚钱，找刘主任商量与私人合伙，刘永祥经刘主任的解释参加了。讲定刘永祥与刘建甲、王耀祖、段海滨各出300元，南区合作社出300元，光华商店出3500元，按3000入股，分红时光华一半，其余占一半。由刘建甲任队长，刘永祥因眼痛未参加赶脚。初次有3头骡子、8头驴，都很弱走杨家畔，山上跌死两头，算账后赔了，脚户们担心想不干了。刘主任借些钱鼓励他们继续干，才鼓起勇气第二次出发。3个月结账，又是赔钱，脚户想退伙，依然经刘主任借钱帮助，并提出马上可以放场，即可赚钱，再三劝解后继续下去。逐渐赚起钱，牲口也换成了好的。到了一年算账，赚4000元，牲口添成3驴、12骡，就分红。之后队长换成刘永祥。大家认为领导得好，会料理，待人和气，又会营业，能赚钱，数年来一直由他任队长。

这个运输队有时驮盐，有时给合作社驮货，使运输队赚了钱，牲口也不断增加，且逐渐换成好牲口。1941年春，牲口成为19头骡子，赚12000元。经共同商定，不抽红继续添购牲口，光华商店又加入了些，资金共成为25000元。1942年春天，牲口添成23头骡子、7匹马，一年共赚255000元。商店又添入20000元，资金并成30万元。1943年春，牲口成为29头骡子、一匹马，除牲口外，赚219491元。现在改成光华入股60万，合作社8万，刘永祥等四人32万元，四六入股，对半分红。过去的三七入股，对半分红，队长不计工资，现在的四六入股对半分红是队长赚工钱。今年10月中为止，运输队不计牲口，已赚40万元左右，牲口又增加一头骡子，而这31头牲口，按目前市价计，即可值800余万元。这许多年运输队的发展，都是在刘永祥领导下所取得的成绩。

现在这个队在延安县20多个队中，是最好的一队。今年一年从定边共运盐16次，成为运盐次数的最高纪录（以定边至延安算）。该队的牲口平均驮重240斤以上，为一般运输队中最多的。一般运输队在放场时都有损失或休息的，但他的队今年一年却没有发生过这类事情。

由于刘永祥合作运输队的影响，1940年6月开始有许多脚户加入南区合作社，到1941年曾达到180余头牲口。但其中一部分队长贪图私人利益，做私人生意赚钱归已，运输队不能赚钱以及其他原因而分散，到1942年最少时，仅剩70头左右。刘永祥则始终与南区合作社以正直的态度办合作运输队，甚至最近两年赚的钱都不拿回去，重又发展运输队。他家中的生活，由于农业上的发展已过得很好，不依靠运输队收益去维持了。

去年冬天，延安县计划成立大批运输队驮运公盐，县府将责任交给南区合作社，刘主任即提出由刘永祥负责去组织，以公盐代金作为资本，刘永祥就开始活动，到处找熟悉的脚户，劝说他们参加合作社。经过他的关系加入的有如下数队：

胡奎章（永祥妻哥）、党世鸿（永祥的拜识）、袁开远（永祥的老相识）、纪兆表（永祥的连襟）、燕凤林（永祥的老朋友）、阎步高（永祥老友，专来找他的）、刘占同（永祥的老队员）、刘明祥与白成山（永祥的族弟）、王振继（永祥弟振祥的朋友）、郭风山（永祥的朋友），即南区合作社本身18个队中有10个队是经过他的关系而来参加合作的，也即由于他自已认识了合作社的作用而劝导别人来参加合作社。此外，今年他还叫了他的弟弟刘振祥到南区合作社工作。这些队来合作社可以证明刘永祥在组织延安县运输合作方面所起的作用是极大的。

经过四年来的教育，刘永祥同志已经不是简单地为着自已赚几个钱而与合作社合作，运输合作事业的发展，已成为他们自已的事业的一部分。延安县成立大队部，他担任大队长，原来的队交给张仁领导，他自已为整个延安县的运输队工作。今年延安县总结运盐赔赚钱的8个条件：驮得重，走得快，人要少，花费省，损失小，盐质好，盐价高，有上脚，就是根据这些队的经验。大队部并筹设兽医、设店、设预备队、做流动生意，都是在刘主任和刘永祥同志领导下进行的。下半年为了经过张家畔到定边运盐方便，他又到张、定之间与群众商量设立骡马店。

今年延安县运输合作运了19000驮盐，使延安县人民避免了动员，刘永祥同志在其中是起了作用的。

（二）甘泉运盐英雄薛志仁

薛志仁同志今年32岁，甘泉三区一乡三行政村白罗砭人。没有念过书，现在认识记账常用的字。原籍清涧薛家涧，迁到甘泉已四五十年，初来时，安庄稼，后典进土地自种。革命时成分为中农，分得土地50垧，现在全部自种，有大牛2、小牛1、马1、驴10、羊60只。全家22口，有劳动力的弟兄5人，1人任乡长，1人在学校念书，1人在家种地，2人赶驴运盐。雇2人，1人种地，1人赶脚。家中除种自己分得之土地外，前年开公5垧，今年共打粮（粗）30石。

17岁开始吆脚，起初二三头牲口，到前年上半年有10头，一年死了6头，到去年上半年又增买至10头驴，到秋季换成4头骡，6头驴。原想渐渐都换成骡子，逢到下雨路泥或过河等，比驴子方便。但今年正月两头骡子死掉，当时很痛心，想不干，又因赶惯了脚舍不得放下。遂将剩下的2头骡换成4头驴，仍凑成10头驴继续驮盐，上半年又买了1头驴，放场时被狼吃掉，现在还是10头。

今年自阳历年起到11月中，已经运盐9次，到年底可以运10次，共100驮。今年政府分配80驮，可超过20驮。

同行的牲口共驴27、马4，都是一个乡的，往年原是朋帮，有时同路去，有时这家去，那家不去，不固定。今年政府组织运盐队，由薛志仁任队长，仍属朋帮性质，但每次必须同去。放场时期政府发动农户牲口去运盐，参加薛志仁运盐的朋帮，多时达100多头牲口，抬场在一起放牲口分二处。

薛志仁3个人赶10头驴之外，还给别人捎一两头牲口。平均每人赶4头驴。放场时，另带一马，上行时驴带料带粮存放在村中，回行时拉马去驮到草场。住店则不带马。队长不骑牲口。放青住店都自己带料。住店时每头毛驴带2斗料，放场时约有一半即够。上行时还捎木料，每个牲口捎木料能赚四五千元，足够一路牲口的草钱。所以驮盐实际只花伙食费和盐本。今年运盐是赚钱的，尤其放青时赚得多，共赚10万元，全家的穿着零用都靠这开支。

从甘泉到定边，住店时往来需二十一二天，放场需二十六七天，每次回到家中停留一两天或三五天不等。有时送粪、驮柴、送粮就停10天。今年到

11月中，共放4场，住5次店，毛驴放场时间比骡子长，因为骡子必须等到草茂盛才行。今年下雨及在家共耽误了3个月。

10头驴中，好的能驮180斤到200斤，最差的能驮150斤。平均约170～180斤。放青时有一次9头驴驮1630斤，平均181斤。今年薛自己损失2骡1驴，朋帮的损失2驴。原因是没有兽医。

雇的人全年3万元工资，年初即付给，吃归薛志仁负责。另外还有两个娃娃一个10岁、一个6岁，也在薛家吃饭。因此关系比较密切，对牲口也还关心。

薛在今年秋季被选为劳动英雄。当选的条件是今年运盐超过任务20驮，又极喜欢帮助人，每逢七八月地种下了，老百姓把娃娃和驴子交给薛志仁领着驮盐去，路上的一切工作都靠他，回来账目清清楚楚，又不要人酬谢。所以今年七八月间三次驮盐，每次都有5个娃娃赶着驴子跟薛志仁同道。甘泉一、二乡的脚户们常说："我驮盐要等老薛一路。"还有朋脚户们买盐、买布钱不够，不等开口，薛志仁就给借上千八百。他做队长的工作既负责，办法又多，他常领群众放场，非常留心，防止走失，替大家操心。

（《延安运输队长刘永祥同志》，边区劳动英雄大会材料，1943年）

（三）运盐英雄张仁

张仁原籍榆林，家境贫苦，给人家做了两年放牛娃娃之后，16岁第一次摸索上运盐生意。这是他19年前一段经历。那时，他缺少资本，没有经验，跟着村里人赶着三头又矮又瘦的驴子，从榆林到盐池，在那漫漫的沙漠里奔波了四年，但是终因捐税太重，四年没有赚到利钱就歇业了。1928年上，全家搬到延长安全沟住。在安全沟，白天种地，夜里刨梢，终年不得休息，两年以后才又买了两头毛驴。哥哥打柴，他每天就赶着牲口到延长城里去卖。到1935年，延长"红"了以后，他因为脑子里忘不了那丰富的盐池，终于又恢复了运盐的生意。这时他用四头牛，一年从盐池上运回三次，生意好的时候每回可以赚回一头小牛。这时他想："现在运盐的利钱大多了，如果我有再多一点的本钱多好呢？"时机正巧，1939年他遇见了一个一起驮盐的老相好，这便是南区合作社刘主任，当这位老相好向他宣布一个计划的时候，他完全同意了。他把自己250元的资本投进南区合作社里，自己并且参加了南区合作社的工作。第二年，250元的本息已经变成300元了，便与刘建甲、刘永祥、王耀祖4人，每人以300元做本钱，另外并吸收了光华商店3500元的投资，买了11头驴子，于是南区合作社第一个运输队便从此诞生了。这运输队用事实证明了集体经营比个体经营利润大，它第一回就赚回了比本钱多一倍的5000元的利润，于是运输队的基础更牢固了，它已经由驴子换成骡子了。

到1941年7月，这个运输队的前任队长刘永祥把自己的职务交卸给张仁，从此张仁就正式成为这个运输队的主人和指挥者。我们假如说这个运输队的道路是一帆风顺是可以的，因为它由4700元起家，到今年六月初总结，已经发展成为917800元的巨大财富了。现在这个运输队拥有29头骡子和2匹马，它走在路上，长长的行列异常显赫。现在这个运输队是延安运输大队的模范分队，它一个骡子，平均可以驮240斤。

他怎样带领自己的队伍

和有经验的人谈，能够做一个运输队长固不容易，但做了队长，和每个队员弄好关系更不容易，这话有道理。队员们长期风尘仆仆，自然地养成一副暴脾气，走在路上说说怪话还算小事，有时发起火来，甚至虐待牲口，致使牲口损伤，运输力减低。但张仁队里没有这种现象，我在他队里看到最团结的榜样，队员们听说队长受奖的消息个个喜出望外，连呼他为“好领导”。张仁说他自己掌握了一个规律：要想发展，必须全队和和气气，赚钱是靠大家的力量。他因此自己虽然也是一副爽朗的性格，但当有的队员因为小事发火，自己总是一副笑脸安慰着：“好好赚几个钱，一为公家，二为自己。”张仁在运输队里待人宽厚是有名的，每次定延路上往返，顺便给队员捎带点布匹，从甲地到乙地，赚上一两百元，人人有说不出的喜欢。站与站之间，一时买不到干粮，队员往往爱说怪话，队长要顾得到，最好先拿钱来，要队员自己去买，队员买到更好，就是买不到手，心里也落个痛快。

大队部虽然规定每个队长有一匹马骑，但是张仁的马，总是队员骑两份，自己骑一份，临到一个站口方才一马当先，自己先去安排草料，队员一到，帮他们抬下鞍架，喂一些草，自己虽然疲劳，却给队员多一片刻休息。

赚钱经验谈

“为什么别人赚钱赚得少，你就能赚得多呢？”我这样向张仁请教。

他说：要想多赚钱须买好牲口，他顺便指给我一个能驮260斤的骡子和另一个能驮200斤的比较。两个吃用一般多，莫看区区70斤盐的差别，至少影响2000元的收入。特别定延路上草料贵，牲口一定要驮得多。他说沿路草料，至今在价格上还相差很远，所以每次动身，对于沿路的草料必先做一番周密的布置。一般说来，安塞价钱最低，从安塞可以捎带驮运一部分，往上逐站寄放以备回头取用，这样，草料的费用就可节省不少。他说，来回都要倒生意，他从来都没有空着往返过一次。定边木料的价格高过延安10倍，上行捎一程木料，利润足够维持单程路费，下来再捎带一两匹马，每匹到延安也可获利一方。他说在盐池要装好盐，盐要白，粒要大，装得板板的，踏得实实的。他说……他的经验太多了。因为长期往返的结果，从延安到盐池，张仁有着一路的关系，一样的草料，别人买起来一百二三，他买起来只需100。他住过的店家，在他走后会自然地扳着指头替他计算行程：“张仁家快回来了。”于是他们就把一切准备得非常周到。安塞城里有一家张二娃的店房，每次他都为张仁买好几称草、几石料，张仁路过，驮上就走，从来用不着自己动手。他确实也给店家不少便利，每次起程总先把账算得清清楚楚。他有一个原则：“只准人短咱，咱绝不短人。”他有时看到店家手头狭窄，也曾替他们捎带点生意，分文不取。他有这样一个胸怀：“自己赚了钱也让别人赚上点。”虽然他和记者谈话时下过一个注解：“咱拿小钱换他的大钱。”

张仁多年来，往返在定延之间，每站只是住过一个店，他坦率的态度，爽朗的性格，已经和这些店家建立了亲密的关系，他们是亲眼看到他从运盐的事业中发展起来的。如今当他被奖为运盐英雄的时候，这些店家将沿路向他恭喜。

（《运盐英雄张仁——创造纪录的人》，
《解放日报》，1943年9月11日）

（四）运盐英雄党世鸿

假如我们说张仁是延安县合作运盐事业中的一名宿将，那么，党世鸿则是一个真正的后起之秀。他今年只有28岁，不高不矮的身材，棕红的面孔，特别是藏在浓密的睫毛底下，闪烁着光辉的两只眼睛，时时显示给对方一种智慧和机警的感觉。他虽然去年冬天才正式地参加到这个运盐组织里来，但谁都不能因此否认，他参加进来之后，等于给这运盐组合带来了一个很好的赚钱的榜样。今年以来，他带领着由28头骡子组成的运盐第三分队出征过12次，这12次他总共赚了36万元的利润。

现在的党世鸿自由地发挥着他的才能和智慧，他谈起运盐的事情时，充满了兴趣和信心。但当这位年轻的运盐英雄讲过自己的历史的时候，我们却不难追忆到他10年以前还是一个怎样在苦难中挣扎的孩子。“我的老家——横山是一个最贫困最黑暗的地方，10岁上我念了半年书，以后就终年给人家放羊，冬天西风紧，衣裳破烂，肚子吃不饱，当时又冻又饿，真想不到后来还有今天的日子。后来革命起了，我们一家人搬到安塞川里来住，1935年我做过安塞五区的青年主任，领着自卫军和压迫我们的民团打过仗。和平以后，在1937年就吆上牲口，干了这行事情。”这便是运盐英雄党世鸿的出身。

说来很巧，党世鸿和张仁有一个共同点：他们都是在运盐的时候认识了县联社刘主任，并且是刘主任把他们引导到了合作运输的道路上来的。第一次是在1938年夏天，他和安塞一个姓高的两人凑了1500元在南区合作社里入了伙，两人吆8个牲口，每月跑一次盐池。这小小的运输成绩还算不错，去年4月底结账，1500元的资本扩大到44000元。但不幸的是，随着4月结账以后，这个合作社的幼芽便枯萎了，因为他那个姓高的合作者另外看上了一种职业，他把本息分过之后便宣布退股了。这件事情对运盐兴致勃勃的党世鸿来说，应该是一个严重的打击，但这个小伙子并不因此丧气，他相信在边区里只要自己肯干，便没有做不成的事。姓高的退股的事好像丝毫没有影响到他，在不久后，党世鸿便将分得的股金重新配备了3头骡子，于是单人匹马重新长征去了。从去年4月到去年底，8个月内他到盐池驮了9次。

刘永祥队长约他正式参加延安县的运输大队，是去年11月间的事，刘队长和他商量：运盐是边区人民的一个重大任务，这个任务只有大家合作才能完成，大家合起伙来，运得快，赚得多，利公又利己，用不到详细解释。党世鸿是尝试过合作的好处的，便毅然答应参加，并且他立即开始了一个很庞大的复杂的而困难的工作，这便是着手筹备现在属于他领导的这一运输分队。这一事实是显示了他的魄力。因为刘队长最初只是交付了他6万元，当时每头骡价是一万四五千元，总共可以买到4头牲口，但这件事由于他积极活动的结果，6万元的资本实际上发挥了将近四倍的作用。他每头只是暂付几千，便买回了16头健壮的长脚骡子，其余的欠额都是后来“倒生意”（即做流动生意）偿还的。后来刘永祥从盐池归来，又给了他一批新的资本，添购4头骡子，加上自己原有的3头，就牲口的数量来说已经初具规模了。但是购买鞍架、毛包、绳索……在一个新成立的20多头牲口的运输队来说，不是一件轻而易举的事情，特别在资金不够支配的情况之下。但是党世鸿到处奔走，他迅速地齐备了所需要的一切，并且在起身之前，抢着从乡下购买回来20石料。当时延长料价600元一石，延安市却已涨到一千二三，这小小的一举，使他节省了一万余元。

去年年前周密的准备，奠定了他今春赚钱的基础，旧历年底，待他办完一切手续，践约回到家里举行婚礼的时候已经是除夕的深夜了。

他有趣地告诉我：“老实说，我结婚的那一夜，所想到的别的事情，不如运输队上的事情多。”我很相信这话，因为过去他的长征是小规模的，是一个人，而今天他已经由一个普通脚户变成了一个运输队的指挥人了。这在他是一种新的生活的开端。

（千峰：《运盐英雄党世鸿》，《解放日报》，1943年9月13日）

第四节　信用合作社

一、农村高利贷剥削和旧的借贷关系

（一）残酷的高利贷剥削

1.革命前的高利贷剥削

为什么把土地押出？是因为借贷，借贷必用土地为抵押品，很少有例外。债款若到期不还，抵押地就变成典地，以所得典价来付偿本利。典地若到期不赎，就变卖给债主，以所得卖价来付典价，或许略有剩余。借贷是土地减少的推动者。现在就着绥德县的鹅峁峪村来分析借贷的次数、款数、借贷期、利率、抵押、债主、原因。

就鹅峁峪村的14户来看，借贷三四次。高明亮一户借贷7次；张太际一户借贷4次；借款二三次者有7户；占14户抵半数。

债款有多到85元的，只有一次，而且是一个极端；有少到1.5元的。每次平均债款不到20元。

借期有远到1915年的，那时只有一次。有24次是在1927年以后借的；这24次里有19次是在1930年以后借的，借贷次数是与年俱增的。

借债要还，但是没有一次债是还了的。

利率，普通是月息3%；也有高到5%或低到1.5%。不但本未有还的，利息也欠着一部分。张太际抵四次债款中的一次债款是21元，利息已经欠了13元。

抵押品，最大部分是土地，土地有三种：山上的坡地叫作山地；两山之间的平地是川地；有水可浇的川地是水地。山地最多，水地最少。就产量来看，川地同普通旱地相仿佛，每垧（合3亩）地可抵押10元；每亩旱地可抵借3元。

（《中国农村经济资料》，冯法和编，
黎民书店出版，续编20章6节，890~892页）

2.抗日战争时期的高利贷活动

边区农村的借贷关系，在土地革命中已完全停顿，国内和平实现后，随着经济的发展，农村借贷要求增加，但因生息借贷被认为是不合法的，富有者不敢公开放账，农民告贷无门，高利贷得以乘机发展。至1944年，一般私人放账利息达30%至50%，“挖蹦子账”，每集利息15%至20%。在缺乏市集，交换不发达的安塞、志丹等地则普遍流行着青苗的探买探卖，探买探卖价格一般仅及当时市价的一半，而志丹则仅及三分之一，在物价上涨时，往往有交粮时价格高于探买探卖价格10倍至20倍者。

（《边区信用合作的检讨》，
陕甘宁边区政府建设厅、边区银行，1945年12月）

在延安附近各集市借款，目前皆以一集为期，大加一的利，即借五天，每元一毛的利钱。这都是在暗中进行的，双方都不肯说。这种高利贷剥削，俗称“挖崩子账”。

探买探卖[①]，是目前最流行的高利贷形式的一种。一般在收获前三个月，以低于市场价格出卖其粮食，收获后再交付粮食。

另一种趋势——粮价的逐月上涨，助长了这种高利贷形式的剥削程度。过去在粮食收获季节，粮价往往低降一下，而近来粮价是直线上涨的。“探卖一季粮食，三年也翻不过身”。而有些农民迫于需要，仍旧是探卖，这显然对农民和整个农村经济说来是不利的。

（《南区合作社办理信用合作的经验》，中共西北局调查研究室，1944年）

农村中的粮食，据在宋家沟及西河口村的调查，29家共收粮395.5石，卖粮28户，共卖粮74.95石。几乎全体农民都要卖粮，所卖的粮，占收粮的19%。农民的用度，主要是依靠出卖粮食解决。

去年粮店共买粮700石，其中探买的300石（后来已经纠正了）。探买的情形，据此后调查，绝大多数为市价每斗800元，探卖每斗300元，时间是七月给钱，十月交粮。其详情以宋家沟的两户为例：

马占旺，贫农，八月探卖糜子4斗5升，为还难民工厂木炭钱，每斗市价

---

① “探买探卖”也叫“买青卖青”“卖青苗”。——编者

800元，探卖240元，今年五月交清。

白德玉，贫农，二流子，七月探卖玉米2石8斗，为还难民工厂木炭钱，市价800元，探价300元，还粮时，十月卖36垧山地（只剩下4垧川地没卖），以1100元的市价（每斗）买玉米交了。

（《安塞西河口信用社》，1944年）

关中的利息形式：

第一种是年利加五。在赤水今年放麦一斗，明年秋收后收一斗五升。

第二种是放粗粮还细粮。如在赤水今年放荞麦或高粱一斗，明年收麦一斗。

第三种是放钱收麦。如东淳耀，今年放出五六十元，明年秋后收麦一斗。

第四种盐息，在赤水每千元每月50斤盐的利息，如赤水二区丰泉王思兴放给孙成娃500元，每月25斤盐的利息。

第五种是短期高利贷。新正长舌头集上每百元每集30元，一月六集，一月的利息几乎超过本钱的一倍。这大部分是我们的公务员和生产人员搞的。

第六种是放钱粮息。如庙湾周老八放给唐澄清60元，每年每元6升粮，1930年放出之后，已收过利息29石，还欠15石。

（《关中专署租息问题初步报告》，1943年2月13日）

（二）一种旧的借贷形式——“请会”

“请会”是一种农村旧的信用关系，土地革命前曾普遍在边区各地流行，它的利息一般均较放账为低（因为是先扣利钱）。土地革命中废止一切旧债，所有的“会”都随之“烂包”了。自此以后，农村中即无人请会。最近一两年，随着边区经济的发展，农村借贷关系的增多，在延安县李家渠、姚店一带，“请会”又重新得到发展。最初，它在市镇上、炭工间，个别地秘密地存在着，至今年则公开普遍至农村。下面是在姚店等地所搜集的一些“请会”材料：

1.姚店等地“请会”的一般形式：

姚店等地流行的“会”有两种：一种叫“画会”，南方叫作“标会”；一种叫作“借会”，“借会”又叫“凑会”。其中以“画会”为最多。无论

"画会"或"借会"，都是以亲友关系组织起来的。"会主"（请会的人）有多大的饥荒（即经济困难）就请多大的"会"，"随会"的人在第一会给"会主"一定数目的钱（请会时规定），叫"老会"或"会底"。"会主"收得老会洋后，每会逐一不生利息的还出（谁得会还谁的），会主须请两个保人（保大会的）。一般习惯，请会（第一会）和散会（尾会）要吃酒席，费用由会主负责。所以对会主说来，"请会"实际是一种除少数费用外，不生利息的整借零还，是多人扶助一个人。

"画会"和"借会"的区别，就是"画会"除"老会"外，还有"小会"。"小会"的数目和随会的人数相等，每人可以得一次会（会主不在内，也有几个人朋一会或一人占两会的），得会是用投票的办法，谁画的利大，谁就得会（得小会也须请两个保人）。得了会的叫"死会"，没有得会的叫"活会"，"活会"每会垫出一定数目（一般与老会的数目相等，也有较少的，在请会时规定，叫"整垫"。第一会将老会、活会洋同时交出），"死会"则每会还出本利。利有明暗两种，明利一般为一毛，还本时加上明利还出；暗利是得会人自己愿出利，大家交钱时即在整垫数内扣了，还本时照整垫数还出。画利是秘密的，以使急于用钱的人互相竞争，抬高利钱。这里的会一般都只有暗利，没有明利。个别有明暗两利都有的会，而单有明利的会则没有（如其他地方的摇会，用摇骰子得会，利是固定的，得会后每会生利付还）。会的人数一般为10至20人，钱数每人每会10000或15000元（20000元的较少），会期绝大多数为一月一会，个别人多的会有半月一次的。

"画会"较易发生的问题是"烂包"（即得会后拐款逃跑）。为防止这点，保人有完全替会主或得小会的人赔偿会洋的责任。而小会发生问题，则由两保小会的及会主三人共同赔还。

如果随会的人和会主关系密切，不要他按时还"老会"洋，随会人之间又都是相好，不愿互相吃利，往往就不要小会，干脆大家凑足一定数目的钱给会主开饥荒，由他什么时候不生利的付还，这就变成借会了。这实际上是一种纯粹互助性质的无利借贷。

2．“请会”在姚店等地的普遍程度及其作用：

（1）姚店等六个庄子“请会”统计

庄名	距市镇数里	全庄户数	会数
姚店子	市镇		10
白家崖	2	40	13
童家沟	1	40	3
苏家沟	25	25	3
唐家沟	10	30多户	3
刘庄	15	33	3

（2）白家崖等三个庄子“请会”“随会”户数与全庄户数比较

庄名	全庄户数	请会随会户数	占%
姚店区三乡白家崖	40	28	70%
姚店区三乡童家沟	40	18	45%
川口区五乡庙沟	31	10	33%

可见“请会”的分布，虽然在市镇上为多，但它确已逐渐从市镇扩展到农村。上述三个庄子，白家崖接近市镇，有很多炭窑，全村40户人家，仅十二三户单搞农业，其余人家都兼营商业及磨坊、驮炭等副业，是经济比较发达的村子。童家沟接近市镇，但全是住的庄户人家。庙沟则距市镇较远。而三个庄子里面，请会、随会户数占全村住户的33%至70%。由此可见，“请会”在姚店一带农村中普遍深入的一般。

（3）19个会主成分及请会用途统计

会名成分 用途	纯粹农户	兼营副业农户	半农半商	商家店家	手工业工人	合计	家庭经济情况
婚丧	5	2		1		8	中等5户，上中2户，下中1户。
开饥荒		4	1	1	2	8	中等5户，下等3户。
作经营资本		1		2		3	中上1户，中等1户，下等1户。
合计	5	7	1	4	2	19	

19户会中有3个“借会”，都是为娶媳妇请的。

请会的人，一般都是光景比较好及多少有些面子，拉扯得开的人，但大多数都是务正的庄稼户（特别是在农村中的“会”），请会的原因又大多数是解决婚丧及开饥荒等困难。至于随会的人则甚至有中农以下的。得会的钱用之于生产、婚丧及家用者占13会，为19会的68.4%。借会则全部是用之于婚丧。可见“请会”，特别是“借会”，对农村经济确有其周转的作用。“请会”也有用来投机、放账的。如姚店一乡沙滩刘宝才（中农，人口少，有些钱活动）、孙世元（中农，有嫁女儿的彩礼钱倒生意）两个人朋一会，将得会的钱放账，利息每月二毛，但这是很少的。

……

（黎以宁：《延安县姚店子一带“请会”零星调查材料》，1943年）

高利贷、“请会”的流行，说明边区农村需要一种借贷制度来解决农民的迫切要求。

（《边区信用合作的检讨》，陕甘宁边区政府建设厅、边区银行，1945年12月）

边区农民的土地问题，有的地区在土地革命时即已彻底解决，有的地区虽未分过土地，但经政府开荒、移民、保佃、减租等政策实施，亦已获得初步解决，由此而来的便是如何发展生产事业。当普遍推动男耕女织的情况下，如何解决不违农时的生产必须资金的问题，政府虽然曾经举办过农贷，但究竟还不等于解决了全部农村资金的周转，因此，吸收民间游资转入生产，流通金融，抵制高利贷，是进一步解决民间生产资金周转的办法。

（肖长浩：《介绍边区的信用合作社》，《解放日报》，1945年7月1日）

二、边区信用合作社的建立、发展和组织形式

（一）信用社的建立和发展

1940年，关中赤水劳动英雄蒲金山创办了老户集粮（一年得利20%）借给新户（一年出利30%）的信用组织。至1944年，全县共集粮662石，放出580石。1943年米脂各区农会在防荒的目的下，号召农民成立了17个小型的粮食信用合作社，共计入股粮食108石，以低利或无利放给贫苦农民，一般

利息为半年15%，或一月2.5%（社员）至3%（非社员）。这都是农村中自发组织而比较简单的信用合作社。

1943年3月，延安南区沟门正式成立信用社，这是边区的第一个规模完备的信用社。这个信用合作社规定存款每月利息一毛五，放款每月利息二毛，按复利计算，并规定存款扣10%，借款扣20%作为股金，以积累资金。当时合作社全部资产仅108000元，除去房产等之外流动资金只有38000元；至1944年2月，一年之内，股金扩大至360万元，存款累计至580万元，放款累计至954万元。

1944年春，中共中央西北局研究室在报上介绍了沟门信用社经验，在南区合作社刘主任的推动及银行投资帮助下，先后在延安各区成立信用社7个，安塞、曲子亦各成立一个，完全采用沟门的办法。这是信用合作社在群众中自发成长阶段。

1944年6月，边区合作会议对信用合作采取大量发展的方针，提出每区建立一个信用社的口号，至9月，据延属分区统计，信用社由5月的8处增加至23处，股金4400余万元，存款达1.2亿元，放款1.8亿元。至12月，全边区信用社又增至86处，资金增至5亿元。

（《边区信用合作的检讨》，
陕甘宁边区政府建设厅、边区银行，1945年12月）

在很短的时间与较小的范围内，人民自愿地发展了一亿元以上的存款，将近两亿元的放款，这是以往任何合作业务中所罕见的。证明信用事业是边区群众所迫切需要的，一定有很大的发展前途；同时证明社会上有大量的游资，如果组织起来，将对边区生产事业进一步发展起很大的推动作用。因此，这一工作是值得重视的。

（《关于信用合作社问题材料》，陕甘宁边区政府建设厅、
边区银行给贺龙、陈云同志的报告，1944年10月14日）

（二）几种组织形式

边区信用社的组织形式有两种：

第一种是综合性合作社下的一个单位，下面还设有消费营业，其消费营

业服从于信用业务，从信用社内部来调剂资金，如沟门信用社便是这种形式。

第二种也是综合性合作社下的一个单位，但它本身除信用业务外，不作其他营业。这种形式又可分为两种类型：

第一个类型，名义上、资金上均独立，为专门经营单位，像延安川口的信用社。

第二个类型，名义上、资金上虽独立，但非专门经营单位，系由其他单位兼办（如消费社兼办），像延安河庄信用社。

有一定资金，有相当业务基础，有专门掌握信用社业务的干部，即产生上述第一种形式；有资金有干部，但业务刚开始，便产生上述第二种第一个类型的形式；已有相当资金，但干部缺乏，业务不大，毋庸设立专门信用社，便产生上述第二种第二个类型的形式。

（肖长浩：《介绍边区的信用合作社》，《解放日报》，1945年7月1日）

三、信用合作社的各种业务活动

（一）吸收存款

1.吸收存款的政策

信用社资金的主要来源是存款，所以信用社应以大力去争取存款。其政策有二：一是利导（必要的利息和保证还本付息），二是自由（随时存取，不受限制）。这二者对人民方便有利，人民便乐于将款存入。为了贯彻这一政策，必须严格地反对任何形式的强制或摊派（如存款入股之限制），以达到大量吸收存款之目的。但除了政策以外，吸收存款之多寡，又以合作社工作深入与否为定。如李家渠与姚店两信用社，相距20里，各有集市，李家渠社的主任及干部一过集即下乡宣传存款，所以7个月内吸收群众存入边币1200万元，白洋1200元，手镯40对；而姚店社干部不下乡，结果8个月仅有40余万元边币及237元法币的群众存款。现在信用社均感资金不足，因此应该大大提倡干部下乡宣传与货郎担子结合的作风，以扩大信用社。某些干部依赖银行投资的观点是必须纠正的。

民间所存白洋甚多，信用社应设法吸收白洋存款，但所得白洋要全数交予银行，绝对禁止买卖，其利息则折付边币，并应尽量争取将白洋折成边币存入。法币存款一律折成边币。首饰、银器则由信用社自行设法推销后折边币存入。现在有些信用社发生买卖白洋、法币，从中牟利的投机行为，妨碍金融，影响边币，必须绝对禁止。

（《关于信用合作社问题材料》，陕甘宁边区政府建设厅、边区银行给贺龙、陈云同志的报告，1944年10月14日）

2.吸收存款的办法

存款办法：主要是吸收农村的游资及停顿资金，对带有投机性的大的商业存款应减低其利息，并限定期限始予吸收。吸收种类是边币和白银，其他如金银条块也可，但须识别其真伪，以免吃亏。至于法币，亦须折合边币存入，如遇金融波动太大，为避免货币投机起见，可停止法币存款。存款利息在不同的时期也要作不同的规定。各种存款一律折成边币，利息也一律根据边币计算。存取手续，有活期、定期两种，应在存时言明。在第一次存款入信用社时，该社即在存款分户账上开户，发存据交存款人，以后即凭据向该社提取款项或利息。

（肖长浩：《介绍边区的信用合作社》，《解放日报》，1945年7月1日）

（二）发放贷款

1.发放贷款的政策

信用社放款的政策有二：一是生产放款，二是有借有还的临时借款。所放之款，以能用于直接帮助生产，并发挥最大的效能为目的，既不是放给富有者去买牛出租，赚取租子，也不是放给那些去做投机冒险的人，也不是放给无劳动力，不能生产而缺衣缺食的（这是救济机关的事）。为此目的，放款就不是只要普遍，而应求实效。所以合作社必须审查放款用途及其实效，而有所抉择。除了生产需用外，婚丧急用以及某些经营正当商业，脚踏实地的小商人一时资金不足，都可酌量放些。但对于不正当的用途与无还本付息保证的，则应予以拒绝。并且，信用社对某人放了款，应去帮助他作还款打算，随时加以检查与督促，不致因经营不利而亏累。只有这样，借款人的还本付息的责任才有保证。

（《关于信用合作社问题材料》，陕甘宁边区政府建设厅、边区银行给贺龙、陈云同志的报告，1944年10月14日）

2.发放贷款的办法

关于放款办法：原则上是根据自己资金的大小办理，凡于推动生产有利的均可贷款，婚丧等特殊大事可酌量贷放，欲借款进行投机者不放。放款主要对象是农民、手工业工人。放款手续是立借据，定期限，有保人，零还整还均可。实行保人不能借，借人不能保，以免烂账。如遇特殊情形，到期无法偿还者，准予延期。放款数额，根据客观需要，在不同时期不同性质的事情上，要有不同的规定，宜多放小款，使受惠者愈多与群众联系愈广泛。放款利息亦根据不同时期及不同性质的用途，而有不同的规定。

（肖长浩：《介绍边区的信用合作社》，《解放日报》，1945年7月1日）

放款数量，以目前情形而论，必须是以借款为辅助生产事业为限（例如农民买耕牛，必须本人已有大部分牛本，只向合作社借小部分）。放款时间，应以一个月至四个月有还本付息保证的临时周转为限。再者，为了避免借款到处投机，信用社应有放款地域之规定。放款的整借零还，可减轻出息，便利还款，是应当提倡的。

3.放款中存在的偏向

现在信用社放款中有几种偏向：一是不审查借款人，如青化区放给投机商人杨殿五32万元，4个月未付本息，已滚成56万元。该人自己本无资金，全凭到处借贷，建屋经商，现在负债总数达200万元左右，经商所获盈余，不敷偿付利息。此种放款，用途既不正当，还款亦无保证。二是过分重视保人，有的虽有正当职业，但找不到殷实保人的也不借给，结果有保人的将钱借出，再以高利转借给他们。三是放款后不督促按时归还，以致日积月累，利息数倍，反而影响生产，无法归还。四是误解信用为有求必应，以致明知不作正当用途，又无还款保证的也一律借给。这些都是对放款政策没有明确认识的结果，应该纠正。

（三）存放款的利息问题

去年沟门信用社规定存款月息15%，放款月息20%，按月复利计算，一年的利息为本钱的8倍弱，当时物价上涨甚速，全年总指数上涨24倍多，这个利息比较物价涨的比率要低得多。今春物价趋于稳定，四月份沟门、川口、姚店等区信用社曾一度降低月息为15%，其后因物价略有波动，各地又新成立信用社多处，存款甚少，月息遂恢复去年原状。但不久，物价复趋平稳，以今年八月底与去年年底作比，物价上涨仅一倍弱（0.97），六月至八月逐月物价上涨率仅及10%至11%，而信用社放款是月息20%的按月复利，全年本利和为本钱的八倍弱，存款15%，全年本利和为本钱5.53倍。这个利息显然过高。于是最近发生有的将生产资金存入信用合作社，图以利息代替生产收入；而借钱者又因利息过高而探卖粮食归还信用社的借款。这些事实严重地说明了如果信用社利息过高，一般借贷利息亦必随之增高，结果不仅不能帮助生产，反而可能将生产资金流入信用方面而停止生产，得到发展生产的相反结果。但在目前，如果利息过低，有款者不愿存入，信用社无资金来源，就无款可放，只能坐视高利贷活动，或发生商业上的投机而妨碍金融。所以信用社应该采取如下的利息政策：

（1）逐步降低利息，以达到低利借贷，抵制高利贷。此次联席会议决定改变利率，由20%降为15%，以后再看情况逐渐降低。

（2）为了照顾存款，推进储蓄，利息不能过低于社会上一般利润率，但要逐渐达到低于或者相当于生产利润。故定利息时，应以物价变动及一般利润为标准，同时参考当地借贷关系及信用社资力情形。在物价不断高涨下，要呆板地规定一个不变的利率是不可能的。

（3）生产用的借款利息，应低于商业借款，尤其是有特殊需要的生产事业，更须照顾。对贫苦的工人、农民，应斟酌减少其利息。

（《关于信用合作社问题材料》，陕甘宁边区政府建设厅、边区银行给贺龙、陈云同志的报告，1944年10月14日）

关于利率升降的根据，大体上有如下条件：即当时当地一般物价变化，当时当地社会企业利润，当时当地旧的借贷利息水平，借款的性质、用途（如工业、农业、运输业或直接生产费用、间接生产费用、婚丧疾病费用等）、对象（团体或个人——工人、农民、小贩、脚户等）。除了这些基本条件外，并注意照顾同业（即其他信用社）与自己资金力量，不是随便可以升降，也不是死板无变动，而应在不同时期不同情况下适当去处理。如果丢开这些实际去空谈什么高利贷不高利贷，反于事无补。只要信用社利率比当时当地一般社会利润低，因地因时因事制宜，那就不算高利贷了。信用社过去业务上发生的偏向，就是利息还嫌高，但这已在逐步改进中。

（肖长浩：《介绍边区的信用合作社》，《解放日报》，1945年7月1日）

四、信用合作社对边区经济发展的作用

（一）打击高利贷剥削

边区自土地革命后，借贷关系一个时期内大部停滞，近数年来，因为经济不断发展，人民间存款、放款的需要亦随之增加，因而信用借贷逐渐恢复。起初是退伍军人、抗属等开始放账，但大都不公开，普遍而公开的则为探卖，今年开始有钱会。放账利率，去年月息为30%至50%，最重者为“挖蹦子账”，每集（五天）每万元出利1500至2000元。探卖价格一般在交粮前四五个月的为市价一半，即等于实物利息100%。如去年物价飞涨，则交粮时的粮价有比探卖时的粮价高出20倍的（相差只有四五个月的时间）。此种借贷利息虽高，但由于信用借贷关系不发达，告借无门，不得不出此高利以解决其需要。信用社建立后，首先直接起了组织借贷作用。如沟门32户居民中，有18户存款1301000元，又有18户借款1201000元，尤其明显的如老汉冯生彦家，老婆、儿子、两个媳妇、一个孙子，存入信用社边币72500元，白洋13元，冯老汉则向信用社借了15000元。除此之外，信用社并起了倡导借贷的作用，现在各地人民和公私机关的工作人员多有依照信用社利息公开放账的。信用关系逐渐发展，借贷利息亦逐渐下跌。沟门“月月钱”利息由20%至30%跌为15%；李家渠“月月钱”利息由30%至50%跌为20%至25%，该处“挖蹦子账”利息由去年每集15%至20%，跌为今春的5%至10%，最近则已罕见。信用社工作较好之处，探卖亦大为减

少。李家渠村去年全村125户内探卖的有20户，卖粮107石6斗5升，结果有三户因探卖赔损太巨而逃跑；今年二月该地成立信用社后，全村增为205户，而探卖的仅四户，卖粮十一石五斗（延属专署禁止探卖以前），素来依靠探卖解决困难者，都改到信用社借钱了。但信用合作社尚不发展的清华、蟠龙等区则探卖仍很盛行，今春探卖麦子竟达3000石以上。这些事实证明，信用社之建立，能推动借贷关系之发展，而整个借贷关系发展后，利率亦随之逐渐降低。

由于经济的不断发展，民间需要资金周转亦大大增加，但信用借贷不发展，以致发生了很惊人的高利贷剥削，直至发生商业资本以及机关自给生产的资金亦向高利贷方面流入，这就妨碍了生产的发展。要纠正这种倾向，光靠法令去限制利息率是不可能的，最可靠的方法是组织信用合作，吸收游资，发展借贷，从广泛吸收游资，广泛发展借贷中来降低利息率抵制高利率。现在信用社的利率虽比“挖蹦子账”（每五天15%~20%）与民间“月月钱”利率（30%~50%）都低，但这种低的利率（按月20%）也是很高的，于是引起对信用社发展低利借贷与实现发展生产的宗旨的怀疑与非议。我们的认识是：

从高利贷到低利贷，需要相当过程，要逐渐逐渐地降低，一下就降低是不可能的。因为过于低无人存款，也无人入股，结果还是只有让高利贷去活动。

在目前利息率情况下，要大部分或长时期靠信用借款来发展生产，的确是不可能的。但由小部分与短时期的借款来推动、帮助发展生产是完全可能的。并且农村中最需要的也是这种帮助性的、临时性的借贷。

（《关于信用合作社问题材料》，陕甘宁边区政府建设厅、边区银行给贺龙、陈云同志的报告，1944年10月14日）

（二）互助互济，组织新的借贷关系

随着农村经济的发展，边区运输事业及内部市场的日益兴盛，处处都需要资金，而另一方面，有些农民及手工业者因卖了生产品的钱，有时需要聚零为整才能办事业，暂时不用；各机关、部队、学校人员由于历年来的生产

自给运动，也有这种情形；市集的工人学徒也有零星小款要积蓄；老人或婆姨有不用的养老金或私房钱，娃娃有不用的压岁钱。据南区合作社主任刘建章同志估计，单单延属分区民间窖藏约三四十万元的白银。远在1938年，南区合作社就兼营了向农民放款的业务，一直摸索到1943年3月，才正式成立了沟门信用合作社，建立了制度，确定了方针，作为专门经营的一个单位。因为该社针对当时当地群众的需要和困难，给以适当的解决，便得到群众的信任和支持。信用社借款一传开，借钱的人都来了。党政方面发现了沟门信用社以后，加以提倡发扬，各地效法推行，于是使民间的借贷制度走向了新的阶段，信用合作社逐渐成为边区农村金融的纽带。1943年是边区生产大进步的一年，信用合作社在这时出现，并得到了发展，绝非偶然，是由于上述的客观经济条件所造成的。

在战时物价波动的情况下，把钱放在手里不如存进信用合作社生利，只要信用社利率定得恰当，人们不用的钱就会涌入信用社来，信用社把它用到生产上去，活跃了农村金融，推进了社会生产，发展了人民经济。信用社愈发展，旧的民间高利贷便愈趋没落，这是很自然的。据今年一月边区建设厅厅长惠中权同志在群众会上的报告中说："全边区截止1944年底已有30余信用社，存款总额达五亿元，吸收白洋一万多元，元宝十几锭，手镯40副。"到今年五月，只延属分区已有35个信用社，资产总额为7.55亿元。这证明信用社的发展是很快的。这样大的数目字告诉我们，吸收民间资金已卓有成效，并有力地回答了民间有没有资金与能不能吸收的疑难。

（肖长浩：《介绍边区的信用合作社》，《解放日报》，1945年7月1日）

（三）扶助生产，发展农村经济

信用社之放款，主要是用在发展生产上，如李家渠农民杨增荣，翻麦地时拟购牛一头，需款18万元，自己有9万元，其余因天雨麦子来不及打出，一时无法筹集，遂向合作社借了9万元，把牛买了回来，13天后卖麦子2石归还，出利5600元。志丹一区贺长照今春拟买牛约需10万元，尚缺1万元，即在信用社借1万元凑足购成。蟠龙合作社在夏季共放出锄草开工资用款73万元，大都是急于雇工，一时无钱，遂由信用社借出，等到麦收或自己的地锄毕再出去揽工赚钱归还。这种借款出利不多，而解决了当时困难，是真正帮助了生产。在信用社有目的放款下，此类推动生产的实例是很多的。

（《关于信用合作社问题材料》，陕甘宁边区政府建设厅、边区银行给贺龙、陈云同志的报告，1944年10月14日）

在物价上涨，商业利润高于生产利润的条件下，以信用社放款发展生产似乎是不可能的，但在延安、子洲、曲子等地证明，信用社对运输（如子洲运炭、运油，曲子运盐，延市附近运木炭等）及农村农副业的短期借贷，曾起很大作用。各地信用合作社在解决农忙时锄地工资及夏冬换置衣服方面，都起到临时周转的作用，直接和间接地扶助了生产，发展了农村的经济。

（《边区信用合作的检讨》，陕甘宁边区政府建设厅、边区银行，1945年12月）

（四）奖励储蓄，推动节约

城乡流动工人、妇女、儿童、退伍军人的零星钱，农民的副业收入，机关、学校人员的生产收入，或因数额不大，或因时期未至，不便置产与投资，过去或者搁置或者用掉，常苦无适当处理；民间的白洋、银器空空存着，也不起作用。这些游资，经过信用社吸收作为存款，对社会是活跃了金融，对个人则起了储蓄作用，可以生息取利。如李家渠二流子常子贵之妻，平日做鞋收入常为其夫取去胡花，信用社成立后，她即随时存入，日久达数万元，供给了穿衣；又如残废高修奇将平日揽工收入，存入信用社，备不时之需；有的为小儿存款一万元，准备十数年后以本利为其娶妻；杨增荣入股两万元，准备父亲死后作埋葬费。以上种种都是信用社通过储蓄作用而进行的社会福利事业。这种储蓄存款累积起来数量很大。李家渠信用社12000000元存款中属于此类的共达670万元，其中包括公私机关的职员存款511.8万元，妇女存款22.4万元，儿童存款106万元，工人存款33万元。

（《关于信用合作社问题材料》，陕甘宁边区政府建设厅、银行给贺龙、陈云同志的报告，1944年10月14日）

日本投降前，全边区信用合作社吸收存款共约15亿元，其中大部分是干部和农民的存款。办得好的延川信用合作社，在2000万元的存款中，几无商人存款；延安南区沟门信用合作社，妇孺及养老等储蓄占存款的64.5%；绥德市等城市信用合作社，则干部存款较多，高的占存款总数的80%以上。其次，全边区信用合作社共吸收了三万多块的银圆及若干首饰，把僵死的东西变成了活的资金，这对发展边区的经济是有不小作用的。

（《边区信用合作的检讨》，

陕甘宁边区政府建设厅、边区银行，1945年12月）

在上述各个作用中，组织借贷，抵制高利贷是主导的。通过组织借贷，把闲散的资金全变为活动的资金而投入生产事业。所谓组织借贷，发展生产，现时不是由信用社自己将人民存款拿来举办生产事业，而是用人民的存款去借给需要资金发展生产的人民。所以信用社是组织人民游资，发展人民生产的杠杆。这样比之信用社自己举办生产事业力量更大，作用也更大。但在目前，由于利息较高，还不能大部分和长期靠此种信用借款来兴办生产事业，只能作为临时周转以及生产资金不足时部分的补助。要更多依靠信用合作社的放款来发展生产事业，必须由信用社努力发展存款，并逐步降低利息才有可能。

目前信用社放款利息虽比民间相互借款利息较低，但总的说来，利息还是非常之高的，如以月息20%计算复利，借一万元，全年要还7.7万余元。任何生产事业都没有这样大的利润。再减为10%，借一万元，全年也须还利2.1万余元，也是任何生产事业所不能达到的利润。所以大部分或长时期靠此种借款来办生产是不可能的。

五、建立信用合作社的政策和问题

（一）坚持自愿入股问题

延安南区沟门信用合作社是采取自由入股和限定存款、放款入股的两种办法，来建立合作社的基金。规定存款必须以10%，放款以20%入股合作社

（近来存款入股的限制已取消），股金一年内不能提取。各地信用社亦多采用。但由于这种入股是存借户（尤其是借户）迫于经济上的需要，并非出于自愿，所以发生因不愿入股而有款不存，或宁以高于信用合作社的利息向私人借贷，结果妨碍了信用社业务的开展。

主张存款入股的人认为：第一，扩大信用社资金，使合作社本身有股金，不靠存款也有钱放款，并可减低利息，但要人民自愿入股是很少可能的，所以只好采取限定存款户入股；第二，信用社有了入股的才是有了社员，并使存借户与信用社取得联系；第三，存借户入股后可以分红。但一年多的事实说明，这些理由并不充分。首先，信用社的资金来源主要是存款（23社的资金中，存款1.2亿元，股金仅4000多万元），而且吸收存款入股，存款一万放出后股金才有3000元，为十与三之比。但对存款放款有了入股的限制，便妨碍了一部分人不到信用社存款，实际上减少了信用社的资金。再以存款与股金比较，两者在实际上是没有区别的，因为存款可以自由存取，股金亦应自由入股自由退股；股金能规定一定期限才可退股，存款也可言定一定期限提款；存款有一定利息，股金亦应有一定红利，才能吸收人民加入。所以扩大信用社的资金并不一定要股金，大量吸收存款，同样可达目的。第二，存借户与信用社的联系，在存借时已经发生，此后只要群众继续有借贷要求，信用社办得如有资力，关系必然会继续生长，而这些与信用社保持关系的存借户自然应当就是社员。此种关系是由于经济上的要求，并非入股而来，相反地强制入股实际上妨碍了存款，也就限制了群众与信用社的联系。第三，信用社的红利来源是存放利率之间的差额（至少目前是如此），故以红利照存放利息分给存款户自然最为合理，不必再以入股与否作为限制。

总之，信用社的工作要做好，是要多吸收资金。以往合作社摊派股金妨碍发展的经验，已充分证明能否多吸收资金，就要看其办法是否对人民便利，能否使人民自愿而定。现在的事实说明存款是自愿的，所以迅速发展了；而限定存放入股，实质上不是自愿的，所以妨碍了发展。至于分担赔本责任而坚持存放入股，其实更是错误的，因为如果收了人民的股金，还要人民赔本，则又有什么人会来入股？所以我们主张入股完全自由，存放入股的限制应该取消，而且信用社应保证股金红利至少不低于存款利息，以求得资金之扩大。

（《关于信用合作社问题材料》，陕甘宁边区政府建设厅、边区银行给贺龙、陈云同志的报告，1944年10月14日）

去年九月以前，各信用社均采用存款放款入股办法，这一办法在积累资金，奠定信用社的物质基础上是必需的，但另一方面，借户入股是迫于经济急需，以二毛复利借款入股（在同一时期内股金红利绝不及借款利息之大），借款10000，使用8000，一月还本利12000元，老百姓认为是一个月五毛的利息，致有人宁可探卖粮食，不愿借款。特别是办得不好的信用社，借款利息滚至十几倍，所入股金全部赔光也顶不上，这就更引起群众的反对。所以去年九月延属分区信用社主任会议取消了此一办法。但因忽略了它的好的一面，并简单地认为存款与股金没有差别，未寻找适当办法以资代替，因而信用社单纯依靠存款来实现所谓“经过高利贷来抵制高利贷”的任务，结果，是迁就了存款，或因存款的提取而垮台。

（《边区信用合作的检讨》，陕甘宁边区政府建设厅、边区银行，1945年12月）

（二）坚持群众办社，鼓励个人储蓄，扩大资金来源

银行拿出来钱，给合作社去办？还是老百姓自己办起来再和银行结合呢？据现在一年的经验，特别搞信用社的经验告诉我们，假使老百姓办起来，银行再给它一些帮助，这个形式比较好。先问老百姓里面有没有钱！刘建章同志在南区调查了一下，一个人有一块银洋，平均每人还有一块钱的首饰银子，假使把这每人两元钱集中起来，那我们的本钱不怕没有，而且很大。同时，还有一些婆姨们私蓄、娃娃的压岁钱，还有老百姓卖了粮食，暂时不用须待积累起来买东西的钱，养老钱，也还有公务人员的钱存起来，这些钱虽然数目不大，但是集中起来数目就不小。延安有8个信用社，至今年5月底，存款（余额）共为1562万元，白洋2137元；又据在这次会议上各社主任谈的，如陇东的曲子，三边的吴旗及安塞县等地，都有白洋和银子。南区有个黑老婆，大家都知道她有200元银洋埋在地里，没有办法让她拿出来，但是信用社办起来以后，就把这些银圆搞出来了，不是抢出来的也不是强迫

她拿出来的，就是用信用合作的方法搞出来的。起初老百姓首先问：我把白洋拿出来以后，往回拿时能不能依旧给我白洋？如果不是的话，那就不成！刘建章同志和我就商量了一个办法：信用社从老百姓那里拿出来银洋以后，存在银行里，再换边币使用，银行在这方面担保存银圆，就是说使信用社保证存户存银圆取银圆。这个黑老婆还不相信存银圆保证取银圆，而刘主任和信用社李主任都是有威信的人，讲了话是兑现的，于是黑老婆开始拿出一块钱来作试探，看能不能拿得回来。后来李主任想了一个办法，到了一定的时候，将银圆和利钱都送上门去，她知道这是真的而不是假的，于是她拿出100元存到信用社来。过去几年宣传也好，劝说也好，她总是不相信，这一下她拿出来了，假如银行不保证能给她白洋的话，那一切都垮台了。这说明白洋哪里都有，问题是怎样去吸收，如果方式好，适合群众要求，是可以吸收到信用合作社里来，作为信用合作社要办事业的资本的，但必须要替老百姓做事情、搞生产。

信用合作社开始办的时候，资本从哪里来呢？恐怕要采取这样的办法：

1.利用劳动英雄和有威信的人，在群众里面号召老百姓入股。

2.其他合作社有基础的拨一部分帮助发展，不要很多，一点点地慢慢搞起来。自己能放多少就放多少，有困难的时候，银行再给帮助一部分周转。

（边区银行行长黄亚光：《关于信用合作社问题》，
1944年6月30日在边区合作社联席会议上的报告）

（三）克服单纯营利思想，建立严格制度，进一步提高信用合作社

许多信用社的举办，不是从发展储蓄，组织借贷，扶助生产出发，而是单纯从营利出发，因之：第一，当物价平稳时不愿降低利息，有的还提高利息，如延安青化砭信用社提高为三毛复利，西河口信用社亦提高为二毛分，李家渠信用社只压低存款利息，不减放款利息，以提高存放款之间利息的差额。第二，不及时收回放款，如桃店信用社，认为反正每月有二毛的复利，何必收回、放出，结果拖成一千多万元的烂账。第三，为求拉用资金（消费社拉信用社的款），盲目吸收存款，存款增多，又不能不急求放出，致放款不能选择对象，把大量存款放给商人，一则助长商业投机，二则发生烂账。

如桃店曾有人半年内在信用社借款十次，钱数由第一次的一万元增至第十次的20万元，专以从信用社借来的钱在当地倒贩牲口。

因此，举办信用社业务时，合作社干部和区政府必须在思想上明确：发展储蓄，组织借贷，扶助生产是信用社的基本目的。在此目的下，举办信用合作社的首要问题，必须有能够掌握业务的干部，否则是办不好的。

信用社必须建立严格的制度。在这方面，延川信用合作社作得很好。他们制定了以下的制度：1.不滥收存款，对投机及大额存款加以限制；2.严格掌握放款对象（只借给农户），放款额有一定限制，依据借款人家庭经济情况确定；3.对借款的保人有明确要求，并且规定借了款的不保，做保人的不能借款；4.抓紧收回借款，月月清利，规定过期（一月为期）一天即增加五天利息，促使借户按期归还；5.信用业务与消费业务分开，不得拉用信用社存款作其他用途。由于执行了这些制度，延川信用合作社很少发生乱放贷款和烂账的事。

（《边区信用合作的检讨》，陕甘宁边区政府建设厅、边区银行，1945年12月）

六、信用合作社和边区银行的关系

（一）银行帮助信用社发展

信用合作社与银行的关系，只是一种互相合作互相帮助的关系。对于信用社领导，是由县联社统一领导，银行和信用社只是发生间接关系，银行和县联社发生直接关系。银行帮助信用社方面：第一，在资金上帮助周转，但信用社对银行也要讲信用，按期归还不能拖欠。第二，银行要派同志帮助各个信用社建立会计账目，把洋办法和土办法结合起来，即西式会计和中式会计相结合。使账目清楚，便于业务的发展。

关于信用社在银行存放款的问题，我们提出这样的办法：信用社存款，银行给利息，存多少钱，银行就给多少利，但银行放给信用社的钱也要算利息，不过比信用社放钱的利息要低，不复利。南区的信用社就采取了这样的办法，希望信用社有多少存钱，就给银行交多少。

白洋和法币问题：信用合作社可以照市价收白洋，收了后拿到银行去，银行也按市价收，存户要提取白洋时，马上到银行取来副给。存白洋取白洋，银行做信用社的后台。我们在延安合作社同志座谈会上解决的办法是这样的：信用社可以吸收白洋，但一般的不要使用白洋做投机生意，特殊情形下是可以通融的，如果婆姨娃娃要打首饰，那可以卖给一些，如果在市面上使用，那边币就要受波动，这要各信用社给银行一个保证。

对法币，原则上是存法币取法币，这样如果价格有涨落，那信用社不会倒霉，吃亏的应该是存款的本人；要是存法币取边币或存边币取法币会受投机者的倒弄。此外合作社本身不要去投机倒弄赚钱，那是违法的。法币交存银行的手续和白洋办法相同。

首饰银子元宝问题：吸收首饰、银子、元宝有两个办法——1.以边币收买；2.折成白洋。但绝不能够存首饰，取时仍取原物，否则失了调剂金融的意义。收这样东西当中要注意银子好坏，因为纯银一般是很少的，老百姓存的银子，顶好是七八成，一般的说是二成三成，如果搞不好就会上当；元宝也有两头是银当中是钢，如果认不清楚也会吃亏，如果自己辨别不出来，最好拿到银行来评判一下，较为妥当。

（二）信用社协助银行开展业务

1.要用边币，合作社帮助银行收边币，用边币流通边币，这是每个合作社都必须做的。

2.帮助银行兑换破票子，银行给合作社一些手续费，换回来的破票子，交到县联社换新票子。

3.信用社帮助银行放农贷，信用社专门做这种事情的，要比乡政府放的为适合。

合作社要帮助银行做这些事情，要把帮助银行当作合作社的经常工作。合作社和银行结合，第一步就应该这样结合，是否合适大家考虑。

（边区银行行长黄亚光：《关于信用合作社问题》，
1944年6月30日在边区合作社联席会议上的报告）

七、延安县和几个典型信用合作社简介

（一）延安县的信用合作社

1.历史发展与概况

自1943年3月在南区沟门信用社试办成功以后，已在全县10个区内建立了8个信用社，其中有4个社在市镇内，4个在没有集市的乡村中心点。兹将其发展简程分述如下：

信用合作的发展，分为两个阶段。

第一阶段是沟门信用社试办成功时期——

沟门信用社在1943年2月由消费社转变到信用社的时候，资金只有100800元。这时虽然资力很薄弱、但它已开始解决群众部分困难，于是很快地就得到群众的爱戴，信任也从此建立起来，并又得到了银行与建厅的资力帮助，加之物价暴涨，更推进了业务的进展。至1944年2月底止股金已发展到3614087元，放款实数9541720元，存款实数5794775元。从这一发展的过程中，摸索出来一个规律，这就是：今天农村里需要信用合作社，因为它适合于农村环境和需要，并且它已创造出办信用社的一套完整办法。因此造成第二阶段在全县普遍的发展。

第二阶段是在延安县普遍发展的阶段——

从二月份至五月份止，先后成立了7个信用社。计二三月份成立有姚店区1个、蟠龙区1个、罗家岩1个，四月份成立有河庄区1个、清华区1个，五月份成立的丰富区1个，连沟门共有8个信用合作社，分布在7个区内。

在这个发展进程中，值得特别提出的，南区沟门社是最有成绩的，因为它有调剂农村金融、帮助农村生产发展、为人民谋利益的业务方针。李生章同志他从实际情况中创造合乎当地当时需要的一套工作办法。他熟悉群众，了解群众。适当地解决群众困难，因此他和群众结成了一种血肉关系——群众是信用社的主人，信用社是群众的出纳，所以它的工作发展得快，最有成绩，并且还做了些社会服务。例如以30石粮无利借给难民及贫民（去年驮盐赔本的贫民）；成立教育合作社，办小学1处，办医药社1处。

但也有对信用社认识不清的，不知道怎样做才对。如河庄区信用社当四月里成立时，联社给以50万元资金，予以周转，可是它一下放给一户就是20万元，又借给一个娶婆姨的10万元，余者在不到几天全部放完了。放出去的这些钱，尚无把握收回来，存款却又没有办法去吸收，所以实际上业务已陷于停顿状态。

2.起了些什么作用

（1）它部分地解决了生产上的资金困难和其他困难，在放款3595万元的用途内，生产上占49.6%，婚丧占10.5%，小商占12.8%，其他占20.9%（这个百分比是各主任口谈的大概数）。

（2）把农村中的游资集中起来调剂了农村金融。

它吸收了1562万元存款，而且还把农村存了几十年的白洋亦已集中了一部分，到目前为止已存了：

沟门1023元，罗家岩10元，丰富区240元，川口区500元，蟠龙区360元，共计2133元。

因此可以看出，将妇女儿童的私蓄及暂无用途须待积累而备存起来集中运用的闲钱，转到急需用钱的农户手上。

（3）减轻了农村里的高利贷剥削。

①探买现象大大地减少了，南区一乡一带已经绝迹，只有个别的地区还相当严重地存在着（如蟠龙区）。

②高利贷相对减少，利率亦降低，如姚店子的“节节钱”（驴打滚），从前一万元，一集（五天）1500至2000元的利息，现在某些地区也降低到一万元一月三四千元利息，而这种“节节钱”在南区一带已经没有了。

（《延安信用合作社总结》，
陕甘宁边区合作社联席会议参考材料之五，1944年6月）

（二）赤水蒲金山信用合作社

赤水劳动英雄蒲金山创立之信用合作社于1940年即已开始。当时，他看到新户初到，人地生疏，借贷困难，他即发动老户以粮食入股，成立信用合作社，负责统一贷出。第一年计入苞谷一石三斗，去年计集股三石六斗，新户均能借贷。借贷手续：借时打一借条，盖指印，秋后归还，但每斗加2升利息。今年信用合作社已集股苞谷1石、谷子9斗。蒲金山已将合作社加以整顿，将股金改为长期入股，扩大借贷范围。不仅新来难民可借，老户若遇困难亦准贷予，以调剂村民间的粮食。现邻近各乡村皆效法该合作社，7乡已集股苞谷8石多。

（《解放日报》，1944年3月13日）

（三）延安南区沟门信用合作社

1.为什么能够迅速发展？

自1938年起直至1943年2月，在这样长的时间中，沟门消费社虽然曾经提出一笔资金作临时无利借贷，但是没有什么进展。自1943年3月消费社结束后，正式开始其存款业务，仅在一年中，试办成功并且很快地发展，是有它的原因：

（1）生产向上发展与人民生活的改善。自土地革命之后，消除了封建剥削，使生产力大踏步向前发展，尤其在开展生产运动当中，农村中所有劳动力，都卷进了生产热潮。而生产的发展，使得人民走上了丰衣足食的道路。在生产向上发展过程中，有的农户渴望着对他们资金的帮助，以便购置耕畜、农具，开付工资，或在青黄不接的时候，需要周转一下，或有婚丧大事的临时挪用一下。边区银行发放的农贷，对生产起了极大的推动与刺激作用，但究竟还不能解决农村金融全部问题。因此，在信用社未成立之前，旧的剥削制度全部破坏了，新的信用制度尚未建立起来，要用钱的，没处借到，有的急需用钱，只好硬吃那高利探卖粮食的亏。另外有的农户衣食丰足，卖掉粮食或牲畜的钱，一时无用项或须待积零为整，再能投到生产上去的，以及婆姨当中的零星私蓄，需要安放一个可靠地方，积蓄起来，并使之生息。这些游资在信用社未成立之前，不敢公开外放，于是进行探买粮或暗里进行高利贷款。尚有一部分因买成东西时不方便，放账又怕吃烂账，就换成银洋储藏起来。该区未成立信用社以前，金融上某些地方，是有停滞现象，因而需要一个适合农村环境、新的信用组织，把暂时没有用处或还未积累到相当数量足以投到生产上去的那些游资，吸收拢来，转投到急需资金购买生产工具的那些借户手上去。

（2）物价的飞涨与规定了适当的利率。在物价上涨的情况下，对借款的人是有利的，去年物价的飞涨，总指数涨了十九倍半，粮食历来是涨得比较慢的，也涨了十二倍多。又如一头牛价，在十一月值五万元到十二月就值十万元，涨了一倍。只要借钱买成东西，放上一个时期，等到物价上涨后，再把它卖去，除去本利外，必然会赚钱的。虽然放款利率定为每元每月二毛，但还是远落在由于物价上涨而所获利得之后。如以每元每月二毛复利计算，一年之后本利共为八元九毛二分，若与物价上涨十九倍半相比，仅及45.7%，即尚不及物价上涨的一半，所以信用社放款一传开，借钱的人都来了。这样说来利率可以提高到与物价上涨一样吗？那不行，太低了，只有借的没有存的。所以放款利率根据去年物价上涨情形，是比较恰当的。存款在去年物价这样高涨下吃亏了吗？不见得。存款利率定为一分五厘，以存钱一元按复利计算，本利可得五元二毛，放在合作社里存取方便，又保险（不会吃烂账）并可免除浪费（因在手头上可能就花了），同时利率也并不算太小，所以有钱的也愿意存进来。

（3）它坚决执行调节金融、帮助生产、为人民谋利益的方针，因此能够取得人民的爱戴。以信用社主任李生章同志创造了借款入股和存款入股的新办法，由于借存入股办法的施行，随着业务的开展，而自身亦逐渐壮大起来，它掌握了一笔固定资金之后，使得周转更灵活，而能更促进业务的发展。

（4）它所以能够迅速发展又一原因，它在工作作风上完全群众化，随来随办事，没有时间限制，不误群众的事，并能和群众打成一片，熟悉群众情况，了解群众情绪，解决群众困难。因此，信用社的威信，很快地建立起来。

（5）它所以能够迅速地发展，银行给予资金上的很大帮助，也是原因之一。自七月起，银行100万元资金的帮助，能够使信用社资金充裕，周转灵活，加速它业务向上的发展。

2.信用社的作用

（1）过去南区一带，春夏二季，农民探卖粮食是很流行的，惊人的高利贷款亦常发现，如东姚店区利息高有借一万元隔集（五天）利息就有500到1000元。现在探卖粮食和高利贷很少见了。这就是由于信用社在一年中放出有706借户，总额14270025元借款所起的作用。其中有364户，金额7668300元用在生产上，如买牲畜、农具和开付工资等用途；有85户，金额2076835元是婚丧紧急需用；有100户，金额2382470元，是小商贩的贩卖猪羊牛为主的借款；有157户，金额2142900元是日用开支。下面就是几个活的例子：

帮助解决生产工具，刺激了生产：

马根堂借10万元，买1头牛，多耕七八垧地，能多打5石粮食，每石卖2万元，共为10万元。借款3个月，付利6万元，多获4万元，而牛的本身也赚了钱。

李长崇住二乡庙河村，去年是伙种别人的庄稼，今年借一万元买了牛，自己种庄稼，不然自己先得给人家打短工，赚下来才能买工具，这样，就要误了生产。

常维有住二乡初叶梁村，去年锄地时雇短工，借了信用社一万元付了工资，这样地多锄了一次，增加了粮食产量。

解决了困难，保存了粮食、牲畜。

李太平住一乡沟门上，合作社未成立前，因他信用不好，借钱很困难。去年，因为欠人家不能还时卖了一头牛，只卖了350块钱，假如有了信用社，能借款还欠款，350元，卖一次柴就赚回来了，因为没有信用社，便把现在能值6万元的大牛以350元就卖了。今年借信用社37000元，本利已经赚回来了，又买了一头牛。

马学有夏家桥人，在信用社借两次款，第一次借5000元，买了一头驴子，驴子的本利，已从驮柴中赚出来了。第二次借2000元，买布做衣服，假如没有信用社借给他2000元，当时须贱卖一石粮（大石），才能解决他的衣服问题。借了信用社2000元，保存现在值27000元的粮食。他非常感激信用社给他帮助的好处，说："信用社可以给老百姓解决困难，如在急着用款时不必贱卖东西，信用社可以借给，如此可以免掉受人剥削。"因此他经常向老百姓宣传信用社的好处。高有成，春天雇工锄草时需钱5000元，想卖1石粮食来还工资，经马学有宣传后，到合作社借了5000元，保存了1石粮食，解决了吃粮困难。另一个高加有，也是需钱雇工，他不听马学有劝说到合作社借款，嫌利大，结果5000元探卖了一石粮，现在没有吃的了，再想买粮，得27000元，他后来非常后悔没有听马学有的话。

亢家恩，借3万元买得3间房，当时不借这3万元，要卖老母猪（只值3万元）。这样周转一下，老母猪生得11个小猪，现在房子能值十二三万元，老母猪还能卖三四万元，小猪能值几万元，将本利及猪的费用除外，还能得十余万元利。

（2）一年中存款共207户，存款共6097490元（银行存款在外），其中机关存款五户，存额1017100元；公务员存入76户，存额2479704元；农民存入共79户，存额1846276元；银洋法币存入47户，存额754410元。这些存户都是有钱暂时没有用途，或者需要等待积累起来集中运用，因此存入的。

这些钱集中在信用社，它转放到生产上去。为什么在物价高涨下，信用社一毛五分存息，他们愿意存入呢？看下面几个例子，就可以了解。

一乡槐树坬郭来银，现在有6口人，两头牛两头驴，70多只羊，有地40多垧，全年够吃，不欠人钱。去年3月存入信用社边币两万元，是卖洋芋、瓜、豆角、干草、玉米的收入。在12月又卖驴收入3万元，又卖豆子、油等，加上存款利息，共添成10万元存入信用社。他估计现在自己吃穿牲口都有，放在家里没有用项，把零钱放进合作社，积成总的，以备将来需用，并可以生息。他这样计算以后，凡有暂时不用的余钱，就存进信用社。

二乡南庄康富才，共有5口人，两头牛一头驴，去年种地25垧，打20石粮，2月22日卖猪一头35000元，又卖了几斗枣子，共合为5万元，存入信用社。他说："我想自己老了，有几个钱不要浪费了，存在合作社，给我积蓄力量。这5万元，让它放着去吧。"

孙兰英去年11月1日存2000元，每月利息滚存，再加上自己纺纱钱做鞋钱，现在已变成4000元，现在又有6块白洋存进来。

一乡任家台李四婆姨，有法币1000元，自1937年起已储藏6年，未生一个利，去年三月才存入合作社，折成边币3500元，每月可得525元利钱，八个月已陆续得利4000多元，她到处宣传信用社的好处。

由上面存款借款例子中，说明信用社是把暂时无用途的闲钱，吸收拢来，又转放到有利于生产的农户手上，直接间接地扶助了生产，并打击了探卖粮的高利借贷，这对南区农民经济发展有了很大的帮助。

（《沟门信用合作社调查》，1944年2月）

第五节 综合性合作社

一、总结南区合作社经验，发展综合性合作社

（一）南区合作社的特点

南区合作社究竟有哪些特点呢？它有下列各项优良特点：

第一，冲破了合作社的教条主义、公式主义，不拘守成规。南区合作社以消费合作社开始；但它的事业，却发展到南区全体人民经济生活的各方面，不仅经营消费事业，还经营供销、运输、生产、借贷等项事业。它组织了纺织、榨油、制毡等六个生产合作社及一个拥有百余头牲口的运输队，是一个综合的合作社。它不斤斤于合作社本身的公积金、公益金的百分比的多少，而尽量将赢利分给社员；它不限制股份的红利，不论社员股金多少，一律照股分红；它不限制社员对股金处理的权利，每个社员都有随时退股的自由，也不限制社员资格，各阶层人民都可加入（因为延安是经过土地革命的区域，各阶层入股并不妨碍共产党对合作社的领导），机关社团也可加入。也不一定要用现金入股，当它还未在群众中有完全信任时，它允许人民用公债券、储蓄票入股，以扩大股金，当它在群众中已有信任，而群众要求入股无钱时，它号召群众可用一切有价实物入股，如粮食、牲畜、鸡蛋、柴草等等。因此，一切人民称便。

第二，打破了合作社的形式主义，认真贯彻面向群众、替人民谋利益的

方针，因此，它逐渐被群众所爱戴。如每年春耕时，事先从韩城等地运铧，以比市价要贱的价格卖给农民。组织各种生产事业，不仅吸收了失业工人，招收了学徒，安置了工作人员的家属，而且扩大了事业的赢利，保障当地人民日用必需品的供给，增加了人民的收入。比如南区合作社组织八百多妇女纺纱，每月可纺1400斤，每月增加收入7万元。它的消费合作社的营业方针完全为保障老百姓的必需品，不仅使老百姓少走路，而且比大城市商店的东西还要便宜。

第三，它以公私两利的方针，作为沟通政府与人民经济的桥梁。经过合作社，一方面贯彻政府的财政经济政策，一方面又调剂人民的负担使其更加合理化，增加了人民的收入，提高了人民的积极性。比如1941年政府动员驮公盐时，南区合作社要南区人民交纳代金给合作社，而由合作社的运输队代替人民驮盐交政府。比如在政府收公粮以前，合作社动员老百姓先交照上年应交的公粮给合作社，合作社不仅保障替社员代交本年应出的公粮，而且承认所交公粮的数目即作为老百姓所入之股份。因此，一方面，合作社可以向政府交涉，替政府保管公粮，在政府未支用以前，合作社可以将公粮周转赢利；一方面，老百姓不仅交了公粮，而且入了股。所以有些老百姓家有余粮的，甚至愿交二年的公粮给合作社，不管下年增加公粮多少，由合作社负责代交，南区有40余户农民就是这样做的。这样就固定了农民的负担，增加了农民的收入，农民的生产积极性也就提高了。比如县、区政府要人民出教育经费与自卫军放哨费，亦由合作社从红利中替人民支付，既可免政府收费之烦，又可减人民支付之苦。比如政府奖励移民，救济难民的政策，合作社亦可实行（它可以给难民、移民以贷款等）。如此种种，使政府、合作社及人民三者公与私的利益，个人与集体的利益，密切地结合起来。

第四，它根据人民的意见来改善合作社的组织形式。不开社员全体大会，而由社员按村举代表到会。不采取摊派入股的方式，而是团结社员的积极分子去劝导人民入股。不限制社员入股数量而照股分红，但在解决合作社的一切问题上，不管股份的多少，每一社员都有平等权利。

以上就是南区合作社的特点。这些特点，在消费合作社方面，并未违背消费合作社事业的基本精神，而且正是根据边区人民政治的、经济的、文化的、生活的特点而产生的。在生产合作社方面，虽不是生产者本身的合作事业，而是合股雇佣企业；但在手工业不发展、手工业工人不多的边区，为着吸收农村游资发展手工业，现在的生产合作社方式，也就成为适合现地现时条件的产物了。

南区合作社，从1936年起，经过六七年的摸索与艰苦奋斗，到现在已由160个社员发展到包括南区户数90%以上，自愿入股的1112个社员，股本由159元发展到200万元，由一个社发展到16个社，净利由数十万元发展到1942年10个月统计的162万元。它发展了南区人民的工农业，照顾了南区人民经济利益的各方面，成为南区人民的经济中心。

地广人稀，几乎全部属于小农经济的边区，要贯彻政府的经济政策，组织倡导人民发展经济，就必须依赖真正群众化的合作社起纽带作用。因此南区合作社式的道路，就是边区合作社事业的道路；发展南区合作社式的合作运动就是发展边区人民经济的重要工作之一。

因此，1943年，党与政府在全边区合作事业上，应该进行下列工作：

1.由建厅负责调查研究南区合作社的经验，写成小册子，作为各县政府第四科及各合作社工作人员的教材；并利用在延安开会的机会，引导边区各地工作干部去参观南区合作社。

2.物资局所属各地的企业，对于消费与生产合作社之有成绩者，必须帮助其供销：对消费合作社批发货物，对生产合作社供给其原料与保障其生产品的销售。政府应于1943年拨出300万元交物资局，以为调剂合作社供销之用。

3.政府为着奖励合作事业，必须明文规定与认真执行减免合作社租税负担。

4.边区政府及各县政府，应征求高小以上程度的学生，训练会计人才与经理人才，帮助各地合作社解决会计与经理的困难。

5.合作社工作人员，必须实行群众化，实行薪水制，取消对合作社人员的代耕制；改良合作社的组织，实行精简，使之企业化，克服机关化，减少工作人员，减少开支。

（毛泽东：《经济问题与财政问题》，
《毛泽东选集》，东北书店版，第787~790页）

（二）1942年边区整财会议对南区合作社经验的总结

延安南区合作社在四年中，由90人发展成为几千人的群众经济组织，由几千元的股本发展成为人民与机关都愿入股的几百万资本，它经营了消费、生产、运输、供销、借贷、纺织等等各种合作事业。它替农民集体利益服务，替农民的个体利益服务，替难民及其他机关人员服务，并且帮助了政府的工作（代收公粮，代收公盐代金，代收地方税），成为发动群众、实行政府经济政策的一个桥梁，成为南区农民交换、流通与生产的一个堡垒。南区合作社的经验告诉我们，合作社要办得成功，第一是“便利”两字，要处处替人民打算，在经济生活上真能给人民以便，给人民以利；第二，就要适合当地人民的情况与需要，否则不能给他们便利；第三，组织形式与工作方式，不要被束于一定的成见，要灵活地适合农民，便利的就干；第四，要真正调查边区的经济情况，了解政府经济设施，掌握时期，才能即时发现给人民便利；第五，要有好的干部领导。

（《整财问题》，陕甘宁边区整财会议文件，1942年）

（三）中共延安县委关于南区合作社经验的介绍

第一，合作社的业务，不仅限于消费，同时将生产、信用、运输联系在一起，成为合作社业务的一个整体。本社及分社共有16社。

属于生产的，有纺织工厂1，皮房1，毡房1，油房1，粉房1。

属于运输的，有运输队百余头牲口，合作社投资达500000元。

因为柳林合作社将几种经济事业合在一起经营，所以营业范围大，资金多，活动大，发展快，给人民解决日常必需品也多。本县其他合作社只限于消费的，比兼营生产、运输的合作社资金少，活动范围小，发展迟缓。

第二，合作社民办政策，是采取柳林的经验而提出的。该社股金扩大，吸收小商人资本，并吸收他们参加工作。举凡合作社的工作，都由社员来讨论、来决定。人民对合作社是非常关心，并不认为是官办的，而认为是自己的。

第三，给群众解决日常必需品，并比市价低，如布匹、食盐、火柴、铧等。单就火柴、食盐2项，每年就给人民节省下80000余元，人民当然是愿意在合作社买东西。该社在布匹、食盐、火柴、铧四样必需品方面，可以供给柳林区人民的全部需要。

第四，给群众解决紧急的困难。例如有婚丧大事，可以暂时在合作社借款，或拉欠布匹，或抵押东西，约好期限归还，即是带着信用合作社的作用，这样就给人民解决偌大的困难。因为急事一时钱不凑手，东告西借，无法解决，而合作社给以解决，所以更给人民以信任，认为合作社真正解决了他们的困难。

第五，扩大股金的方式，是各种各样的。

1.现金入股。

2.实物入股：一只鸡，一双鞋，几张羊皮，几根麻绳头，都可以折价入股。

3.吸收小商人资本。

4.给群众解决负担，即当入股。政府的负担下来后，合作社即号召入股，负担由合作社出。例如1942年该区人民应缴与政府的公盐代金250000元，由人民作为股金交予合作社，而由合作社运缴公盐给政府，借以周转营利，人民还可分红。用这种方式，如公债、教育经费、哨站经费等，都由合作社一收一缴。这样政府的负担出了，合作社的股金扩大了，营业扩大了，人民得了利，少麻烦，又能以社员资格分红。

5.利用人民当时的要求，适时地提出扩大股金的口号。例如要发展纺织就提出发展纺织股金的口号。该社1941年试办代人民出公粮，每担先一年由人民折钱入股，合作社得钱扩大营业，到第二年公粮分配给人民时，由合作社以营利所得代缴。代办40来户，这40来户出了公粮差不多等于未出，他们变成合作社的股东，年年可以分红，他们高兴得很，生产热忱大大提高，粮食打得更多了。

6.入股时发给红利。如入股40元发给袜子一双，值20元，这样来鼓励人民入股。

第六，合作社地点的条件很好。因为该社在柳林区，是一个靠近延安新市场大商业的地方。柳林区森林多，人民卖木料木炭的多，增加了人民的收入，因而在农村中的流动资金多，可以吸收入股。同时靠近市场，资金的周转也迅速。这是客观条件。

第七，合作社的活动范围大。该社在边区银行、光华商店以及延安各机关，都建立了关系，资金有时可以拉借，可以代各机关做许多工作，互相帮助，合作社也得到了发展。

第八，干部的少调动与注意调查研究。该社刘主任从任合作社主任以来，从未调动工作，能专心一意去想工作，研究工作，想办法。同时，他对于客观情况的调查也很注意，如每个人一年的布匹、食盐、火柴等要消耗多少，经常研究，以便解决人民生活困难。

在这里举一个例子，证明该社和人民的关系。柳林区驴风坡农民白大，1941年须交救国公粮60元，先行交给合作社入股，由合作社届时向政府代交。以后这60元分得的红利又加在股本60元内变成了200元。他在合作社买铧四页，每页代他节省15元（即比市价低15元），共节省60元，买火柴五包，每包节省5元，共节省25元。1941年腊月底，他在合作社买货1000元，当时只付500元，还有500元未付，而这些货物按后来市价，涨了550元。连前面买铧、买火柴两项，共替他节省635元。本来是交公粮60元，现在变成股金200元，又加买货节省635元，真正做到了合作社是人民的，便利人民交换，为人民谋利益的地步。

（中共延安县委：《柳林区（即延安南区）合作社的经验》，引自《经济问题与财政问题》，《毛泽东选集》，东北书店版，第798-800页）

（四）推广南区合作社的经验，发展综合性合作社

现在，我们的方针，不是希望一般地增加社数，而是推广南区合作社的模范，改进和提高现在的工作，扩大合作社的力量，提高合作社的作用，使合作社真正能够帮助农民发展生产，发展妇纺，组织驮盐，扩大营业，更加便利人民交换与抗战动员等。我们已经有八年的经验，有南区合作社的模范，以后的工作更加好做，减少了许多摸索过程。只要每个县抓住一个基础好的合作社为对象，切实彻底总结过去的工作，发扬成绩，纠正缺点，向南区合作社学习；并依据当地的具体情况，造就各个县的南区合作社，以影响其他。只要党政重视合作社工作的改进，认真地加以领导和帮助，不久的将

来，一定会有更多的南区合作社。

（高自立：《向南区合作社学习》，《解放日报》，1943年2月20日）

二、1942年以后综合性合作社的发展

（一）1943年发展情况

今年合作社工作，经高干会决定以南区合作社为方向，在各县主要是推广学习南区社的经验，坚持民办官助的政策，使合作社能起组织群众发展经济的作用。一年来，由于基本上执行了高干会的方针，因而合作社在数量上、质量上都得到了很大的发展与改进，更多推进了边区生产的发展。

合作社的一般发展情况，如果从工作较好之19县市，去年和今年的社务概况比较中来看更为明显。去年延安市等19县市，为159社，社员115000人，股金7061806元，今年社数为227社，增加了45%，社员121000人，增加了5.2%，股金1.48亿元，增加了20倍。

而且今年一般合作社的发展，不仅在数量规模与资力上有了扩大，更重要的是南区合作社作用的普遍发挥。如今年全边区合作社除一般的经营交换总额约六亿元（收买棉花及其他土产约3亿元，供给生产及日用品约3亿元）外，生产土布约6000匹（二尺五宽十丈四尺长）、毛口袋2500条、绒毛毡3000条、棉麻油25万斤左右（正在生产中），还组织驮盐，发展妇纺，安排移民等。各县合作社已组织运盐牲口3706头。延安、安塞、甘泉、志丹合作社，为群众交付公盐代金1300万元（群众以代金入股，代金由合作社支出，股金仍为群众所保有）。组织放青及短脚运盐，仅延安、安塞、淳耀三县帮助盐本、帐篷等即达400万元。帮助移难民，仅安塞、延安、志丹、吴旗等县部分合作社，即帮助有238户，帮助资金折合小米159石。发展妇纺，仅延属、延市等六县市即放出纺车1438架，发展纺妇7200余人。绥德石家湾合作社，100天中即收纱3400斤。政府直属各纺织厂所需土纱有三分之二为合作社所代收。此外如延安南区信用合作社及三边之牧畜保险合作的创立，虽只各有一社但信用合作对活跃农村金融，调剂生产资金，限制高利贷的发展，

牧畜保险合作，对改善牲畜饲养，进行防疫卫生，促进牧户之间的互助等都有极大的作用。所以合作社的业务，已真正发展到人民经济生活的各方面。

在这一年的发展中，一方面证明了南区合作社方向的正确，另一方面又证明着过去怀疑合作社作用与发展的意见是错误的。如第一种意见认为商业发展了，就限制了合作社的发展。事实证明，并非如此，如交通方便地近延市的南区合作社、定延路上之西河口合作社、延川城里的民众合作社、清涧城里的城关合作社等，这些合作社的发展，都可证明商业发展的地区，仍然可以发展合作社。

第二种是相反的意见，认为穷乡僻壤，无定期集市的交换，不易发展合作社。这种意见事实又证明是错误的，如志丹六区合作社在离县城60里以外的山沟里，去年只有资金25900元，今年从组织运盐着手，组织了50头牲口运出土产，运回必需品，并完成运盐任务从而有了力量进行土产与必需品的交换，资金已发展至2566000元。这又说明山沟里的合作社也是可以发展的。

第三种意见，认为边区是自给自足的小农经济，合作社即使成立起来，也无事可做，事实证明也是错误的。如南区合作社组织运输合作、帮助变工扎工、发展妇纺、安置移民、代运公盐、代交公粮、举办农场、举办作坊、供给必需、收置土产、存款放款、代放农贷、办理医药、代办税收等，这又证明合作社是有很多事情可做的。总之新民主主义的经济的发展到处需要与可能发展合作社。所以今年整个合作社的工作是向前大大地推进了一步，但其进步程度并不一致，依据目前情况，全边区合作社，大致可以分为四类。

第一类是南区式的合作社，这是各地合作社的榜样和核心。除个别县份外，每一个分区或县市都有他具体的南区式的合作社，约占合作社总数中11%。其特点是：实行了南区合作社的方向，起了南区合作社的作用，面向群众、依靠群众，没有本位主义、教条主义，取得了党政的提倡。

第二类是开始向南区合作社方向转变，有完全可能继续发展成为南区合作社式的合作社，约占总数中64%，其特点是：部分起了南区合作社的作用，但没有贯彻南区合作社的方向，没有完全肃清本位主义、教条主义，没有切实做到面向群众。但比之今年以前是有了很多的转变，首先是从今年政府提倡运盐与妇纺工作中，抓住了当地的经济特点，利用公盐代金或公家棉花的供给，开始从各种业务混合经营中，走向与群众相结合，如鄜县张村驿合作社，绥德沙滩坪合作社。在一部分新社中，是由群众中积极分子倡导组织而成，草创之初，而同当地群众有较好联系，但资力所限，经验不足，还有待于继续扩大与发展，如延安冯家坪合作社等。

第三类是抱残守缺、各方面最落后的合作社，约占总数中的10%。其特点是没有学习南区合作社的经验，有浓厚的本位主义、教条主义、脱离群众的错误，一般的是单纯消费业务，又是只在合作社本身赔赚上打圈子，本位主义、墨守成规、不图改进，如安塞旧城合作社，一切看上级怎么办，事办多了怕麻烦；如延安河庄合作社干部是一些落伍分子，工作上连货价都要政府规定，否则就无办法。

第四类是一部分新的民办社，其开始时，群众踊跃入股，但发展至一定阶段，传染了教条主义或本位主义而呈现停业状态，资金甚微，作用不大，既无广泛的群众基础，又无政府的积极帮助，如延安李家渠民办社、延安西川口民办社等。

上述为边区合作社的发展及其现状，较之去年南区式合作社只极少数，最落后的合作社占绝对多数，则今年情况可谓大有转变，是合作社发展最有成绩的一事。

1943年南区式合作社分布情形

县别	新发展的	旧社转变的	合计
延安	1	4	5
安塞	2	1	3
志丹	1	2	3
甘泉		1	1
鄜县		2	2
延川		2	2
延长		1	1
固临		1	1
子长		2	2
合计	4	16	20
定边		1	1
吴旗		2	2
靖边	2	2	4

续表

县别	新发展的	旧社转变的	合计
合计	2	5	7
绥德	1	1	1
米脂		2	2
吴堡	1	1	2
清涧		1	1
合计	2	5	7
新宁		1	1
赤水		1	1
淳耀	1		1
合计	1	2	3
庆阳		1	1
曲子		1	1
华池		1	1
合计		3	3
总计	9	31	40

（《合作社工作总结》，陕甘宁边区政府建设厅，1943年）

（二）1944年发展情况

从高干会到现在，是边区合作社空前发展的一年半。

一年半来获得了空前未有的成绩。这些成绩表现在什么地方呢？

1.合作社社数、股金和社员扩大了。据这次会议调查的材料，社数已有433个，其中36个县联社，168个区社，218个乡社，11个分社（是区社或县社分出的社）；社员245884个，股金139800多万，资产21亿，这些资金，大约运输占8.44亿，消费占7亿，生产占3.2亿，信用占5400万，医药占3300万，农场占1500万。这样看来，社数、社员、股金均发展了，这个发展超过了过去8年以来成绩的一倍，可说是空前未有的成绩。

2.主要是发展了生产事业。

在高干会议前，主要是为消费合作社，生产合作还很少，运输合作一共只有246头牲口，信用社还没有办。经过这一年半来，合作社已经有牲口5225头，比高干会时发展了20倍，占全部资金的25%；信用合作社32个单位，占全部资金的2.5%；医药合作社22个单位，占全部资金的1.5%。总合起来运输、生产、农场、医药和信用等占资金60%以上。因此，合作事业在一年半以来，是向着生产方面发展着。这是符合党的政策的，纠正了过去以消费合作为主的倾向。

合作社不仅办经济，而且办文化、卫生和社会公益事业。

现在合作社的业务，除了农业、工业生产、运输、供销、信用、医药外，还办黑板报、识字组、冬学、夜校、合作学校、读报组等；办婚丧、修道路、救济移难民、优待抗属、拥护军队等，合作社所做的事情有26项之多。毛主席把它总结起来为10项。如再把它总结起来就是经济、文化、卫生、社会公益四部分，分开来就是10大项。从业务上看，已经发展到人民生活的各方面。这样的发展正合乎人民的要求，真正为人民做了事情，真正同人民生活发生了密切联系。例如延市大众合作社，经常有老百姓来找，纺织的来找它要棉花、要纺车；有病的来找它医病；丢了牲口的来找它写招贴寻找牲口；流动工人找它写家信；打官司的找它写状子，等等。过去许多合作社同人民没有联系，现在变成同人民有联系了。这样的联系有很大的影响，使人民知道合作社是为自己办事的，是自己的合作社而不是“公家商店”。

（高自立：《合作社联席会议总结报告》，1944年7月）

自从出现了刘建章的南区合作社，讲究生产，讲究服务群众，党和政府又提倡民办公助，积极领导，这两年才把合作社的道路走对了。合作社有大的发展，大的进步。现在全边区县、区、乡合作社发展到490个，经营单位将近1000，股金资产总计达20余亿元，社员20多万人，差不多每户有一个人参加合作社，比起前两年是大发展了。现在的合作社差不多有半数都闹生产，不像从前单搞消费了。群众入股多半是自愿的，不像从前强迫摊派了。合作社为群众办了许多事，和群众更加结合，不像以前脱离群众的样子了，比起前两年，也是大进步了。

（《陕甘宁边区合作社联席会决议》，《解放日报》，1944年7月8日）

（三）综合性合作社成为农村经济的核心

南区合作社式的、综合性的合作社，经过今年在关中、安塞、靖边等地的办理，都收到极大效果。这种合作社，在手工业生产、妇女纺纱、农民各种消费、农村信用借贷、运输、出入贸易，甚至公粮负担上，都组织了广大的农民群众，替群众谋到了极大的利益，取得了他们全体的爱戴，而成为当地农村的核心。

（《边区劳动英雄代表大会给我们指出了什么？》，
《解放日报》社论，1943年12月26日）

现在大家都解得开：合作社不是公家商店，也不是人民负担，而是群众自己组织起来又给群众办事情的团体，是在私有财产基础上各阶层人民大众联合经营的经济的文化的卫生的公益事业的组织。这种组织只有民办公助才能办好，不能脱离群众，光靠上面来办。南区合作社就是在民办公助下真正为群众谋利益而发展起来的模范。它的业务有二十几种，都是给群众谋利益的。群众要穿布，布贵买不到，合作社就组织妇纺，创办织布工厂；群众要运盐，单行不方便，合作社就组织运输队，大家合伙运盐；群众吃的用的，合作社廉价出售，土产剩物，合作社收集推销；有余钱，存到合作社里生利，扩大生产要钱用，到合作社低利借贷，不受熬煎；移难民要生产，合作社帮助；抗工属有困难，合作社解决；人、牲口有病，合作社医治；变工扎工，合作社扶助；鳏、寡、孤、独在合作社存款，以备养老，贫寒子弟在合作社储蓄，以备娶妻；灾祸临头，合作社救济，婚、丧大事，合作社帮忙；邻里纠纷，合作社调剂；书信、对联，合作社代笔；为防荒旱，举办义仓；为增生产，开办农场，为公共利益，植树造林，为牲畜繁殖，份牛份羊；为提高文化，办黑板报，为普及教育，办民办小学；政府农贷，合作社代放，政府税收，合作社代收；包运公盐，节省人力，包缴公粮，公私两便。举凡衣、食、住、行，经济、文化、卫生保健、社会公益，合作社都替群众打算，都为群众服务，把合作社和群众利益真正结合起来了。群众都有一个家，家里办不了的事，都由合作社办，合作社就变成群众小家庭上面的大家庭，有这个大家庭我们的生活才能过得更美。这是合作社的正确道路，也是毛主席领导我们走的新民主主义道路，全边区合作社，全边区人民，都要走这条道路。

（《陕甘宁边区合作社联席会决议》，《解放日报》，1944年7月8日）

三、模范的综合性合作社

（一）模范的综合性合作社的共同特点

在今年以前，边区合作社在数量上虽有两百多社，但只有南区合作社在各方面都起了模范作用，其余虽有一部分比较好的并起了相当的作用，但都不知道向什么方向发展。自从高干会提出了南区合作社为方向后，各县才有了发展的方向，因而模范合作社才在边区范围内发展起来。截至现在止，约有40社基本上接受了南区合作社的经验，向着南区合作社的方向发展。这40社中，有10余社是本年新创设的，有20余社是由旧社转变过来的。这些模范社的发展经过与所起的作用虽然互不相同，但都有共同的特点：首先是从群众中产生出了会办合作社的人才，例如田云贵、樊彦旺、田保霖、陈丕秀等。这就首先解决了干部决定一切的先决条件。他们的特点是：真正懂得南区合作社的方向，面向群众，依靠群众力量；他们没有合作社工作的教条主义倾向，不是先从抽象的宣传去号召人民加入，而是从具体的行动去影响人民加入；不是从包罗万象办起的，而是从具体的需要办起，不是先从设立机关办起，而是先从服务群众办起。

（《合作社工作总结》，陕甘宁边区建设厅，1943年）

两年当中，边区又出现了许多好合作社。绥德安锦城合作社、张丕元合作社、延市肖洪启合作社、延安县曹玉科合作社、靖边田保霖合作社、鄜县安长庚合作社、吴旗陈丕秀合作社、华池侯生裕合作社、曲子李建堂合作社、安塞樊彦旺合作社、新正张清益合作社、淳耀贾恒春合作社、盐池靳体元合作社等都办得好。这些合作社有的从来一贯办得好，有的过去不好，现在办好了，有的是进步最大发展最快的新社，它们都实行了南区合作社的方向，组织人民生产，贯彻民办公助，依靠群众发展，为群众谋利益。这种合作社在各地还有许多，还在不断地生长着。这次会议一致赞扬这种先进合作社，把它们当作榜样，全体向它们学习。

这些模范的合作社有哪些优点呢？主要的有3条，是值得学习。

1.是真正民办的。这些合作社最少的有150个以上的社员，最多的有3400以上的社员，股金最少的350万，最多的有2900万。都是自愿入股的，所以这些合作社真正是民办的。我们提倡自愿，反对摊派，如果股金是摊派的，社员也就是强迫加入的。这样的合作社，一定脱离群众，办不好事情的，真正的民办社一定是自愿入股的。

2.就是这些合作社是真正为人民服务的。毛主席说："合作社是为140万老百姓和10万机关部队做事的"。人民要什么合作社就办什么，这就是合作社工作的出发点。模范合作社基本上按照了群众的要求为出发的，不是只为了合作社本身图利出发的。刘主任把这种只为了本身赚钱的合作社叫作"本位观念"，就是只为合作社本身打算盘，把社员群众有利的事情，不当做是合作社有利的事情；只是从合作社本身着想，有钱赚的事就办，没钱赚的事就不干。有这种观念存在的合作社是不能发展的。前面所指出的模范合作社，没有本位观念，广大社员群众有利的事，当合作社有利的事来办，而不计较合作社本身赚钱多，赚钱少。

3.这些模范合作社的工作是优良的，有调查研究，了解情况，精通业务。同志们都说这次会议是考秀才，考什么呢？多少人能识布？有好多同志考"住"了，问他："你那里有多少纺纱车子？"他说："这项材料我没有带来。"（笑声）结果落了榜。刘主任中了状元，他就是有调查，不仅熟悉地方的一般情况，就是连每个人有几块白洋他都熟悉的。这一点我们应该好好向他学习。毛主席说："没有调查就没有发言权。"什么是调查呢？就是有多少人口？有多少牲口？要多少铧？要多少锄头？要穿多少布？种了多少棉花？有多少妇女纺纱织布？有几个医生等？这就是调查工作。不懂得这些就没有办法来发展合作事业，就解决不了问题，如果合作社主任没有调查工作，合作社就办不好。

还有一点就是合作社的工作人员是廉洁奉公的，不贪污，不假公济私，不要私情，又不铺张浪费。这种作风，就是实是求是的作风，老老实实的作风，也就是模范合作社的作风。

由于有了上面讲的这三个基本优点，所以认为这些合作社是模范合作社。当然它还有很多好的地方，但是这三点是最要紧的。如果没有这三点，这个合作社就不能成为模范合作社，有人认为赚的钱多就算模范合作社。自然合作社如果真正为群众服务，有广大群众拥护，又有精通业务、廉洁奉公的工作作风，是一定能赚钱的，并且正当地赚钱与按期分红是必需的，不然合作社就不能巩固与发展，事实上这些模范合作社都是赚了钱的。但赚钱的方法有多种，如用投机取巧，囤积居奇，抬高市价，违法舞弊赚来的钱哪怕最多，也不能算模范社，而且应该反对的。

（高自立：《合作社联席会议总结报告》，1944年7月）

（二）介绍几个模范的综合性合作社

1.延安大众合作社

大众合作社从成立以来，所做一切事情，从营业分红到社会服务，没有不贯穿着为群众谋利益的精神的。具体说来，它的业务方针有这样两个要点：一是实行服务群众与谋取正当利得相结合，多中取利；二是团结小商人和反对投机居奇。

营业和服务相结合，包含两方面内容，其一，营业本身带着服务性质，这表现在营业的内容与价格上；其二，社会服务直接为群众造福利，间接即可以建立威信，开拓社务。

大众合作社的业务主要有三项：供销寄售、消费和信用，就是把服务放在第一位，把赚钱放在第二位的。业务的第一大项，是为边区各工厂及个人生产供销，为此，设立了土产推销部与寄售部。该社推销土产数量恒占贸易总额60%以上，就中以工厂为主。光是统计今年头4个月该社为化学厂、边纺厂、实验厂、西北烟厂、党校烟厂、丰足烟厂及供销处等7厂处，推销的肥皂、布匹、杂货、纸烟就值18129470元；还有如替大光纺织厂推销布匹，替美术工厂（文协办）推销乐器等均未计入。该社收手续费低，除食品、化学品因损失大收10%外，其余如火柴、纸烟只收5%，手织品只收3%至5%。因之，他们乐于托其代销，供销处靠了它精简掉土产推销部。许多工厂借助于它省开了门市部。这对边区的人力、物力的节省是不小的。该社还代工厂收原料，光是为化学厂、振华纸厂、建国纸厂、火柴厂、西北烟厂、党校烟厂、丰足烟厂及供销处，代收的猪羊油、破纸、有光纸、雪花纸、麻纸、烟叶、棉纱等，年来共有6191635元，手续费更低，最多取5%，还有收猪羊油即不曾收手续费。在交通那样不便情况下，这对各厂人力、物力之节省，原料之供给裨益很大。其中收破纸8300多斤，完全是把废旧利用起来，既助工厂原料之供给，又增加个人生产收入，曾有两个乞丐就靠拾破纸维持住生活。寄售部为推销机关和群众的个人生产品出了大力，各种编织的毛衣、竹针、口罩、蝇拍，纺的毛线、棉纱和打的麻鞋等，该社都能代他们出售。党校五部的易绍成、张鹏等4人，不到一个月时间，该社替他们代售了100多双草鞋，使他们的那个生产小组不仅完成了任务，而且超过了两万元。该社还代售艺人和群众制造的玩具，一方面解决了各方儿童的需要，同时，给艺人们开辟了一块艺术创作的园地，又增加了他们的收入。如一个小老乡叫王雪，才十五六岁，做了几十种玩具，得利六七万元。寄售部还代售代收各种旧存货，如眼镜、表、水笔、皮包、牙刷把等，群众称便。比如一位机关人员，他有一副120度的眼镜已不适用，如在市上换一副180度的眼镜需洋8000元，该社为他代办了，一元未花。大众社设寄售部影响所及，许多公营商店和合作社也设立寄售部为群众服务，这样一来，原有借买贱卖贵，从中剥削的旧货摊子就减少了许多，转入了生产。还有，在大众合作社成立之前，本市很多流动工人，每年冬季回家，工具无处存放，只得贱价出卖，翌年归来工作又得贵买，吃亏很大。大众社为他们着想，即在去年资本小、房屋又困难的情况下，收买了他们的十几种工具，今春又特别准备了铁锹，市价8000，它卖7000，市价10000，它卖8000，共卖出270张。特别要提出的是：该社为了供给生产者以必需的工具和原料，不计较盈亏，比如这次物价波动时，市场停滞，有行无市，该社不愿使蓬勃的妇纺运动和春耕热潮遭受打击，毫不犹豫地抛售铣、犁铧、纺车、棉花等。三月份，该社亏空300万元，这批就占主要项目。这样，可以明显看到大众合作社供销业务完全是把服务群众放在第一位，赚钱是从属的。

业务的第二大项是消费。大众社有门市部、食堂、饼子铺，这方面能完全按季节供给大众需用物品。如冬季购买大批毛织品，毛线、毡、毯等；过年时则买调料、年画等；春天则购买农具、布匹等；过中秋节则准备各种各样的月饼；过端午节则准备粽子等，便利了群众丰衣足食生活的实现。该社供给群众日用品，售价尽可能地低廉。如肥皂，市价400元一条时，它们卖380元；食品部的菜，人家卖300元一盘，它卖200元；饼子铺的烧饼，人家卖100元，质量还不好，它卖50元，且质量要好得多。有些工厂经费困难而缓发工资，许多工人没钱买旱烟吸，该社就赊给他们，抗属、荣誉军人买货时一律九折，切实做到了优抗。这也说明，大众社的消费业务也贯穿着服务群众的精神的。

业务的第三项是临存借贷。去年半年共存102500元，放23100百元；今年前四个月，存451968元，放46万元。存息13%，放息15%，仅有2%的利可图，并且往往有免息贷出的。显然其着眼点也在为群众谋利。群众得到大众合作社的好处是很不少的。比如南区农民尹加娃因母丧没钱埋葬要卖耕牛，大众合作社就借给他5万元，他的牛没有卖，兴奋地加紧生产，春耕超过了计划。退伍军人魏志成想成家立业没钱，该社借给他20万元，使他娶了婆姨，建立了家务。还有些工厂要活跃文娱生活，但缺少胡琴，该社就给他们代买，以至借钱给他们买。

这样的以服务群众为第一的营业方针，是否会搞得无红可分或者低微得可怜呢（为了社员的利益相当丰厚的红利是必要的合理的）？我们知道事实并非如此，不仅没有减少，而且该社所以能获得巨额红利的要诀就在这里，正因为该社的业务是以群众利益为第一位，售价、收费都低还可免息借贷与赊款，以至赔本售出必需品等等，群众自然拥护，他们有买卖总乐于找大众合作社，还宣传别人也这样做，所以该社营业额就特别大。举些明显的例子，大家知道商人中流行一句话："不怕无人问，单怕四月困。"四月是本市生意的淡季，但大众合作社的销货额仍在1400万以上。一月份，他们还只有两个门市部，每天销货平均在百万元以上，全月就在3000万元以上。这样大的交易额，除了比他们规模大的很多的南昌公司外，再没有其他店、社比得上了。

另一方面，他们用了大力搞社会服务，把合作社与群众工作生动地结合起来，主要工作也有三项：

第一，代笔问事及帮助宣传工作。代笔问事是群众很需要的，该社干了不少。比方新市场小贩常找他们开条子、算账，为他们解决了困难，还节省了时间。有一次有一个老乡丢了骡子，请大众合作社帮助寻找，合作社帮他写了一个“招领条”，结果找着了，那个老乡感激不尽地亲来道谢。白家坪薛老婆由合作社代写一张状纸，不花一文，过去她叫旁人写的花了1000多元呢！她很感动，逢人就宣传大众合作社的好处。绥德有个老乡到延安打官司，大众合作社也给代写了状纸，后来官司打赢了，他就入了1000元的股，以表示对该社的爱戴。流动工人马占来，因为大众合作社替他写了信，一文不花，高兴地拿钱来入股。流动工人汪美因为和工头发生纠纷，大众合作社给圆满地解决了，他也很感动地拿钱入了股。总之，这样为群众打条子、写状子、写信、算账、调解纠纷等近1000次左右，群众因受感动而来入股者有30多人。服务群众与发展社务的一致性，这就最明显不过了。

对小学校的帮助，大众合作社也不遗余力。今年儿童节，该社把玩具交小学生推售，抽手续费作为学校（完小）基金，这又锻炼了儿童经事能力。完小附设有合作社，大众社廉价供给文具、纸张、饼子（比如饼子比市价低五分之一），没钱付现就赊去，等卖完了再给钱。另外，东关、西庄、桥儿沟开办小学时，大众合作社都送去粉笔，所以学校学生成为该社基本社员，自非偶然。

大众合作社今年在街头设了“黑板报”，以反映生产、卫生、商业、社会教育各方面实际生活为内容，发扬好的，批评坏的，群众读者颇多。比如，它宣传卫生合作运动，有的群众看了受感动，卫生合作社没开张，群众就要入股。他们还采取了个别教育等形式，争取了一些二流子工人（流动工人）转变，有的转变后入股当社员。

第二，组织妇纺。这对合作社的眼前利益（比如红利）就是没有多少利可图的，因之，往往有些合作社不愿搞，或者马虎敷衍，而大众合作社则不然，从成立起，就当自己的主要工作，而且在未正式成立前（“三八”节开始）就着手进行收纱、发毛工作了。据统计，去年八月底以前，大众合作社就发展纺妇228户，纺车164架，收线1170斤，发出工资20万元多。今年在大众社的帮助下，延安市4200名妇女中就组织起1222名，发展纺车1195架，织机22台（不完全统计），实属不小的成绩。为了解决原料的问题，巩固妇纺，该社竟赔钱发售棉花1134斤，共赔了22万元；还免息出借给贫民，如桥镇乡即借去20斤棉花。他们还创造了合作纺织办法，即由该社发花给纺妇，织成布后对半分，该社分得的一半，除去开支、本钱，卖得之利润即当红利又分给纺妇。据初步试验，这样纺织妇每天可得二升米，如稍熟练些即可得二升半，比单纯纺纱利大得多。该社这样为群众谋利的精神是很值得发扬的。纺妇受了该社那样多的好处，因而受影响入股的不少。如有的商人老婆把私自积蓄几年的法币也拿出来入股；小孩子过年收的压岁钱也拿出来入股。曹桂英把自己作的草鞋寄卖后入了股，难民把纺纱得的工资也入了股，甚至有人从柳林区跑来入股的。大众合作社威信之高可见一斑了。

尤其值得大书特书的是该社倡办了“卫生合作社”，这是把卫生和合作结合起来解决群众疾病问题的创举。医药卫生问题是个老问题，在群众已经丰衣足食的情况下，更是突出和迫切要求解决的问题。今春本市时疫流行，死100多人，问题愈益明显严重了。大众合作社最敏锐地表现了群众的要求，倡议办卫生合作社，召集商民一谈，即获一致拥护，虽当场肖洪启主任声明：该社是以社会服务为目的，不见得有利可分的，但入股踊跃，当场即收提倡股80万元；又有人看了大众合作社的宣传，没开张就要来入股，开张之后，每天平均收股金20万元，最多一天曾收到1216800元。半个月就发展社员607名，股金5752000元，其中机关人员不到三分之一，大多数是群众社员，尤以商人最多（因为市场的环境），妇女、儿童亦占了30名。群众情绪这样高涨，入股这样踊跃，完全表明了该社倡议的正确，宣传的深入，以及平日威信之高。有些群众当初还是解不下卫生合作社的内情的，但听说是大众合作社搞的就加入了。该社为了发挥群众的积极性，让与群众自办，但帮助扶植并不因之稍异。事先该社即广为宣传，又帮助起草章程，召开盛况空前的卫生合作宣传大会与开幕典礼大会。自己让出一间房子给卫生合作社，投入百万元的提倡股，还为物色工作人员和医生……该社是出了大力搞的。现医药具备，有八名医生，其中七名轮流到门诊，开业半月后统计共看了病人1000多名，诊疗范围南至七里铺，东至飞机场，北至大砭沟，附属药店一天就过流水近10万元。为了服务，对贫穷者，实行免费给药，平均每天免费的有三四人。在大众合作社整个大众化的气氛里，加以事先有深入地宣传动员工作，故医生都能本着服务群众的精神，不分昼夜，不计里程，四处出诊。群众对此很受感动，请吃饭、送鸡蛋、挂面的事已属常见。还有的老乡因医生被门诊包围请不去，宁愿待至明天而不愿改请他人，可见该社已经很快地建立了威信。有了这样为群众造福的卫生合作社，对大众社今后影响的更加扩大，社务的更加发展助力之大是不言而喻的。

（《介绍大众合作社》，边区合作社联席会议材料之十，1944年6月）

2.延安南区合作社

南区合作社所处的环境有在这里加以简单叙述的必要：南区合作社所在地，延安县的南区（即柳林区）是一个经过了土地分配的区域。现在它的辖境是6个乡，100个自然村，全区东西70里，南北40里。它的行政区划在抗战后曾有过一次变更，1938年以前，它只辖有现在的一、二、四三个乡，1938年冬现在的三、五、六乡也划归南区了。据1943年的调查，全区共1885户，7348人。全劳动力1846人，耕地31891垧，耕牛642犋。牲畜的数目是：牛1379头，驴165只，骡、马106匹，羊3990只。南区是一个毗连延安市的市郊农村区域，它境内又有三条交通道路（咸榆公路、延市至临镇大路、延市至陇东小路）。辖境的西部和南郊有许多荒山和森林，盛产木料、木炭、木柴、药材等。这些条件都利于农业生产特别是农村副业的发展。抗战以后，南区是延安县各区中人民经济发展最快的一个区。但在1937年的时候，全区（三个乡）只有423户，1733人，耕地8000余垧，耕牛222犋。牲口的数目是：牛323头，驴125头，羊270只，骡马无。当时全区只有一个挑担的小商人，手工业也极不发达，农户穿布全凭向外购买，全区没有纺车和织机。

（1）南区合作社的发展历史

南区合作社从创办到现在已经经过了11个结算期，大体上它经过了3个发展阶段：

第一阶段：

自1936年12月开办到1939年2月，第一至第六结算期，南区合作社从一个专营消费业务的合作社逐渐扩大到4个社，9个经营单位，初步形成了一个兼营生产、消费、信用、运输的综合社，这是第一阶段。

早在1935年，南区即成立过一个合作社，因战争，群众所入股金全部损失。1936年冬，延安县政府又提出在南区的沟门上成立合作社，半摊派半自愿地在人民中收集了159.9元苏票的股金（每股3角），有社员160人，合作社主人是王天金同志，会计刘建章同志，采买李生章同志。当时市面流通的是法币，合作社收受群众的苏票，向贸易局购买货物，故第一期三个月即长毛利200元，除优待抗属、慰劳前方、捐助学校之外，每股三角即分利一角八分。

因为合作社第一期就分了很多红利，卖货又收受苏票，所以营业很好。当时主任王天金同志主张限制每人买货数量，刘建章同志则主张为了扩大合作社影响和发展合作社，不必限制。争论的结果县政府把王天金同志调换了，由刘建章同志担任南区合作社的主任。从此放手卖货及发展股金。第二期结算已经有969元股金了。

1937年春，在沟门上以200元资本开了牲口店。为了招揽脚户来住店，给一些长脚户放合作社运输队的旗子，到盐池驮盐，名义上是南区合作社的运输队。到1938年已经有这样100多头牲口了。这是南区合作社组织运输事业的开端。

1937年6月苏票收回，合作社的股金全部由苏票转成法币，合作社贴钱500余元，股金也扩大到1600元。这时候合作社人员从主任起常常背包袱下乡卖货，调查人民经济情况，宣传入股。刘建章同志统计本区人民每人每年要买布、盐、农具、洋火，用洋40元。在第三期社员大会上提出每人加入20元股金，合作社就可以供给全区人民全部日用必需品。这个计划因为集中股金困难，货物涨价，未能实现。

1938年5月在柳林子设立饭馆、营业部及牲口店。合作社社址移至柳林子。八月，因铧价上涨且群众买铧困难，提出扩股500元，向韩城买铧，结果买来铧2000页，每页售价6角（市价9角）为群众节省600元。

1938年底因本区没有油坊、粉坊，乃在沟门上成立了榨油磨粉坊，合作社投了一部分资本，其余是向化学工厂、工合办事处借的。1939年2月光华商店投资一万元成立了一个抓羊绒的“羊场子”。从此，南区合作社开始兼营生产事业。

1938年8月，见人民借钱困难，乃提出办理信用合作社。入股的500多人，股金1000余元。后来因资金数目太小，不敷放款周转，提议把这些股金并入消费社，另由消费社提出400元专无利借给有紧急需要的社员。这是南区合作社第一次试办信用合作。

在此期间，在三十里铺与一挑担小商人合伙成立一个货物分销处。同时因三、五、六乡划归本区，在罗家崖投资700元成立了一个分社。

这一时期合作社的经营，已经扩大到4个地方：柳林子、沟门上、三十里铺和罗家崖。一共有9个小单位和联络私人脚户100多放旗子的牲口。这时候合作社实际上已经兼营生产、消费、运输、信用等业务了。

南区合作社的创办，它的股金也是半自愿半摊派从群众中收集的，有的群众把入股当作了负担，也有的人把合作社叫作“活捉社”。南区合作社在这个时期所要克服的主要困难，是如何取得人民的信任和改变人民的认识。所以它在头几期不提公积金而全把赢利分给了社员，苏票转变成法币时合作社又贴洋500多元，合作社减价出卖犁铧货物给群众。经过几年的艰苦工作，群众看到入股可以分到利，而且合作社真正是给他们办事的时候，合作社在人民中的信任逐渐建立起来了。

（《介绍南区合作社》，中共中央西北局调查研究室，1944年）

在这一时期，总社移到柳林子，并组织社员牲口参加运盐（那时也是政府号召驮盐，南区人民大多数都参加这次运盐），社员在合作社帮助之下，获得了运盐的利益。到1938年9月举行第五次结算盈余1105元。这次分红后，合作社又提出建立榨油和粉房两个生产部门，并扩大股金900元，均得社员的赞成。至1939年3月，900元新股金的任务全部完成。股金到这时已积累了3700余元，社员增至850名，并举行第六期结算，盈余1148元，每股又分红一角。合作社又利用这次分红机会，提出要在分红中扩大股金600元，红利四角五分，便可当五角向合作社入股，取得了社员的赞成，实际上扩大股金800余元。故至9月底举行第七次结算时股金已扩大至4507元，社员增至960名，盈余2400余元，每股分红一角，并建立了油坊、粉坊两个生产部门。在这次结算时，正当边区政府建设厅号召普遍扩大股金，县政府便帮助布置股金5000元，由于县、区、乡政府的帮助，5000元的数目全部完成。在这一时期，又有自动入股的2000元。合作社为了熟悉行情，并便于同延安市机关商店的联络，在延安市成立公益心分社。为了便于群众交换，吸收大量的股金，取得建立集体分社的经验，和做生意上的便利等，在三十里铺，又采取私人合伙的办法，建立兴华集体分社，每100元为一股，每人入股不限制，入股退股完全自由，社员有特殊困难，合作社帮助借钱赊货，盈余不提公积金、公益金。集股共计800元，总社入股200元，作为提倡，负责人由入股者推选，工作人员“作份股”，这个分社很受当地群众欢迎。另外并联络脚户刘永祥等成立12头牲口的运输队。因此总社在业务上活动力量更大些。至1940年6月股金扩大到11640元，但社员数目却由960余名减至853名，名义上虽然是减少了，事实上是增加了，因为原来一户几个名字，现在改成一个名字（家长）。在此期间举行了第八期总算，盈余9354元，除去总社建筑及折旧报销3000元外，每股又分红一角。在这次分红时正式召开了社员代表大会，检讨了政府布置扩大股金的经验与教训，认为能一次扩大股金5000元，原因是县、区、乡政府的帮助和社员生活的改善，以及合作社信任的提高（社员每股五角有的分红已达七角三分，合作社又举行低利借贷照本卖铧，实际上社员得了利益）；但5000元股金，仅仅是完成了任务（过去都是超过的），而且五、六乡少数群众还认为是摊派，不免发生怨言，故代表大会认为扩大股金，仍应由群众自愿地加入，不必由政府摊派。从这一期起改半年一期为一年。

合作社股金不断地扩大，营业也就更加活跃，到洛阳、关中、三边等地买货，成本便宜，卖货也就便宜些，于是社员有三分之二的在合作社买货。营业扩大资金仍不敷周转，故又决定扩大股金4000元，完全采取由社员自动认股。取消每个社员入股最高额的限制（过去规定每个社员不得超过10股），并仍规定按股分红，提高土产价格，以土产作价入股，如小米、麦子每斗比市价高2元（20%），玉米每斗比市价高1元（15%），干草比市价高2分（2%）；同时又提出铧、洋火、食盐照成本卖给社员等，作为宣传入股的口号。这一号召得到了空前的成绩，扩股达到7500元，差不多超过提出任务的一倍。连前共有股金19700元，社员也增至1018名。到1941年5月，经社务会议决定，号召旧社员以政府布置应购建设救国公债的数目向合作社入股，与旧股同样分红，社员应购之公债，即由合作社以其所得红利代购，这一号召又扩大股金25000元。合作社在群众中的信仰，也因此大大提高了。到八月间举行第九次结算，长净利49300余元，除提公积金、公益金、奖励金外，又按股分红每元分七角。合作社为了奖励社员以红利入股，经社员代表大会同意，红利七角可当现款一元向合作社入股，这一号召又扩大了股金23000余元，连前共67700余元。在这一期间，遵照二次社员代表大会的决议接受了建立兴华集体分社的经验，在沟门、罗家崖、南庄河等处，利用当地的积极分子，吸收群众入股，由总社直接帮助，各建立集体分社一处，在柳林子为了推广医药卫生，建立药社一处。各分社从八月间开始到年底，共扩大股金12万元。因此社员交换更加便利。由于各分社的建立，总社力量也更加雄厚了。全南区人民所需之铧、犁、洋火、食盐已能全部减价供给（一般的低于市价的10%至30%）。不仅如此，沟门等分社还吸收了洛川、甘泉、延安、安塞、定边等地脚户（20多脚户入股两万元）及中财处入股四五万元；此外总社又吸收光华商店入股56000元，增加运输队四队，扩大骡子至94头。在这一期间，由于物价不断高涨和布匹来源的稀少，以及响应政府关于生产运动的号召，乃成立织布生产部门，并开始推广妇女纺纱，想在几年以内，达到全南区人民布匹生产自给，并建立皮坊一处，给社员土产羊皮等加工制造，便于自用和出售。同年五月间，正当政府初次布置驮运公盐，当时一部分群众因既无驮盐经验，又正在夏耘的时候，都不大满意，合作社一方面帮助有牲口，有驮盐经验的群众帐篷、口袋等，另一方面以自己运输队替人民包运公盐200驮，领导群众驮盐200驮。这一切设施得到了全南区人民的热烈拥护与欢迎。以后群众又自动入股3万余元。合作社又提出建立织袜生产部门，每人入股20元，保证分袜子一双的口号，又扩大股金3万元。不仅群众踊跃入股，边区政府一级机关工作人员入股也将近一万元。在今年春天，又为了社员支付教育经费和自卫军哨站费34000元，代购储蓄券两万元，包运公盐1050驮。

经过这些工作，合作社在人民中的信仰更加提高，虽在八月间遭水灾，损失100余万元，合作社得到政府的帮助和社员的拥护，仍屹立未动。从八月间提出三年内在南区人民中间扩大股金140万元，将来群众除公粮公草外，一切负担由合作社负责，特别是由于区、乡干部及社员代表的模范作用，这一口号又为群众所欢迎与接受，现又扩大股金42万元，正在收集中，并准备于本年内分乡举行第四次社员代表大会，总结第十期工作。南区总社现有社员1232名，已经收起之股金12万元。

南区合作社就是这样发展起来的，现在总、分社及附设之工厂计13个单位，21个部门（4个营业部、1个药房、1个运输队、2个草料店、2个饭馆、1个过载行、10个工厂及作坊）；股金总数已达210万元（各分社每人最多者5000元，最次者50元，5000元左右的占2%，300~500元占50%，1000~2000元占30%，50~100元占18%，内有来往退股重复的约70万元，实际约有142万元）；本年销货1700余万元，纯益180余万元（连各部门），总社照本供给社员铧、洋火、食盐等为社员节省128000元，为社员推销土产计60万元，帮助社员家属纺纱增加收入近40万元（农闲每月可纺1000斤）。

由以上可以看出：第一，南区合作社是从解决困难中求得发展，又从合作社的壮大与发展中，更多f 解决了社员的困难（如从便利购买、低价销货照本供给，低利借贷临时救济，以至高价收买土产、救济难民、推广纺纱、代运公盐、代交负担、代付负担，等等）。从解决社员的困难中，便利了政府的工作，在便利政府工作中，又获得了政府极大的帮助，所以日趋巩固与扩大。第二，建立集体分社，把生产运输同消费结合起来，是合作社发展壮大与发挥合作社作用的必要条件。第三，从人民切身经验中，引导其自动入股，实行自由出入，代交负担，提高土产价格，提出适当口号等（归纳起来，有三种形式：①储蓄入股随时地自由出入。②保证分红、代购公债、代交公粮。③提前分红，七角红利作一元，土产价格提高等），以及区乡干部及合作社干部的模范作用，是扩大股金最有效的办法。第四，按期结算，按期分红，按期召开代表大会，总结每期工作，发扬社员民主，是启发人民积极参加合作社的必需条件。

（2）起的作用

①在配合农业生产上，从1938年起到1942年春天止，照本供给社员铧6000余页，调剂耕牛200余头，锄640余张，镰刀260余把。此外，今年又在代交负担，代运公盐，包交负担等问题上，便利了群众生产，如今年春耕时，代交负担少误工与稳定了群众生产情绪（如今年春耕时，有10户因去年出粮较重，卖牛迁居，合作社为了稳定他的生产情绪，包交公粮，结果他们没迁移）。

②救济移垦难民300余户（1941年至1942年春，支出救济款860元，代借细粮80石）。

③在发展手工业上，由总社建立或由分社附代经营的作坊及工厂计10处，推广妇女纺纱800余人。

④发展运输事业上，现有长脚运输队五队，骡子100余头，并经常帮助群众运盐。

⑤在协助抗战动员工作上，代人民支付教育经费、自卫军放哨费等49000元。替人民包运公盐1250驮，今冬又为人民代交部分公粮等。

⑥在便利人民交换中，供给日用品洋火、食盐全部，布匹等一部分，生产用品如犁铧、棉花，亦可全部供给。今年一年又为人民推销土产品计60余万元，并举行临时济急的低利借贷或赊货。

⑦代政府推销公债31000元，代收牲畜税28000元，代银行推销储蓄券34000元，今年冬帮助区乡级干部解决冬衣20套。

⑧替难民、交通、纬华三纺织厂组织纺纱。

⑨对外贸易上。今年输出盐20万斤，毛毡、绒毡等2000余条，羊绒8000斤，换回布匹、洋火、袜机等大量必需品。

⑩优待抗属先后计现款2000余元，日常买货，一律九五折扣。

⑪在发展文化上，去冬及今春建立俱乐部，并资助当地学校2270元，南区各小学在南区各分社所在地，都得到合作社物资上的帮助。

南区合作社的业务——作用是便利人民便利政府。因此不仅组织了群众经济，发展了工商业、运输事业，刺激与便利了个体经济的发展，而且同时是个体经济与公营经济联系的纽带。对税收优抗发展文化上，也有它的帮助作用。

（《南区合作社》，陕甘宁边区政府建设厅，估计为1942年底的材料）

（3）南区合作社1943年各种业务状况统计

表1 1943年延安县南区合作社及其分社各种业务状况统计

1944年4月1日

项别 类别	进益（边币元）	折小米（石）	百分比%	开支（边币元）	折小米（石）	百分比%	盈余（边币元）	折小米（石）	百分比%
生产	8075124	1143.79	18.3	2695741	321.83	12.7	5379383	274.74	23.6
运输	8583293	1215.76	19.5	5634558	798.10	26.5	2948734	150.61	12.9
消费	10297064	1458.50	27.3	3486888	493.19	16.4	6815176	348.07	29.8
脚店	13646794	1932.98	31	8247860	1168.25	38.8	5398934	275.74	23.7
信用	1766140	250.16	4	379781	53.79	1.8	1386359	70.80	6.1
食品	850000	120.39	1.9	680000	96.32	3.2	170000	8.68	0.7
医药	877471	124.29	2	132313	18.74	0.6	745158	38.06	3.2
合计	44095886	6245.87	100	21252141	301020	100	22843745	1166.69	100
说明	盈余按年底米价折合小米，其余按全年平均米价折算。								

3.华池县联社

华池县联社是陇东分区首屈一指的合作社。它在纺织、保养牲畜、组织运盐三方面都创造了杰出的成绩。县联社主任侯生裕同志被人称为“陇东的刘建章”。这光荣称号现在已响遍了全分区。华池县虽然自1936年就有了合作社，但在改造以前，它不仅是由官办，而且整个工作被主观主义笼罩着。当时合作社的一切计划统由县政府四科制订，而很少注意启发合作社干部的创造性。如1941年合作社曾因适应运盐需要，开设了一处脚户店，而四科则严厉批评“这不是合作社分内工作”，因此，合作社干部充满当一天和尚撞一天钟的心理。在扩大股金中也有严重的毛病——只收现金，不收实物，每股限制股额，这无异是拒绝群众入股的要求。

表2 1943年延安县南区合作社及其分社生产业务状况统计

1944年4月1日

项别 类别	人员	设备	产品数量	进益（边币元）	折小米（石）	开支（边币元）	折小米（石）	盈余（边币元）	折小米（石）
纺织社	18	织机7架	大布700匹	3227627	457.17	871241	123.41	2356383	120.35
织袜社	5	袜机4架	袜子280打	231500	32.79	243500	34.49	−12000	−0.61
织毛口袋社	12	毛车3副	口袋1800条	3100000	439.09	965000	136.68	2135000	109.03
榨油社	7	油粱1副	油3220斤	636000	90.08	336000	47.59	300000	15.32
磨粉社		磨锅全套	粉条2812斤	880000	124.65	280000	39.66	600000	30.64
合计	42			8075124	1143.7	2695241	381.83	5379783	274.73
说明	1.织袜社是供给性的,大部分产品都以原价供给社员,所以赔本。 2.粮价：盈余是按年底米价计算，其余是按全年平均米价计算的，因此钱数：进益−开支＝盈余；而折合小米就是：进益−开支≠盈余。								

（《边区合作社八年的发展概况》，边府研究室，1944年8月）

乃至去年7月，侯生裕同志由县政府调到合作社工作，合作社才真正开始走向民办与群众生产结合的方向。转变中第一件重大的工作是成立合作运输队。当时群众因为顾虑下面的几种原因都不愿把自己的牲口入股：（1）恐怕牲口入股以后取不出来；（2）入股以后不到限期不得分利因此在收入上不能应急；（3）牲口参加合作社后，家里无法支差运粮。侯生裕同志鉴于打破这些顾虑是发展合作社的关键，遂制定了下列办法：（1）牲口可以自由退股；（2）牲口入股不到期限亦可预支红利；（3）参加合作社的牲口统一负担支差运粮。另外，在吸收钱股时采用了南区合作社的办法，以20%给股东解决问题。侯生裕同志首先找到自己的哥哥，作为宣传入股的对象，然后由他俩推广其他群众。结果至去年年底，运输队的牲口扩展到84头，运输队股金每股分红24元。于是群众入股更为踊跃，并且说："合作社一天不关门，我们一天不退股。"至目前为止，全县群众入股牲口达422头，仅二月间在全县生产动员大会上即扩大股金4400余万元。该社扩大牲口及股金的方式，一方面是通过社员宣传入股，另一方面则是欢迎群众以实物作股金，因此不仅使得运输队发展很快，并且同时代收了群众的土产，群众交口称便。华池合作社发展纺织的成绩，现在亦很可观。去年华池全县尚只有200

余名纺妇，去年一年已发展到了400余人。侯生裕同志发展纺织的办法，是通过农村纺织积极分子及学校学生的宣传，推动和组织，如温台区原无纺织基础，但今年春天利用爱好纺织的河南难民张老婆到该区三乡去教群众学纺，她首先教会一个自然村，然后以这个自然村的成绩向群众宣传，结果全区纺织很快发展起来；又如利用学生推广纺织的办法，虽然实行不久，但也得到了成绩。现在全县共有300名小学生，合作社计划今年之内先将他们悉数教会纺线，然后通过他们再去教会学生家长。为此，合作社今年将普遍帮助每个学生做一架纺车（学生家长出木料学校请工匠，合作社出工资）。现城关女校12名女生，已做好了9架车子，全数学会纺纱，现已纺出线4斤。另外，合作社还给她们做了一架织布机，全体女生准备织布。学生家长对于这种办法十分欢喜，他们说："娃娃这才真是学下了本事。"当放假时，这些学生将带着纺车回家，于是无数新的纺妇将被他（她）们发展起来。

关于保养牲畜问题，这是合作社针对着近年牲畜死亡而新建立起来的业务。华池畜牧向称发达，全县仅养羊即达十几万只，但近年以来，死亡很多。据调查，仅去年一年即损失3万余只。合作社为适应这一情况，特设立牲畜保养委员会，以比市价便宜70%的药品卖给养羊农户。牲畜保养委员会除及时研究各种病症指导治疗方法外，并在羊瘟流行地区，如白马、温台、悦乐、柔远等区，合作社都派有兽医指导防疫，进行熏羊灌羊等工作。据统计仅最近一两个月来，经合作社医好的病羊即达六七百头。同时，由于在合作社指导下，进行普遍防疫，所以今春以来，全县羊的死亡率较去年降低数十个百分点。

（《华池县联社纠正官办作风，组织生产发展运输》，

《解放日报》，1944年6月25日）

4.绥德张丕元合作社

张丕元的合作社，是绥德分区的一个模范合作社。它的特点是：与当地生产取得密切的联系和配合，并将50%以上的资金，投入到生产事业中去，因此合作社的业务发展到13种之多。

适应群众需要确定纺织第一。

张丕元看清了绥德是纺织发达的地区，就确定了合作社贩棉收布的方

针，在农村用棉花换布、收草帽，到延安贩牛、驴换棉花，到志丹卖布换羊绒，代永昌公司发花收纱。经过了三个月，合作社获利56万元，立刻全部分红，每元分一元四角（连身份子）。这是薛家坪有合作社以来的首次分红。这次分红后，即有群众11人自动入股10万元。到年底第二次分红（红利450万元，每元分三元八角四分），社员自由抽红，有的背回棉花，有的赶回猪，有的驮回米，共抽去290万元，人人欢天喜地。今年正月，合作社在全区利用演戏和经过劳动英雄民主征求股金，老百姓因为合作社替他们办了事又赚了钱，自愿入股的达700余万元，连去年的共1050万元，合作社得到很大的扩充。

虽然如此，但合作社主要的任务还是停留在单纯的营业阶段上。去年12月，张丕元同志就确定了今年要以组织群众生产发展手工业为中心。新的方针决定了新的事业的发展，在张丕元同志的创造毅力下，合作社的业务发展到13种之多：

（1）组织妇纺。去年有600多妇女在合作社领花，纺了1000斤纱；今年在雷家坪奖励了模范纺妇，并在各村组织妇纺竞赛，到合作社领花的妇女就增加到1800人（全区2800名纺妇，其余1000人买花自纺）。由于进行了奖励，纱的质量也提高了，头等纱占80%以上。今年从永昌公司领了2700斤花，以后没有了，为了不使妇纺中断，合作社买了1230斤花发给群众。代永昌公司发的花，合作社还赔了二石八斗米的脚费。在一个群众大会上，合作社把这件事宣布了，大家听了都说合作社是真正为群众服务的。

（2）近几年来，薛家坪30多架手拉织布机都停织了，为了提倡织布，合作社在正月里恢复了织布工厂，有两架手拉机，两架织袜机，织出的布除在本地销售外，还可运到靖边，一尺布换一斤羊毛，供给该社的毛织工厂。

（3）因为农具的进口很少，同时价钱昂贵，合作社就与私人合伙设立了农具工厂，合作社干部2人和60石小米作一股，9个工人和3个烘炉的工具作二股，从河畔和当地的农村收旧铁，从米脂和三皇峁运炭。三个月来已出产锄头100张、锅10口、镰刀70把，连其他农具共约500件，其中有100余件是替移民打的。这些农具的价格均比市价低得多，如一把锄头，比外来的要便宜一升半米。农具工厂的成立解决了当地的一个很大困难。

（4）毛口袋也是农民不可缺少的用具，可是过去均靠外面输入，最近进口也很困难。合作社看到这一点，就在今年二月底，出干部一人和30石小米，与从边区外面来的8个毛毛匠合作，对半分红，在靖边青阳岔一带收买羊毛，织成毛口袋、包子、褡裢等销在当地，老百姓人人称便。三个月已制成毛口袋160条、包子40对，褡裢16个，质量比榆林来的还好。获利20万元。

（5）近年来绥德的土地已全部开完，农民揽羊很困难，今年五月底合作社就提出合伙到别处去揽羊，几天工夫就有40几只羊入股，合作社计划集四五百只羊雇人到南路去揽，这在绥德分区也是个新创造。

（6）薛家坪的税收，也由合作社代办。

（7）去年设立的染坊，有染匠一人作两石四斗的身份股，没有学徒，合作社人员帮助打杂，去年染布480匹，每匹比商人便宜150元。今年试用土靛染色已得成功。

（8）粉坊也是去年开办的，开始时养有四十几头猪，粉坊师傅也打份子，目前暂时停工，秋季再开办。

（9）由于工厂和门市部的需要，今年三月成立了八头牲口的运输队，人员四名，专门驮运食盐、棉花、羊毛、布匹、农具、炭、铁等。

（10）农村中原有小商人担货串乡，货价很贵，合作社在三月底找了两个货郎担子合伙（每人作价二石三斗米），下乡贩卖日用品，收购棉毛，卖货价格比私商低十分之一。

四月又与私人合伙开两草料店和饭店，合作社出资七石米，私人也出七石米，三个人作身股三石一斗，按股分红。

今年扩股中，一、二、六乡人民要求在各该乡成立分社，主要是便于发棉收纱。合作社答应了群众的要求，抽出60石小米在三个乡各设一个分社，除弹花、发花收纱外，还销售日用品。

总社门市部亦在去年成立，主要业务是贩棉卖布及销售日用品，比市价低10%，收购土产比市价高5%，因之，群众受益甚大。

这是张丕元合作社业务的全貌。全社资金合小米280石，投入手工业的120石，运输业的27石，妇纺、畜牧、商业的133石。总之，投入生产事业的占50%以上。这是张丕元合作社在很短时间中能迅速发展的基本原因。

（《绥德张丕元合作社大部资金投入生产》，《解放日报》，1944年6月27日）

5.延安元隆寺合作社

延安县乌阳区元隆寺合作社，创始于去年九月间，为该区区长刘子英所发起。在开始10个月中，只扩大股金13万元，计社员48人。但以这样有限资力，在10个月中却为群众做了很多的事情。乌阳区妇女本来就会纺纱，在延安县是纺得最好的区域。在去年，买花不易价钱又贵，纺纱是不多的。合作社成立后就到处活动，在供销栈、难民工厂及本县生产社先后揽到棉花2400斤，群众纺纱赚棉花1200斤，以当时市价计算价值在百万元以上。全区人民的冬衣大都依靠这些棉花自己纺纱织布来解决。在领花收纱中，合作社不仅费力麻烦，而且进出都容易短秤，少十多斤都由合作社来补贴。春耕时，在延安买回铧200页，照原价140元卖出，每页至少节省70元，200页可节省14000余元。运输队驮回盐，当时集上盐卖价每升60元，合作社只卖40元，后来市上盐涨到80元，合作社只卖50元，老百姓都说太便宜了，劝合作社涨一点，共卖盐9石，为群众节省22000余元，在群众方面且少跑路，少误工（因为他们离集市都在25里以外），如果计算起来，也是一笔可观的数字。三月间，合作社扩大股金时，二乡群众啧有烦言，曹主任（即曹玉科）了解其原因：乃是过去旧社会影响不好，以及去年秋收又遭雹灾，很多农户缺少粮食，又怕摊派股金等。合作社闻此，不但停止扩股，且以屯下的粮食放出。先由乡政府调查，计借粮者16户，借出粗粮六石六斗，每一斗二升将来还新麦一斗，这比起卖给商人多赚很多钱。六七月间，政府动员人民由甘谷驿仓库送25石粮到洛河川，共需毛驴80头，赶脚40人，来回要7天，草料、路费、工资计需洋20万元。为了替群众节省，同时不妨碍群众生产，经过社员刘向福提议，合作社便代办了这件事情，将本地公粮卖掉，派人携20万元至甘泉设法就地购买交付公粮。这次倒粮连价格上的差额及路费“杂沓”[①]，合作社损失约6万元，但却为群众节省了很大的劳力与资金。此外，如群众因婚丧赊货贷款十余万元、收集公盐代金可以实物折付以及代放农

① 杂沓，是陕北的土话，即杂项费用的意思。——编者

贷、包收牲畜税等等都大大便利了人民。

经过这些工作以后，群众懂得了合作社对于他们有很大的方便，政府也更加懂得了合作社是它们完成工作任务的助手，因此麦收刚完，区政府和合作社便召集乡长联席会，讨论扩大合作社的问题。计划扩大麦子50石发展运输，平时驮盐，有事时支差。经过乡长回去召集乡上积极分子会议，讲了扩大合作社的意义后，在五天之内群众便自愿地集中了50石麦子，每斗作价1000元（市价每斗只800元）顶入股50万元。全区除难民及未种麦子的农户外，都踊跃地加入。在这次扩股以后，更加提高了合作社的威信，提高了群众的信心。七月间，区长为了取得扩股的经验，又在三乡召集全乡61家老户的家长会议，说明合作社对大家的利益，鼓励大家入股，当时自动入股者计60户，每户至少5000元，最多25000元，共集得股金687000元。这是为三乡分社扩大的，刘区长获得这一经验后，便又作了一次大的扩股运动，由区乡党政及合作社人员下乡广泛宣传，并帮助选举社员代表，计选出144人，于阴历八月十四日在合作社召开了全区的社员代表大会。除到了144个代表外，还有40多人自愿列席旁听。在会上除了主任详细的报告工作外，每元股金并分得红利2元。模范自卫军史月详以及64岁的老农刘向福出来号召扩大合作社，刘区长也当场宣布入股部分征粮时不作副业收入。当时报名入股的达170余万元，并决定十六、二十、二十二三天为交股日期，实物亦可抵钱。第一日前来交股的亦有百余人，骡、马、牛、羊、柴草、粮食，来来往往形同赶集。是日除粮食、现款外，共收到骡、马、叫驴各一匹，毛驴4头，牛5头，猪5头，羊25只。第二天和第三天集中的结果，扩股总数在300万左右。发展合作社真正深入了群众，成为群众性的运动。合作社收得叫驴则设立输种站（拉叫驴）；骡、马、毛驴则编成了运输队；牛、猪和山羊则分散给群众伙养；苞谷、豆类则设立粉坊，喂猪捞粉；小米、麦子则储存调剂。合作社股金扩大后，业务也更随之发展了，其方向是为群众进一步服务，如调剂牲畜（伙养）、建立运输队、储存粮食、设立输种站等等。

为什么元隆寺合作社能够为群众服务呢？最主要的有下列几个原因：第一，是区长刘子英的正确指导，每次与合作社有关的工作的进行，他总是先商得合作社的配合，不到一年每元股金就能分红两元，这也是他“向外边赚，向大处赚，向里边赔，向小处赔”（费钱少作用大）的业务方针指导的结果。第二，是有为群众服务精神的支书朱生业、乡长高长福、合作社主任曹玉科，他们的工作精神是深入群众，为群众着想。第三，在作风上实行了一般号召与具体解决问题，领导核心与群众结合的办法，如扩大股金不仅有一般地号召，而且具体地解决了许多问题。

（伍铭：《为群众服务的元隆寺合作社》，《解放日报》，1943年10月28日）

6.安塞县西河口合作社

（1）业务

①包交公粮，经营农业。包交公粮的办法：一是按去年所出公粮以每石18000元，折价交钱给合作社，不管今年出公粮多少，概由合作社负责代纳，并裁成股金，第二年按股分红（第一年不分红），以所得红利代交第二年的公粮。今年计划以此办法包450石，现包了80.17石，共11户，合洋1443060元。第二种是纺纱包交公粮，按纺纱工资（每斤一等四升，二等二升，三等一升米）纺多少斤纱，合作社代交多少工资的公粮，承包的有26家（纱数未定），不裁股金。第一种办法，不仅使农民节省了送粮的时间，而且出了粮还赚得合作社的股金和红利。第二种同样是节省了送粮的时间，节余下粮食，同时又发展了妇纺。

②组织妇纺。本乡（六、七两乡）去年给难民厂纺了2000多斤纱，今年收纱工作与合作社合并，计划全年收纱7000斤，但至四月十四日（阴历）止共收了823斤，共有纺妇130人。

③替群众解决困难。今年帮助穷苦农民18家，借出粮食835石，秋后还粮，不出利；帮助二流子胡生种地3垧；帮助婚丧事25家共赊货654910元（已还了的在外）；替群众接铧25页，办法是由区社找来锅灶匠1人，合作社供给原料、炭火，匠人净挣工资1500元，另加费用500元，每页2000元，比新铧每页5000元便宜3000元。

④建立市集与粮店。去年三月粮店与市集同时成立。据此次在宋家沟及西河口两村调查，29家共收粮395.5石，卖粮28户，共卖粮7495石，即几乎

全体农民都要卖粮，而卖出的粮约占收粮的39%。农民的用度，主要是出卖粮食解决。过去没有集，没有粮店，农民背来的粮食无法卖出，因此合作社成立粮店。

西河口集的粮食，据今年2月19日至4月14日11次集的斗佣记载，最多一次34石，最少一次四石，平均每集来粮食十八石七斗。这些粮就被粮店收容，每集粮店有现金30万即可周转。

现在赶集的每集有300人，远近50里，经常来粮20石，牲口30头，销布20个。作其他买卖的有：杂货摊8个，鞋匠、钉鞋匠、皮匠、罗底匠、卖药的各1个，卖小吃的七八个，每集交换总额约200万元。西河口街上，除合作社的营业部、粮店、饭馆、药铺、骡马店之外，仅有私人小铺3家（一家是合作社为繁荣市场，新从别处拉拢来的）和挂面铺一家。所以西河口集合作社占绝对的优势，同时也起着决定的作用。

⑤开药铺、饭馆，搞生产。西河口远近60里路没有药铺，群众医药甚感困难，因于3月成立药铺，共有资金50万元。医生张生旺自动入股人作份子，入药30万元，兽医刘金山人作份子，入股19万元。自成立至五月一个半月中，共卖药73剂，灌牲口79头，熏羊2只，共值洋411450元。饭馆没有固定的资金，有掌柜的、大师傅、推磨的共3人，一切开支由粮店随时支给。药铺和饭馆都有自己的账，但股金红利和粮店在一起，所以它只是粮店的营业部门。

⑥建立运输队和骡马店。共有运输队四队，一队直属总社是公盐代金买的，有骡马11匹，连鞍架值洋1676000元。今年共运盐四次除去开支共长99420元，如除半个月工资254500元，实赔155080元。现在没有驮盐，往甘泉驮草料，最近又揽脚驮麻。另有两队是和群众组成，办法是三七入股，二八分红，两队共有骡马3匹、驴21头，共合洋3347.500元，其中合作社投资96万元。另有一队全是群众牲口，领合作社旗号，有骡七驴九。

骡马店除总社直接经营的兴义栈外，尚有井盆湾的民义栈、范家砭的民生栈。民义栈有资金200万，合作社与三五九旅各出100万，一至四月赚利8万。有干部5人，雇1人。民生栈，合作社投资168000元，盐业公司30万，南区合作社35万，私人入股6人，122400元，合计940400元，一至四月赚利

422970元。有干部3人。

（2）特点

①它的业务是积极地去适应群众经济的需要，不是消极“守庙门”也不是乱作。他首先从包交公盐、消费作起，到立集、开粮店、搞信用、开药铺、包交公粮、经营农业，都是从西河口的实际经济要求出发的，因而它能起人民经济生活中“纫带作用”。

②为群众服务与合作社有利双方兼顾。如包交公粮、实物入股、组织扎工队、设立药铺等，都是便利群众，同时对合作社有利，因而能够发展。可见服务群众与合作社赚钱并不是矛盾的，问题是合作社怎样创造办法。

上述两点，可以说是西河口合作社的特点，其所以能如此，是因为有樊彦旺及合作社其他干部，积极为群众打算，团结群众，工作刻苦（如自己打槽、铡草、亲自下乡组织变工队、妇纺等），有算计，同时有党政的扶植与帮助的结果。

（《西河口樊彦旺合作社调查材料》，估计为1944年的）

7.靖边田保霖合作社

该社具有生产与消费双重性质，计已成立之部门为：（1）合作运输队，投资45万元，购驮盐驴15头，并向农民贷款5万元，三七入股，二八分红，农民驮盐获利甚大，已纷纷领取贷款，扩大运输队。（2）开油坊2处，投资40万元，已购到麻子40石，全年可产油数万斤。（3）设药房一处，投资15万元，请到当地名医两名，其中吴老医生（沈阳人）热心社会服务，看病不取分文之报酬。第一批专治牛、羊瘟疫的药品已由绥米等处运到，人民争先购置。（4）设木匠铺一处，已请到当地熟练技工，采用当地木材，大量供给群众农具等日常用具。（5）门市部，购置布匹、火柴、油盐、酱醋、针线等生活日用品，供给全乡农民需要。

这个民办合作社特点有三：（1）确定了完全为群众服务的方针。大批收买民间土产，如五乡麻子全年产1700石，除200石自用外，1500石麻子榨油9万斤，全部出口，值洋750万元；其他如羊毛、羊皮、羊绒亦为当地大宗产品。在低价供给农民日常需要上，较诸商人，一年可为群众省出40万元。合作社成立后，公盐代金全由该社包运或代出。（2）实行了股东自由入股、退股的制度，三个月结一次账，必分红利，纠正过去一些合作社只准民众入股，几年不分红的错误办法。（3）完全按民主集中制组成，全体干部，上至总经理、各部门负责人，下至杂务人员等，完全由群众推荐、选举，政府不指派一个干部参加。

五乡居民300户，入股者275户，占92%。靖边县参议员田保霖先生热心倡导，全力推动，起了很大作用。

（《靖边县新城区五乡合作社为群众谋利，业务猛进》，《解放日报》，1943年9月29日）

第四章

机关、部队、学校合作社

引 言

我们的部队机关学校的生产也带着合作社的性质。比如一个连，就是一个小合作社，一个旅，就是一个大合作社。在各种部队机关学校合作生产之中，杨家岭运输队的经验，是值得注意的。杨家岭运输队在改组前，有大车8辆，驮骡16头，照普通情形，每日最低限度应运输物品27万斤，但实际运输的只有19万斤。经费开支，则除照一般的供给标准外，每月还要贴6万元。今年在公私两利的原则下，把运输队改为运输合作社，公家以大车8辆驮骡16头（后增为20头）及全部用具作为80股，运输员20名以身份股名义作为20股，共100股，每月按股数二八分红；一切人员、牲口、添买等费用开支，概由合作社自行解决；替公家运输物品依照里程远近按斤给运费；运输员的生活，由运输合作社适当改善。这办法，经过解释后，全体运输员一致赞成。执行结果，运输量由每个月19万斤，增为389000斤，增加了100%，超过了普通的运输力30%。同时，大大提高了运输员对工作的责任心和积极性，节省了许多经费和工具，又更加爱护牲口。比方，过去的装粮口袋破了碗大的洞无人管，现在运输员随身带着针线，缝补口袋；过去贪污马料是公开秘密，现在却没有这种贪污了；过去车马用具稍一损坏，就要求公家补充新的，现在只要能凑合着用，就对付着用下去；对牲口，过去是粗心大意的，现在已逐渐喂好了；运费开支，改组后比以前减少三分之一，过去除照供给标准外，每月还要贴6万元，现在不用半文津贴，还每月获利数万元。

各机关采用这办法后，也得到很大的效果。管理局运输营100头牲口，

20辆大车，在未组织合作社之前，每月运输量只有120万斤，改组为合作社后，每月运输量提高到185万斤，增加了50%。因此，请大家考虑这种合作办法，是否可以广泛运用于我们的公营工厂及公营农场。

这一套办法，资本主义国家及国民党是不能做的，只有我们才能做。因为我们不以剥削人民为目的，我们贯彻公私兼顾的方针。

军队中如三五九旅战士的纺毛线，用柳榆树条编成各种用具，规定：凡动用公家工具的手工劳动，以其结果五分之四归公，五分之一归私；凡不动用公家工具的，即以三分之二归公，三分之一归私。这种办法，一方面解决了公用品的需要，同时无异增加了战士的津贴，也含有合作社因素。

（毛泽东：《论合作社》，《毛泽东选集》，东北书店版，第890~891页）

我们部队机关学校的群众生产，虽不要硬安上合作社的名目，但是这种在集中领导下用互相帮助共同劳动的方法来解决各部门各单位各个人物质需要的群众的生产活动，是带有合作社性质的。这是一种合作社。

（毛泽东：《组织起来》，《毛泽东选集》，1953年5月版，第934页）

第一节　机关合作社

一、机关合作社的简况

我们的经营商业是从合作社开始的。1939年各机关学校就有消费合作社，并有开饮食店的。至1940年上半年，共有30个合作社及食堂，资金共约6万余元。其中大的一万元，小的还不过数百元，目的在于供给本机关学校的日用品，同时卖给外面谋些微之利，借以改善生活，还未担负借商业解决一般需要的任务。但是它却初步地锻炼了从事商业的干部，积累了一些经商的经验与小量的资金。

1941年至1942年两年中的经营商业，是从要迅速解决困难的目的出发的，因此就不能不以各机关学校所有资金的大部分去做能图速利的生意。

1940年秋到1941年秋这一年中，主要的是经营百货商业。有些机关学校利用他们原来的本小利微的合作社、小商店或小货摊，加以扩大，增加资金，补充人员，加入商会，正式经营商业。例如兵站的交通商店，最初只是在延安七里铺兵站门口附设的一个小纸烟店。1939年8月，移到延安新市场，贩卖百货外，还附设了一个中药房，一个马掌店，资金由数百元增至2万元。又如合作商店，是由抗大合作社改变的，1940年6月搬到新市场，并在抗大三分校附设支店，资金由80元增到19000元。后勤的百货商店，开始不过是一个资金30元的小货摊，到1940年9月，予以扩充，资金增至2万元，除做百货生意外，附设了一个染坊。许多机关学校原来没有商店的，此时亦集资调人，或独立经营，或与人合股，做起生意来了。这时各公营商店的营业主要是从绥德、定边、鄜县贩卖百货，特别是机关学校部队自己需要的布匹、纸张、文具及老百姓需要的火柴、棉花等。这一时期内，延安、绥德、定边一带，我们机关学校设立的大小商店共有60余家之多，军队的还不在内。另有许多不设门面，靠着一二个人带二三个、四五个牲口贩运货物，沿途流动出卖，叫作“走水生意”。据1941年10月统计，后勤商店管理委员会所辖，就有西北商店、西北菜社、兴华、合作、交通、新新、兴民、民兴、百货、军民及贩卖部等大小14个商店，中管系统则有20个。

（毛泽东：《经济问题与财政问题》，
《毛泽东选集》东北书店版，第857~861页）

二、杨家岭中央机关合作社是机关合作社的方向

现在机关合作社的方向应该是杨家岭合作社的方向。该合作社是群办公助的。在该社社员代表大会以前，它的性质与生产资料供给商店的差别不大。此后，即扩大群众基础，开展广泛地入股运动，扩大业务，农、工、商业都搞，并举办公益事业，提高集体生活都放在业务范围之内。合作社本身也由行政的一个部门，转变为一系列的民主的、群众的组织机构。管理委员

会及合作社主任都由民主选举。合作社与群众是互相联系的。在办理公益事业，代表群众意见这方面是党与行政的助手，在举办业务方面，又需要公家的帮助。这就成为群办公助的机关合作社。

（《杨家岭合作社是机关合作社的方向》，《解放日报》，1944年11月9日）

（一）杨家岭生产合作社积极组织个人生产

今年杨家岭机关自给的任务加重了，一般工作人员在生产战线上成为与专门生产人员同样重要的战士。譬如公共生产今年要生产3690多石（包括农业合作社、小作坊，运输合作社、肉食合作社，交公1779石，余为自给及开支）；而个人生产则计划完成1514石，要达到日用品自给，补助部分被服（单衣之一半）及肉食（每人每月半斤），解决办公用品之一半，每人平均享受一石四斗之价值，使个人能建立家务。

在组织方面，我们采取了生产合作社的形式。这是“集中杨家岭全体同志的人力、财力、物力从事个人生产的机关，负责领导检查各小单位个人的生产与研究指导技术改进的机关”，又要“与各财经物资机关取得密切联系，解决原料供给与成品销售问题”。

生产合作社，于1月11日发表社章，规定每一从事手工业和农业生产的成员及投资入股者均为社员。为了保证供给社员日常消费用品，合作社又带有生产与消费的综合性质，在原来供给商店的基础上，改组成立。供给商店留给实物折米50石为基金，办公厅又加入现金110万，折米50石为提倡股。此外吸收个人游资，不分实物和现金，均折合小米作为生产基金。截至四月底，共收实物和现金股11622股（每股小米2升），小米二百三十三石三斗零一合，折合5174786元。

社员大会为最高权力机关，大会半年一次，大会闭幕期间，由管理委员会（各单位选派代表组成）代表。管理委员会总理合作社社务。职员自正副主任以下，先后增至20余人。

先后建立的五部分业务为：社务部（包括用品供给股）、生产部、成品推销处（在新市场）、群众合作部（在延安）及群众服务部。

1.社务部包括会计出纳和统计，办理股金、分红、投资、工资、借贷和沟通各部业务等事项。除成品推销处、用品供给股、群众合作部建有分会计外，生产部和服务部的会计也由总会计兼办。收股、分红，按延市粮食调剂处米价报告表的上等米价作标准。节约的物资，交纳任务后剩余的工资，以及红利，均予以随时入股的便利，借以提倡节约，帮助储蓄，扩大生产事业。每月15日前投资者，作为本月入股分红。社员有随时退股自由，但在中途退股时，须经本单位生产负责人预先半月通知，以便办理手续。分红规定三个月为一期（三月终、六月终、九月终、年终），共分为四期分红结账。以实物为标准，保障年利为40%的红利，按季总结，红利有多者仍照股分红。今年因初期业务未开展，又受市场波动影响，盈利不多，改为三期分红，又因米价跌，币值增高，尽量做到保障现金。

生产投资如纺车、农具、种子，均不计利，系贷款垫款性质，规定使用者分期还款。工艺小组（如卷烟、车工）生产收益较高，工具及原料的贷款收利息。直接经营企业如推销处、群众部的农场、粉房均规定一定生产任务。

因今年无津贴费，为解决个人用费，工资由供销处或妇女合作社领到以前，尽可能允予预先借支一部分。有特殊事故，临时急需用款者，经本单位负责同志批准，可向合作社接洽低利贷款。为照顾全体，钱数不得超过米价二斗，时间不得超过两个月。

此外，生产任务亦由社务部按月在工资内扣除。分四季，汇交行政处办公室（不经过合作社的生产，按时交纳）。每人交纳生产任务后，由行政处办公室统一筹划，保证实物供给。截至四月份，约收任务160石。

用品供给股，将原来门市部缩小范围，只供给日常消费用品，并办理代买代卖，以不赚钱不赔本为原则。

2.生产部，管理手工业与农业生产。由于公共生产着重农业；个人生产受土地条件、工作条件的限制，于是以手工业为主，农业为副。手工业以纺毛纺棉为主，并尽可能组织其他技术小组。纺毛纺棉由“工资毛”“工资棉”起手，逐渐扩大到自办原料，以半成品（纱线）换取成品，乃至制造成品（布）的全过程。据四月底统计，手工业生产共计38种，纺毛纱二千零九十二斤十二两，纺棉纱七百一十七斤四两斤；手工业生产总值二百八十一石六斗余。农业因绝大部分只分配到山地，乃由较强劳动力利用部分时间，选种好地，精耕细作，种植谷豆及洋芋。小部川地供负责同志植棉小组及各单位种植瓜菜之用。据统计，共开荒三百四十九亩七分五，翻熟地二百五十四亩五分五，拾肥19635斤。

工作主要有三项：（1）组织；（2）收发保管；（3）技术研究。

组织形式有七：（1）一般生产小组，如各单位的纺纱小组或农业生产小组及住在机关外的家属小组。各单位农业生产小组在挖地、锄草、收割时相互变工，不采大变工方式。各单位纺纱组织核心小组，起推动作用。这些小组由合作社经常调查情况并研究与解决所发生的问题。工具原料籽种等，由合作社代办。（2）技术研究小组，吸收各单位对纺纱及修造纺车技术较高的人参加，经常交换经验，研究并试验改良工具与提高技术的办法，作为推动全部纺纱运动的核心。（3）变工生产小组，吸收各单位与工作人员变工生产的勤务员、通讯员参加，集中组织，专门从事生产。其全年生产所得约为6石，以3石归本单位，2石交个人生产任务，1石归自己支配，超过者全归自己。此等参加变工小组，不一定使之纺线，斟酌可能与需要，由合作社分配到较有利的地方去。原则为在一年内，本单位不调回。此外还有生产技术的变工，如卷毛卷棉倒线与纺线的变工。（4）专门生产小组，吸收各单位无工作或编余的人员参加，斟酌其适宜条件，体力强弱，组织为纺线小组、农业小组、副业小组。生产任务定为全自给或半自给，超过之数全归自己。以上两种也可混合组织。（5）工艺小组，如中秘处（中央秘书处）的卷烟小组，民委的制板刷小组，×室的车工小组，及由合作社组织的木工组，由合作社代办工具原料，推销成品。另有中组（中央组织部）的修钟表技术小组，合作社介绍业务。（6）单位与单位间的变工，如做鞋等，由合作社根据调查材料，分配各单位成批做鞋帮、鞋底或搓麻绳，分工合作。（7）与其他单位或机关合作，如中秘抽18人与生产处合办杨沟（安塞）新农场，枣园抽7人参加××部生产队开荒，收获共同分配。

分发原料及收线，均按小组立户，收发凭折，合作社立账，按月结算。分发原料，一般不规定日期，多采随到整发办法。在供给量不多时，按人数分配。收线按单位排定日期及时间，以免拥挤。评线由各单位评第一道，交合作社作复查；交到供销处评定时如有变更，再行通知改算。过去每有一次变更，即作一次通知，失于烦琐，准备做到完全由合作社负责。等次出入，影响工资数目，到年底总结算时，再行总结，设法调剂。

技术研究除领导技术研究组外，并组织木工，装修纺车，在发动纺毛时，曾制造纺车180架。

关于登记检查，制有表格，分发各单位经常登记，包括生产效率登记，副业生产登记，物料耗损登记，节约登记等项目。各单位按时登记，每10日填旬报表给合作社，每月做一总结。

3.成品推销处。2月10日成立，资本250余万元。其业务是：推销生产成品；代买代卖，代办生产原料；周转股金；贩售土产。全年生产任务80石，超过任务以超额50%到80%给职员分红。

4.群众合作部。二月初成立，在安塞李家塔和县政府及当地老百姓合办一个“军民联社”，资本120万元，5个人都作身份股。其业务是推粉、喂猪、收买土产和种地，种地10余垧。全年任务60石。

又领导一个变工人员农业合作社，3月1日成立。8个人按劳动力的强弱做成身份股，自15万元至6万元不等，现金投资40万元，收获按股分配，完成自给或半自给。种地15垧。

5.群众服务部。4月10日成立，目的在帮助杨家岭附近5个村庄居民发展生产。除借给居民以纺车外，并贷出买猪、买牛、买镢头、装置织布机等款项，为难民解决吃饭穿衣问题。居民领毛棉纺线，工资按建设厅规定办理。基金20万元。此外，入股、存款、代买、代卖，买卖货物等与机关人员一样待遇。这部分工作系与杨家岭居民工作委员会配合进行的。

群众合作部与群众服务部，是市镇与乡村，机关与群众，公营经济与私营经济互相结合的桥梁。

个人生产是一种新事业，它是发展的，创造的。合作社业务的范围不断扩大；困难问题不断增多。我们还没有认真地努力精通业务，就显出工作落后于实际的要求。在“学会做生意”“学会技术”“深入业务”这些方面，我们今后还需要大大地努力。

（王眉徵：《杨家岭生产合作社怎样组织个人生产》，
《解放日报》，1949年5月28日）

（二）杨家岭生产合作社组织系统表

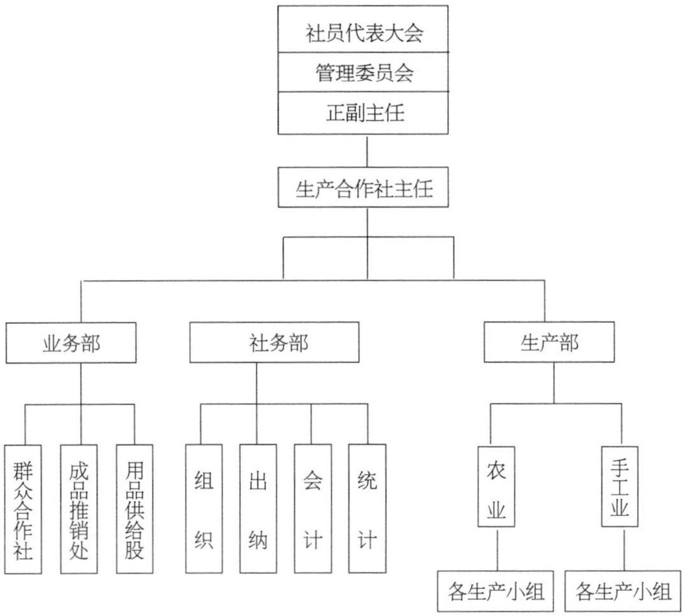

（《边区合作社八年的发展概况》，陕甘宁边区政府研究室，1944年8月）

（三）杨家岭运输合作社实行公私兼顾、私股等级分红制

杨家岭运输队自1943年2月间改为运输合作社，采取公私兼顾（二八分红）原则后，工作即有巨大进步，例如运输员工作积极性、责任心之提高，每月运输量之激增，对牲口和工具之爱护和节省，经费开支之由超出而变为盈余等。

今年该社在李富春同志“更向前一步”的号召下，又作了一些改进，重要者有公家供给品包运制、公私对半分红制、私股等级分红制，因而又得了新的可注意的进步。

1.实行公私兼顾，私股等级分红制，提高了运输效率

第一季运输总量共达1392571斤（一月份因新旧历年假，比去年同月少工作7天，即少运106826斤，如将此数补算在内，即本年第一季运输总量应

为1499397斤），平均每月已达464190斤。若以改组前后每月大车运输总量增加的比例来讲，则改组前（去年一月份）每月大车8辆，工作24日，共运89544斤，平均每个工作日每辆车载运466.92斤；第一次改组后（系去年2月15日改组后至6月底4个半月平均数），每月大车8.4辆，工作25.3日，共运199446斤，平均每个工作日每辆车载运938.48斤，较改组前增加101%；今年第一季三个月平均每月大车10辆，工作24.4日，共运366099.33斤，平均每个工作日每辆车载运1506.58斤，较改组前增加223%，较第一次改组后又增加61%。改组前（去年一月份）每月驮骡18头，工作24日，共运33547斤，平均每个工作日每头驮骡驮运77.65斤；第一次改组后（去年2月15日改组后至6月底4个半月平均数）每月驮骡22头，工作25.3日，共运46400斤，平均每个工作日每头驮骡驮运83.37斤，较改组前增加7%；今年第一季三个月平均每月驮骡22头，工作24.3日，共运98091斤，平均每个工作日每头驮骡驮运183.37斤，较改组前增加136%，较第一次改组后增加120%。

改组前（去年一月份）每月大车和驮骡运输总量为123090斤，除管理局按供给标准照数发给外，尚由杨家岭总务处津贴67043元，即平均每斤要亏0.54元；第一次改组后（系2月15日改组后至5月底3个半月平均），每月大车和驮骡运输总量为194141斤，不但没有亏空，而且获利32073元，平均每斤获利0.16元；今年第一季三个月平均每月大车和驮骡运输总量为464190斤，获利270532元，平均每斤获利0.58元，较第一次改组后增加263%，若以去年2月至5月平均每月小米价（约低四倍）计算，则为91%。

第一次改组后（2月15日改组后至5月底3个半月平均数），按二八分红制，私股得6415元，社员27人，平均每人得238元；今年按公私对半分红制，第一季三个月平均每月私股得135265元，社员33.3人，平均每人得4062元，较第一次改组后增加1543%，以去年2月至5月平均每月小米价计算，则为326%。

这里尚须指出的，即今年第一季如不受三月份下半月金融波动的影响，则运输力的发挥当更大些，获利当更多些。

以上的事实表明，今年该社所采取的一些改进办法，是更有成效的，是更切合实际需要的。

2.实行公私兼顾、私股等级分红的具体办法和作用

（1）公私兼顾原则的进一步发展

该社在这一方面所采取的办法有以下几个：

第一，在供给与营业的配合方面，去年改组后规定每月除运供给品外以十万斤的运输力营业，其缺点是浪费了运输力，而限制了营业。今年改变此办法，规定平均每月除运供给品24万斤外，余力悉以发展营业，实现自给，这便使该社在订立全年工作计划时，得按季节情况将供给和营业作适当地伸缩。因去冬所运供给品尚有积蓄，故该社今年规定第一季以营业为主，供给为辅；第二季则以供给为主，营业为辅，多备供给品以备两季之需；第三季仍以营业为主，供给为辅，这时公家所需供给品已有保证，可看天气好坏做一点营业；第四季又以供给为主，营业为辅，因为冬季木炭所需运输力增加。本年第一季的营业主要是运盐，所用运力达442360斤，占全部运输量32%；收入2327730元，占全部收入38%。次为尽量找来回脚，不赶空车，其办法是：①与没有运输力量的工厂建立联系，如替火柴公司拉石灰，帮助买木材、拉机器；到志丹去时给难民工厂拉炭，回来时与盐业公司商量好运盐；②设法带东西，如走安塞去时带炭，回来拉小米；往临镇送盐，回来拉木炭或木料；往茶坊送盐没回脚，就买回木炭卖与火柴公司等。合计本年第一季此项回脚共达396979斤，占全部运输量27%；收入1674802元，占全部收入28%，这就保障了营业及红利的增加。

第二，在股份方面，去年改组后规定公家大车8辆、驮骡18头及全部用具作为80股，运输员20人以身份股作为20股，按股二八分红。今年改变此种办法，实物中亦加入私股。原来去年改组后到年底，该社共获利1656329.5元，除私股分了36564元和奖金用去52000元外，其余1565765.5元，曾用于添置工具（大车8辆中6辆旧轮换新），按股分红，私股得313153元，即将此数作为私股的实物股二股入股，意在使运输人员对于牲口和用具公私结合，更能爱护和节省。

第三，在公私分红方面，去年规定按股数二八分红，今年则改为对半分红制（不按照股数），为的在不妨害公家利益的条件下更能照顾到私人的利益。这样做的原因是：①今年合作社的营业性增加；②今年公家平均每月

所付24万斤的运费（即管理局所发给该社的供给品），每斤3.11元，合小米0.0135升（以每斤230元计算），比管理局所规定的运费标准（平均每斤0.0213升）要低0.0078升，240万斤，共计每月要少十八石七斗二升，折钱43万元；③去年社中每月每人发烟火费约1250元，结果不吸烟的都要学吸，今年此项零用费改由吸烟者自行开销。基于这三个理由，所以将私股分红比例提高。

第四，去年改组后，只最初几个月按时分红，后未做到，影响运输员对合作社信心和工作情绪低。他们说："他们还不是公家人，我们还不是运输员？什么合作社！"今年每月都实行按期分红，因此，大家对合作社的信心又提高了。

（2）私股等级分红制的改造作用

去年改组后，私股分红办法，曾采取平均主义，工作积极的和不积极的都一样分红，结果好的可能变坏，但坏的不能学好，失掉了分红的意义。今年改为等级分红办法，谁应当列在哪一级，由本组会议评定，经社员大会通过。起初规定为甲、乙、丙三等，但对红利标准未明白确定，以致会后常有个别分子表现不满。后经大家讨论，确定标准如下：①工作热心负责，能想出办法，克服困难，推进工作；②服从领导，遵守制度；③节省公物，爱护牲口和用具，并能发挥其力量；④关心帮助同志，照顾全体，并能虚心接受意见，努力学习业务和文化；⑤生活正派，注意检点，不贪污，不腐化；⑥爱护群众，遵守政府法令，并能帮助其他机关运输队。等级亦改为如下的五等：①具备以上六条者为特等，除按甲等分红外，并另给奖品；②合于以上五条者为甲等，按一股半分红；③合于以上第一、三、五、六各条者为乙等，按一股又四分之一分红；④合于第三、五、六条者为丙等，按一股分红；⑤不合以上各条或违犯其中第三、五、六条之一者，为丁等，不分红，如严重者并加以处罚。这种办法大家都是欢迎的，都认为是公平合理的。三月份就是根据这种办法分红的，会后没有一个人不满意，大家对于合作社的信心也更加提高了。

私股等级分红办法，对于每个运输员的改造起了巨大的推动作用。第一，平常开会时，大家都不大发言，而且只注意小事；但是现在在评定分红等级时却不然了，责任心提高了，原则性也加强了。每月的分红会上大家对于每个人的工作都要严格检讨，热烈批评，实际上即等于全面检查工作一次。其次，有缺点的也不得不努力学好，以求多分红。如冯金明过去一贯不愿多拉，实行等级分红后他却自动提高载重量，且能保持经常性。三则分红等级每月评定，本月的甲等，下月可能变为乙等，所以谁也要经常努力，不能骄傲自满。四则特等和甲等即等于劳动英雄和模范工作者，既受人尊敬，又可多分红，这对于大家的刺激也不小。因此，全年第一季大家在工作中的进步都是很快的。在一月份甲等有16个，乙等有8个，丙等有14个；到二月份，甲等有15个，乙等则增至11个，丙等仅有6个；在三月份，甲等为15个，乙等增至13个，丙等仅有3个了。（在写本文时，该社四月份私股分红等级亦已评定，计特等1名，甲等23人，乙等6人，丁等1人，丙等没有了。）自实行私股等级分红以后，运输员中调皮捣蛋，胡作乱为，借故偷懒的可说完全没有了。

（3）领导的具体化和与群众化的结果

在领导方面，该社从今年一月起，则有以下的改进：第一，是成立经济委员会——共5人，每班选举1人，经全体大会通过。其任务是：①帮助算账，检查条子，开支单据，均须经委会和班长签字始能报销；与店家算账时，须有经委参加；②出外时，检查草料麸子；③购买用具时，由经委和班长一同去买；④设法找寻零星生意。三个月来的事实证明，经委会在工作的改进上是有很大作用的。消极方面，克服了扣零头不交公，吃贵东西，少开多报，私卖草料等弊病；积极方面，尽力找了来回脚和零星生意，减少了空车，扩充了营业，增加了收入；同时，在它参加之下，使合作社的账目公开，提高了社员对合作社的信任，现在经委已成了该社经济管理的核心。

第二，是建立会议制度——主要有三种：①班务会议，每两个星期各班分别举行一次，检讨本班工作，有时并讨论业务问题，如喂牲口、用具的使用法。②社务会议，由合作社正副主任、队长、经委、各班班长组成，每月的分红，流动资金的处理，人员的调动，工具的损坏，各班考勤的检查，月终的总结等问题，都由这个会议来解决。这是反映情况，推动工作的关键。③社员大会，每月举行一次，报告每月账项，通过分红等级名单。

第三，是按人订立个人工作计划——这首先是由特等劳动英雄王福存在出席边区劳动英雄大会以后回来提出的，后来各人都仿效了起来。其内容是各人自己计划本人在一年内或一月内要节省一些什么用具，改正一些什么缺点，如何把牲口喂好，如何使载重量经常，如何帮助别人等等，在每月月底时，就要按这种计划来检查每个人的工作。由于采取此办法，本年第一季所节省的，要比前年同期多70%，比去年改组后多三分之一。好多人工作上的毛病也因此很快改正了，如建仕绪过去爱打牲口，爱骂人，经常要求休息，但自订立个人计划，下决心改正后，逐月有进步，三个月内没打过一次牲口，工作负责听指挥，不再讨价还价了。

第四，是建立考勤制度——即将每个人在工作中有什么好的表现，犯了什么错误，逐日记下来，以备月底分红时作为评定成绩的根据。起初是一般的记，因出发分开，好坏不易晓得，后来就改为分班记，由各班长和经委负责。三个月的事实证明，凡经常考勤的各班，在月底评定分红等级时就容易确切、公平，因为好坏都记下了，有日子可查，谁也不能否认；反之，三个月里有一两个班考勤中断，在评定分红等级时，就感到困难了。

第五，是建立油牌制——过去打车油，是用填票办法，不识字的运输员很感麻烦，每月总数也不易检查；本年改用油牌，每月每人九个牌子，按人编号，分成二、四、六两油三种，用完再换，用了多少，月底一数即知，极为简便。

第六，是领新交旧制——过去领东西不交旧的，旧的是否坏了，是否还能补修，都无从考查，本年规定了交旧换新办法，克服了这个缺点。

第七，是坚持过斗秤——过去过斗秤不经常，易生浪费和其他弊病，本年每次大车驮盐回来，一定要过斗过秤，大家对于所运物品，不能不格外注意，因此，本年第一季短斗短秤很少发现，拉长补短还多了8升。

第八，是改善社员伙食——规定出外一律优待吃面；在家每五天吃肉一次，每人半斤，五天吃面一次，三天吃豆腐或粉条一次，不限数量。

第九，是负责人跟车——过去领导人很少跟车出去，不易了解下情。本年来按首长负责，亲自动手的原则，领导者经常总有一人跟车出去，与运输员一块儿生活，走路同车，住店同室，既可了解运输员的实情，随时解决问题，又鼓励了运输员的情绪。

这些办法都说明，今年来该社领导方面有很大的进步。在贯彻一般号召与具体解决相结合、领导与群众相结合的原则下，领导比以前更深入、更具体，更与群众结合在一起了，形式主义和官僚主义则比较少了。这就保证了公私兼顾原则的彻底执行和业务工作的发展!

（《介绍杨家岭运输合作社新经验》，《解放日报》，1944年5月16日）

（四）杨家岭小作坊的分红制度

杨家岭小作坊包括酱园、豆腐坊、粉坊、挂面坊、养猪坊等5个单位，共16个工作同志。今年半年的生产超过了去年全年的成绩，工作效率比去年大大地提高了。其原因一方面是由于大家的政治认识进步了，懂得了生产工作的意义，愿意好好地工作；但主要的原因是公私兼顾、公私合作制度的执行，鼓励并刺激了大家的生产热情，生产的积极性能坚持下去。现在把我们执行公私合作等级分红的经验介绍出来，供其他作坊研究与参考。

第一，我们的作坊，工作人员同时又是股东。作坊里除公家投资外，并吸收生产人员入股，各人原来的积蓄以及分红所得暂不急用的，都可入股。这样，生产的好坏不仅决定他劳动报酬的多少，而且直接影响到各人股金能否得到红利。

这样的经济关系起着很大的刺激作用。

第二，我们实行的等级分红制度，各等级的数目相差得特别大，甲等能分到3万元，丙等则连2万元也分不到。这一点也很能刺激大家的积极性。因为大家都希望得到最高的等级，不愿得较低的等级。差一点红利就少得相当多。

第三，公私合作制度要实行得彻底。公家不要怕私人分的钱多，怕私人发了财；私人也不要怕公家亏了他们。要真正能按计划照规定及时分红利。在我们前半年结账后，应该分30万元给私人，当时曾经考虑到两个问题：一是生产所得的盈余大部分是存货，不能很快流转，要分红就得垫出一部分钱，这样公家就吃了亏；二是正当扩大生产时，提出一部分现款来分红，就会影响到再生产。于是对是否马上分红相当犹豫。当时大家就议论起来了。

有的说："公家反正会打算盘，打来打去总是舍不得分出钱来。"有的说："规定是3个月分一次红，为什么到时候不分红呢？"甚至影响到工作情绪。后来决定照应分数目立即分红，大家就兴趣很高。事实证明分红以后，解决了各个人生活上的一些问题，减少了公家的负担。比如今年的被褥，全部不要公家补充，所以私人有了钱对公家仍是有利的。越能彻底实行公私合作制度，越可以减少公家负担，也越能增加生产，增加公家的财富，打小算盘反是有害的。

讨论等级时必须大大发扬民主，每个人都让大家评判，这样一方面可以做到公平合理，使得每个人心悦诚服；另一方面可以彻底检查每个人的工作，使工作改进。如挂面坊过去3个人关系搞不好，这次经过大家对陈士喜同志的批评后，他的工作有了进步，能够把工作当成自己的事情经常关心着，3个人的关系改进了，工作都更加愉快。酱园的高建平同志的工作本来很好，经这次会议上表扬了他，现在他更加踏实了。白朋飞针对过去酱园分工不明确的缺点，提出要求分工，现在分配给他往外送货，他很负责任。大家提出了介中秀同志做豆腐在技术上进步不快，他就决心努力研究，现在每斗豆子可以多出豆腐3斤左右。

经验证明合作制度，等级分红，是足以提高工作效率的。但必须彻底执行，才能真正发挥其作用。

（孙琪：《杨家岭小作坊实行公私合作等级分红的一点经验》，《解放日报》，1944年10月29日）

三、边区妇女合作社的建立和发展

（一）边区妇女合作社的建立及其业务

蔡畅、康克清、张琴秋、白茜、王友兰等同志特发起筹办"边区妇女合作社"。目的在提倡妇女生产——特别是纺织毛线和鞋子的手工业生产。一面帮助妇女解决工具与原料的困难，一面又帮助推销成品。该社拟在本市设总社，然后推及各县。该社现已与纬华毛织厂及实验工厂商订合同，尽量供给毛线。三八节开幕。

（《解放日报》，1943年2月5日）

边区妇女合作社自今年三八节开办以来，业务甚为发展。该社于本月26日召开理事会，会上首由该社主任王友兰同志对今年10个月来的业务情形及明年的业务方针，作了详细的报告。略谓：本社本着原定方针，以组织延安各机关、学校妇女纺织生产为业务中心，总结十个月来共收毛衣14237件，收毛线17894斤，共售大小毛衣11905件，完成了供给妇女同志的生产原料和成品推销的任务。其他如平抑延安物价，供给妇女儿童的用品，也有很大的成绩。10个月来，共吸社员975名，股金317万元。自三月至八月六个月中，只有社员436名，股金109950元，由于业务方针的正确，能适应边区的需要，能为妇女群众解决问题，单九月份一个月，股金即吸收了38万元，而十月份突增到286万元。目前社中存货总值2800余万元。除去应用开支外，今年10个月共赚净利1500余万元。

王友兰同志提出下列几点：（1）根据今天边区的需要，生产方面仍以发展纺毛织毛为业务中心，而且要把纺毛提高第一位。（2）今年有一部分妇女同志进行制鞋及其他各种生产，明年本社将大量帮助这项生产，以适应边区的需要。（3）为响应生产的号召，本社开设酱园，精制各种酱菜出售。（4）和妇联密切联系，组织商人家属纺毛、制鞋，把业务和群众打成一片。

（陈鹤轩：《边区妇女合作社10个月盈余1500万元》，
《解放日报》，1943年12月31日）

（二）边区妇女合作社组织机关妇女生产的成绩

团结妇女积极参加边区经济建设的边区妇女合作社，目前召开社员代表大会。由妇合主任王友兰同志报告一年半工作后，即进行讨论，历时两日。大家一致认为该社一年半工作中，除作风上某些缺点外，在组织女同志参加生产方面起了相当大的作用。

妇合创办之初，即以生产为主，当时投资于生产部门者约占资金总额66%。其中主要者为织毛衣生产。当时由妇合发毛线，组织各机关女同志织毛衣、毛裤、毛袜。最多时参加生产的机关有62个，女同志1100人。从去年三月至今年四月，共发毛线22600磅，收回毛衣、毛裤、毛袜等25055件。共发出工资6727219元。此外，在去年十一月拥军运动中，该社曾发动社员于五天中织成劳军毛袜5000双，以后又继续织成5000双。

其次为纺毛生产，从今年一月起妇合即发毛收线，制造磅线。在两个半月中，共发出熟毛7449斤，收回毛线4670斤，制成磅线2957磅。参加纺毛机关44个，人数达1825名，其中老百姓参加者有8户。共发出工资4097688元。而与供销处合作发毛收线，数目尚未计算在内。

此外该社生产，尚有与群众合伙做鞋，做儿童玩具，及自己做线机子。另外设有食品部制饼干、点心、火腿、腊肉、酱菜等，三个月获利40余万元。

该社组织纺毛、织毛衣，不但将边区原料制成成品，解决边区军民部分冬衣问题，而且销售至外边受到友区人民的欢迎。在生产过程中发出工资1000余万元，对各机关女同志帮助尤大，使他们除完成生产任务外，并改善了自己的生活。

该社除以上生产部门外，尚投资800万元设门市部一处。因原址不敷应用，乃商得财、建两厅及物资局同意，将该三机关股金90万元两期红利600万元，在市场口修筑楼房一座，推销社员生产成品，供给社员及群众日用品。统计在一年半中，该门市部推销货物2000余万元。前半年盈利在370余万元。

妇合过去一年半工作中，因按期分红，红利丰厚，故社务有很大发展。第一期分红利润为720%；今年三月二期分红，利润为350%；第三期（由三月至八月底）社员总数已达4869人，股金总额为40539382元。

妇合为响应政府布匹自给政策，从第三期开始，即将生产中心由毛织转到妇女纺棉，并由机关妇女群众，转向广大农村妇女。当即派人赴东三县购买棉花1500斤，现已弹成熟花800余斤，以龙儿湾，市场15组、19组，及旧城附近为妇合发展妇纺试验区。此外，在东关乡、桥镇乡，又与宋志贞合作组织妇女纺织。

（《妇女合作社总结工作》，《解放日报》，1944年9月5日）

四、边府建设厅工作人员合作社

今年三月间，建厅工作人员在新市场拾1500余斤烂棉花卖给纸厂，得现金15000余元后，用它组织了一个机关工作人员合作社。合作社的业务方针是：帮助社员个人生产、节约、储蓄；对有特殊困难（疾病、婚姻、生育等）的社员给以小额贷款；组织该厅工作人员之文化娱乐活动。

经过两个多月的经营，建厅机关合作社社员已扩大两倍，股金扩大两倍半。至5月31日，已有股金35000余元。五月底核算的结果，共盈利21000余元，除去公益金外，开始入股者，每元分红利8角，最近一个月入股者，每元分红利四角。

在个人生产方面，合作社帮助建厅工作人员中48人包垫办公室之窑顶，共得工资3690元，平均每人分得21元；收买了54斤破纸，给社员代买了茴子白苗，介绍打毛衣及买牙刷等。在另一方面，又供给了社员比市价便宜5元的肥皂、便宜2元的缝衣针，收买或代买了社员一些多余的、旧的用不了的东西，使大家都交口称便。该社自6月9日起，正式改为边府机关工作人员合作社。

（《解放日报》，1943年6月11日）

五、保育院和群众合作发展手工业生产

机关与群众合作发展生产，在保育院实行的结果，已经证明不仅可以达到提高生产力、节约、资金周转灵活等效能，而且是机关联系群众的最好桥梁。该院今年由于在各种生产部门中贯彻了这个方针，许多新的企业，如纸厂、玻璃、粉坊、石灰窑、毛口袋作坊等，纷纷建立和发展起来。杨家湾一带的居民，常常跑到保育院总务科去商谈各种事情，“办这样一个作坊很赚钱，我们两家可以合伙”，或则“请你帮助我家订个生产计划”。因此，该院由生产资金薄弱、劳动力缺乏的困难环境，一变而为富足的机关。现在该

院大灶的伙食，隔日吃一次蒸馍。总务科长席柳溪同志说：“自从找到和群众合作的办法后，我感觉到力量大得很。”

合作的关系是怎样建立起来的？主要由于该院过去和群众的日常往来中，经常在医药卫生设备上、经济粮钱上给了群众一些实际利益，且态度和气，贸易上斗称公平，因此给群众一种良好印象。去年该院运输力不足，和杨家湾居民侯学林商谈，要他把自己的6头牲口与该院的10头牲口合作成立运输队，由侯学林的弟弟侯学斌照顾，按股分股。一面往返三边驮盐，一面供给机关运输粮草。合作后所得到的效果是运输力大为提高，消费降低，损失减少。该院在合作之初，即在思想上确立一种帮助群众过好光景，公私互相发展的观念，所以把群众的困难视为公家的困难。运输上大小问题负责帮助，如遇资金周转不灵，草料不够，则由机关借给，而且对于运输队员，经常慰劳、奖励。群众受到这些好处，一传十，十传百，大家都说：“保育院和咱老百姓合伙搞生产，对咱老百姓很是不错。”于是，白怀俊与该院合伙烧石灰，张维儒介绍他的佳县老乡苗化田与该院合办纸厂；安塞白老汉与该院合作开豆腐坊。此外，如磨坊、畜牧合作社、挂面坊、玻璃厂等十数种企业，都是用与群众合作办法开办的。该院只有十几个总务工作人员，而能经营这样多的企业，就是这个道理。

保育院的豆腐坊，参加合作的白老汉是安塞旧城人，他带着全家妻子儿女住在院内。合作的办法是：由公家发给白老汉7斗小米的生活费，公家一大斗豆子他交80斤（小秤）豆腐，同时每天代磨2升豆子的豆浆，代喂一群猪，下小猪时他可分得十分之一。席柳溪同志说：“过去机关自己经营豆腐坊时，每升豆子只出5斤豆腐，而现在则每升出到8斤；过去豆腐工人所需伙食等费用，均比现在高出许多。”而白老汉一家7口也就因此而发富起来。去年保育院又借给他大批木料在安塞新城建筑八九间房子，约值60余万元。白老汉时常笑容满面地叙述与该院合作以来所得到的好处。他说：“现在我也跟着咱机关上闹发了，吃的、穿的都是长长余余。”

造纸厂则开在本市旧城东门内，最初只是和苗化田合作的，后来苗更召集同乡魏应发、刘进标、刘西清参加合作。合作办法是：保育院出60万元资本，折为一股，另苗化田等四人以身份折价60万元作为一股，对半分红。两方股东（机关与群众）共同选举股东委员会，负责指导厂方业务及分红等事。厂长选人亦由股东委员会推定。但最值得介绍的是该院在安塞延河边与群众建立的粉坊和农业双重合作。其办法是：保育院出高粱20石作股，群众艾绳忠、常维琪二人以人作股，按五五、四五分红。艾、常两人在粉坊吃住，该院派人管账项，并帮助买粮卖粉等事宜。另外，艾、常两人除作粉外，并附带为保育院耕种一些川地，由该院出耕具、籽种、粪、土地，农忙时则停止作粉，专门耕地，农闲时则进行调剂，收获量艾、常二人分五五，保育院分四五。其性质和一般伙种不同者则为不借粮还粮以及其他的雇佣关系。

通过上述机关生产与群众结合的桥梁，保育院与附近居民的感情亲密有如一家人。据席柳溪同志说，冬季有一次下雪，该院烧柴接济困难，附近群众知道后，均纷纷冒雪背柴送来。有一次雇短工雇到一个二流子，当晚即有杨家湾居民报告院方，说："这是一个二流子，你们要注意。"其他如许多经济情况，群众亦经常报告该院，并提供生产方面的意见。最近保育院在杨家湾帮助群众建立小学一处，群众闻讯更加欢喜。

（《保育院与群众合作发展手工业生产十余种》，
《解放日报》，1944年4月14日）

六、保育院的运输合作事业及其成果

（一）运输合作的提出及其办法

保育院在1942年10月以前，全院共有340人，其中成人162名，小孩178名。每月所需粮炭，由1辆大车、4头驮骡、6头毛驴的运输力保证，而其管理则属于中央管理局运输科，每月应领粮炭概由该科直接运送保育院。1942年10月15日中管局将车辆与牲口交与该院直接经营。中管局代管以及交与保育院以后这期间的情况是：

1.供给不能保证。"粮炭方面经常恐慌，既无存粮又无余粮，……甚至严冬的时候没有木炭，全院大人停止过一礼拜不烧木炭，小孩子几天吃不到面，……但当时外边仓库存着小米40多石无法运回……”

2.当时运输人员共有6名，表现是：工作不安，效率低落。“每人只吆两头牲口，如多两个牲口少一个人就不能出发”。“群众只需3站的路，我们要走5天，太阳高升才起身，太阳未落就住店，因之市价每站每斗运费15元，而我们自己运须21元多”。

3.借口困难威胁组织。如没鞋不能出发；衣服破了，没烟吃，路费少吃不饱，家具不好，牲口病了也都是借口等等。

4.贪污舞弊，“共运粮48石即偷卖粮一石二斗，被发觉查实送法院处理者二人”。每次驮粮回来过斗，每斗平均短少三合至五合……

5.就经费来说10月15日至11月5日仅20天即超支马乾27300元有余。

根据以上情况在总务科面前摆着的问题是很明显的，就是如何克服运输人员中的不良现象提高运输效率的问题。为解决此问题，总务科长席柳溪同志曾在该院附近群众中调查研究群众管理运输队的经验和办法，发现群众运输队一般都具有以下几个优点：（1）能吃苦耐劳，起早歇晚，一天只吃两顿。（2）爱惜牲口，爱惜工具。（3）懂得节省。

由此产生了席柳溪同志与群众合作的思想，提交科务会议上讨论，曾遭到几种同志的反对：（1）认为运输队交与群众管理后，不如机关直接经营便利，指挥容易，认为历来习惯如此经营，难以改变。这是一种保守的观点。（2）认为群众不可靠，会对公家牲口不爱惜，赚了钱会打埋伏。（3）怕赔本。但最后还是决定采取合作的经营方法。

11月5日保育院与杨家湾磨坊德盛合号经理张维如及侯学林等协商合作办法，并于是日签订合同，合同原文如下：

立运输合作事业合同人保育院、德盛合（张维如的磨坊字号）今情愿将保育院6头驴，张维如2头驴，鞍架绳包全带合并为一个运输队，由张维如经理。同中言明，保育院六头驴作六分，张维如两头驴作2分，共按12分剖账，3个月结账一次，不得在账期未满以前抽用款项，但每月必须小结一次，以便两家明白。至于雇工支使及牲口损坏一律由本事业内负责，日后事业不作物归原主，牲口可以调动，牲口的超余款项都由原主负责结账时清算。期限一年为满，在未满期限当中，两家如有不测的变动，可以商讨结束事业之进行。空口无凭立合同为证。

同中人	侯学林	盖章	立合同人	保育院	盖章
	席柳溪	〃〃		德盛合	〃〃
	张锡福	〃〃			
	李春和	〃〃			

1942年11月5日 立

合同中所载即进行合作之办法，此外并将牲口作价以便赔偿，同时将牲口所带家具互开清单保存，以便交还时有据。其后又将留在家里的四头骡子也合作给张维如，每骡作一分半，又贷与资金一万元，这样就变成四头骡子六头驴。

（二）合作以后之成效

合作以后最大之成效在于保证了该院的粮食供给，不但把管理局未运完80多石粮全部运回，而且将冬季三个月的粮114石都在年内运回，还运石炭15万斤，木炭56000斤。迄本年八月止，为该院共运粮食333石有余，合111100余斤，此外尚有食盐60驮；与群众合作运盐33180斤，共五次，194头牲口，盈利23万余元，保育院分红6万元。

就人员方面说，合作以前6个运输员，合作以后运输员全部减去，一切麻烦也没有了，尚节省其全部开支32万余元。

马乾开支按标准计算为36万余元，装备费10万元，合计79万余元；然而合作出去，只付脚费187000余元，如减去分得红利6万元，实付脚费127900余元。从总开支中减去实支运费，就节余了667000余元。同时过去在家那一套设备就全部取消了，如与家中九头牲口（套车及骑马什用）10个月总开支额达48万余元相较则相差远甚。

合作以后在经营过程中调换了牲口，原为6头驴、4头骡，现在为4头驴、1匹马、5头骡，在牲口质量上已提高。

从合作中该院与群众建立了亲密的关系和感情，得到了群众竭力的帮助。群众以低廉的价格供给石炭，及驮粮脚费，群众及时地保证了该院粮炭需要，没有延误，群众驮粮驮炭毫无短少，有时公家没钱还照常驮运。自然能够做到这样，与该院对群众的关心和照顾也有关系。如去冬工人没有皮衣，给他们每人发过一件羊皮大衣，而那时正是群众所感觉需要和困难的；如每次驮盐回来后送羊肉、面粉慰劳，平时驮物到院时遇什么吃什么不分彼此；群众没钱时借给草料等，所以侯学林称席柳溪是他的银行。

（三）经验教训

从保育院的运输合作我们得到了下列的经验：

1.运输队的经营只有使私人利益与公家利益一致，管理运输人员的工作才会更加积极，运输效率才会提高。只有这样才能保证机关的供给。

2.就合作办法本身来讲公家是不吃亏的。因为我们以牲口作股，分红时不受物价的影响，同时人员同牲口的开支都在本事业内解决，对于公家来说就是节省了经费开支。

3.只有这种方式能帮助群众经济很快的发展，如张维如自合作后经济发展了，赚了几万元，也自备了骑马，这与边区发展国民经济的政策是符合的。

4.发展雇工经济，帮助雇工买牲口，对合作运输队的巩固，效率之提高，有决定的意义，保育院在经营过程中做到了这一点。

5.保育院自进行运输合作后，粮炭供给有了广大群众运输力的依靠，如果不采取此种方式无论如何无法运回300余石粮、8万余斤炭、60驮盐而只费127000余元之代价，节省开支66万余元，这给予那些对运输合作认识不足的同志以最显明的事实的教训。

只有彻底改变经营方式，方能达到改造运输队的目的，保育院经营合作经验是值得推广与学习的。

（《保育院的运输合作及其成果》，1943年）

第二节　部队（军人）合作社

一、三五九旅军人合作社发展情况

我们的商业是从合作社开始的，从合作社到大商业，经过了六个年头。

还在1937年，本旅改编东渡，开赴崞县一带与敌作战。时值太原失守，商人惊散，城市货物不能运往乡村，老百姓亦不敢外出贸贩，致使日用品甚为缺乏，即油盐也都一时断绝，军队乡民，多有淡食者。在这样的环境下，由于老百姓的请求，我们便办了合作社，抽调牲口到宁武等地驮运食盐。供给部拿出白洋300元，在崞县一带收买商人寄存在乡下的货品，聘请阳武商人李茂林任经理，在阳武开张营业，定名为"三五九旅军民合作社"。当时目的，只是为了解决食盐油类等的困难，并贩运一些其他必需品。那时候票子还未跌失，所以资金虽然不多，而生意着实兴旺。1937年10月开始，到1938年4月部队东移，短短的半年得到了崞县人民很大的好感，成千的老百姓都在传颂着：假如不是合作社，不被敌人杀死，也会要困死的。因为当时的宗旨，不是为了赚钱谋利，所以生意虽好，没有赚到钱。四月结束时，本利共合白洋490元，交给部队用掉了。

1938年5月，合作社人员随同部队转移晋察冀。到了灵邱，又是缺乏日用品，军民都苦。欲继续办合作社，没有本钱，无法可想。到八月间，合作社人员到涞源城找商人拉关系，用交朋友的办法，赊到了3042元货物，主要是布匹、文具、纸张、香皂等，共计11驮子，运回灵邱东河南镇，设店销售，货主也回来。五天的时间，将这批货完全销尽，除本钱外，实得利润800元。这次现付货主2042元，送了1000元给前方接济伙食钱，余800元，又随货主去涞源再办货。这样贩运数次，到12月底，才把货主的账交清。合作社营业由8月至12月，便利了灵邱一带人民所需油盐布匹的供给，并在数次贩运中赚了2800元，弥补了部队的经费，还剩余1500元的货。

1939年1月，将1500元货移驻下关镇，主要是贩运油盐，一方面供给部队的吃油，同时便利老百姓的需要。这时因部队时刻和敌人作战，伤兵1000多，西药营养品等采买不易，合作社遂与各方面商人建立了友好关系，经过他们从天津、北平、保定等处收买西药、牛奶、藕粉等物，保证了伤兵的需用。同年9月本旅接到担负晋陕河防的命令，合作社即行结束，9个月营业实得利9400元。当时部队出发无钱，即以5400元现金开支经费，余下了4000元的货，计5个驮子，随同部队西行。10月到了绥德五里湾，即以这4000元货开张营业，因边区货价高，卖了两万元。又派人到娄烦、文水、交城等处，贩来一些文具、布匹。年底总结，现金带货共值31000元。

1940年1月，合作社移到绥德南关营业。这时部队经济陷于极端困难中，不得不靠合作社赚一部分钱补助开支，所以“军民合作社”的名字，便觉有些不合用，改名为“大光商店”，转变为以营利为宗旨。一年中又交了一些商人朋友，或以现款买货，或作暂时赊欠，购进了文具、布匹、纸张、鞋袜、毛巾等货，并在市上倒货。一年努力，年终总结，共赚191700元，抽调101700元补助部队开支，确定1941年的生产基金为9万元。

1941年，为解决部队的迫切需要，本旅除以农业工业运输业为主体外，决定扩大经营商业，以为辅助。除原有9万元资金外，又从财厅发给本旅的40万生产资金中提出25万元，又将各团所有的零星小商店取消，集得资金6万元，共有资金40万元。从1941年1月起，设了10个分店，经营一年，实得利润2982377元，抽调982377元补助部队开支，实余200元作为商店的资金。

1943年，本店及10个分店在春夏秋三季的经营中，共得利润6720080元，补充部队经费200万元，尚余4720080元继续营业。

（《三五九旅三年以来在生产建设方面的总结》，

转引自《经济问题与财政问题》，《毛泽东选集》东北书店版，第841~842页）

二、三五九旅政治部关于健全军人合作社的指示

（一）合作社的宗旨

军人合作社以改善军人生活、提倡积蓄、建设新民主主义经济以及救济互助等为宗旨。

本部军人合作社早在1940年就建立了，但因在组织上没有把合作社资本与公营资本分开，没有把合作社交给社员自己管理，以致合作社有名无实。按在1940年中，为了克服经济困难，全年仅发10个月津贴（当时因经济困难，直延至十月间始予发给），其余两个月津贴即充作合作社股金，开办了军人合作社，曾对自给起了很大作用。今年更在毛主席“丰衣足食”的号召下，展开了全边区的生产运动，我们除了积极进行农业生产以及兵丁制度的工业生产等建设，以达到自给自足外，更应健全合作社。

（二）合作社性质和组织管理

过去把军人合作社与一般公营商店没有分别清楚，把合作社社员股份与公营资本混在一起，这就妨碍了合作社的发展。我们为使今后全体军人养成积蓄经济的美德，增加物质与精神（文化、娱乐、卫生）生活上的福利，特明确规定合作社应是全体军人集体经济生活的形式，每个入股人将依照入股多少享受应得的利益（公家投资亦依照股息分配率领取），因此各个合作社应由全体社员（股东）民主选出对革命忠诚而又熟悉经济管理的人员为合作社的管理委员会委员，管理委员会可以30人至35人组织之，管理委员会的职责是确定业务方针、社中职员工作考勤、账目清算检查等，直接向社员大会（或社员代表大会）负责。至于具体筹划及贸易事宜，则为合作社主任（或经理）的日常业务。管理委员会除对社员大会负责外，应接受团的首长及政治处政治上的领导，并接受供给处关于业务方面的指导。

为求业务发展及便于供应军人日用必需品，社址一般地应在营舍附近，但必要时也可开设于适当的市镇上。

（三）合作社股金的募集

1940年本部全体军人曾经节省了两个月的津贴投入合作社作为资金，今决定将该款全数拨充军人合作社资金，不分指战员及当时入股多寡，一律作股300元（此项股金各团均以自建的商店房屋家具抵充），另在完全自愿条件下募集新股金。可将今年上半年度的津贴费，以及保健费、残废抚恤金、私人积蓄和各种奖金等，经过党的支部及军人大会的动员，尽可能做到全部募集入股，作为流动资金。同时为使业务易于发展，应使固定资本与流动资本的数目不要相差太远，最低限度要保证固定资本（包括房屋、家具、器材）不得超过资本总额的三分之二。又为使收支稳定不致遭受物价涨跌影响，所有收入的资本应以现行小米价格为指数折合粮食，将来一切开支、利润亦均以小米价格折算。

（四）合作社的营业方针

军人合作社营业方针大体上规定为杂货业（推销土产、经售外来日用必需品），具体业务得由各合作社管理委员会依照当地情形决定，并由社员大会通过，交由政治机关批准。

军人合作社必须坚决执行政府政策法令，合作社职员应自勉成为革命的模范的经济工作者与边区的模范公民。

（《“团结”①政治部关于健全军人合作社工作的指示信》，
《解放日报》，1943年6月22日）

三、三五九旅成立军人合作总社建立各项制度

“团结”部军人合作社于二月间成立总社，实行统一领导、统一分红制，使各单位合作社各自为政、互相竞争的不良现象得以彻底纠正，促进部

① “团结”部为三五九旅的代号。——编者

队生产，帮助战士建立家务。当时因该部忙于生产、习武，无法召开全体社员大会，乃召集各部政委、合作社主任、劳动英雄成立临时管理委员会，通过组织条例草案，会上公推王震同志为管理委员会主任，供给部罗政委为副主任，何部长为总经理。总经理以下又设业务、会计两科，处理总社日常事务。

总社成立后，首先调查各分社的营业状况，统计各分社的资金财产，建立各种制度，印发新股票，统一领导各分社业务的进行，管理各分社的资财、账目、红利，掌握政策，纠正偏向。有些合作社过去成绩不大的，总社则予以帮助。该部总社除直属门市部、铁木部、理发部外，尚有8个分社，分设各地。全部股金已达7800余万元，其中公股占63.3%。今年第一季结账，所获红利为资金的39.2%。该部今年所开稻田2000亩的地权及大光毛织厂均由总社管理。该社现已是拥有商店、水田和工厂的庞大的军人合作社了。

目前，总社特召开各分社及直属各部门经理联席会议，对于业务、制度、工作人员待遇、总社与分社之间的关系均有详细决定：1.业务：配合部队的农业生产发展各种手工业、小作坊，推销各种土产品，以及本部工厂所出之土布、手巾、肥皂等。与全体指战员联系，收买他们的生产品，出售他们的必需品，为他们服务，依靠他们发展合作社。本年度该社的任务要保证获得红利50%（以小米折算），不足之数由供给部负责补足。并规定优待社员，持股票买货无论哪一分社都九折优待；至于社员结婚、生孩子或家属丧亡所需之物，合作社均照原价卖给。

合作社工作人员待遇，规定每人每月22斤小米，23斤白面，4斤肉，7钱油，6钱盐，并将津贴制改为人身入股分红制，正副经理、会计、跑街每人作股7万元，一般营业人员每人作股6万元，杂务人员每人作股5万元。2.制度，各分社正副经理、会计以上人员，必须经过总社管理委员会同意才可调动。各团的供给机关不能随便从合作社提款、取货，政治机关也必须经过管委会去指导、监督合作社的业务。各分社的管理委员会只能批准救济金等开支，不能动用合作社的资金。凡100万元以上的开支，都要经过总管理委员会批准。3.总社对分社统一领导，调剂资金、货物，检查账目、资产。总社与分社以及分社与分社之间代购代筹均以互助为原则，不赚钱不取手续费，货物来往价格应比市价低。互相之间来往人员的伙食、草料均按原本计算。

自总社成立后，各合作社在全体指战员中信仰更大大提高。预料该部军人合作社的业务，将有突飞猛进之发展。

（《“团结”部军人合作社成立总社》，《解放日报》，1944年6月10日）

四、“亚洲”部军人合作社

在各部队的军人合作社中，资本最大、赚钱最多、发展最快的是“亚洲”部的军人合作社。

（一）合作社的规模

“亚洲”部在接到“团结”部关于军人合作社指示后，即遵照指示将1940年全体军人节省下的两个月津贴，一律作股，并以公家的骡马大店及其资金抵充，加入合作社，再加上公家投资，使合作社股金增加至140万元。该军人合作社在今年二月间才成立，当时资本只有50余万元，其中35万元，是各营小铺集中的资金，17万元是全体军人同意将部分津贴加入的股金，当时公家亦添了一些资本进去。这样以50余万元资本经营，在4个月中，曾获红利90万元，以30余万元解决了全体军人的学习、卫生等费，其余全部用作扩大股金。目前，合作社全部资金已达250万元，其中有180万元活动资金。

该社刚成立时只有杂货店及饭馆各一，现在已发展到：杂货店、饭馆、水磨坊、染坊、骡马大店、粉坊、糟坊、屠坊、运输队等部门。该社系为军人服务，凡各单位或社员购买物品，规定只按买价获利一分出售，因此，比市价低得多。同时能及时代发学习工具及日用品等（此项开支将来在公家股份所得红利内扣除，私人股仍按股分红，不受损失）。由于该社业务日益发展，并能切实为全体军人服务（现有干部归合作社），再加上公家投资，又增加资本140万元。合作社以原有50余万元资本，在三、四、五、六共四个月中，曾获红利约90万元，其中支出了30余万元学习费、优待费、卫生费，其余全部用作扩大再生产。现在合作社全部资金已达250万元，其中有180万元流动资金。

（黎文武：《“亚洲”部的军人合作社》，《解放日报》，1943年7月25日）

（二）扩大股金的办法

今年经过全体军人大会上的动员，党代表大会上的讨论，军人合作社的股金更加扩大。扩大股金的第一个办法，是动员全体军人把去年应得的红利全部转为股金。这一办法在各连队都进行了讨论，结果一致赞同。扩大股金的第二个办法，是各伙食单位从生产费中抽款，替本单位人员入股，例如六连共抽了24万余元，替本连劳动英雄每人入股3500元，一般人员每人2500元。刚归队不久的新战士，虽然没有参加去年的生产，但为了发扬友爱精神，鼓励生产情绪，也替他们每人入股500元。其他连队也大致如此，只是股金的数目各有不同。扩大股金的第三个办法，是号召私人自动入股，战士们都自动地把积蓄了几年的津贴费、残废金和当了劳动英雄、贺龙投弹手等所得的奖金，都拿出来入股。有些自己没有钱的还借钱来入股。在党代表大会后的两个月内，自动入股的数目达180余万元。全部股金至今年三月底已达20103507元。比去年年底增加了9倍，比之刚开办时则增加了47倍。全部股金中私人股金占1070余万元，公家股金占930余万元（因今年没有增加，去年又有开支），私人股金超过了公家股金。

（《“团结”部军人合作社成立总社》，《解放日报》，1944年6月10日）

（三）业务概况

合作社刚成立时，只有1个杂货店，1个饭馆，杂货店经营布匹、食盐、文具及日用品等，设有门市部，1个掌柜，1个会计，另外有4个人经常外出做买卖，向外推销边区的各种土产，买进各种必需品。五月份买卖约值120万元。

饭馆专门备办酒席饭菜，并附设屠坊养猪卖肉。共5个人，1个主任，1个会计，1个做饭，1个炒菜兼屠夫，1个挑水兼喂猪。六月以前除买卖以外还要供给合作社全部人员吃饭（六月以后才另设伙房）。五月份买卖值44万元，获利5万元。

五月份增设小磨坊。3个人，1个负责收买麦子及跑腿，2个负责磨面。由于水力不经常，不便增加人，未能设夜班，因此每天平均只能磨7斗麦子。除合作社人员食用外，其余供给自己的饭馆和骡马大店卖，每年至少可获利100元以上。

六月份又增设染坊。有两个熟练工人，能用锅染，自己能配数十种颜色，染后经石碳，又光又美。而本地其他染坊都用瓮染，只能染深蓝、二蓝和浅蓝三色，又不会用石碳，因此老百姓都喜欢到合作社来染。特别是染了卖的商人，因为用石碳后颜色光亮，容易出卖。可惜刚刚成立，没有老顾主，在乡下老百姓中还没有传开，工作还不够做，六月份只染大布23匹（每匹10丈），小布180丈，衣服45套。获利15000余元，除两个人伙食费用外，仍可获红利一万元。

七月份，业务更加扩充了，有骡马大店、糟坊、粉坊、运输队。

骡马大店原属团的供给处经营，房产家具作价30万元，有资金30万元，人员12名，自七月份起全部拨归军人合作社经营。

粉坊、糟坊合而为一，共6个人，最近正在修理锅灶，不久即可出货。过去饭馆兼养猪，现在将饭馆的数10头大猪拨归粉坊，并继续扩大。

运输队也是七月份才组织起来，共有骡子10头，人员6名，专门用作运盐及贩卖货物。整个合作社的业务在日益发展中，现在已包括有：杂货店、饭馆、小磨坊、染坊、骡马大店、粉坊、糟坊、屠坊、运输队等部门。

（四）组织管理

初成立时即已明确规定合作社为全体军人所有，由每单位选出代表一人组成管理委员会，负监督检查清货账目等责任。社内则由团首长直接委任正副经理，负责筹划及贸易管理事宜，并调好的副指导员一人任保管兼任领导党的工作。最近接旅政指示后，即召集全体军人（社员）代表大会，民主选出30人组织管理委员会。其他亦悉照指示执行之。

社员入股须在20元以上，均发股票，票面注明金额，并不确定一股多少。每年结账2次，除合作社伙食办公杂支外，所获红利留30%作公积金，其余一律按股分红。一般不准社员自由退出股金，但遇特殊情况，或调往其他部队时，须经团首长声明批准后退出。

社内各部门，均有一定的人负责。为了便于考查其营业状况，各部门单立账目，每月结算一次。原规定3个月清算账目一次，并向全体军人公布。今后当按旅政指示，6个月清算账目一次，发红利并向全体公布。

为节省人力，全体合作社人员同一个伙食单位，另设伙食账，每月结算一次，支出多少按人数向各部门分摊。

（五）在生产自给运动中的作用

自成立以来，各单位及社员到本社购买物品，均按买价获利一分出售，比市价低得多，为全体军人所称道。开荒结束后部队转入整训时，合作社即已发下三、四、五月份的学习工具，战士每人麻纸18张，毛笔、铅笔各一支，墨一锭。干部每人麻纸36张，毛笔、铅笔各一支，墨一锭。因此大大地鼓励了全体指战员的学习情绪。

营级干部优待费每人猪肉2斤，猪油1斤，亦已由合作社代发。六月份全体军人每人发了新华肥皂1块，最近又准备每人发牙刷1把、牙粉2包。今年秋后准备每人再发肥皂1块、袜子2双、手套1双。此项经费将在公家股份所得红利内扣除，各个社员股份所应得的红利不受丝毫损失。

过去的军人合作社，大都属公营商店性质，未直接为社员服务，这次成立军人合作社当属创举，因此战士们对它还不够了解，开始在部队中募集股金时，大家对它信赖还不够。经过几个月的经营，业务日益发展，并切实为社员做了许多事情，解决了部队的一些困难，大家切身享受了合作社的利益，现在军人合作社在全体军人中的威信提高了，大家都说合作能真正解决困难。这次发了一条肥皂以后，战士们都非常兴奋，不少的人说："我估计最多一块，结果发了一条，真是想不到！"

现在一部分战士和干部已经开始自动地把私人积蓄下的钱拿去入股，这项股金已达2500余元。将来分了第一期红利以后，提高了战士们对合作的信仰，属于这一项股金，一定可以大量增加，这样就可以逐渐养成军人积蓄的习惯。

（黎文武：《“亚洲”部的军人合作社》，《解放日报》，1943年7月25日）

开办了军人合作社，使每个人都有了私人积蓄。以六连为例：该连去年的私人股金是30280元，应得红利252838元也全部转为股金，今年连上替私人入股243000元，私人又自动入股88075元，目前该连存在军人合作社的股金共614193元，每人都在6000元左右。例如该连三班班长阎得胜，去年入股380元，应得红利3193元（转为股金），今年连上替他入股3500元（他是劳动英雄），他自己又将积蓄下来的225元津贴费全部入股，他的股金已有7298元。所以六连的许多战士说：“去年一年军人合作社就给我们赚了好几千，再过10年、20年……到我们五六十岁时，钱驮都驮不动了。”现在战士们都已知道：钱放在自己身上会浪费掉，入到军人合作社，既保险又生利，有了困难可以随时取用，还可以寄回家，将来年老退伍，可以安家立业。军人合作社的好处可多呢！军人合作社已经得到全体军人的信任和拥护了。

（《“团结”部军人合作社成立总社》，《解放日报》，1944年6月10日）

五、“欧洲”①部军人合作社

“欧洲”部合作社在1942年5月成立。最初合作社在部队中的影响并不大，因为大家都还没有认识到合作社的好处，合作社也没有和战士利益相结合，虽然上级也宣布了合作社的事情，可是谁也不把它放在心上，有的人甚至说：“这一套我早知道了，在华北还没有开过吗？也不晓得开到哪里去了！”后合作社乃决定在1943年的6月和12月分红两次。为了分红，

① “欧洲”部为三五九旅下属的一个团的代号。——编者

要从资金中抽出几万块钱。总有一两个月不能周转，对于营业上有很大影响，但为了使合作社真正和战士的利益结合起来，当时宁肯让营业上蒙受一些损失。果然，在六月份把每股30元的红利分到了每一个战士的手里，战士们对于这一笔意外的收入，不能不表示惊异。同时发给每人的还有合作社的股票，背面还印了合作社的简章。以后即宣布社员买东西有优先权，还打九折，这样就逐渐地引起战士的注意和关心，把合作社看成是自己的。这时，欢迎入股的号召，马上得到热烈地响应，不仅每一个人把分到手的30元（每个战士原有股金3元）红利原封不动又入了股，在很短的几天里，反而扩大了股金8万元，有的拿出积存了许久的白洋。上级发了一笔贺龙投弹手的奖金，当场有一个连长只说了一句："我要把我的奖金加入咱们的合作社。"散会以后，全体得奖的人没有一个例外地都把自己的奖金交给了合作社入股。

合作社的代表大会，过去是每一个连选一个代表，后来改成每15个人中选一个代表，并且在选举代表时，把个别对合作社还不完全相信的人也选了进去。在参加工作当中，使他对于合作社有了更深刻地了解，变成拥护合作社的力量。

在开支上也做到了最低的程度。去年靠合作社人员自己背柴、种稻、种菜和西瓜，解决了伙食的绝大部分，今年他们要做到全部自给。这样，赚了钱，几乎全部是红利。去年12月分红时，每股股金20元，半年的红利都分到了100元。战士们都说："参加合作社利大得很！"而他们看到合作社人员的俭朴作风，都感到他们真是为着大众的利益而工作着。

合作社从红利中抽出一大笔钱来专作抚恤、慰问病人之用。比如田金成同志在战斗中牺牲了，他的家属来移灵，合作社便提出4000元帮助路费。过年时合作社对于全体的病号，每人慰劳了一斤猪肉和一斤挂面。平时有人生病也慰问。对年老退伍的军人，一方面自己有钱存在合作社，可以安家，另一方面，合作社还可以帮助解决困难。这些都使得战士们对于自己的合作社越发感到亲切。

"欧洲"部在生产上每个人除去完成自给自足的任务以外，超过的数目，有一半是归私的，而每个人的这笔收获，加入了军人合作社又可以生利，这更加刺激了每一个人的生产情绪。

（《“团结”部军人合作社成立总社》，《解放日报》，1944年6月10日）

第三节　学校合作社

一、延安大学员生1944年3月工业合作社概况

社员	股金（元）	业务单位				设备				
		木工厂	缝衣厂	纺织厂	业余纺织组	纺车	缝纫机	木工具	倒线车	弹花弓
844	1755760	1	1	1	11	818（辆）	4架	6套	60辆	4支

二、延安大学员生工业合作社生产概况

（1944年1—3月份）

生产种类	数量	收入（折合小米计）
纺毛	528斤	289.18
纺棉	1117斤	1071.17
织毛衣	272件	128.54
运木板		138.14
做木工		99.09
锯木板	350丈	400.00
缝衣	215套	70.00
其他		70.8
合计		2206.92

三、延安大学员生工业合作社组织系统表

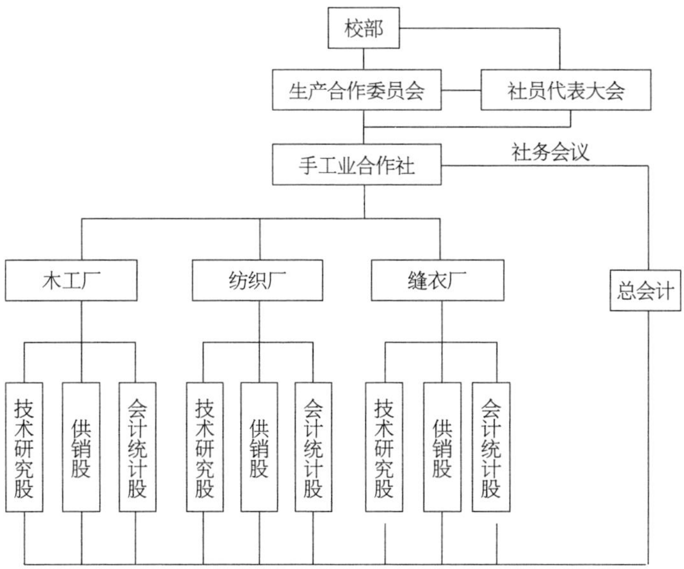

（《边区合作社八年的发展概况》，陕甘宁边区政府研究室，1944年8月）

第五章

党和边区政府领导互助合作运动的经验

第一节　加强领导是合作社发展的关键

一、认清发展合作社的意义，重视对合作社的领导

所有做政府工作与党务工作的同志们，都应该认清合作社事业的重要性，不应该有丝毫轻视的心理。边区的任何经济、文化事业，都必须通过合作社才能完成。因此，要鼓励更多的同志去参加合作事业。

（《毛主席谈合作社业务》，《解放日报》，1944年7月4日）

在最近两年合作社的发展和创造中，已经非常清楚地显示出这种意义，凡是党的机关懂得合作社的重要并加以积极领导的地方（如安塞、靖边、延长、绥德、鄜县、华池、新正等地），合作社工作就有进步和发展。相反地凡是不懂得合作社工作的重要，而在领导上表示忽视的地方（如甘泉、延安、盐池、环县、葭县等地），合作社工作就表现落后和不大发展。西北局特指出：今后各地党的领导机关应把合作社的领导放在极重要的地位上，而凡是对合作社领导忽视的地方，必须立刻检讨领导和合作社工作，并加以有效地改正。

（《西北局关于贯彻合作社联席会决议的决定》，
《解放日报》，1944年7月）

对于合作社的领导，在政府方面，仍然应该积极地主动地帮助其扩大与发展，必要时应派遣得力干部参加到合作社内工作。只有这样，才能使合作社更快地发展，起更大的作用，获得更多的利益，这是社员所乐意的。如果

怕人家批评为“官办”，对合作社的发展采取放任政策，那么，合作社一定会一天天地萎缩下去。因为在今天的边区，小商品经济不仅占优势而且在发展，因此资本主义思想也在发展着，这同要发展合作经济，在农民的心理上是有很大的矛盾的。如果说不加强领导，由农民自发地组织和参加合作社，我们觉得是不可能的。发展合作社是政府经济政策之一，它有一定的目的和要求，决不应该对合作社的发展实行放任自流政策。

（《生产合作社报告材料》，1941年8月）

二、建立和健全合作社的领导机构，加强对合作社的领导

合作社的领导系统必须明确化，这个问题在历史上，是几次企图解决，而一直存在到现在仍然没有得到解决的。但是历史事实证明，凡合作社领导机关健全时期，合作社工作就做得较好一些，如1935年至1937年的合作指导委员会，在内战期间，便领导各地合作社起了不少作用。特别是1940年至1941年的边区合作指导局……等领导机关成立后，就开办训练班，组织工作组，深入下层进行指导工作，在组织副业生产配合救灾工作中，其作用远非无独立领导机关可比。这一领导机关，一方面是合作社行政领导机关，同时又可领导一个企业单位，如供销总站、运输站等，对于利用具体经营（如供销、运输）来联系各地，及领导各地合作社工作，非常便利。分区以下，现已能做到初步企业化，即行政事业开支已能自给，也是实行行政领导与事业经营结合的原因。检讨起来，因为合作社领导机关的经常变动，如内战时的合作指导委员会（1935—1937年），抗战初期建设厅合作科及边区联社，合作指导局（1938—1942年），大发展与整顿时期的建设厅合作科（1943—1946年）……，这曾使合作社事业的领导多不经常，常显得无能为力，这一点经验，也是今后必要记取的。

（《边区合作社工作总结》，陕甘宁边区政府工合办事处，1948年12月）

三、坚持群众路线，反对包办代替

领导是绝顶重要的，如果领导包而不办，任之听之，合作社是无法推进的。但领导不是包办代替，不是凭主观愿望，而应该是从实际出发，详细调查当地情况，具体研究每一项事业的实现办法，多和群众讨论，并取得他们赞同然后实行。“必须坚决反对不合实际的主观主义和只求表面的形式主义做法”，（西北局决定）从直接工作的合作社的干部到上面的指导机关，都必须在思想上行动上树立坚强的群众观点，群众路线。群众愿办就办，不愿办则从典型示范着手，使其感到实际利益，自愿办理，其有不自愿者，则予以纠正，解散坏的合作社，退还摊派股金……从今天农村的实际情况出发，按照群众的意见，进一步改进目前合作社的工作。

（《边区合作事业的发展》，陕甘宁边区政府建设厅，1944年）

合作社应采取正确的发展方针，放手发展，大量发展，以适应目前边区发展生产的要求。但这种发展必须坚决采取从下而上的群众自愿的原则，绝不应用从上而下的由行政命令的方法来组织。更须坚决反对强迫摊派股金的办法。现在的实际情况证明：凡是用前一种办法组织起来的合作社，是与群众有密切联系的、巩固的和发展的，凡是用后一种办法组织起来的合作社，则是脱离群众的、不巩固不发展的。如果我们能从群众的实际需要出发，对所办事业作了具体的调查研究，找到群众信任的积极分子出来号召和组织，党政从旁加以帮助，则真正民办的合作社就会出现。如果这个合作社入股退股是自由的，能按期分红，又为群众做了有利的事，则这个合作社就会更加巩固和扩大。一个地区如果有了这样一个合作社，经过奖励和推广，则临近地区许多这样的合作社又会发展起来。这就是安塞、绥德、延安、靖边等地所采取的发展合作社的办法，各地都应学习。

（《西北局关于贯彻合作社联席会决议的决定》，
《解放日报》，1944年7月）

为什么发生包办呢？主要原因是不懂得什么是领导。因为“领导是带路的”，带路就不是一个人走路，如果带路的人没有领着人走，而只是自己一个人走，那就不成为带路了。合作社是社员的，合作社的一切，毫无问题只有社员才有主持和决定的权利。政府只能站在政府的地位，加以指导和帮助，而不是代替社员，更没有权利支配合作社的股金和盈余，也同没有权支配合作商店的股金和盈余是一样的。只有当合作社社员自己来办合作，自己来做主，政府领导和帮助才有基础和对象，也只有有人不熟道路，才要帮，才要引路。领导不要独断专行（这是容易的，但并不好），而是要指导别人去行（这是困难一些，但一定可以做好）。就是说，带路就是要照顾到后面跟着的人，要使他们晓得照着路走，才不失掉带路的作用。同时领导不仅要当别人的老师，而且是要当学生。因为我们自己熟悉的路也只有一条，也许人家发现了捷径、康庄大道，因此领导又不能以一个公式到处搬用，而要有当时当地的情况，否则就犯主观主义的错误。要转变为民办，就得纠正包办，加强领导。

由于包办的错误，使得许多合作社不健全、不巩固。要巩固扩大它，就得由社员自己来做主，做名副其实的合而且作。只有这样，合作社才有巩固扩大的基础与可能，否则是没有办法巩固与扩大的。但各个合作社健全、巩固的程度是不一致的，因此，在领导上也不能采取同一方法，有的是已经由社员合而且作的，并且合作得不坏（例如南区合作社、延川民众社等），对于这种合作社，政府不要轻易给他们所谓“任务”和“指示”来束缚它们，而要放手让他们自己去做，以更大发挥他们的创造性。有的社还缺乏积极分子自己来做，工作还很不健全，政府便应更多地在社员中找到积极分子（目前要想每个社员都自己出来管事是不可能的，所以只能找到积极分子），教育他们自己来主持，政府只在原则方面加以领导和帮助。不要把社员当作机械，事事听政府吩咐，而要给他们以独自发挥创造性的机会。即使他们做错了（今天合作社还不是社员做错了什么，而是包办了），也让他们在工作中去发觉。有的社工作是很坏的，并且有垮台的危险（例如靖边、定边，盐池等一部分社），县政府对于这种合作社，应由当地区政府去领导健全。如何领导法，也由区政府去想办法（但主要是发扬社员的民主，由社员提出巩固健全的办法，社员自己去做，政府只帮助他们来实现），县府只在许多坏的社中，择定一个加以帮助，从健全一个中得出经验教训，来贡献其他，因为同时健全所有的社是不可能的，并且也只有这样，才会有具体的领导。只有有了具体的领导，合作社的巩固扩大，才能获得政府领导上的帮助。

（高自立：《巩固扩大合作事业的关键》，

《解放日报》，1942年3月20日）

四、选派和教育、培养干部，加强对合作社领导

（一）要选派好的干部到合作社工作

党必须加强对合作社干部的教育和领导，党应有计划地调动最好的，群众最有信任的干部到合作社工作。大的合作社党可以派指导员去进行政治工作，以加强合作社。一切在合作社工作的党员都要精通业务。县、区、乡党的会议应吸收合作社负责党员参加，而合作社理事会开会时，地方党政负责同志亦应出席参加，以达到互相结合互相学习的目的。

（《西北局关于贯彻合作社联席会决议的决定》，

《解放日报》，1944年7月）

南区合作社之所以成为模范，是领导干部起了决定作用的。因为该社自成立以来，就是由刘建章同志负责，前面的几个特点都是他创造的，他是真正深入群众的，善于了解情况、掌握政策、实事求是，德、才、资具备的合作社主任。他不把合作社的工作，仅仅限于本身的活动，而是以合作社来帮助全区以至全县人民来发展生产。他不是要人民来替合作社办事，而是合作社替人民办事，给人民以便利。他的这种优长，早就为延安县委和县政府所知道，也曾经有同志提议调他作自给生产工作等，但县委和县政府没有把他调走，而让他发挥他的优长，把南区合作社办好，作为全县、全边区的模范，来推动其他合作社。县委和县政府的这种立场是完全正确的。因为有些合作社至今还没有办好，甚至办得很坏，主要原因之一，或者是没有把称职的干部放进去；或者把称职的干部调作别的工作去了；或者没有工作检查，连称职与否都不知道，因此，成立起几年的合作社，不能做出成绩来，这种

现象如不纠正，合作社是无法办好的。

（高自立：《向南区合作社学习》，《解放日报》，1943年2月20日）

（二）要加强对合作社干部的教育

必须加强党政对合作社的领导，合作社也必须服从党政的领导。党政对合作社的领导主要是干部的配备和教育及方向的掌握与监督，而不是对合作社业务的干涉，更不是把合作社变为政府的生产自给机关。

边区合作社干部一般可分为三类：一类是所谓“老合作社”干部，他们在合作社有多年工作的经验，对合作社较有认识，但在工作方法上较为保守，对于他们，应该在各方面加以提高，克服其保守的一面，使之成为合作社的骨干。其次是近两年来由党政派到合作社工作的干部，他们较能了解和执行政府的法令、政策，但经营业务的经验不足，一般在合作社干部中的威信不高，因之应加强他们的业务学习，使他们逐渐学会掌握业务成为合作社干部中的领导核心。第三是近两年来私人加入到合作社的工作人员，其中有小商人、农村富农及落伍干部等，因对合作社的认识不足，他们在工作中容易发生偏向，但大部有商业经验，其中也有大部分与群众有较多的联系，对于他们应该加强教育和领导，使能在正确方向下发挥他们的长处，但不管哪一类干部，如有贪污违法的都应予以适当地处理。合作社干部的配备，应按上述三种干部情况实行调整，并切实进行精简，在精简中提高工作人员的待遇，并在可能条件下照顾到干部家庭的特殊困难，以安定他们的工作情绪。

（陕甘宁边区政府建设厅通知：《目前边区合作社方针问题的研究材料》，1946年2月26日）

从历史检讨中可以看出合作社干部的教育学习是很不够的。常常是盲目地，不自觉地工作。历史上已有经验与教训也不能学习接受；历史上也曾出现许多模范工作者和合作英雄，如刘建章、贾恒春、陈丕秀、李全时、孙鸿鸣等同志，其思想方法与群众观点是很好的，但他们的经验都还没有系统地、随时地加以总结，以之教育干部。又如关于服务与分红问题，南区合作社前期已经正确地解决：为群众服了务（优待军队、抗属、学校、群众很满意），又分了红，但是后来的许多合作社就不能接受这一经验，加以正确地解决。还如干部物质待遇问题，开始是代耕制（民办与整顿时期），毛主席在1942年总结合作社工作时曾说，“合作社人员必须实行薪水制，合作社组织应该企业化，克服机关化”，但薪水制实行过没有；我们就没有有意识地去做，因之经验也总结不出来。其他等等问题都因为没有很好学习，因而经验没有系统地总结，实际问题没有解决，干部思想没有借此提高一步。在一定意义上讲，加强合作干部的政策、业务与经营方法的教育，这是决定今后合作事业本身发展与否的关键，必须注意解决之。

（《边区合作社工作总结》，陕甘宁边区政府工合办事处，1948年12月）

（三）要团结、利用、改造商人同时培养自己的合作社干部

农村合作社主要是农民的组织，主要为农民服务，但同时可以和中小商人合作。特别在我们合作社业务人才还缺乏的情况下，和商人合作是有利的。但是在和这些商人或私人合作中，领导必须掌握得稳，也就是说必须贯彻党的发展合作社的方针。南区合作社1942年以前曾采取了团结商人和私人的方针，因为这些人有一套做生意的本领，对合作社的发展有帮助。但最重要的是当时和他们合作中能掌握领导，能经常开会检查他们的工作，而且能够保证执行政策，比如曾有一个分社违犯了政府法令，领导上把那个分社的人找来一谈就马上纠正了。但是1942年以后，在和这些人合作中却犯了迁就的毛病，加上领导上也存在某些单纯追求红利的观点，而这些人又会倒生意，好像能挣钱，于是领导上便过分器重这些人，甚至有一个时期他们几乎掌握了全部经济力量，对他们只注意团结而放弃了思想上的教育。这样，更加助长了他们的缺点，他们单纯追求红利的思想占了上风。他们专门投机倒贩大生意，还从中大做其私人生意。他们在生活上腐化，看不起群众。因为对前一部人迁就，同时合作社又没有培养出更多的真正具备群众观点而又熟悉业务的人才，结果使合作社的业务方针逐渐发生脱离群众的毛病。刘建章同志在检讨到这个问题时说：“近两年来和1942年以前相反，在和旧商人、私人合作中犯了迁就的毛病，不是把私人的商业变成合作经济，而是把有成绩的合作社经济向私人商业投降！”

在合作社工作中，如何注意与私人合作，团结他们而又改造他们，改造他们的思想，培养他们为群众服务的观点，另一方面如何注意培养自己本身能够掌握和熟悉业务的干部，是办好合作社的一个很重要的问题。

（张铁夫：《道路是曲折的》，1945年）

第二节　调查研究，从实际出发是办好合作社的一条重要原则

一、反对教条主义，坚持从实际出发

边区合作社的问题，要打破一切合作社的公式，实事求是地适合边区人民的需要，才能发展真正为群众所喜闻乐见的人民集体经济组织。

（《整财问题》，陕甘宁边区整财会议文件，1942年）

各地党领导合作社进行各种任务时，必须都从实际出发，详密调查当地情况，具体研究每项事项的实现方法，多和群众讨论，并取得他们赞同然后实行。必须坚决反对不合实际的主观主义和只要表面的形式主义做法。这是实现合作社联席会决议的极重要条件。

（《西北局关于贯彻合作社联席会决议的决定》，
《解放日报》，1944年7月）

二、1942年以前，教条主义在边区合作社领导机关的表现

南区合作社的正确道路之被认识与推广是1942年以后的事，在此以前，指导机关的办法是和南区合作社背道而驰的，后者是群众路线的，前者则是形式主义的。1939年以前，指导上采取了“巩固发展”的方针，这在形式上

和南区合作社是一样的，但具体办法是相反的。南区合作社巩固政策的重点在于给人民（社员）以实际利益，在这个基础上求社务之民主化等；而指导机关的“巩固”政策（以1938年3月颁发的“建设厅关于整顿与发展合作社工作提纲”为代表）的重点则放在“社务民主化”“业务商业化”的形式上，对于给社员以实际利益关键问题仅零星涉及一二（如调查社员需要物品及数量予以“供给”，社员及抗属买货有优先权，价格九五折），前者重内容，从内容到形式；而后者则重形式，从形式到内容。而“社务民主化”与“业务商业化”中又有三条规定是使合作社与群众走向隔离的：（一）“股金过少的乡支社经过对社员深入解释以后，一律合并到区，在一个小镇市的几个合作社，尽可能地合并在一起”。实际执行时合并的更厉害些。这和南区合作社由典型示范，逐渐推广的趋向是不同的（今天所有的经验都证明了合并原则上是不对的）。（二）脱离分红及给予其他实际利益孤立地强调“切实履行社务民主化”的口号，和按期召开社员大会、报告，及讨论社务业务、开会的内容、一般的红利转股、扩大股金（摊派）等这是最使群众头痛的。特别当着我们提倡“休养生息”政策与当时一般群众团体的“开会主义”，已闹得群众头痛了的时候，这和南区合作社也是相反的。（三）“不许随便赊账，已赊出的旧账，应迅速扫数收回”，这样呆板的规定，在当时商人习用赊欠时亦是远离群众的。如此求巩固何异“缘木求鱼”。那么，原来“巩固发展”的方针，实际上成了“不巩固发展”的方针了，更何况“发展”（即扩大股金）办法本身，如扩大股金规定“切实履行限制退股办法，禁止自由退股和每人入股以20股为限”等，都有错误，又是和南区合作社相反，脱离群众的。合作社既失去了群众基础，但它又不能不借扩大股金以维持自己（尤其当1939年物价高涨之后），那么就不能不给强迫摊派开方便之门了。

这时指导上已察觉到某些“官办”的倾向。1940年时才正式提出“合作社群众化”口号，实行转变。但所谓“群众化”，所谓转变的中心内容就是召开社员代表大会，改选各级合作社组织机构。在摊派股金、代耕负担等根本错误不变下面，即令改选工作完满实现了，亦不能有大补于实际。况且当时群众都怕当公家干部，合作社待遇又公家化，群众对合作社之好坏又不关切等等原因，事实上改选大都成为形式的。……加之当时物价猛涨，合作社对扩大股金的需要更多更急，就更不能不借助于强迫摊派了。纵然指导机关曾指责和禁止过摊派（当然也有人主张摊派了解决问题的），但势之所趋，无可奈何。……老实说，那时很多同志实在不懂得“领导”就是集中起来，坚持下去，“领导必须向群众学习”，要当先生，必须先当学生等道理，而以为凭着书本子上的一些道理就是应付裕如了。在这种认识底下，每篇论文或讲话，就必然是什么合作社的“政治意义”（或政治任务）有：“一、争取非资本主义前途；二、利用经济的结合来团结和教育广大的群众；三、培养大批的经济干部以供建设新民主主义社会的需要；四、抑制私人资本的过份剥削……；五、发展农村的生产与交换……”等五条（或者只选其中的两条或三条）。什么合作社可分为“生产”“消费”“信用”“运输”“兼营”等五种；什么“生产合作社是生产者的联合”，“消费合作社是便利交换，抵制商业资本过分剥削的武器”等夸夸其谈一大套。如谈历史，就必定要从伦敦或苏联讲起；起草条例、草案或编印讲义时，就是从苏维埃时代的条例文献或“工会”的条例、章则中东拉西扯凑合一起……，仿佛这样就能推进合作运动了。因之，谁也没想到要下去好好调查研究，即令近在咫尺的南区合作社。

自然，也不是根本没有调查研究的场合，但都是教条主义、形式主义的。比如，我们从1939年开始就经常组织“研究会”和“座谈会”的，而且会上争论都很热烈，往往持续不息，然而这样争论是做不出结论的，因为除了教条外，谁也没有实际材料作根据的。比如我们从1938年开始召开合作社主任联席会议，而且每年有一度，然而当时我们并不懂得开会的真正意义——“集中起来，坚持下去”，因之和今天开会就完全两个样子。那么会议的准备工作就是吃饭住宿问题，并没有什么调查研究，开起会来负责人作了报告和结论就完事了，很少倾听下情；而此种报告和结论，只凭平时的印象一想加上数目字统计即写成的，也不要什么调查研究。比如我们也规定合作社的工作报告制度，并且严格执行的，然而内容呢，都是看不出什么问题的数目字。收到之后，也不曾想到如何研究一番。这样的“研究会”“联席会”“报告制度”等，并无裨益亦难对情况真正了解，是很自然的。

那时也并非全然不懂得“创造模范，推动全局”的办法。早在1939年第三届主任联席会议上，我们就提出了“每县创造一个模范合作社”的口号，1940年边联社指示信上重复指出“在现有合作社的优良基础上创造模范合作社，以便推动整个合作事业”；同年，“工会”理事主席联席会议上，又提出建立“模范生产合作社”的口号，但是模范合作社是怎么样的？如何去创造？除了曾列举几个条件之外，再也没有提出什么了。因为没有具体的榜样，没有具体的办法，所以只是热闹一时，时过境迁，也就旗掩鼓息了。难道那时南区合作社不能作为范例吗？我们早在1938年就奖了它“模范合作社”的锦旗，并且后来每次会上都提到南区合作社是模范，奖励了它的。那么又为什么不提出来作榜样，像后来所做的那样呢？这一现实的矛盾反映了我们当时思想上的矛盾：虽然当时知道“创造模范合作社……推动合作事业”，但并不真正懂得典型入手的具体办法，比如连一个模范合作社尚未建立之前，就提出每县创造一个的口号来了；又有的同志提议划延安为“模范合作社实验区”等，就是例证。另一方面，当时对于南区合作社究竟堪称模范与否的认识是矛盾的。在它发展快，部门多，股金大等等上面觉得是模范，但是它当时成立的兴华社章程规定“（一）社员入股退股完全自由自愿；（二）每社员入股最少100元，最多则不加限制；……（五）合作社业务性质不限定；……（七）工作人员待遇作份股”等条款，许多同志认为“是不合乎合作社的原则的”，因之不敢称之为合作社，而称为“兴华号”，认为是半合作社。这是教条主义、公式主义、又残害了我们对新鲜事物的感受力的出色例子！因之，我们也就不敢提出过去屡被称作“模范”的南区合作社作为榜样。

教条主义使得我们脱离了实际，脱离群众，看不见甚至排斥了体现了群众创造性之南区合作社道路，以致造成严重的官办倾向，陷合作事业于危急之中，这样的结果，才惊醒了我们。在高厅长直接动手和指示下，1941年下季才开始对南区合作社的调查研究。就是依靠了南区合作社的经验，提出了“克服包办代替实行民办公助”的新方针，并有勇气和信心排除了因循的“惰性”所引起的几乎全体合作社主任的异议和其他尚不了解的人们之疑难，坚持了这个方针。这里最明显不过地说明了：群众创造，群众经验，是指导机关的生命线！离开了它，结果是不堪设想的。

（《边区合作事业的发展》，陕甘宁边区政府建设厅，1944年）

第三节 明确任务，端正方向，从群众利益出发开展合作社的业务活动

一、端正合作社的发展方向

合作社是为广大群众服务的民营组织，而今天组织人民生产发展边区经济，就是合作社为群众服务的基本方向。只有进一步发展生产，人民的文化、卫生、公益事业才有物质基础，才能随经济的发展而发展，同时反过来又刺激推动经济发展。因此，合作社发展的主要方向，就应是广大农村，而不应集中在城市。有些地方把区乡合作社并到城市或集中一处，是不妥当的，是会脱离群众而妨碍合作社发展的，应即改正。

（《西北局关于贯彻合作社联席会决议的决定》，《解放日报》，1944年7月）

合作社发展的方向，必须被干部自觉地理解并在实际工作中加以实施。从历史的检讨中，……可说我们是在不自觉地，或者是盲目地发展合作事业。在这方面，我们走的弯路，犯的错误，受的损失——特别是在人民中威信的损失——太大了。1943、1944两年合作事业的大发展，有其正确的一面，即在组织人民消费、供销、运输、生产上有很大的作用；也有其缺点的一面，即大发展之后为什么许多合作社为人民不满，甚至走到垮台和失败的境地？其主要原因，就是不懂这样一个道理：就是说边区是个体分散的小农经济，农民生活还很贫困和落后，在这个经济基础上，群众需要，只是组织生产和解决生产困难，及便利农民的小型合作，而不是过急的不看条件的举办大型的、一区一乡完全集体化的合作社，尤其不需要这些大型合作社去单

纯经商投机违法。这一时期，我们办的都是大型合作，是根据主观愿望，摊派股金搞起来的。其所以脱离群众，对生产没有作用或很少有作用，是必然的结果。而且对合作社的道路——即经过合作社，将小农经济组织起来，成为新民主主义重要组成部分，将来（不是现在）走向集体化，即社会主义经济，这样一个桥梁作用的理论与实际认识不足，更使合作社方向不明确，和产生一系列的糊涂思想（如大发展时期过分估计其作用，而整顿则又形成取消观点），而招致合作事业暂时失败和发展中的停滞。……因此反对盲目性，加强自觉性，加强组织基层的小型合作社为今后一般发展方向；而在上层建立与之相适应的大型供销社，推进社与联社等领导机构与系统，以加强行政与业务指导，是应当加以肯定和正确的结论了。

（《边区合作社工作总结》，陕甘宁边区政府工合办事处，1948年12月）

二、坚持为人民群众服务的方针

合作社的总任务与业务方针必须明确化，而这个总任务和业务方针，是依据党政每一特定历史阶段的政治与经济任务而确定的。就是说党政对合作事业的领导必须加强，在一个一定时期内给它规定经济斗争的任务和具体业务方针，而合作领导机构就动员全部合作社，以合作社事业经营去配合完成这一总的政治与经济任务。……如内战时期的反对敌人经济封锁、供给必需的方针明确化了，合作社就由几个区社发展至158社，社员发展到五万余人。如1942年底民办时期，即高干会后，提出南区合作社方向——组织与发展人民经济，抵制中间剥削方针的确定，而合作社就蓬勃发展，盛况空前。

……

在历史上，如抗战初期，未能适应形势转变而及时提示转变业务方针，在五年长的时期中合作事业发展是很缓慢的，和群众广泛的发展经济需要脱节了。反之，民办时期内业务方针又明确化才有了大发展，这一经验难道说还不够深刻？这一道理难道还不够明显吗？

（《边区合作工作总结》，陕甘宁边区政府工合办事处，1948年2月）

边区合作事业的发展在业务上曾经有几次变化。第一时期内战时期，由于革命战争及经济的封锁，群众和军队在经济上的最大困难是物资的供给，这一时期合作社在流通苏票向外采办货物，廉价供给必需品等方面与群众需要的结合，所以虽然它在某些方面如扩股用带强迫性政治动员方式，政府规定货价等带有官办性质，但因它适合于当时的战争环境，并为群众解决了困难，而仍为群众所拥护。第二时期是抗战以后商业渐次恢复，群众对合作社的要求淡漠，合作的业务和经营方式未随新的环境转变，又遭苏票跌价与停用的损失，而主观上又要求合作社发展，于是股金由政府摊派，合作社也就不算账分红，业务与群众要求脱离，合作社被认为是“和尚庙”，合作社干部被叫为“照庙和尚”。第三时期是1942年高干会后，在提出“民办公助”，纠正保守观点和发展生产的方针下，部分合作社乃走向扶助生产，实行自由入股和按期分红，因而合作社有了新的开展，并在供给必需品，推销土产，建立集市，发展妇纺和运输、医药等各方面起了不少作用。第四时期是近两年来由于物价上涨，合作社易于获得票面红利，又见分红能刺激群众入股，于是在反对摊派股金之后，产生了单纯以红利刺激入股的办法，这一办法经1944年边区合作社联席会议与“大量发展”及“一揽子”等思想结合，形成单纯追逐红利的偏向，造成许多合作社在业务上的铺张，单搞商业，甚至投机违法，只求红利的增多，忽略为群众解决困难问题，失掉合作社的作用和意义；在干部（一部分）作风上助长了投机、取巧、贪污营私等恶习；在吸收股金方面看不起群众小股，不做群众工作，无计划地吸收大额股金，因而增加股金的流动性，削弱了合作社的群众的基础，以及在分红时提高资产，或拉用信用社存款来凭空分红等严重弱点和错误。

上述历史，是边区合作社两起两落的历史，这个历史说明合作社的业务与群众需要结合，合作社就有发展，反之合作社业务与群众需要相背驰，脱离了群众，合作社就一定会低落。而目前合作社就是害了单纯追逐红利以红利刺激（实质做了商人的尾巴），求得合作社的大量发展及不合乎边区农村实际情况的一揽子铺张等毛病，实质上就是把合作社混同于一般私人商业，没有群众观点的原因。因此，挽救合作社的中心关键，就是纠正这种脱离群众的商人思想，转向于针对着群众的需要，根据自己的力量确定自己的业务方针，经过具体业务和群众结合，在群众中生根。这就是今后合作社发展的方向。

如何与群众结合并取得长期结合，是合作社经营业务的重要问题。在这方面南区合作社最近曾创造一些办法，如合作社和个别村子约定供给农民全年的必需品，先由合作社在农村实行农户自愿的登记，统计其全年生产、消费各种必需品数量，保证以低于市价的现行价格供给所登记的必需品。这样，不但使群众少受商人削剥，节省了人工和开支，而合作社也有固定的销路，能有计划地运用资金进行供销，保证社员红利。又如实行买针入股，实际是针的供销，合作社和本区买针妇女订立长期合同，除第一年按市价买针外，以后合作社即以卖针所得利润周转，廉价供给他们所需用针。实行的结果，合作社两年供给本区妇女16筒针，得净利189万元，而农村妇女则每年能得低于市价的针用，所以觉得非常高兴愿意与合作社建立长期的联系。南区合作社所得到的这种结果是经过深入农村进行群众工作，了解群众需要，根据群众需要定出自己的业务方针，然后再经过这种业务方针解决群众的必需与便利社员，并在这些事业中替群众留下根子（如公盐股金、存放款利息入股等），还求得了合作社与群众在经济生活中长期结合。这种工作方式，各地合作社应该学习，同时这经验说明合作社业务从解决群众的问题出发，只要有正当的谋虑筹划，就能够保证正常的红利。所以单纯追求红利和无长久打算的单纯“服务”，以及一切把服务与分红对立起来的观点都是不对的，必须反对。

（《目前合作社方针问题的研究材料》，1946年2月26日）

三、正确解决为群众服务同分红的关系

合作社服务、分红和保本问题，这个问题的提起是抗战初期。由于内战时期合作社的公办性质与经营的机关化，一般结账分红是没有的，而服务是表现在入股者能买到必需品，且有优先权。但也有例外，如南区合作社，自1936年12月开始至1937年9月，九个月中共分红三次，社员是很满意，在分红之后，每次股金都有扩大。但这股金的扩大，并不是单纯靠分红来取得群众信任，而是

真正替群众办了事情后才取得的。合作社给群众做了些什么事情呢？它替群众解决了生产中的困难，并优待了抗属（15元），帮助了小学校（8元），优待了前方军人（13元），储蓄了公益金（10元），这种服务（46元）占当时净利（140元）的32%。这种传统一直保持到1938年2月以后就转向必需品的供给，与组织生产、运输上面去了。一般地讲：抗战初期，由于合作社大多陷于单纯消费，而且物价高涨，苏票贬值，保持红利相当困难。群众说：合作社干部是“照庙和尚”，“入上股金顶出了负担”，一方面是因为群众没分到红利，另一方面主要的是由于没有便利群众，为群众服务的缘故。

（《边区合作工作总结》，陕甘宁边区政府工合办事处，1948年12月）

合作社要保证社员一定的红利，这是必要的，因为这样可以巩固股金，以利合作社的发展。但是，主要的它的方针还是应以为群众服务为主，而从服务中谋取一部分红利。……

只要合作社把根基扎在农村群众中，而农村群众把他们的一部分余资投到合作社，他们的目的一方面是一种储蓄性质，固然希望能挣些红利，但主要的还是希望合作社能为他们办事。延安南区四乡社员常富贵说：“只要合作社能解决咱老百姓的问题，就是不分红也愿意。”曹生荣在南区合作社入股××××元，他说：“我们入股是希望合作社能帮助解决我们的穿衣问题，及日常用的针、线、镢头、铧等。”因此，合作社不分红他也不愿退股。

近两年来，有些地方的合作社，犯了单纯追求红利的毛病，而且几乎造成了一种风气，你一元分一元红利，我一定要比你分得更多。这样，大家都把主要力量去寻取利润，而放弃或根本放弃了一点一滴为群众服务。特别是不顾条件的大分红更助长了这种风气。南区合作社在1943、1944年曾推行了两次大分红，这种大分红的结果，一方面刺激了社员为了争分红利大量入股，另一方面也助长了本社内部干部追求红利的思想。领导上没有及时注意克服这个问题。而这种大分红办法曾被部分合作社无条件采用，更得到不良效果。如南区合作社罗家崖分社，在总社大分红之后，他们也实行大分红，结果刺激了群众踊跃入股，合作社为了保证红利也不惜用大量资金去做投机生意，探买探卖，结果合作社赔了，而群众这时大失所望，甚至埋怨合作社。群众李广前在合作社大分红后便将牛、粮食卖了入股，想将来分到大批红利以便办个婆姨，结果失望了。

合作社主要地应为群众服务兼顾分红（自然分红也是服务的一种），从服务中来谋取红利，同时又用适当的红利巩固股金。这是我对合作社业务方针的了解。

南区合作社在这次社员大会上所通过的章程中明确规定了以后的六条业务方针：（一）团结大众经济力量；（二）帮助群众发展生产；（三）抵制中间人过分剥削；（四）扶助人民文化、医药；（五）组织群众借贷关系；（六）照顾社员具体利润。这个业务方针的精神是值得各地参考和学习的。

合作社的基本方针应该是解决群众需要，自愿合作，便利社员，公私两利。在此方针下，合作社应加强群众工作，了解群众的具体要求，在消费、生产、医药等各方面解决一个问题，廉价供给各种物品，如针、顶针、糊窗纸、犁铧……以及从固定供给一村日用品等着手，与群众密切结合，然后以此一业务为中心逐渐根据自己的力量发展，克服不顾实际条件的一揽子和业务庞杂等现象。

在此方针下，合作社必须实行经济核算，以求得资金的长期周转，永久为群众服务，并保证社员的正当红利。业务的举办应以群众的需要，有力举办（人力、资力、干部经验），保证资金的周转及正常红利等原则。没有上述条件，宁可缓办或不办，某些亏本或不能获利而对群众特别有利的事业，在不影响整个合作社红利条件下，亦可根据力量以一部分资力举办，而以他种业务的利润调剂。同时，合作社要根据自己的业务来筹划资金。以免资金过少，业务不能举办，资金过多，相对减少红利，浪费资力。对于资金的应用，应尽可能减少固定资金，增加流动资金，抓紧要账，加速资金的周转，对每一种业务均应严格计算赔赚，采取最适合的经营方法，反对“肉烂在锅里”的作风。

在此方针下，要改变合作社干部的思想，贯彻为群众服务，提倡合作社干部深入农村，脚踏实地，遵守信用，纠正铺张浪费，投机取巧，营私舞弊等现象。……

（《目前边区合作社的方针问题》，

陕甘宁边区政府建设厅合作科，1946年1月11日）

在上述方针下，合作社必须有一定的范围与服务的对象，确定自己的基本社员，根据基本社员的共同要求来筹划资金，集中力量搞好一件或两件中心业务打下基础，然后逐步发展。最近两年的经验证明合作社没有一定的群众基础，业务是没有一定的范围，不顾自己的力量，急求发展等，都会使合作社失败，而合作社的基本对象和范围除前面所述与群众需要相结合的业务范围外，在合作社的股金上显得很明显。

目前边区合作社的股金基本可分为四类：（一）为解决某一问题或举办某种事业入股，如运输、医药、信用、包交公盐等入股；（二）为储蓄性质的，如农村婆姨娃娃的体已钱，白洋、首饰以及农民揽工的闲散资金一时无适当用途，或准备至一定时期使用以之入合作社生利；（三）靠分红维持生活入股，主要为城市小商人及农村富农，逃避负担及个别合作社干部入股等；（四）现在已经废止了的摊派股金。前三种是自愿的，后一种不是自愿的，历史的教训合作社必须实行自愿才能发展，但在三种自愿的股金中，第一类加入合作社只求解决问题，其次为分红，在一定条件下最易吸收并能长期合作；第二类每人所入股额不大，并必须合作社有威信深入农村做工作才能吸收，他们需要红利，但即令红利很少，或仅能保股，也因抽出“作不成事”仍能为合作社所运用；第三类，每人所入股额较大，主要为追求红利而加入合作社，流动性大，合作社用来举办事业，有时就产生服务与分红的矛盾，易于影响合作社的业务动摇不定。因此合作社吸收股金必须深入农村进行工作，多吸收第一、第二两类股金，只有在这种股金的基础上面，才能达到为群众服务的目的。至于追求红利的股金，在不影响合作社业务方向的条件下，可以根据需要吸收，但必须是严格其入股退股等制度的遵守。只有这样才能使合作社足跟站稳，搞好一件或两件中心业务，然后逐步发展。

（《目前合作社方针问题的研究材料》，1946年2月26日）

第四节　贯彻自愿互利原则，反对强迫摊派股金和命令主义

一、中共中央西北局、边区政府发出《严禁合作社摊派股金》的通令

自今年边区合作社联席会议后，各地合作事业有了新的开展和进步，这是很好的事情。但据最近调查，各地仍时常发现在群众中摊派合作社股金的事情。这种方法，即使是出于发展合作事业的热心和好意，但因为完全违反合作社“民办公助”的方针，违反合作社入股要“自愿自觉”的原则，这样摊派成立的合作社，一定不会办好，而且会引起群众不满，妨碍合作事业的发展，求快反缓，欲速不达，因此决定：

（一）各地合作社，应严格执行边区合作社联席会议的决议，扩大股金，必须完全依据群众的自愿自觉，丝毫不能勉强。每一合作社的发展，为了使群众了解其利益而自愿自觉地入股，必须给予应有的时间。如果群众尚不了解，不愿入股，则必须等待群众了解，宁可发展慢一点，不可性急凑数，摊派股金，任何形式的强迫摊派都应绝对禁止。

（二）责成各专署、地委、县政府、县委，立刻检查所辖境内合作社的工作，如发现有摊派股金事情，立即查明将股金退还群众，然后再根据自愿原则，由群众自己决定，或者入股，或者不入股，并将办理退股经过呈报上级。

（三）凡摊派成立的合作社，摊派的股金，一概不算合作社的成绩。自通令日起，再发现摊派股金事情，各级党政负责人员应受到责备。

责成各地党政工作人员，将此通令，张贴所有区、乡政府及合作社所在地，并向所有区、乡干部及广大群众，切实宣传与执行之，一切共产党员必

须以身作则，执行此项通令。

（《边府、西北局联合通令：严禁合作社摊派股金》，
《解放日报》，1944年9月19日）

二、边区合作社征集股金的几种办法

合作社的资金来源，这是直到现在仍未彻底加以解决的问题。内战时期，虽然是公家动员为主，但群众为购货便利，自愿入股者尚不乏其人，那时摊派股金，尚不严重，所以资金问题，比较容易解决。待到抗战初期，领导上提出“合作社群众化”的口号，是要转变其公办性质的。到民办时期，由于主观上要办大型合作，强迫摊派股金，资金问题，就随之产生而严重化了。为了解决股金问题，历史上曾经采用四种办法：最初是摊派股金，不管直接由政府动员也好，或合作社动员的变相摊派也好，都使合作社不管社员，社员也不理合作社，已经是证明失败的。其次是以红利刺激入股，其效果如何：是互相竞争，吸收大股，提高物价，空中分红。号召群众自愿集资创办合作社，这种做法是1942年后就开始了，其形式有如下几种：一是举办专门事业，如南区合作社的公盐、公粮入股，将负担变为收入……；二是储蓄性的股金，即“零钱变总钱”“死钱变活钱”，过去的南区合作社一次曾有入股2000元（边币）；三是交易入股，即需要购置工具、原料的农民，在购货时按时价或较低于市价缴款，将多余价格作为股金，长期为其服务。曾有买针入股，买花入股，买犁、铧入股，以及染布减价入股等。这三种中，一、三两种，仍是属于举办社员即群众共同需要事业而自愿集资的，第二种适用于信用社的股金或存款。第四种以集体劳动创造的合作经济，如互助组、互助社，以村为单位的生产合作等。如绥德王家坪变工队的种义田，得粮11石，绥德上刘家沟变工队打石板得白洋200元等都属于这一类。这种经济是在私有经济发展中创造的，反过来又扶助私有经济的发展，两者关系密切，是在互利原则下共同发展的，是一种新生力量。上述两种资金与股金来源是正确的，为群众欢迎，

也确能与群众的私有经济结合，是值得今后加以组织和提倡的。

（《边区合作社工作总结》，陕甘宁边区政府工合办事处，1948年12月）

三、坚持自愿原则，反对命令主义

我们作风上的毛病，就其主要的和大量的情况说来，也正是属于领导方式和方法上的毛病。

在组织起来的道路上，实际上存在着两种方法。一种方法，按照自愿原则办事，有必要地耐心和韧性，有适当的步骤和方法，去启发与引导群众的革命化，“根据群众的觉悟程度，去启发与提高群众的觉悟，在群众出于内心自愿的原则之下，帮助群众逐步地组织起来，逐步地展开为当时当地内外环境所许可的一切必要的斗争”。（毛泽东：《论联合政府》）凡是按这个方法组织起的变工队、扎工队、唐将班子，各种合作社，民办小学、冬学和识字组，包括劳动英雄在内，因为在群众中生了根，就大都有生气，有前途，再加以适时地指导与扶助，就经得风吹雨打，越来越结实。但是这个按照自愿原则的方法，曾经没有、甚至现在还没有取得普遍的和主导的地位，取得普遍和主导地位的，却是另一种方法，即靠命令主义办事的方法。“在一切工作中，命令主义是错误的，因为它超过群众的觉悟程度，违犯了群众的自愿原则，害了急性病”（同上）。把领导上成熟了的东西当作广大群众也一样地成熟了，要求马上实行，要求普遍实行，甚至层层摊派下去，或则以为既是为民兴利除弊，就用不着任何必要地等候，用不着启发与引导，就可以命令群众接受，甚至强迫群众执行。殊不知命令主义只能引起与主观愿望相反的结果，不但不能使群众发生需要和自愿，提高其积极性和自动性，恰恰相反，它只能在群众中引起反感和消极的情绪，以致助长他们的保守心理。凡是按照命令主义方法组织起来的变工队、合作社等等，包含劳动英雄在内，因为缺乏群众基础，就大都灰溜溜很少生气，即使因为一时的原因有过一番轰轰烈烈，但时过境迁，或则垮了下来，或则“墙上芦苇根底浅”，经不起风吹雨打。所以，命令主义是组织起来的绊脚石。因为命令主义伤害了群众的积极性和自动性，使得许多本来是老百姓自己能够办理的事情，本来属于村民自治权限以内可以而且应该引导群众自己动手办的事情，但群众自己不愿动手办，却由区、乡政府代替他们办了。……去年以来，命令主义方法受到各方面的批评和指责，在批评之后，搞通了思想的，从命令主义方法正确地转变到启发群众自愿的方法；思想还没搞通的，只是消极地缩回手来，转变到放任自流态度。今年少了一点命令主义，却多了一点放任自流，但主要的毛病仍是命令主义，如果不彻底搞通思想，仍然会从自流主义回到命令主义。

与两种方法密切联系着的，在组织起来的道路上，又存在着两种形式或方式。由于农村和农民经济的极端分散性，以及各地区间有不同的特点，组织形式和活动方式不宜于过分的集中，而宜于适当的分散，不宜于复杂与大规模，而宜于简单与小规模，不宜于整齐划一，而宜于因地与事制宜的多样性。这方面，我们有许多做得对的，……如农村群众组织形式之若干重要改变，等等。但也有许多是做得不对的，如搞大变工队和大变工，如强求一揽子合作社与一揽子英雄，……把分散的农村当作集中的城市，把个体的农民当作集体的工人或军队，把不同地区的差别性当作同一性，失之于不可能集中和统一，失之于不适当的复杂和大规模，既不合乎实际，也就脱离了群众。此路不通，有的碰回来了，但觉悟不足，有的还没有碰回来，所以仍然是亟待纠正的毛病。

与命令主义结合在一起，并对命令主义起着助长作用，也可以称之为更坏的命令主义的，在我们的领导方法上确实还存有官僚主义倾向。整风以来，我们不断地批评了并批评着这种倾向及其各种的表现形式，同时又不断地强调了并强调着与这种倾向相反对的调查研究，从群众中来到群众中去，力求精耕细作，力戒粗枝大叶，少一些硬性的或机械的指令，使下级有按具体情况办事的余地，适时地检查执行程度，以考验指令的正确性，经常照顾下级困难（能力、文化等），给他们具体帮助等等。思想上是有收获的，实际上也有收获。但因为我们不只处在边区内部散漫的小资产阶级的包围之中，同时又是处在边区外部封建官僚制度的包围之中，如毛主席说的，极端恶浊的官僚主义灰尘天天都向我们的脸上大批地扑来，特别因为我们的觉悟性和警惕性不足，洗脸不勤，官僚主义灰尘更有机会乘隙而入。反映在领导方法上，就发生了命令多、指导少，硬性的指令多，灵活的指示少，布置多、检查少，报告多、讲答少，任务多、帮助少，要求苛、教育少等不良现象；甚至还发生有不凭调查研究，而凭主观武断，对群众舆论充耳不闻，对下级困难熟视无睹，以致对毛病和缺点也熟视无睹的更坏现象。

以上，就是领导方式和方法上的主要毛病。这些毛病的主要根源则是急性病。一般地说，由于对边区农村和农民的特点缺乏全面和彻底了解所发生的急性病；特殊地说，由于对边区农村的落后性和农民的保守性，及其反映在建设工作上的长期性、困难性、复杂性和曲折性，认识不够或估计不足所产生的急性病。

这些，也就是上级机关（县以上）和上级领导的主要毛病。愈是上级，责任愈大。或往或今，或彼或此，或多或少，都值得严肃地反省。

（《作风问题》——学习笔记，1945年12月7日）

第五节　奖励合作社英雄，推动互助合作运动的更大发展

一、党中央和毛泽东接见并鼓励边区合作社英雄

中共中央于昨日下午三时，在杨家岭大礼堂，招待出席边区合作社会议的全体代表，中央委员会主席毛泽东同志致欢迎词。

会议休息中，大家参观杨家岭加速纺纱机的表演。一小时后，毛主席特接见16位合作社英雄：刘建章、张丕元、侯生玉、张清益、田保霖、陈丕秀、曹玉科、肖洪启、安锦城、李建堂、靳体元、安长庚、樊彦旺、王耀明、刘永祥、牛爱彩。

毛主席掀帘进来时，面现和蔼的笑容，先频频向各英雄点头，惠中权同

志即一一介绍，毛主席热烈地和各英雄握手，亲切地询问各英雄的姓名、年龄及合作社的情形。毛主席对每一个合作社的特点，如张清益所创造的卫生训练班，安长庚所创造的残废人员入股、娶婆姨入股，李建堂的种蓝以及牛爱彩的货郎担子等都很熟悉。……当毛主席问到盐池靳体元先生所创办的元华工厂时，靳老先生充满着兴奋的情感，急促地说：“从前我是商人，可是后来我觉得边区需要工业，所以我转到工业上来了。”

（《毛主席谈合作社业务》，《解放日报》，1944年7月4日）

二、边区政府关于劳动英雄与模范工作者选举与奖励办法的决定

在边区生产运动和各种建设事业中，涌现出大批的劳动英雄和模范工作者。他们创造出新的劳动标准和工作标准，是推动边区各种建设事业更向前进的动力。他们和群众有密切联系，而得到群众的信任，自然成为群众的领袖。并且，他们又是出产干部的根源，是政府与广大人民联系的桥梁。因此，劳动英雄与模范工作者的选举和集会，是目前边区工作中一项新的组织形式和工作方法，应普遍推广与健全之。为此目的，已经决定于今年12月1日召开的全边区劳动英雄和模范工作者代表大会，必须郑重准备，并经过认真地无记名投票的选举。根据7月18日，边区参议会常驻会及政府委员会的联席会议关于召开劳动英雄与模范工作者大会及生产展览会的决定，制定劳动英雄和模范工作者选举与奖励的办法，特公布施行之。

劳动英雄和模范工作者选举与奖励办法。

选举标准

（一）具备下列条件者，得当选为劳动英雄：

1.积极从事建设事业之一（包括农业、工业、文教、军事、合作、运输、财政、金融、贸易、卫生保育、行政、保安、司法建设）成效卓著，或有新的创造者。

2.在建设事业中，能推动帮助别人著有成绩者。

3.遵守政策法令，拥护政府军队，团结群众热爱边区足称模范者。

（二）具备下列条件者得当选为模范工作者：

1.参加或领导任何一项工作部门，在工作中有新的创造或成效卓著者。

2.团结群众，团结干部，得到周围群众和干部的拥护者。

3.执行政策法令，并能纠正别人违反政策法令的行为者。

（三）各选举单位（村、乡、县、部队、机关、学校等），得根据上述一般标准及其特殊情况，临时规定具体的标准执行之。

（四）凡边区居民皆得为劳动英雄和模范工作者之选举及被选举人，无阶级、党派、职业、宗教、信仰、文化程度、性别、民族、国籍的限制。

（《解放日报》，1944年9月4日）

三、边区的劳模运动

（一）劳模运动的意义

劳模运动是劳动英雄和模范工作者运动，是党中央直接领导陕甘宁边区新民主主义建设中所用的一种方法，特别表现在农业生产中，是中国历史上的创举，是劳动人民翻身和政治地位提高的一个最明确的标志，它在生产建设中很有成绩，起了很大的作用，现在就说明劳模运动的意义。

（1）劳模运动是边区生产和各项建设工作的组织形式和工作方法，也是创造典型和推广典型的运动。

发展生产建设工作，是可以利用各种不同形式组织和工作方法的，而劳模运动仅是其中的一种，而且是新的、比较有效的一种。因为各种生产建设工作，是为了人民的，而各种方法又都是由人民在实际工作中创造出来的。我们要将群众中创造出来的宝贵经验，再推广到群众中去，这就是“从群众中来，到群众中去”和走群众路线。劳模运动就是一个具体的表现。

怎样去提高各项生产建设工作的劳动效率，用最少的人力和时间完成较大的任务，这是一个很重要的问题。我们所说的劳模运动，就是针对这问题提出来的方法之一。利用这种组织形式和工作方法来推动各种生产建设工作前进一步，由于边区过去将近十年的经验，证明了这是有效的。当然这种方法之外还有其他方法，不过我们应当明确认识的，就是劳模运动不是一个行政机构，但也不是一个漫无组织的孤立英雄或模范工作者，或者单独地为表扬一个劳动英雄而表扬。不把表扬奖励看作是组织群众生产的一个方法，脱离群众而孤立地看劳动英雄都是不对的，因为仅仅是表扬一个人或奖励一个人，这是没有意义的。无论奖励劳动英雄或模范工作者，目的在使他们（劳模）能在群众中间起作用，能组织起一个群众性的运动，并且在生产建设工作中起一定程度的提高作用。所以劳模运动是推动生产建设工作的组织形式和工作方法。

（2）劳模运动是思想上的革命——纠正“劳动下贱”为“劳动光荣”，和纠正“穷是命里注定”为“劳动致富”。

在中国广大的劳动人民中间，由于几千年阶级剥削压迫，普遍地存在着“劳动下贱”和“穷是命里注定”的不正确和宿命的想法，无论在工厂中的工人、农村中的贫雇农、部队的战士等，都或多或少地存在着这种思想，当然是一个社会问题。但是我们不能不注意到由于这种思想所造成的后果，就是在劳动和工作中不能积极地创造，最明显的是阻碍了生产的发展，将自己能创造一切的劳动力失去了信心，因此，就认为天生就穷的命，一辈子也不会抬头，虽然终生辛苦，最后还落得吃不饱穿不暖。这不怪别的，只怪自己生就穷的命，无论用什么方法也转不过来的。虽然在农村中流行着“十年河东转河西，别笑穷人穿破衣”的歌谣，这本质上说还是一种宿命的思想，并没有觉悟到，因为有剥削的存在，才造成终生劳碌终生受苦的现象。像这些思想的发生，在封建社会中是必然的，但当封建剥削制度基本打垮消灭了的社会中，必须予以纠正。提出劳模运动，就是针对这些思想根本使它消灭，表扬奖励好的劳动，使人民在思想中认识到劳动并不是下贱的事，只要好好劳动，也可致富发家的。

正在进行或已经基本上消灭了封建剥削制度的地区，表扬及奖励劳动英雄是一种思想上的革命，是纠正在旧社会里存在的不正确的劳动观念，而建立新社会的新劳动观念。

1938年，在这一年，政府开始宣传与奖励生产模范，刺激了一部分群众的生产情绪，但这时仅止于提倡的阶段，并未进行生产运动。

1942年，生产发展，劳动英雄不断涌现，政府就将选拔的典型（如赵占魁、吴满有、黄立德、刘建章等）在群众中宣传推广，组织群众生产运动，收到很大效果。

1943年，冬季召集劳动英雄大会，集中表现了并发扬了劳动英雄在生产运动中的重大作用，他们回到农村、工厂、部队、机关中又起了很大影响。因此，1944年一年内，劳动英雄运动有进一步的发展，并且又在工作岗位中涌现了许多模范工作者，有些地方还开始了模范工作者运动。

1945年，政府为了适应1944年劳模发展的趋势，决定在春季召集了全面的劳模代表大会，同时决定劳模由群众中选举产生，以代替过去政府选拔的办法，自此，劳模运动进入更加完备的阶段。

（二）劳动英雄的作用

自从边区有组织有领导地发动劳模运动之后，的确在各个生产工作中都起了作用，说明了劳模运动对于提高生产是有贡献的。比如在农村中逐渐地把散漫的农民组织起来，发展生产，增强文教，推行防奸自卫，实行民间调解，推广社会福利事业，模范村的创造；在工厂中，产品质量的提高，量的增加，工业上许多发明和创造；在部队大生产运动、大练兵运动、文化运动、拥（政）爱（民）运动等模范班、排、连的创造；在机关中发展生产、实行节约、改进作风、建立制度、加强团结及提高效率等，所有这些，在1946年以前都收到了效果，这些成绩都是领导与群众共同努力的结果，同时也是劳动英雄和模范工作者运动的产物。正如毛主席在1945年劳模代表大会明确指示出的，劳动英雄和模范工作者在这些运动中起了带头作用、骨干作用和桥梁作用。

1.带头作用——把生产工作标准提高了，做出一个榜样，群众都向他们看齐。劳模在生产运动中，创造了超过一般人的劳动标准和工作标准，影响和推动其他群众向他们学习，向他们看齐，把高的标准逐渐普及，把低的标准逐渐提高，使生产工作不断进步。在淳耀县白原村有个石明德当了劳动英雄，附近几个村子的群众就纷纷说：“石明德能当状元，我们为什么不能呢？”“石明德能干好，咱们也能干好。”于是就有许多群众和石明德比赛，结果这几个村子的生产工作就提高了。

2.骨干作用——劳模是群众中的积极分子，威信高，把群众团结在自己的周围。

无论在工厂、农村、部队、机关中，劳模正逐渐形成为团结群众的核心，有了这个核心，各项生产工作就能不断地改进和发展，没有劳模做骨干，就不会有模范变工队、模范村、模范班、排、连的创造，因为在每个地方的劳模，只要他们和群众密切联系着，群众信任他，他就成为核心，成为领袖，他去组织群众、领导群众，把各种为群众的工作发展起来，在这些工作中又从群众中培养出积极分子。如白原村不仅有一个石明德，还有周围的若干积极分子。城壕村有张振财同时还有“四张”形成了骨干，因此，积极分子地不断涌现，团结在劳模的周围，则各项生产工作就能不断地进步，这些积极分子就成为我新民主主义建设干部的无穷后备军和源泉。

3.桥梁作用——劳模把群众的意见带给党和政府，又把党和政府的意见以及各地的经验带给群众。

劳模是领导和群众结合的桥梁，因为他们是群众的骨干，又起带头作用，他可以把群众的意见和经验向领导上集中，又可以把领导方针贯彻到群众中去。譬如1945年开劳模代表大会，他们到延安来开会就把群众的意见带上来，他们开会回去，就把领导上的意见传下去，使领导和群众更好地结合起来。除了沟通领导和群众的意见以外，还能交流经验，交流各地生产及工作经验，使好的经验能普遍地推广各地区。因此，这种桥梁作用在过去各项生产运动中，也是被进一步发挥和阐明了。许多劳模向当地领导上提出意见，成为当地领导的高级顾问；许多劳模创造了新的经验，成为当地领导上的重要参考。

由此可见，劳模运动就是改进工作、培养干部和联系群众的运动，是边区生产和各项工作发展的重要力量，是典型示范、推动群众、突破一点、影响全局，把一般号召与具体领导相结合，把广大群众与领导骨干相结合中的一种有效方法。

（三）劳模运动的经验教训

劳模运动固然在各项生产建设工作中起了很大的作用，这种光辉的成绩是有的，但也不能说没有问题存在，所以对这个运动应当有恰当的认识，既不估计过高，也不估计过低，好的经验教训要接受，有些错误和偏差的地方，也必须适当的认识，予以纠正，以使这运动继续推向前进。主要有以下问题：

1.选举问题——选择劳英要坚持宁缺毋滥，重质不重量的原则，选择劳英必须是实事求是的，经过详细调查和考核，真正是生产好，有经验，做事公正，帮助别人，为群众所佩服所拥护的，假若不如此，选的不适当，不但在群众中不起好的作用，甚至起坏作用，阻碍运动的发展。

2.使用问题——要注意劳英不是干部，要求要适当，并且要使劳英、领导和群众之间很好地联系起来。

对于劳英的使用上，应当很好地注意到：（1）要求要适当；（2）建立良好的关系；（3）适当的时候宣传推广发动竞赛。这三点是在使用劳英时应注意的，不然的话，就要发生许多毛病的。

（1）要求要适当：在业务上、领导范围上、进步速度上的要求要适当。他是植棉英雄，就不一定要他搞水利、办义仓，只要有一技之长，就发扬他这一技之长；他只能领导本村，那就不一定非要他翻山涉水的领导全乡不可；在进步的速度上不要有太急的要求。同时更要注意不要将他当一个干部使用，像开会多、任务多、拜访多、管饭多，结果他误工多、开支大，以致影响生产、脱离家庭、脱离群众，使他感到所处地位困难，甚至产生有怕当英雄的心理，同时在一般群众中认为劳英的模范作用为“麻烦作用”，而劳英失去了他应有的作用。这一点领导上要负责的，今后工作要照顾到这一点。

（2）建立良好的关系：劳英要很好地和领导（如区乡干部）和群众建立良好的关系，不要为了自己是社会重视的劳英而看不起本乡本村的干部，有的为了将一乡一村的成绩归功劳英一人，而使全乡全村不满。这种英雄看不起领导，领导不满劳英，或劳英看不起和强迫命令群众，或群众看不起和不服劳英的对立，使领导、劳英，群众三者脱节的现象，应当纠正。首先向三方面说明互相不应脱节和应互相结合的道理，向领导干部说明，领导必须依靠英雄和积极分子才能联系广大群众，才能实现领导上的一切方针和计划；向英雄说明，英雄必须尊重领导和团结群众才能将事办好；向群众说明，英雄事业就是群众事业，有了英雄，群众事业就有了目标和骨干，所以群众应尊重英雄，爱护英雄和学习英雄。

（3）适当的时候宣传推广英雄事迹和经验，发动竞赛，除了宣传英雄事迹之外，在条件许可、时机成熟时，依自愿原则发动订计划和个人间、集体间的竞赛，并且互相检查，按期总结。但进行这一工作时必须注意：

订计划和竞赛，必须群众自愿，依需要而参加不是强制的。

订计划和竞赛的标准太高了无法完成。

只订计划和发动竞赛，不检查，不总结，有头无尾是形式主义。

3.培养问题——要经常具体地帮助解决困难，并教育提高。对劳英的努力学习，提高自己和领导上的教育培养是一件非常重要的工作，因为最初劳英只是一方面突出，不是全面的好，而群众的要求逐渐提高，所以领导上应注意解决他们的困难，并且从爱护的观点出发，帮助他们克服自高自大脱离群众的缺点，并且调解与群众间的大小纠纷和隔阂，必须下功夫地培养教育，逐渐提高巩固。领导上要经常地注意以下四点：

（1）对自己不骄傲、不自满、不夸大成绩、不隐瞒缺点，应自我批评，力求进步，永远当英雄。

（2）英雄之间应互相尊重，互相学习，不要互相嫉妒和轻视。

（3）对上尊重领导，辅助领导，不脱离领导。

（4）对下爱护群众，联系群众，不脱离群众。

就以上四点，努力学习，不断提高。

（《边区劳模运动》，1945年）

四、几个合作英雄的事迹

（一）发展合作事业的模范刘建章找到了归宿

他是葭县人，在1945年前，出生在一个卖挂面为生的贫农家里。很迅速地，他读了一季“冬书”（即冬学），后来又在小学里念了不足三年的“长学”，于是他就做了米脂一家地主的伙计——管账的。兵荒时一个10两银子的元宝不见了，老爷咬着他偷窃起来的，于是他只好逃到山西。从此他就成为当兵的，赶驴的和做买卖的商人了。山西的临县，塞外的盐池以及包头、韩城等，都是他经常来往的地方。

他对人的态度是非常和厚，而且谦虚。冬天了他穿着一件老羊皮大氅，不分风雪昼夜，经常在山区里跑着，一个月只有5天时间在总社里，其余的时间都是在各分社和老百姓家里。我曾和他同行过几天，几乎每一个人都和他打招呼，而且是亲热地招呼他。

他曾是五次被劫的商人，他的两手至今还有被绑的伤痕。他做买卖非常精明，但是每当“腰缠万贯”的时候，就都被盗匪抢劫净光了，而当时官府30多种的捐税，还要压在他的身上。有一次他向某一个高利贷借了10块钱交纳“维持费”（等于10石细粮），就因这“10块钱”的缘故吧，“本上加利，利上滚利”的结果，他也就像成千上万的农民一样，流于赤贫。“1935年参加了革命——这是我新生活的开始”——他说：“我找到了归宿了。”

是的，他找到了归宿了：在革命的阵营里，把他的能力完全发挥出来了。

——也许你不会相信吧：一个没有受过合作教养的小商人呀，怎能有这样的创造呢？不，我告诉你，而且事实告诉你，这里一切新型的创作，大都是这些曾被埋压着的劳动人民，在实事求是的艰苦锻炼中所创造出来的呀。

群众的佣人

“秘密吗？很简单，只要真正能够为群众的利益着想，把合作社的业务和群众的生活联系起来，一切事情就好办了。”

南区合作社刘主任刘建章同志，最后答复了我的追问。

的确，他的全部秘密就在这里。延安南区的人民流行着两句俗话，他们说刘主任是他们公共的佣人，南区合作社则是他们全区人民的账房。他们之中谁有了问题，都要来请教他，疾病、死亡、婚嫁和缺乏生产用的工具，都来请他帮助，如果鸡子生了蛋，做买卖赚了钱，或者是谷子吃不了，怎么办呢？那么谁也不会迟疑：“刘主任那里去吧”！

“刘主任是共产党员，是真正帮助我们谋利益的老实人。”南区一个叫万德元的老百姓，他毫不思索地告诉我：“这是我们谁也不怀疑的。”

建筑在群众基础之上的这些威信，不是偶然的，这里有着很多有趣味的故事：

二乡农民杨生贵，1936年入股苏票5元，后来又陆续增加了20元，共25元。从1938年起，四年中买铧8页，比市上便宜280元，火柴20包，比市上便宜100元，布匹40丈，比市上便宜200元；1940年底，讨儿媳赊布10丈，计360元，1941年底仍还原数，但要照市价来算，应该是1600元了，这里又便宜了1240元；25元股金现已滚到200元，净利175元。

南庄河农妇李氏利用空暇，去年一年纺纱83斤，赚花41.5斤，值4150元，合作社曾奖励她四次，现币和袜子毛巾等合算在内值300元，这样她全家3口的衣服和日用品都顾上了。

金盆区一乡农民薛开有，1938年10月入股10元，年底以300元买驴子一头，向合作社借了200元，过了3个月，他把驴子卖给别人的价钱就是500元了。南区四乡农民李毛子，1938年10月入股3元，1939年春合作社借给24元，租牛1头，多打5石粮食，值当时市价800元。

去年春天政府动员教育经费，自卫军放哨费3万元，高峁湾生产股金8000元，银行储蓄券2万元，共62000元，分三次动员，每次每户开会收集要误工1个，三次误工3个。全区1700余户，应该交这项捐款的至少1000户，就是要误3000工。每个民工以30元计，单只这项误工就要9万元，又加上62000元，总共负担数就是152000元。但合作社以部分红利都一齐代人民把62000元交纳了，这里无形中帮人民节省了9万元的负担。

像这样一类例子是非常之多的，而它的发明人就是这位为群众所崇信而被称为公共佣人的刘主任。

懂得群众的感情和需要

他在合作事业上的发明是很多的，他为什么能获得如此之多的发明呢？一句话他懂得群众的感情和需要，同时也因为他善于调查研究，掌握材料。

全区1700多户，7100多人，除了个别新来的移民外，他完全是熟悉的。

这熟悉不仅是一般的"点头之交"，每一户的财产和每个人的性格，他都是极明的。他有一本极宝贵的册子，哪一户多少人？多少劳动力？种多少冬麦？多少夏麦？副业收入多少？以至鸡、犬、猪、马、牛、羊，都登记得清清楚楚。他的调查方法，也是多样的，他经常在"拉家常"中了解每户的经济情况，有时也进行正规的调查。像这样的对话是再恰当也没有了：

"多少人？多少牲口？"

"你为啥调查？"

"你不是买铧、买盐、买布……吗？我问清楚后就好预先准备了。"

"他是给我们谋利益的老好人。我们应该把一切都告诉他。"

这是确实的情形，按照他的调查统计，他得出了每人每年平均须向外购买必需品的消费数字。以1938年至1939年的物价计：三尺宽五丈长的老布一匹18元，农具5元，用具6元，应酬6元，四斤半食盐，一包火柴，一片水烟，加上迷信品5元，共计每人每年须消耗40元；1942年冬则须消耗1500元。如果每人把他的消耗费预先用半数入股，则合作社所赚的红利，就可把这些开支完全解决了。他占有了这个材料，因此他所领导下的各个合作社，购货和销货，都是按照他所计划的规律进行的，剩余和亏本的事当然就不会发生了。

他对人也是有研究的。他的方法是："为了教育他，可以放得开些，只要掌握了原则一方面，就是更远大的利益一方面，对于喜欢占便宜的人，不妨给他一些便宜。"二十里铺有个名叫老张的农民，他对合作社是没有认识的，在个性上是贪小便宜的，刘主任欲求他入股的时候，他几乎说出120个困难。

"真的没办法吗"？刘主任问。

"谁哄你，我现在还希望能借到200元呢。"老张负气地回答。

"我借给你好了"。刘主任真的马上借200元给他，并且帮他计划了一回买卖，过了两个月，净赚100元，于是老张恍然大悟了"原来合作社真的有好处"。他现在已经入股800元了。

有个乡长，他在群众中威信很高，但他对合作社的认识也正和老张一样，并且要把已入的股金抽回去。刘主任一再劝说他，过了年就会一本一利了，但是他终于抽回了，并且唆使着他庄上的另一个人也把股金抽回了。刘主任索性多叫了两个和乡长同庄的社员来，在说明社务情形之后，就告诉他们，你们如果要抽股金现在照抽好了。那两个人没有肯抽，过了两月分红的时候，果然一本一利。于是这两个人就到处宣传，刘主任的威信更高了，而乡长也就懊悔不迭，但还没有因此转变了他对合作事业的认识。因为乡长在群众中威信很高，刘主任决心要争取他，合作社买了几千只羊子的时候，就以较贱的价钱，分了50只给他，第二年就变成80只，乡长的生活大大改善了。“你不要合作社，羊如何栏上？”刘主任半开玩笑地问他。到了这时，他被事实教育过来了，他现在是一个分社的主任。

冲破教条

1937年，刘主任还是当会计的时候，他看出一点：“为什么要限制每人最多十股呢？在这里，谁敢操纵？不是股金越多越好吗？小小的资本能做些什么呢？”但他和王天经（当时的主任）商量的时候，他的提议遭到了尖锐的反对：“你要个人发财，实行资本主义吗？”王主任对他的回答是：“上面的指示呀！怎好更改呢？”

互相间的争论是很激烈的。

“你现在一个资本也没有，怎能掌握人家的资本？”

“同志，只能平均入股，多不得的……”

“钱在我们的手里，依人计数，依股分红，即使有人入100万元，那对我们有什么损害呢？”

股金的限制终于取消了。接着作为争执题材的是分红问题。原来是上半年入股红利多得，下半年入股红利少得，而刘主任的意见呢？不分先后，平等分红。

“那不是又不公平了吗？”这时一位对合作社有研究的人疑问。

“是的，表面上看来是不公平的。”刘主任说，“但是为了刺激更多的入股，我们如果能有大批资金，来回利大，利润也就跟着增高，上半年入股所分得的红利，不会因而减少，相反地会增加了。”作为这个理由的根据还有两点：第一，上半年入股的人只占少数（1/4），多数是下半年入股的，很快地使他们得到很大的红利，那对于他们实在是一股多么大的刺激力呢！

第二，我们现在需要更多的股金。

经过三天的时间，当这个提议最后通过之后，合作社的股金马上由12000元上升到45000元了。

……

（莫艾：《刘主任》，《解放日报》，1943年2月13日）

（二）合作英雄田云贵

在这次劳动英雄代表大会上，我们发现了一个出色的劳动英雄，这人就是田云贵。……他是一个天才的组织家，在不到半年的时间，就创办了一个出村而普及全县的合作社。下面就是他自己关于如何创办合作社经过的自述：

我今年52岁，现住关中淳耀县，一区二乡，玉家门村。1938年旧历八月二十四日，从原籍陕西商县逃难住此。原来家有四男五女，现在只剩一男，其余均死掉了。又有妻一，雇放牛娃一。租种地50亩，有牛3头。去年收粗粮20石，出地租4石。

去年我从专署领回来16000元，就把这钱来办合作社，又将我父子两人锯的两副枋卖了一万元，合共26000元，作为合作社的本钱。本村共有6头牲口可驮盐，我就向他们宣传驮盐。起初六户人家都答应去驮，后来因为任忠信（是撤了职的乡长）暗中破坏，他说“我当了几年乡长，完全知道这回事，不是什么合作，而是替公家送盐。”他这一破坏，六头牲口就有四头不去了，只有两头愿去。一头牲口去一个人，我就借给他们两人一万元做盐本，准备10天来回，其余16000元就拿去买布。到了第八天，布买回来了，驮盐的也回来了，两头牲口驮了450斤。当时没有地方盛盐，就向陈作福借了一面小窑盛下，起名叫作三村合作社。恰好当时缺盐，人民看见合作社有盐，大家争着要买。问我卖啥价，我就问柳林卖啥价？他们回答卖55元一斤，我就说合作社的盐，只卖53元一斤。一天就卖完了，合作社赚了1000余元。两个驮盐的每人赚净利1400元。我因为他们两个人不受任忠信的欺骗，又各奖盐3斤。这时没有去驮盐的那四个人也在场，看见人家8天各赚1400元，又得3斤盐，便痛恨任忠信，骂任忠信是“老顽固，撤了职还顽固”。我听了心中暗喜，也不言传，问他们去不去运盐，他们都答应去。我问什么时候去，他们回答过两天就去。我说明天就去，他们也赞成了。第二天就有6头牲口出发了，并且实行了变工，6头牲口只去3个人。当时合作社连本带利有了资本32000元，完全借给他们作盐本，因为钱还不够，又问专署借添了一万元，才打发6头牲口出发了。这时乡上看我搞出名堂来了，乡长说全乡都要去驮盐，叫把合作社变成全乡的，并决定集股，每股100元。我完全赞成，不久就集起了两万余元。8天后第二次驮盐的6头牲口又回来了，每头牲口又赚净利1500元。这时区长又打发人来叫我去商量，叫我把合作社变成全区的，要我回去与本乡乡长商量，区长就和其他几个乡商量。后来只有四乡长不太同意，其他乡都同意，合作社便成了全区的合作社。第二次运回的盐卖掉后，股金和红利及借款合共有了6万余元。第三次便组织了全乡14头牲口去驮，因为资本不够，区上又与县上商量借了6万元，合共12万元，才打发14头牲口出发。合作社便搬在庙湾街上。八月后第三次驮盐的14头牲口又回来了，有10驮盐是合作社卖掉的；4驮盐是卖在柳林盐业公司。这次每头牲口又赚利1000余元。第四次14头牲口又出发了，这时县上看见我有成绩，就叫把合作社变成全县的，要我当主任。我因是个“睁眼瞎子”，怕当不了，县长说给我派一个会计，我又解不下甚么是会计，县长说是管账先生，我才解下。此刻已经是旧历八月二十几了，县上要组织全县的牲口去运盐，召集县委、区府的同志开会，我也参加了，讨论组织牲口的办法。我因不知老百姓对于运盐愿不愿意，便亲自挑了一些布匹、烟叶到乡下去打探打探。一共走了3个区，调查民众都愿意运盐。后来县上又召集区长区书开会，讨论组织运盐的办法，并分配干部下区去帮助。到8月27日，便组织起420头牲口。这些牲口是公私合作，公家出盐本、路费，老百姓出牲口和人力，二八分红利，公家得2成，私人得8成。一个区为中队，一个乡为分队，队设队长，队长也吆两头牲口。分队下由老百姓自己变工，每两头牲口去一个人。比方这次我去人捎上你的一头牲口，下次你去人，捎上我的一头牲口。牲口在路上死了，由全队赔偿。

在组织全县牲口第一次出发的时候，专署又借了40万元给合作社办布匹、棉花供给人民需用。因为合作社刚成立，又没有采买，并且封锁得很厉害，到友区办货一不小心，就会被没收干净。我添了这40万元，就找了一区二乡和三乡的村主任、优抗主任、文化主任、锄奸主任等13人，把40万元资本多少不一的分作13份，请他们找人找关系到友区去办进货来。当时有人认为这个办法不好，主张一人去就是，我没照他们的办法做。后来几天就都办回来了，共买回一百几十匹土布。当时正是布缺，每尺赚30元，几天就卖完了。我又将这笔钱到柳林去买布，恰好商州来了240匹，我一下就买来了。因为钱不够，又向专署借了50万元，还买些纸张。这时人民又要筛子，我又买了一批，民众要农具，我又买了两驮铧回来。因为我们关中自己有铁，后来我就找到一个河南铁匠，与合作社合作打农具，免得买友区的农具。合作社就这样的办起来了。

淳耀合作社叫军民合作社，现在有700多户入了股，股金有五百余万元，其中专署占190万元，军队占8万余元，其余是私人的。现时合作社的资产共值800余万元。下面还有两个难民木厂合作社，专门组织木料出口。木料在山上是地主的，由难民去砍，每十根椽地主抽3根，其余7根，驮木料的1根，合作社得1根，税局1根，砍椽的得4根。合作社以木料向友区换进麦子、棉花，或其他必需品。办的时间虽只有几个月，但光是柳林一乡包交了公粮67石，还剩余16石，又换进铧120页，棉花1000余斤。今年打算全县的公粮都由木厂合作社来包，多向友区换进麦来，把边区的麦储存起来，作为帮助耕三余一的任务。

（《安置移难民与创办合作社英雄田云贵》，

《解放日报》，1944年1月27日）

（三）合作英雄田保霖

他曾有过的遭遇

……

“怎搞的？1000多张票……咱是不能干的人吗，咱又不是他们自己人；没有个钱，也没有个势，顶个球事，要咱干啥呢？……”

他被选为县参议员了，这完全是他意外的事。

他是一个爱盘算的人，但也容易下决心，这被选为参议员的事，本没有什么困难一类的问题，也不需要下什么决心，像他曾有过的遭遇那样，不过他却被一种奇怪所纠缠，简直解不开这个道理。

当许多年前他全家经年流浪在碾盘渠、下王渠、沙口一带替人安庄稼而不得一饱的时候，为着糊口，曾经在教堂里工作，学会念经，小心谨慎，慢慢地做到了一个小掌柜，管了上王渠一村44家人，总算他为人公正，农民对他很好。后来神父换了，他成天挨骂受气，于是他走了。他走到保定，走到宁夏，走到洛川，流浪着，贩着羊、贩着猪、贩着盐和粮食。他赚了一点钱，吃了一些，再还一点账，生活还是没法搞好，还欠着账，但他有了经验，他成为一个有点名气的买卖人了。本来就打算这样搞下去，可是石老么、杨侯小来了，抢了东西，吃了胖猪。接着是黄马队，接着是来打土匪的二盆枪头的张团长，百姓被抢的一无所有，人都逃到沙漠中藏了起来，张家畔热闹的街市，变得寂无人烟，田保霖也逃到了外县。然而“红”了。三十军军长阎洪彦到了靖边，接着又来了二十七军贺晋年，靖边县翻了个身，穷人都分了土地。但田保霖却仍留在城川。有人告诉他，说他是买卖人，他的二叔父是豪绅，带过民团，最好不回去。于是田保霖第二次不得不好好盘算了：“共产党打的是富有，是贪官，咱嘛，做点小本买卖，咱无土无地，欠粮欠账，一个穷人吗！咱当过掌柜，可是没做过坏事，人都说咱好，咱还怕他个啥；杀头、杀了咱有啥用呢？人都说三十军好嘛，那么咱就回去，不怕他。”于是他回去了，抱着一个不出头不管事的态度，悄悄地回到草山梁（现改名长渠沟）。一大片荒地，没有人住，他有了地，也不必交租子了。他欠的账也跟着旧政权吹了。他没有了负担和剥削，经过几年的经营，他有了六七十垧地，有了牛、马、羊，开了个小油房，日子过得很好。心里想：“共产党还不错，可是，咱就过咱的日子吧，少管闲事。”

不过做了参议员就得同他们搞在一起，这起人究竟是哪一号子人呢？

结果他决定了：“就到县上开会去，还有高吉祥、冯吉山嘛，他们在旧社会比咱还有地位，怕个啥，就去。”

办合作社的事迹

他和参议会的议长，也就是县委书记惠中权同志做了朋友。

“你是顶能干的，为大伙儿做点事吧。咱们把靖边搞得美美地。”惠中权只要有机会便劝说他。

“唉，咱能干啥呢？咱是买卖人，别的事解不开嘛。”这样的话，他也同惠中权谈了。

现在惠中权又劝他办合作社了。

“你要能办好一个合作社，你对靖边就有一个大功劳。你看咱们新城区老百姓要个啥都到友区的宁条梁去，到宁条梁去人也好，牲口也好，都还要上什么修城税，物价又贵，又误工，而且咱们要买别人东西，别人就抬高物价，你看春上一匹布才卖800元，秋后就卖8000元，而咱们的麻子从2400元也不过涨到8000元，至于盐就等于不涨价。你要是在你五乡能办好一个合作社，那咱靖边的合作事业，咱们的经济就有办法，你回去鼓吹，咱们尽力帮助你，这个你能成的。”

田保霖便又盘算了，人多不怯力气重，只要政府里能帮咱，咱就好好地干出一番事业吧，也不枉在世一场。“对，能行。”他答应了。

于是他踏上了新道路，为建设新民主主义的新靖边而工作了。他是有意识地要和惠中权一道，和共产党一道，热心为人民服务，这是去年二月间的事。

田保霖回到了乡上，10余天他收到了740400元的股金，有241户都把公盐代金入了股。老百姓四处传说：“田保霖在做好事了。公盐事小，误工可大，现在他替咱们包运，赶快把钱交给他吧，又省事，又赚钱，明年还可不管呢！”大家知道他有能耐，于是赶牲口来入股的也有，拿麻子、粮食来入股的也有，人工也打成了份子，他们去办货，合作社就成立起来，大家选他做了主任。

六月的时候，八头牲口出发了，他们走了盐池又走延安，一头牲口驮着1131元的盐，到了延安，这盐便值两万块钱，除去了运费，净替咱们合作社赚了一万余元。而它们回来的时候，背上又驮了布匹，又要赚一万。于是他们得不到休歇，又把春毛驮上米脂，又把铁锅驮回来，它们总是驮着人们需要的东西，而替合作社赚钱，半年的时间他们赚了969000多元。

现在呢，田保霖的运输队发展到74头牲口了，没有一头坏牲口，他用的是有经验的干部，运输队长石有光是好的长脚户，他懂得喂养牲口，他参加合作社是份子制，所以他更积极负责。

也有些运输队赔过钱，为什么田保霖会赚钱的呢？因为他不特制度好，管理好，自带草料，不特会根据群众需要来调剂货物运销，而他最主要的是懂得放青囤盐，上槽卖盐。

接着，油房也办起来了。宁条梁的人都说："田保霖是个什么人，为什么不准麻子出口，现在要去探卖也不成，老百姓的麻子都探卖给合作社了。他妈的，非揍他不可。"但他们是威吓不了的，老百姓愿意把麻子探卖给合作社，合作社出的价钱公道，将来要买油也方便。田保霖的油房一共榨了164榨，出油15744斤，赚了2327160元。这个生意使靖边的人都兴奋起来了，今年靖边县政府扩大种麻3万垧，能打18000石麻子，9000担油，而宁条梁是不产麻子的。

田保霖替人民办了事，一下便吃开了，他又被选为模范工作者，他出席劳动英雄大会，政府里送了他的匾，老百姓也慰劳他，在会上大家都询问他为什么一下便有了那么多股金，他谦虚地笑着说："一切替老百姓想，只要于他们有益，他们就拥护，离了他们是办不了事的。"他有了新的经验，人人都说他能行，能办大事。

这个会也讨论到许多生产问题，大家都说靖边人吃亏的是布匹；田保霖一盘算，每人每年至低要穿三丈三，全区10095个人，就需三万三千三百一十三丈五尺，合市价260元一尺计算，共需8761510元。这样大的数目，如何能行呢？可是在乡上要开展妇纺实在不容易，就需有一个妇女会纺，而且这些妇女就很怕羞，要叫她们去学，她们一定会当着奇闻扭转头去笑。不过天下无难事，只怕有心人，田保霖下决心要开展这个工作，他一回去，便做了241架纺车，分配到全区。他找到了一个难民邹老太婆，她会纺线，田保霖便替她把家安置好，首先请到自己家里来教纺线，年轻的婆姨们都笑了，原来这并不难，几天后，大家都学会了。他便又把她请到另一家去教。邹老太婆骑着一个牲口，带着一架纺车在五乡走了这家又那家，邹老太婆得了奖励。纺花的工资很大，纺一斤交半斤，于是妇女们便争着来请邹老太婆，大家说"描云绣花不算能，纺线织布不受穷"。要是听到谁家的又会了，心里就焦急："唉，邹老太婆还不来咱们村子，看别人都穿上自己的布了。"这样，在3个月中教会了35个，田保霖又要这35个再教人。关于邹老太婆，去年就上了报，也成了有名气的人。

……

因为他曾经向神父磕了8年头，仍然得不到一口饱饭，革命的政权才救了他，所以他格外讨厌他庄子上的关巫神，一看见是上坛、下地狱，退煞谢神就恨："这二流子又在骗人的钱。"他想出了一个治巫神的办法，他找了一个医生来，开一个药铺，四处替人灌羊治病，三个月中治了300个人，灌羊3000，有病的人都找到合作社来，关巫神说："田保霖本领大，神也不敢来了。"

五乡的合作社一出了名，新城区的合作社便有了师傅，田保霖的合作社又成了总社，他们常来打听行情，学习方法，也开油坊。邹老太婆也到了六乡，还要到三乡去，他们也跟着栽树，也跟着赚钱。田保霖合作社在9个月之中，老百姓分到900%的红利，他们笑着把红利又入了股，天天念着田主任的名字。

……

田保霖是一个爱名誉的人，但他牢牢记得惠中权同志的话："要好名声，只有一条路，替老百姓办好事。"

（丁玲：《田保霖》，《解放日报》，1944年6月30日）

（四）合作英雄陈丕秀下河南

陈丕秀同志是吴旗县金汤区的合作社主任，他在这次全边区合作社代表联席会上，被奖为特等的"合作英雄"。他那合作社，为了人民的利益创办了很多的业务，而最主要的，也是他办得最出色的事，要算"收买土产"及"为人民解决必需品的困难"了。在边区被封锁的情况下，陈丕秀同志为了完成这事，曾几次冒险到明知是"危险"的地方去。下面是他1941年夏天，赶羊下河南卖了换布的故事。

出 发

1941年夏里，正当国民党封锁咱们最严时，咱们地里出产一满不能往外运，外面的东西进不来，咱们地里的羊价像退下的水似的往下跌，绵羊一只跌到四块钱，山羊跌到三块钱。布价呢？就像发山洪似的往上涨，一匹很坏的布要20块钱，老百姓还抢着买，都穿得稀烂，都喊："穿不上布，布又贵又不好。”社员们就到合作社去找“我们的陈主任”想办法解决困难了。

肖银匠是河南人，到三边住多年了，还分得了土地，但他的老人、婆姨、兄弟、女子都还在家乡。有这个关系，他就知道河南的羊价高，布价低，若要揽羊出去卖了换了布回来倒是一笔好生意。可是危险着呢，一路上关卡阻拦，又有抓壮丁的。最近听说又增加了兵，危险更不用说了。他不敢给陈主任正式提意见主张去，只在他与陈主任拉闲话时，顺便捎带了一句。若合作社决定要去的话，他负责领路，找门路卖货买货是不成问题的。顺便他也可以探一次家。

县长知道了这事，找陈丕秀同志商议，很快就决定由合作社赶一大批羊出去卖。谁领着去呢？当然就是陈丕秀同志。为公家卖羊，为人民谋点利益，这号危险事让别人去他也不放心：再说找肖银匠领路，还由合作社派了钟荣光与胡庭光两个牢靠的职员。但因揽的羊太多，合作社有600多只，又给群众捎带了八九十只，共780只羊，赶着要铺满半条沟，人不够使唤，于是就找到了毛毡胡。

……

一切都准备停当了。5个人赶780只羊，6月23日前晌就赶上了路，陈丕秀这时才抽空跑回家去给他母亲、婆姨和女子辞行。母亲一听说他又要出门，就哭起鼻子来说：“你就把公家事这么当事，革命十几年了，家里事一满不管了，鸟有个巢，人有个家嘛，人家过年都能回来，就你过年都回不来。”……

他婆姨的脑子倒还一满开通着，没怎么留他，她想：我男人出去为众人谋利益，咱不敢拖尾巴。只说：“不敢到白地去，听说危险着咧！”哪晓得，她丈夫这回就是要到白区去。她听说也哭了起来，说：“这回不能调个人吗？”陈丕秀说：“这号危险事自己都不一定保险咧！靠别人靠得上？”他婆姨不出声了。陈丕秀又说：“你别给妈说我是去那搭[①]，羊群前晌都赶上路了，别人都走了，咱才回来看你，咱们闹革命十几年了，给老百姓谋下一点利益，名望总算有点，县长才叫咱这回领着去，这事咱可得……我是走定了。”他婆姨慢慢地揩干了眼泪说：“是县长亲自叫去的——你要去，还

① “那搭”，系陕北的土话，即“那里”的意思。——编者

是去，人家都走了，咱留下不对，一路上跟肖银匠他们操心点就是了，家里一切有我，还有社员来帮助，不要你管。”那天，他在家里歇了一晚，他这回是下河南去，他两口子瞒着始终没告诉他母亲，第二天，他一早起身去赶羊群，他女子替他背着干粮，送他到30里地才回去。

头一站

打从张村驿起身，头一站到了友区王家湾。羊还没全到齐，陈丕秀在头前就看下了甲长贾文仪的店。他刚停下来，两个背枪的就来号羊，说：“连长要买羊，要羊掌柜去。”陈丕秀去了，贾文仪也跟上，陈丕秀知道不是好事，在路上给甲长说了一句：“回店去咱们杀下几只羊吃。”到了连部，连长问陈丕秀说：

“是‘红地’的人吧？”

“我不是，我就是这上边扬家界口冯家湾人”。陈丕秀说。

……

两个军队绳子都准备好了后，一下就把他绑了起来。这时甲长说话了：“杂家把人家绑起来咧，他是本地人，常到集上来赶集的。”

“你说话负责！”连长凶贾文仪。

“他实在是本地人。”

连长让甲长保他走了，但店里的羊有40只却被赶到连部来了。

在回店的路上，陈丕秀想，掉了40只羊，这头一关总算过了。

……

他们给店里留下了3只羊，正要走，十几个背枪的人又来把他们抓住，说：“咱们探子回来了，这回可抓定了。”

陈丕秀说：“官长，我实在不是……，我姓任。”

“不是，你跑什么？”那军官说着就打。

……贾文仪在旁边看着。贾文仪说：“你们不要打他吧！要打，打我好了。”那官长瞥了贾文仪一眼，贾文仪就向陈丕秀说：“你那羊还没有兑税吧！”陈丕秀忙接上说：“我正找着去兑税的。”这样才把他们放开，一只本来规定5块钱的税，他们按6块钱兑了。

在路上

到了洛川，挡在城门口不让进，说要“良民证”。一个卫兵进去了半后晌都不出来。天黑了，他们想把羊赶走，卫兵出来了，说他们想跑，一个人打了几马棒，带进城去又按每只6元上了税。羊赶到黄龙山卖时，大半都病了，也只有600多只了。白羊卖了45元一只，黑羊卖了35元，卖了把羊钱让肖银匠汇到河南去，他们5人身上带了点盘川再往前走。

最后一关

在河南买了70匹布，高低合9块来钱一匹，和一些杂货，再买了5匹骡子驮上，一人身上再背了一大捆，就往回走。在蒲城买货时，就雇了一个人带路，讲好900块钱，保半险。又到了交界处，看看对面就是家了，要翻一条沟，得等到黑里四更才能走，后晌在沟这边歇一下。等到四更天，几个人轻轻地拍着牲口，偷偷地就往沟里溜。天黑压压地，有点微风，不敢走正路，管他荆条、崖边，一股劲地往沟底走，裤子挂破了，手脚头都被刺扎出血来了。……一会儿下到沟底，都没碰见啥，大家松了一口气，就沿着沟底的大路走。要过一个桥，牲口都牵上桥了，一下发现十几个军队抱着枪，在桥下面睡觉，退也来不及了，吓得气都不敢出，提着心，尖着脚地还是往前走，看着就要上沟，爬上半山了，后面的枪响起来了，子弹“嘘！嘘！”地从头上、身边过，也不知道碰上没有，反正往上爬。天发白了，人影都迷迷糊糊地看得见了。正在这危险时刻，几个八路军同志冲了下来，把那些军队打退了，老百姓也相跟上来了。帮着背东西，赶牲口，有些认识陈丕秀地说：“这是咱陈主任吗？看，给咱们运回这么多的布来了。”陈丕秀心喜地说不出话来，动手去解一驮布，想给军队留下。排长看见给大家说：“陈主任为了老百姓，冒着这么大的危险，给群众运回布来，咱们一件东西都不敢要。”他要给钱给帮背东西的老百姓，老百姓也不要，最后他拿了一条纸烟，一定要分给同志们吸，说：“我回来见亲人了，我高兴得不会讲话了，这你们不要，我就不走了。”同志们还是不接，排长说：“你不走好，到咱们连部去歇歇，咱们送你走。”就把他们接到了连部，请他们吃了一顿饭，才让他们走了。结果八路军同志还是一样东西都没有收，陈丕秀同志这回心里忍不住欢喜地哭了起来。

社员大会

听说陈主任回来了，社员都顾不上吃饭就来看，他顺便就开了社员大会。到的人是从来未有的齐全。在会上他讲了他们这回出去的经过，最后，他说："这回咱们拿命换来两个布还是照本分。"他一手拿算盘，说"谁要就来分"，就卖开了。你10丈，他8丈的，到了的社员和群众都分上了些，70匹布，一后晌就分完了。没现钱的，用羊来换，有的赊账，有5家抗属优待他们打了九折。大家分上了布，喜得不行。……

最后，剩下十几丈布，社员们都说："慰劳陈主任。"他坚决不要，他婆姨在社员大会上说话了："咱男人为了大家老百姓谋利益，社员们帮我收秋又背了20捆柴，有心就一样了，我们能劳动有办法呢，可不敢要，要了影响不好。"最后，陈丕秀说："我给人民干点事，人民这样来欢迎，我死了也不后悔。你们还有什么困难，缺什么，马上递条子上来，咱想办法解决。"大家都说："咱们什么困难都没有了，只要你这回回来就好了。"

（《陈丕秀下河南》，《解放日报》，1944年9月11日）

（五）模范合作社主任呼天佑

呼天佑同志在1943年10月革命节被奖为模范合作社主任，最近他又出席延川首届劳动英雄大会。

他是延川县东阳区合作社主任。该社在他辛苦的奔波下，在1943年一年中，已有了突飞猛进的成绩。处处为群众着想，真正给群众办事情，得到了群众的爱戴。"我们的呼主任真好，能给我们办事情。"这一句动人的话，在本区不论婆姨、娃娃、大人，都毫不思索地能说出来。

1943年4月间，县政府给东阳区分配的191驮盐要完成，该区负责同志把此任务交给了合作社，呼天佑同志接到这个指示后，便白天黑里的盘算这问题。他想出抓紧长脚户去完成任务，推动全区运盐的办法。他调查了本区长脚户数目，亲自把长脚户请到合作社去谈。开始时，长脚户不愿意，说："我们出了盐款，又要我们驮盐。"经呼主任再三地、耐心地解释："你们去驮，驮回来的盐还是你们自己的，而且政府还帮助你们。"终于说服了长脚户，他们说："是这样的，我们一定要去驮。分配多少任务我们尽力地完成。有公家这样帮忙，还不好嘛。”

开始是28头牲口（4头骡子，24头驴），组织3个队，按情形分配了各队任务。到八月检查时，任务已完成了，驮回来119驮。后来区上又增加了81驮。由于这些长脚户的推动，此时又新发展了14头牲口（4头骡子，10头驴）。如本区三乡庄河长脚户葛奉公，原先不敢参加，后来看到别人驮盐的例子和政府的帮助，便亲自到合作社来要求参加长脚户驮盐队，合作社给贷了5000元，他又扩充了一头牲口，共两头。其他长脚户，也都扩充了牲口。

合作社在此时期共帮助了长脚户贷款54000元，而零碎帮助的有200000元，解决了长脚户的困难。

全区去年计划驮盐200驮，完成了三五三驮半，超过任务一五三驮半（平均每驮盐是200斤，以20站路计算）。在合作社的推动和组织下，给老百姓节省了劳动力，减省了很大的开支。

东阳区是本县最远的一个区，离仓库要有70多里路，还要翻五六座大山，走起来很不方便。呼主任看到这点，便设法给老百姓解决困难。去年六七月，他便派人到延安粮食局，把粮买好，共计代交了453石。去年东阳区秋季公粮数共900多石，代交的占一半。计算一头牲口驮4斗，453石公粮得1132头牲口去驮。一个人赶两头牲口，得人工566个，来回两天共人工1132个工。这是呼天佑同志领导的合作社给节省了的。

453石公粮，合作社以低于市价的价格卖给了老百姓，计算共节省老百姓1142000元。

“呼天佑今年给咱办了这一件好事。”这一句话是流行在整个东阳区的。

该区合作社有个染坊，给老百姓解决穿衣问题。起初用了一个不大能行的老汉来染布。呼主任看到他不能办多么大的事，便自己亲手学着染布，现在他学会了。

去年全年共染布19071尺，净获利134886元。他们比其他染坊染一尺布，价低32元。

去年四月间，呼主任东跑西奔，到处活动创办民办社。在他的努力推动下，共成立了3个（2个以染坊为主，1个是打袜子及织布）。股金都是由老百姓自动集成的，共集股金是895385元，全年净获利是2147166元。

在去年七八月时，接到上边指示，成立了收花站，呼主任领导合作社同志亲自动手缝了114个花包。共节省14802元。

呼主任常给该社同志们说：为革命吃一点苦，多做些事，怕什么呢？这是应该的。

1943年全年，合作社在呼天佑同志的经管下，共净获利是1120000元，平均每元股金净获利是20元。

（乔迁：《模范合作社主任呼天佑同志》，《解放日报》，1944年2月8日）

附　录

一、各抗日根据地（简称本边区）合作社暂行条例示范草案

第一章　总 则

第一条　依据抗战建国纲领及国民政府合作法规之基本精神特颁布本条例，凡本边区人民所组织之各种合作社均适用之。

第二条　本条例所称合作社系用群众集体经营方式以发展国民经济改善人民生活，并组织与教育广大群众共同完成“抗战建国”之需要为目的。

第三条　本条例所述各种合作社主要以发展生产与消费合作为中心。

第四条　合作社为法人其责任分下列3种：

（一）有限责任：即社员以其所认股额为限，不负其他债务责任；

（二）保证责任：即社员除所认股额外，对合作社应负担股额若干倍之保证责任；

（三）无限责任：即社员对合作社财产不足清偿时应由社员连带负责。

第五条　合作社之业务种类暂分下列各种：

（一）消费合作社：为供给社员日用生活上所必需之生产品与制造品及收买本地之土产出口以交换外来之工业品，但于必要与可能时应附设信用、生产、运销各部门。

（二）生产合作社：为制造工业必需品与农具等物以供给社员之需要，但凡农田水利、矿产、牧畜、园艺、造林、开垦各种农业生产得组织合作社集体经营。

（三）信用合作社：为活泼金融，尤其农村金融之流通，贷放生产上或

制造上之资金于社员，及吸收存款、办理储蓄。

（四）运销合作社：为经营社员农业或工业生产品之运输推销。

（五）其他：凡不违反第二条规定，不论关于保险劳动耕牛以及任何生产工具等协力互助，皆得以合作方式经营之。

第六条　合作社之业务及责任应于名称上标明之。

第七条　消费合作社不得参加商会。

第八条　各级政府对于合作社只有政治领导与监督权，不得任意调动任免合作社职员以及无故干涉或包办合作事业，凡政府有关合作经济等会议及实施，应允许合作社总负责人参加与建议。

第九条　为提倡合作社集体经济起见，对所经营事业得酌量减税，并给予公营运输上之便利。

第十条　各地合作社得向政府或银行请求往来借款，同时，银行亦得委托合作社收受与兑换各种钞票，并代理汇兑、存放款项。

第十一条　各地合作社应与各该地贸易局（或贸易栈）取得密切联系，务期在业务上互相配合一致，并得与贸易局（或贸易栈）订立契约，在买卖账目上互通往来。

第十二条　不依照本条例组织之商店工厂等及未向当地政府登记取得合作社营业执照者，一律不得冒用合作社名称。

第十三条　合作社必须遵照政府一切法令及社章执行社务与业务，如有违犯政府法令时得依法纠办之。

第二章　设 立

第十四条　合作社至少须七人以上之发起方得设立。

第十五条　合作社发起人应负责召集创立会，通过章程、选举理监事并分别组织理监事会，于一月内将社章、创立会之决议、社员名册、理监事之姓名及职业等向当地政府登记，并领取合作社营业执照后，方得正式成立之。

第十六条　政府得到登记呈请后，应在本月内为准否之批示并派人检查。

第十七条　合作社章程应按下列规定：

1.名称

2.宗旨

3.社址

4.业务种类

5.社员

6.社股

7.组织及会议

8.盈余

9.职员

10.其他

第三章　社　员

第十八条　凡本地区之居民除汉奸卖国贼外，不分阶级、职业、性别、信仰，均可入股为合作社社员，并得享有同样之权利与义务。

社员的权利与义务：

1.有选举、罢免、表决、提议等权；

2.有出社之自由权；

3.有分红及一切优先权；

4.有交纳股金之义务；

5.有遵守社章和执行决议之义务；

6.有发展社员及推广业务之义务。

第十九条　合作社成立后愿入社者只须经社员一人介绍或直接向合作社要求，得允许后办理入社手续，方得为社员。

第二十条　社员限以个人为单位，不得以家庭或团体为单位。

第二十一条　如社员要求退社时得由理事会决定之，而股金等退回须在会计年度终了结算后发给之。

第二十二条　退社之社员依第十九条之规定有重新入社权。

第四章　社　股

第二十三条　在同一边区内社股金额须一律一元，少则认购一股至多不得超过股金总额20%，但选举、表决等限每人一权，不得按股份多少计算。

第二十四条　社员之股金须一次交清，并由合作社立即发给股票，但有随时继续入股权。

第二十五条　社员认购社股除现金外可以粮食或土产等折价代付股款。

第二十六条　为优待抗属及奖励妇女儿童参加合作社，得发给业务上特别优待券或储蓄入股。

第二十七条　合作社股票如赠予他人或因本人死亡由亲属承继时，均应向合作社履行登记与换票手续。

第二十八条　社员转股须先经合作社同意并在会计年度终了时办理转让手续。

第二十九条　合作社股息不得超过月利一分，如无盈余时概不发给。

第三十条　合作社股票为有价证券，得为债务之抵押品。

第五章　盈　余

第三十一条　合作社暂定每年为一个会计年度（结算一次），期间为每年元月底及十二月底。

第三十二条　合作社之盈余除弥补亏损及付息外，其余按下列比例分配之：

（一）公积金30%，为准备弥补合作社之损失，应存于银行、信用合作社或贸易局，不得随便动用，亦不得请求分配。但如超过股金总额时可由社员大会决议提出五分之一或十分之一投于其他企业中。

（二）公益金10%，为举办当地经济建设、文化教育等公益事业之用。

（三）救济金5%，为救济抗属及贫苦社员之用。

（四）奖励金5%，作为奖励全体工作人员及救济贫苦工人与职员之用。

（五）红利50%，按股分配之。

第六章　组织与会议

第三十三条　合作社在战时环境中须以小型分散民主集中制为原则。

第三十四条　社员须按地区划分小组，选举小组长，按期召开会议讨论合作社之社务与业务，或办流动训练班进行各种教育，并应规定小组定期向合作社汇报，同时合作社亦应按时检查之。

第三十五条　合作社应斟酌情形附设社会福利机关（如俱乐部、夜校、识字班、医药所等），供社员与群众之享受，以推广社会公益事业。

第三十六条　合作社之最高权力机关为社员大会或代表大会，暂定每半年召开一次，遇必要时得临时召开会议，其主要任务如下：

（一）听取理事会对过去社务、业务之报告；

（二）讨论和决定今后合作社之社务、业务；

（三）审查资产负债和通过盈余之分配等；

（四）选举理监事与修改社章等；

（五）其他。

第三十七条　社员大会须选理事5人~7人，监事3人~5人，分别组织理监事会，并各自互推主席一人，负责召集与主持理监事会，同时，理监事任期半年并得连选连任之。

第三十八条　社务会议由理监事组成之，凡理监事会不能单独解决或需要互相商讨时，得由理事会主席召开与主持之，暂定每3个月召开一次，遇必要时得召开临时会议。

第三十九条　社员大会闭会后最高执行机关为理事会，暂定每月召开一次，遇必要时得召开临时会议，其主要任务如下：

（一）根据社章处理社务、业务；

（二）执行社员大会之决议案；

（三）管理合作社之财产；

（四）召开并向社员大会作报告；

（五）收集各方意见以计划与布置合作社一切工作；

（六）任免或调动职员等；

（七）举办合作教育。

第四十条　理事会应于社员大会召开前10天作财产目录、负债表、业务报告书及盈余分配表四种，交监事会审查后提交社员大会。但召开临时会议不在此限。

第四十一条　社员大会闭幕后之监事会为监督与检查本社社务、业务之权力机关，并定每两个月召开一次，遇必要时得召开临时会议，其主要任务如下：

（一）监查合作社之财产；

（二）监查理事及职员对社务、业务之执行；

（三）审核账表及单据等；

（四）代表合作社签订契约或诉讼等事件。

第四十二条　理监事不得互相兼任，同时，监事不得任合作社任何职员，如有不尽职或违法行为时得由社员大会解职并补选之。

第四十三条　以上各种会议必须有半数以上出席方得开会，出席半数以上同意方得通过。

第四十四条　社务会议、理事会开会时非理事之职员得列席陈述意见。

第四十五条　以上各种会议之决议案如有违反政府法令时得由政府宣告失效，如系理监事会或社务会决议案违法时，得由社员大会或二分之一以上社员联名宣告失效。

第四十六条　如理事会对社员二分之一以上联名请求之事件5天内不执行或不答复时，得由联名社员公推主席依法处理之。

第四十七条　以上各种会议不能亲身出席时得委托代表，但每人最多只准代表三人。

第七章　职　员

第四十八条　合作社职员由理事会任免之，但社员大会有推荐及罢免权。

第四十九条　凡脱离生产之职员其待遇应按当地生活情况以采取薪金制

为原则，如采津贴制时不得要求政府给以代耕等优待。

第五十条　寒苦职员得由理事会或社务会决定从奖励金项下拨出若干救济之，但须得社员大会通过方为有效。

第五十一条　应采取各种方法提高职员在政治上经济上地位与理论文化之水平。

第八章　合作社联合社

第五十二条　为适应战争环境加强合作事业，应根据第三十三条分散设立集中领导原则，必须有合作社联合社之组织（简称联社）。

第五十三条　各级联社之主要任务如下；

（一）对各社员社有检查督促指挥之权；

（二）沟通社员社之经验教训，指导社员社之社务、业务；

（三）推进与发展当地合作事业；

（四）帮助训练合作社职员并培养与介绍技术人员；

（五）代替社员社买卖货物及推销产品，必要时得附设门市部；

（六）遇必要时得附设信用、运销等部门，以便于社员社存放款项及货物推销。

第五十四条　凡在同一地区内有3个以上相同或不同业务种类之合作社须成立联社，但在同一地区内不得因业务种类之不同而设立一个以上之联社。

第五十五条　联社暂分区联社、县联社及边区联社等三种，在同一区、县或边府内有两个以上之联社者，须按级设立联社以便集中领导与推广社务、业务，但在同一地区内不得因业务之种类不同而设立一个以上之联社。

第五十六条　凡加入联社之单位社或联社均称为联社之社员社。

第五十七条　与第四条同。

第五十八条　各级联社之盈余除50%按交易额或按股额分配外，其他如公积金、公益金及奖励金分配法与社员社同。

第五十九条　各级联社资金除股金外应按需要由社员社代表大会或理事

会决定数目，向各社员社按比例抽纳，不足时可向当地银行或贸易局往来借款灵活周转之，但向社员社抽纳时不得影响社员社之业务为原则。

第六十条　各级联社股额每股一律规定至少国币10元，社员社加入联社时少则认购一股多则不限。

第六十一条　联社由各社员社之社员大会选举各级联社代表，组织各级联社之社员社代表大会，并为联社最高权力机关，每年召开一次，遇必要时得召开临时会议，其任务与社员社之社员大会任务同。

第六十二条　各级联社之理监事由联社之社员代表大会选举，理事7人至9人或13人，监事5人或7人分别组织理监事会，暂定理事会每两个月召开一次，监事会每半年召开一次，遇必要时得召开临时会议。理监事任期为一年，得连选连任之，至于理监会之任务与社员社同。

第六十三条　各级联社除另外法令规定外务须依照本章所规定之条例实施之。

第六十四条　各级联社社务会与社员社社务会同。

第九章　附　则

第六十五条　本条例如有未尽事项由政府随时修改之。

第六十六条　本条例由政府斟酌公布之。

中共中央财政经济部1939年

二、保证责任陕甘宁边区合作社联合社章程

1939年10月17日边区第一次合作社代表大会通过

第一章　总　则

第一条　本联社定名为“保证责任陕甘宁边区合作社联合社”简称“边

区联社”。

第二条　本联社宗旨如下：

（一）领导全边区合作社指导其经营，充实其业务，调剂其需要，助长其发展，加紧其联系并谋边区合作教育之推行与合作事业之促进。

（二）受政府之委托办理战时抗战资财之购集及生产消费品之调剂供给与分配。

第三条　本联社为保证责任，组织各社员社所负保证金额为其所认之股额五倍。

第四条　本联社以陕甘宁边区为业务范围，社址设于陕甘宁边区政府所在地。

第二章　社员社

第五条　凡在本联社业务范围内曾经完成登记之市县联合社，概须加入本联社，入社时须由各该社理事会填送社务概要表、资产负债表及社章各一份，经本联社理事会审查许可后，报告本联社代表大会，如有特别情形之单位合作社，在未组织市县联合社前，亦得暂时加入本社。

第六条　社员社有下列情事之一者经社务会出席理监事四分之三以上之决议予以除名：

（一）不遵守本联社章程、规则及代表大会之决议履行其义务者；

（二）有妨害本联社社务、业务之行为者；

（三）有违犯法令者。

第七条　出社社员社已交股金之退还须至本社每年决算后决定之；如有亏损时社员社并应依照第三条之规定负其责任。

第三章　社　股

第八条　本联社社股无定额，每股国币10元，每一社员社至少认交一股，并应按各该社实收股金十分之二以上比例认交之。

第九条　本联社社股非经本联社理事会之同意，不准抵押及转让。

第四章 组　织

第十条　社员代表大会为本联社最高权力机关，由全体社员社选派之代表组织之，每一代表仅有一表决权，大会闭会时由社务会代表之，社务会由理监事联合组织之；代表不能出席代表大会时，得以书面委托同社社员1人代理之。

第十一条　本联社代表大会之代表由社员社之社员社代表大会依照下列规定选派之：

（一）社员社之社员社代表在20人以内之联社选派代表1人；

（二）社员社之社员社代表在20人以上之联社每20人选派代表1人；

（三）单位社每社至多选派代表1人。

第十二条　本联社设理事9人组织理事会，执行本联社社务、业务；设监事七人组织监事会，检查本联社社务、业务；设候补理监事各二人，理监事均由代表大会就代表中选任之。

第十三条　理事会设主席1人，由理事互推之，总揽本联社社务、业务，对外代表本联社。

第十四条　理事会处理下列各项业务：

（一）规划社务、业务之进行；

（二）任免职员；

（三）处理社员社所提出之问题；

（四）代表大会决议交办事务；

（五）讨论发展边区合作事业之方法；

（六）代表大会之召集；

（七）举办合作教育；

（八）其他有关事务。

第十五条　本联社为谋社务、业务之进行，设经理、指导主任、秘书、技士、会计各1人，由理事会互推或聘任之，各部门主任、指导员及办事员等，均由理事会按实际需要选任之；遇必要时得由理事会聘请专家为本联社顾问。

第十六条　监事会设主席一人，由监事互推之，监事专负监察本联社之财产及业务执行状况；当本联社与理事私人订立契约或为诉讼上之行为时代表本联社；监事为执行职务遇必要时得召集临时代表大会；监事不得兼任本联社其他职务。

第十七条　理监事及职员通同营私舞弊时，得由全体代表五分之一以上提议召集临时代表大会改选或撤职，并向法庭起诉。

第十八条　本联社理监事之任期均为一年，连选得连任。

第十九条　本联社各种会议之召集规定如下：

（一）代表大会每年一次，由理事主席召集之，以理事主席为主席，理事主席缺席时，以监事主席为主席；

（二）社务会每三月一次，由理事主席召集之，主席由理监事互推之；

（三）理事会每月一次，由理事主席召集之；

（四）监事会每月一次，由监事主席召集之。

以上各种会议遇必要时均得召集临时会，如事实上遇有困难不能按期召集时，亦得延长之。

第二十条　本联社各种会议须有过半数以上之出席始得开会，出席过半数以上之同意始得决议；但社务会须有三分之二以上之出席始得开会；

解除理、监事职权之决议须有全体代表过半数之同意；解散本联社之决议应有全体代表四分之三以上之出席，出席代表三分之二以上之同意。

第五章　业　务

第二十一条　本联社之业务如下：

（一）调查社员社及全边区人民之需要予以供给或代办；

（二）调查社员社及边区人民之产品予以集中运销或代理运销；

（三）管理开办各种生产事业，发展农工业，救济失业，供给抗战需要；

（四）对社员社及边区人民之存款汇兑及代理收付款项之举办；

（五）举办公用及公益事业；

（六）宣传合作知识，协助新社组织并指导监督各社员社之社务、业务；

（七）受政府之委托办理战时抗战资材之购集及生产消费品之调剂、供给与分配。

关于各种业务规则另订之。

第二十二条　本联社以公历1月1日至12月31日为一业务年度，每月应结账一次，每年度终了应决算一次，由理事会督同经理编制财产目录、资产负债表、盈余计算表、业务报告表及盈余处置案，交由监事会审查后报告代表大会。

第二十三条　本联社年终决算有盈余时，除依次弥补累积损失及付股息至多年利一分外，其余按下列比例分配之：

（一）以十分之二以上提作公积金，除弥补损失外，不得动用；

（二）以十分之一以上提作公益金，以发展合作教育及其他公益事业之用；

（三）以十分之一提作职员奖励金，其分配办法由理事会决定之；

（四）余额按社员社交易额之多寡比例分配之（如分配因事实发生困难时，亦得暂时按股分配，但股息即停止提取）。

第二十四条　本联社决算后如有亏损，除以公积金、社股金依次抵补外，不足之数由全体社员社以第三条之规定负其责任。

第六章　附　则

第二十五条　本章程如有未尽事宜得由代表大会决议修改之.

第二十六条　本章程经代表大会通过呈准边区政府建设厅登记后施行。

（全体代表署名盖章于后）

三、有限责任××县××区消费合作社章程

第一章　总　则

第一条　本社定名为有限责任××县×区消费合作社。

第二条　本社为便利人民交换，调剂物价，减轻商业资本过分剥削，推进边区经济发展，并从经济上组织与教育人民为目的。

第三条　本社为有限责任组织，各社员以交清所认之社股为限。

第四条　本社以××县×区为业务范围，社址设于×××。

第二章　社　员

第五条　凡在本社区域境内有选举权之公民及合法之机关团体，均得加入为本社社员，团体社员之权利与个人社员同。

第六条　本社社员无限制，准许自由陆续加入，经理事会之同意交纳社股，即取得社员资格，并报告社员代表大会。

第七条　社员如有破坏本社行为的，得由社务会出席理监事四分之三以上之决议除名。

第八条　社员如要求退股的，须向理事会报告得其许可，应退还已交股金，须至本社总结决算后，按其资财多少退还之；但因调往他处工作，或迁移远处居住而商得理事会之同意者不在所限。

第三章 社　股

第九条　本社社股无定额，每股定为国币×角，每一社员至少须认征一股，并得随时添认，至多不得超过当时本社股金总数十分之二；股金以一次

征足为原则，征齐即填发股票，股票遗失时，应向理事会申请挂失，由合作社补发。

第十条　本社社股非商得理事会之同意，不准抵押及转让。

第四章　组　织

第十一条　社员代表大会为本社最高权力机关，由全体社员代表组织之，每一代表仅有一表决权。

第十二条　社员代表之产生，按本社社员之总数以行政村为单位，依下列比例推选之：

（一）社员在1000人以内者，每10人推选代表1人；

（二）社员在1000人以上者，每20人推选代表1人；

（三）社员在2000人以上者，每30人推选代表1人；

（四）社员在3000人以上者，每40人推选代表1人；

（五）社员在4000人以上者，每50人推选代表1人；

（六）社员在5000人以上者，每60人推选代表1人；

每一行政村之社员总数不足选举代表名额时，其人数如达规定之半数以上者得推选代表一人。

第十三条　本社谋社务、业务执行便利起见，实施分组，按自然村落社员由3人至13人成立一组，公推组长1人，协助社务、业务之执行。

第十四条　本社设理事五人组织理事会，执行本社社务、业务，设监事5人，组织监事会，监督本社社务、业务，设候补理监事各2人，理监事均由代表大会就代表中选任之。

第十五条　理事会就理事中互推或聘任主任1人，得按事实需要设会计、司库各1人，营业员及事务员各若干人。

第十六条　理事会设主席1人，由理事互推之，总理社务，对外代表本社；主任专掌业务之执行，规划会计员记账、决算及缮写；司库保管现金之出纳，在未设司库前，由主任代行其职务；主席如不能兼任本社职员时，至少每五日应到社一次检查收支账目，营业情形等。

第十七条　理事会负社务上的完全责任，所聘用职员，如有溺职舞弊情事，应由理事会负责。

第十八条　监事会设主席1人，由监事互推之，监事不得兼任本社其他职务。

第十九条　理事会如有溺职舞弊或违章时，监事会得召集社员代表大会改组或处分之。

第二十条　理监事与职员通同舞弊时，得由全体社员代表五分之一提议召集临时代表大会改选和撤职，并向法庭起诉。

第二十一条　本社出席联社之代表，由社员代表大会按照规定名额推选之。

第二十二条　本社社员代表组长、理监事及出席联社代表之任期均为一年，连选得连任。

第二十三条　本社各种会议之职权如下：

（一）社员代表大会

1.理监事之选任罢免及奖惩；

2.制定或修改本社章程及各种规则；

3.决定业务进行方针及实施计划；

4.审查业务报告及决算；

5.追认社员之入社或出社；

6.理监事或社员之提议以及其他重要事项之决定。

（二）社务会

1.处决理监事会不能单独解决又无须召集社员代表大会之事项；

2.对外订立契约及有诉讼时为本社代表。

（三）理事会

1.执行社员大会决议案及一切社务、业社；

2.拟定业务进行方针及实施计划；

3.按期编制各项报告书表，公布并分别报告政府、联合社及社员代表大会；

4.聘请或辞退本社职员；

5.扩大社员及股金；

6.计划本社社员文化娱乐工作；

7.处理其他日常重要事务。

（四）监事会

1.监察本社财产状况；

2.监察本社业务执行状况；

3.审查预决算及各项报告书表。

第二十四条　本社各种会议之召集规定如下：

（一）社员代表大会每年一次，由理事会主席召集之，以理事会主席为主席；

（二）社务会，每三月一次，由理事主席召集之，主席由理监事互推之；

（三）理事会，每月一次，由理事主席召集之；

（四）监事会，每月一次，由监事会主席召集之。

以上各种会议遇必要时，均得召开临时会。

第二十五条　本社各种会议，须有过半数以上之出席始得开会，出席过半数以上之同意始得决议。

第五章 业　务

第二十六条　本社按社员之需要，大批采办生产及日用必需品，零星卖给社员，并贩运社员之土产，但助长封建迷信之物品，一律不予买卖；资金充足时，得按事实需要兼营其他业务。

第二十七条　本社出售物品，应低于当地当时市价，以现金交易为原则，手续费最多不得超过5%。

第二十八条　本社与非社员交易时，其售货价格及手续费应比当地当时市价低，不得超过当地市价。

第二十九条　货物缺乏及土产太多时，社员有优先购买及出售之权，并须用分配办法，使社员都能买到，但社员购货时须凭股票，并不得贩卖合作社货物，或将股票转借他人，否则予以处罚。

第三十条　本社以国历1月1日至12月31日为一业务决算期，每月底应结账一次，每年终了应总结账一次，由理事会编制财产目录、资产负债表、盈亏处置表及业务报告书交由监事会审查后报告社员代表大会。

第三十一条　本社每年决算后有盈余时，除依次弥补累债损失及付股息至多年利一分外，其余按下列比例分配之：

（一）以30%以上提作公积金，除弥补损失外，不得动用；

（二）以20%以上提作公益金，以发展合作教育及其他公益之用；

（三）以5%作理事及职员奖励金，其分配办法由理事会另订之；

（四）余额作社员分配金，按社员交易额之多寡比例分给社员（分配时如因有登记计算之困难，得暂时按股分配，有余时全部拨作公积金，但本条例所定之股息即停止提发），决算后，如有亏损时，应以公积金、社股金依次弥补之。

第六章　附　则

第三十二条　本章程如有未尽事宜，得由社员代表大会决议增删或修改之。

第三十三条　本章程经社员代表大会通过后，呈准主管机关登记施行。

（陕甘宁边区合作社第一次代表大会通过，1939年10月）

四、无限责任延安县城区工人制鞋生产合作社章程

第一章　总　则

第一条　本社定名为无限责任延安县城区工人制鞋生产合作社。

第二条　本社以全体社员之技能设厂制鞋，并改进之，而谋制鞋工业之

发展为目的。

第三条　本社为无限责任组织，各社员对本社债务负连带无限责任。

第四条　本社以延安县以内为业务范围，社地暂设延安城内××巷××号。

第二章　社　员

第五条　凡中华民国人民，年满20岁，无恶劣嗜好，并具有制鞋技能或劳力而愿共同工作者，不分男女及文化程度，均得加入本社为社员。

第六条　社员入社时应填具入社自愿书，经社员2人之介绍，或由工会之保送，经社务会之同意及社员大会之追认始得入社。

第七条　社员出社须于每年六月以前向本社提出请求书，经社务会之批准。该社员自定出社之日起，对本社所负之债务经过二年始得解除。

第八条　社员有下列情事之一者，经社务会出席理事监事四分之三以上之决议，予以除名，以书面通知该社员，并报告社员大会：

（一）不遵守本社章程规则及社员大会之决议履行其义务者；

（二）有妨害本社社务、业务之行为者；

（三）有犯罪或不名誉之行为者。

第九条　出社社员已交股金之退还，须至本社业务年度终了结算后决定之。

第三章　社　股

第十条　本社社股无定额，每股金额定为法币一元，每一社员至少认一股，入社后得随时添认，但至多每人所认之总股数，不得超过本社社股总额20%；社股以一次交足为原则，最少第一次须交每股二分之一。本社因事实上之需要，设提倡股2000股，由热心提倡工业合作事业人士认购，俟本社社员增股时，逐渐分期收回。

第十一条　本社股票为记名式，不得抵押、出让或以之担保债务；提倡股得经本社之同意可以出让。

第四章　组　织

第十二条　社员大会为本社最高权力机关，由全体社员组织之，每一社员仅有一表决权，大会闭幕时由社务会代表之，社务会由理事、监事联合组织之。

第十三条　本社设理事5人，组织理事会，执行本社社务、业务，设监事3人，组织监事会，监察本社社务、业务；设候补理事2人，候补监事1人。理事、监事均由社员大会就社员选任之，任期均为一年，连选得连任。

理事会、监事会各设主席1人，由理事监事分别互选之。

第十四条　本社设评定员5人，组织评定会，评定各社员工作之勤惰而定津贴之增减，并评定生产品之等级而定销售之价格。评定员由社员大会就社员中选任之，任期为一年，评定组则由评定会另订之。

第十五条　本社得按各部门工作之分类成立小组，研讨技术之改进，公推组长1人，协助理事会，执行社务业务，组长之任期为半年，连选得连任。

第十六条　理事会就理事中互推或社员中聘置经理1人，会计1人、司库1人，各部管理员及事务员若干人。

但会计及技术人员，在本社无相当人选时，得向社外聘请之。

第十七条　理事主席总理社务，对外代表本社；经理专掌本社业务之执行规划；会计专负记账、决算及缮写；司库保管现金；各部管理员负各部之专职。理事会之办事细则，由理事会另订之。

第十八条　监事专负监察本社财产及业务执行状况，当合作社与理事私人订立契约或为诉讼上之行为时，代表本社；监事除得兼任评定员外，不准兼任他种职务；监事会为执行职务，认为必要时得召集临时社员大会。

监事会之监察细则由监事会另订之。

第十九条　本社理事、监事、评定员等，及其他参加生产工作而兼职之各职员均系义务职，但遇必须公务费用时，得经社务会之认可支付之。

第二十条　本社劳动工作之分配：除会计及专职之事务员，或可减少工作外，其他职员均须一律参加劳动，否则不得支给津贴。

但向社外聘请之技术人员及会计，得不参加生产工作而支津贴。

第二十一条　本社出席联合社之代表，由理事会提出于社员大会推选之，其任期为一年。

第二十二条　本社各种会议之召集规定如下：

（一）社员大会：每半年一次，于一、七两月由理事会召集之，以理事主席兼主席。

（二）社务会：每年六次，一、三、五、七、九、十一等月召集之，主席由理事监事互选之。

（三）理事会：每星期一次，由理事会主席召集之。

（四）监事会：每月一次，由监事会主席召集之。

（五）评定会：每月两次，由监事主席召集之，以监事主席为主席。

（六）组长会议：每星期一次，由理事主席召集之，以理事主席为主席。

（七）小组会：每二天一次，由各该组组长召集之，以各该组组长为主席。

以上各种会议，遇必要时均得召集临时会议。

第二十三条　本社各种会议，须有过半数以上之出席始得开会，出席过半数以上之同意始得决议。

各种会议细则另订之。

第五章　业　务

第二十四条　本社之资金如下：

（一）社股金；（二）提倡股金；（三）借入款；（四）存款；（五）公积金。

第二十五条　本社之业务如下：

（一）以社员之技术共同制鞋，以适应社会之需要。

（二）研究制鞋技术之改进，以达改良之目的。

（三）遇必要时，对制鞋所需之皮革等，得自行置办原料，加工制造之。

第二十六条　本社对于业务进行及经费开支，由理事会拟具计划，编制预算，提交社员大会决定之。

本社业务细则由理事会另订之。

第二十七条　本社社员工作津贴之决定，按照各社员技术成绩、生产数量及工作日数计算之。

社员除疾病外，非经理事会之许可不得缺工，否则应处以每日五角之罚金及损失费。

第六章　结　算

第二十八条　本社以旧历一月一日至六月三十日，及七月一日至十二月三十一日，每半年为一业务决算期，每半年决算一次由理事会编制财产目录、资产负债表、业务报告书及盈余分配方案，放置会议室，任社员及债权人阅览，并以一份送交监事会审查后报告社员大会。

第二十九条　本社每期结算后有盈余时，除依次弥补累积损失及付股息至多年息一分外，其余按下列比例分配之。

（一）以20%提作公积金，以备弥补本社损失。

（二）以10%提作公益金，以发展本社区域内合作事业，及其他公益之用。

（三）以10%作理事、经理、会计、司库、管理员及事务员等之奖励金，其分配办法由理事会定之。

（四）以20%作股本红利，按股摊分，最多每股不得过2角，有余时拨充下期盈余。

（五）以40%作社员分配金，按社员工作之成绩比例分配之。

第三十条　本社结算后有亏损时，以公积金、社股金、提倡股金依次弥补。弥补不足，由各社员按照第三条之规定负无限责任。

第七章　附　则

第三十一条　本章程经社员大会通过，呈准主管机关登记后施行。

（本社社员全体签名盖章于后）

（1939年订）

五、陕甘宁边区人民运输合作社组织办法大纲

1941年10月公布

（一）宗旨　人民运输合作社，是为了保证政府按期收到公盐和公粮并便利人民运输，避免因无组织而浪费人力、畜力和过分防害人民生产的损失，提高边区运输力量，保证抗战运输需要，便利发展边区经济为目的。

（说明）在抗战时期，政府要人民运输公盐和公粮，是必需的与不可免除的负担，但因以前按户摊派以致浪费不少人力和畜力，又不能如期完成运输任务，于公于私两受损失。如果各县集合部分强壮的牲口或有赶脚经验的脚夫，组织成人民运输合作社，专门负责替人民运输公盐和公粮等，既可减少人力和畜力的浪费，又不致过分妨害人民生产，公家又能如期收到公盐和公粮，于公于私两得其利。

（二）性质　人民运输合作社，虽是替人民运输义务公盐和公粮，但性质上应当是营业的，无论社员或非社员，凡委托合作社运输公盐和公粮，均应按照合作社规定出备运费，其运费多寡由合作社按照实际开支需要规定，既不得规定太高也不得规定太低，而应略有盈余，以便利合作社不断扩大，并使社员有相当红利可分，以便于广泛吸收人民加入合作社。

（说明）因为运输公盐和公粮，是全体人民的义务，政府只能发给很少

数的津贴，其余均由人民负担。如果合作社本身负担，则合作社的开支便无从取得，合作社亦就不能存在，故合作社必须是营业性质的，但营业所得的盈余仍然归社员所有。

（三）社员　人民运输合作社既是营业性质，故不论是为了便利运输公盐和公粮的人民，或是为了从事运输事业，借以获取运输费的人民，均得自愿加入。

（四）社股　人民加入运输合作社为社员，至少须认缴社股一股，多则不加限制，但每股不得少于50元的价值。并取以下列物资入股：

1.能运输的牲口；

2.大车、口袋等运输工具；

3.粮食或草料；

4.特殊情形下得用货币。

但无论牲口或其他物资，均以折合成货币为股份，以便于按股享受损益。

（五）发起　人民运输合作社，由政府发起，以政治动员和配合人民自愿加入为原则，但人民如自己单独运输更为便利，又能按期完成任务，而不愿加入合作社的听其自便。

（说明）因为组织运输合作社，是为集合有经验的脚夫和强壮的牲口，有组织地运输以发挥运输力，避免浪费和损失，假如人民单独运输更能节省，故无须加入。

（六）组织　人民运输合作社，一般的以区为单位组成社。一县之中有3个以上合作社，得组织县联社，全边区有3个以上县联社，得组织全边区联社。合作社受区政府的监督、县联社的管辖，县联社受县政府的监督、边区联社管辖，边区联社受建设厅的监督和领导。

（七）职员待遇　凡在合作社工作的人员，不论社员或非社员，一律实行薪金制度，此项薪金应不低于边区的私人雇用工人的中等待遇。

（八）人民运输合作社，得享受政府官价草料的优待，如有意外损失，政府得予以补助，如有优良成绩得予以奖励。

（九）本大纲只供原则上的参考，具体实施，各地得灵活运用。

六、生产合作社组织办法纲要

为了增加生产，求得自给自足，克服困难，渡过难关，以期抗战建国胜利完成起见，各县除加紧农业生产外，并应组织各种生产合作社，以发展手工业及开采原料、加工制造等生产，以应需要。

（一）纺织生产合作社：

1.纺织生产合作社是要乡村的妇女利用时间，进行有组织地纺织生产。它是组织乡村妇女参加生产战线的最好的办法。不仅可以增加农民收入，而且可以使边区棉毛纺织品逐渐走上自给自足的道路。

2.纺织合作社以乡为单位；每乡组织一社，凡住在同一乡的妇女不论成年老年或女娃（一家越多越好），只要她会纺纱或愿意学习纺纱、织布，都动员她参加纺织生产合作社，把她们依自然村落编成小组，每组3人以上但最多不得超过20人。每组选组长一人负一组的责任。

3.以乡为单位召开组长会议，推选理事3人，监事3人，分别组织理事会和监事会，管理和监察合作社一切事。

4.参加纺织生产合作社的社员，每人最低限度应认交社股一股（每股五角），合作社开成立大会时，就要交纳股金。但有特别困难的社员，经理事会的许可，可以在该社员将来生产的纱价内分次扣抵。

5.纺织生产合作社的资金，除用一部分购买棉花、纺车、羊毛，预备供给社员以外，余下来的现款应存到消费合作社或其他妥当的地方，以便随时给社员解决与纺织有关的困难，或交纺织生产联社的股本等。

6.社员纺纱的原料如棉、毛及纺车，以自给为原则，有特别困难的，可申请合作社借用，但价值超过一元就按月生息（按当地最低利率取息，最多不得超过2分）。

7.社员所生产的毛线或棉纱，除自用以外，一律交到合作社整批向外运销或交到联合社织布，不得私自向外出卖。

8.每县有两个纺织合作社组织成立，开始纺纱以后，就应该联合起来，进行织布生产。

9.每个纺织生产联合社应选聪明而身体又很强健的男性或妇女到建厅纺织工厂学习织布，学会以后，就回到各该县纺织生产联合社织布，每县保送工厂学习的人不得超过五名。

（二）打盐、挖药、制粉、挖煤、造粉笔、榨油、烧瓷等生产合作社：

1.上列各种生产合作社的组织不限定以行政区域为单位，要按社员及出产原料地分布情形灵活处理。

2.各该生产社社员以能够参加各该项生产劳动或有该项原料之出产为合格，如制粉、打盐以能够参加打盐或产麦等。但无上列条件而诚心合作的人亦可认股入社。

3.每一社员至少须认交社股一股（每股一元）。

（三）生产社的组织系统与消费社同。

（四）生产社盈余分配除提出10%为公益金，40%为公积金以外，其余按劳动量与股金比例分配。

（五）参加任何一种生产合作社的工人均为社员，可以享受社员的权利，不得实行雇佣制度。

（六）残废军人及难民亦可参加或组织生产合作社。

（七）生产合作社组织健全的，本厅可以商请中国工业合作协会予以资金及技术的协助，机器的购置本厅亦可代为设计。

（八）本办法有未尽事宜各县可按照实际情形处理。

陕甘宁边区政府建设厅
约为1940年

七、边区妇女合作社章程

第一条　定名：本社定名为边区妇女合作社。

第二条　宗旨：

1.组织妇女积极参加生产，增加财富，完成边区党政的生产任务。

2.帮助解决参加生产战线妇女生产原料供给、成品推销、工具购置。

3.供给妇女和儿童日常生活中的必需用品。

4.提倡妇女节约，鼓励储蓄。

第三条　社址：设于延安新市场（必要时得设立分社）。

第四条　社员资格：凡边区各机关、部队、学校、团体及群众妇女具有公民资格者均得为本社社员。

第五条　入社出社：

1.入社——社员入社依下列规定：

（1）有机关、团体或政府之介绍信者。

（2）有社员一人以上之介绍者。

2.出社——社员出社依下列规定：

（1）社员有自由出社权，但需在5天以前通知本社并须了结来往之债权与债务关系。

（2）社员如有不遵照本社章程及履行决议者，或有妨害本社业务与利益者，以及发现有违犯政府法令被褫夺公权者，均得经本社理事会议通过予以除名，以书面通知被除名之社员，并报告社员大会。

第六条　社股：本社关于社股之规定如下：

1.每股定为边币50元。

2.社员入社至少须认购一股，欲多认购者股额不限制。

3.入股办法——不论现款、实物或劳力抵交均可。

4.社员社股如因第五条情形出社者，可申请退出股金全部或转让他人；如系转让情形，其继承人如非社员时，须照本章程第五条入社规定办理入社手续，始可继承其转让人之社股。

第七条　权利与义务：社员有选举与被选举理事、监事之权，有分得红利，买卖货物之优先及优待之权利；有认交股金，遵守社章，介绍社员，帮助扩大业务及宣传本社宗旨之义务。

第八条　社员大会（或社员代表大会）：本社以社员大会为最高权力机关。

1.社员大会之职权如下：

（1）理事、监事之选任或罢免；

（2）听取社务报告及社务业务方针之决定；

（3）社章之通过及其他各项规章之追认；

（4）通过预决算；

（5）决定本社社员职员待遇之标准。

（6）其他重要事项及理监事或社员之提议事项之决定。

2.社员大会分常委会及临时会两种，常委会每年业务年度终了时开会一次由理事召集之，临时会，经理监事会认为必要时，或社员四分之一以上认为必要时，得申请理事会召集之。

第九条　理事：本社由社员大会（或代表大会）就社员中选任理事五人至七人组织理事会，互推主任、副主任各一人。主任对内总理社务，对外代表本社；副主任专掌本社业务之经营；理事任期为一年，连选得连任。

第十条　监事：本社由社员大会（或代表大会）就社员中选任监事三人至五人组织监事会，互推主席一人；监事不得兼任本社职员，曾任理事之社员于其任职之责任未清了时，不得当选为监事；监事之任期为一年，连选得连任。

第十一条　理监事会：半年召开一次（理监事会开会须各有出席理监事过半数以上方得开会）。

1.理事之职权如下：

（1）执行社员大会决议案及一切社务；

（2）拟定业务方针及实施计划；

（3）编造预决算及各项报告书表及规章；

（4）办理本社所需之原料、工具、成品推销及动用资材之购置；

（5）代表本社对外处理一切问题。

2.监事之职权如下：

（1）监察本社所有财务状况、业务执行状况；

（2）审查本社年终结算编造之各项书表。

3.必要时得召集理、监事临时会议，讨论理事会或监事会不能单独解决而无须召集社员大会之重要问题，如需要本社有关职员陈述意见得指定列席。

第十二条　业务：本社经营之业务如下：

1.社员生产原料、工具采购，成品推销以及技术上之改进与指导（技术指导另有规定办法）。

2.妇女儿童日常必需品的采购与供给。

3.提倡妇女儿童之储蓄。

第十三条　决算：本社以半年为一结算期，每年年底为全年总决算期，结算及总决算后均按股分配红利。

第十四条　盈余：本社结算及总决算有纯盈余时，作为100分按照下列规定分配之：

1.以20%为公积金，作为扩大业务之用。

2.以5%为公益金，作为帮助社员及协助一般妇女儿童福利事业之用。

3.以5%为理监事及职雇员之酬劳金（其酬劳分配办法由理事会决定之）。

4.以5%为奖励生产积极之社员（其奖励办法由社员大会决定之）。

5.以65%为股红。

第十五条　附则：

1.本章程如有未尽事宜由理事会修改交社员大会通过或追认。

2.本章程呈请边府备案。

1943年3月

陕甘宁边区互助合作运动大事记

土地革命时期，陕北、陕甘革命根据地，就建立了农业劳动互助组织和消费合作社。中央红军长征到达陕北后，中央国民经济部于1936年，召开了省级与县级国民经济部部长联席会议，详细讨论了组织合作社办法；中华苏维埃中央政府西北办事处，颁发了《合作社发展大纲》；在中央国民经济部领导下，成立了合作指导委员会和合作总社。1936年上半年，边区各县每区都建立了区消费合作社，乡建立了支社。同年六月，国民党侵占瓦窑堡，我党中央移至保安，清涧、吴堡、绥德、延长、固临、甘泉、安定、延安等县为国民党占领。这些县的合作社均遭破坏。

西安事变和平解决后，国内和平实现，边区东部地区的安定、延长、延川、固临、甘泉、延安六县先后解放，陕北省苏维埃政府派工作团在上述六县建立了消费合作社。延安南区合作社亦于1936年12月成立。

1937年

7月7日，日本帝国主义发动卢沟桥事变，8日，中国共产党中央委员会向全国发表了号召抗战的宣言，抗日战争爆发。

8月25日，中共中央政治局在陕北洛川召开扩大会议，通过了中国共产党的《抗日救国十大纲领》。

9月6日，陕甘宁边区政府正式成立。

同年秋，边区总工会为了团结手工业工人，发展边区手工业生产，改善工人生活，成立了工人生产合作社，由总工会直接领导，集合群众股金250元，组织了鞋袜、被服、木器、食品四个生产部门。

1938年

1月10日，陕甘宁边区政府第十七次政务会议决定，由边区合作总社征集一部分股金，边区银行投资一部分，整理合作总社，加强合作社的领导，继续开办训练班，整顿各地合作社。

3月7日，陕甘宁边区政府第二十三次政务会议决定，边区合作总社划归边区银行，由银行设一营业部门管理合作社业务，合作总社名义取消，总社留下的一部分人员，归合作指导委员会。会后不久，边区合作总社即合并于光华商店。

同年春，陕甘宁边区政府将合作指导委员会改为合作指导局，孙霁东任局长。

5月11日，陕甘宁边区政府第二十七次政务会议，总结了边区合作社工作，提出发展生产合作社、信用合作社和运销合作社的任务。

同年冬，在边区合作指导局的领导和具体帮助下，延长、固临、安塞三县建立纺织生产合作社各一处。

1939年

1月，边区参议会成立。边区第一届参议会于1月15日在延安隆重召开。第一届参议会通过的《陕甘宁边区抗战时期施政纲领》中明确规定：奖励合作社之发展。

4月，经中国工业合作协会顾问艾黎的提议，在陕甘宁边区政府的领导下，成立了中国工业合作协会西北办事处延安事务所，曹菊如任事务所主任。该所行政上归中央财政经济部领导，日常事务由边区银行主持办理。

7月，中共陕甘宁边区第二次党代表会议在延安召开。在会议的政治报告中指出：消费合作社是便利交换、抵制商业资本的过分剥削，为在经济上组织人民、教育人民的重要武器；工业生产合作社是发展手工业的武器。

10月，陕甘宁边区政府召开边区合作社第一次代表大会，经过民主的方式选举成立了陕甘宁边区合作社联社，通过了《保证责任陕甘宁边区合作社联合社章程》和发展合作社的决议。

×月，中共中央财政经济部为各抗日根据地拟定了《各抗日根据地（简称边区）合作社暂行条例示范草案》，《草案》对根据地合作社的性质、任务、种类、业务方针，以及组织机构等都作了明确的规定。

12月，国民党顽固派发动第一次反共高潮，边区物资日益困难，陕甘宁边区政府建设厅进一步注意到发展手工业生产合作社，对发展边区经济，克服困难的重要意义。年底，由建设厅及中国“工合”延安事务所直接帮助建立的工业生产合作社，发展到10处。

1940年

1月，陕甘宁边区政府举办边区第二届工农业展览会，展出全边区手工业生产合作社的成绩：社数由1937年的1个增加到146个，社员由70余人增加到28531人；展出的生产合作社的产品有：铜扣线袜、皮大衣、棉军衣、中山服、毛呢、毛线、洋布、土布、土纱、染布、棉鞋、夹鞋、麻纸、墨水、油灯、饭锅、公文箱、粉条、麻油、瓷碗、牙粉等。

3月，中国“工合”延安事务所改属边区政府建设厅领导，由孙东奇担任领导职务，章伯森、黎明、刘毅负责管理合作社的社务工作。

4月，陕甘宁边区政府合作指导局及“工合”延安事务所联合召开边区各生产合作社主任联席会议，检查了生产合作社工作。会后即收集展品送重庆参加全国工业合作社产品展览会。

×月，陕甘宁边区政府建设厅制定了《生产合作社组织办法纲要》。

《纲要》规定了生产合作社的宗旨及各种合作社的组织办法。

1941年

1月，国民党蒋介石发动了“皖南事变”，并对陕甘宁边区实行全面的经济封锁，给边区造成了严重的困难。

2月，召开边区消费合作社县联社主任第二次联席会议，确定了四项任务：（一）整理和巩固现有合作社，发扬民主，健全组织，教育社员；（二）扩大股金70万元；（三）收购土产，便利人民交换，消除商业资本的过分剥削，（四）合作社应成为执行政府政策的模范。

9月，召开边区消费合作社县联社主任第三次联席会议，总结上届合作社主任联席会议以来合作社所取得的成绩，确定下一步发展任务。

11月，召开边区第二届参议会。林伯渠在政府工作报告中表彰了边区合作社的成绩与作用。会议通过了关于合作社的提案，决定由政府配合群众团体，号召未组织合作社的地区人民，组织合作社。

同月，陕甘宁边区政府举办第三届工业展览会，各地手工业生产合作社送来展品800余件，其中纺织品占60%以上。

12月，陕甘宁边区政府颁布了《陕甘宁边区人民运输合作社组织办法大纲》。

1942年

1月，陕甘宁边区政府总结南区合作社经验，提出克服包办代替，实行“民办官助”的方针。自此，边区的合作社逐步走上了正轨。

2月，陕甘宁边区政府建设厅和合作指导局联合召开了各县合作社主任联席会议，会议强调合作社应由群众民主管理，政府不能包办代替。

9月，召开边区整财会议，讨论边区的经济问题与财政问题。会议总结了延安南区合作社的经验，提出合作社要以南区合作社九大任务为业务方针。九大任务是：（一）买卖必需品，代农民推销农产品；（二）组织土产出口；（三）组织运输力，发展运输；（四）组织妇女纺织，增加人民收入；（五）办俱乐部，补助小学教育；（六）帮助运公盐，代收公盐代金和公债；（七）安置工属及灾民，优待抗属；（八）代收牲口税；（九）代银行推销有奖储蓄，代政府收公粮。

12月，召开陕甘宁边区高干会议。会议确定发展农业生产是边区的第一位工作，而组织劳动互助又是发展农业生产的中心关键。毛泽东在其为会议所写的《经济问题与财政问题》的报告中特别指出：各县应大力组织劳动互助，发扬农民的集体劳动，这是党的农业政策之一。高干会还总结推广了延安县组织劳动互助的经验。自此边区农业劳动互助走上一个新的发展阶段。

高干会议还总结了延安南区合作社经验，指出南区合作社式的道路，就是边区合作事业的道路。边区的合作事业从此进入一个新的蓬勃发展的阶段。

1943年

3月，在蔡畅、康克清等的倡导下，成立边区妇女合作社，王友兰任合作社主任。

同月，陕甘宁边区政府发出《为发动春耕竞赛与劳动互助的指示》推广吴满有、申长林等组织劳动竞赛和延安县长刘秉温组织领导变工队的经验，以发展边区的劳动互助，开展劳动竞赛。

6月，三五九旅政治部发出了关于建立军人合作社的指示信，指明了军人合作社的宗旨和业务方针。

8月，陕甘宁边区政府颁布了《运输合作社奖惩办法》。

10月，毛泽东在边区高干会上作了《论合作社》的讲话，全面地论述了革命根据地合作社的性质及发展合作社的重大意义，为边区合作事业的发展进一步指明了方向。

同月，陕甘宁边区政府发出《利用公盐发展运输合作的指示》，规定运交公盐按公价征收代金，利用代金组织民间运输合作社。

11月，陕甘宁边区政府发出关于补助运输合作社的通知。通知规定：运输合作社（队）运公盐或把盐卖给盐业公司，因草料、伙食涨价而赔本者，由物资局给以补助。

同月，毛泽东在招待陕甘宁边区劳动英雄会上作了《组织起来》的讲话，深刻阐述了发展互助合作运动的方针和意义。指出，有了人民群众的各种合作社，有了部队、机关、学校集体劳动的合作社，就可以把群众的力量组成为一支劳动大军，“这是人民群众得到解放的必由之路，由贫苦变富裕的必由之路，也是抗战胜利的必由之路”。

1944年

1月，林伯渠在边区政府委员会第四次会议上作了《边区政府一年工作总结》的报告，在报告中肯定了边区互助合作运动的成绩。指出，经过劳动英雄发动了农民的劳动积极性，开展了生产战线上的互助合作运动；在报告中表彰了以刘建章为代表的合作社英雄，指出“刘建章创造了南区合作社式的综合性合作社，建立了全边区合作运动的新方向”。

4月，任弼时在边区高干会上作了《去年边区财经工作的估计与今年边区金融贸易财政政策的基本方针》的报告，指出在私有制基础上逐渐把分散的个体经济组织起来，走上合作化的道路，使之成为一种有计划有组织的经济，这是边区经济的一个重要特点；还指出，在全边区发动的互助合作运动，解决了新民主主义条件下农村经济建设的一个原则问题，即合作化的问题。

6月，陕甘宁边区政府召开边区合作社联席会议。在这次会议上，毛泽东和朱德分别作了关于合作社问题的讲话。会议奖励了刘建章、曹玉科、刘永祥、樊彦旺、安长庚、肖洪启、王耀明、周岐山、侯生裕、李建堂、田保霖、陈丕秀、靳体元、张益清、贾恒春、张丕元、安锦城、牛爱彩等94位合作英雄。会议总结了边区合作社的经验，通过了进一步发展合作社的决议。

7月，中共中央在延安杨家岭招待出席边区合作社联席会议的代表，毛泽东和中央其他领导同志接见了合作英雄。

同月，中共中央西北局作出《关于贯彻合作社联席会议决议的决定》，《决定》强调合作社必须全心全意地为人民群众服务，必须发扬民主。

9月，中共中央西北局和陕甘宁边区政府联合发出通知，严禁合作社摊派股金。

12月，林伯渠在边区第二届第二次参议会上所作的《边区民主政治的新阶段》的报告中，又一次肯定了边区互助合作运动的成绩，指出：“经过劳动英雄和模范工作者，经过变工队和合作社，这就是我们为实现边区经济建设任务所必须经过的道路和方法。”

1945年

1月，陕甘宁边区召开劳动英雄和模范工作者大会。毛泽东作了《必须学会做经济工作》的讲话，在讲话中表彰了劳动英雄和模范工作者，肯定了他们的三个作用，即带头作用、骨干作用和桥梁作用。

3月，中共中央西北局、陕甘宁边区政府建设厅和延属分区联社共同组织工作组，到延安县帮助整顿川口区合作社。

4月，中国共产党第七次全国代表大会在延安隆重召开。毛泽东在《论联合政府》这一政治报告中指出："在现阶段上，中国的经济，必须是由国家经营、私人经营和合作社经营三者组成的。""保证国家企业、私人企业和合作社企业在合理经营下的正当的赢利。"